Peter Roßbach/Hermann Locarek-Junge (Hg.)

IT-Sicherheitsmanagement in Banken

Sonnemannstr. 9–11 60314 Frankfurt am Main
Telefon 0 69/95 91 63-0   Fax 0 69/95 91 63-95

Die Deutsche Bibliothek - CIP-Einheitsaufnahme

IT-Sicherheitsmanagement in Banken / Hrsg.: Peter Roßbach;
Hermann Locarek-Junge. – Frankfurt am Main : Bankakad.-Verl., 2002
ISBN 3-933165-61-X

1. Auflage 2002
© 2002 Bankakademie-Verlag GmbH, Sonnemannstr. 9–11, 60314 Frankfurt am Main

Printed in Germany
ISBN 3-933165-61-X

Vorwort der Herausgeber

Die Entwicklungen im Bereich der Informations- und Kommunikationstechnologie haben zu nachhaltigen Veränderungen in den Banken geführt. Getrieben von der Notwendigkeit zur ständigen Verbesserung der Geschäftsprozesse findet eine immer stärkere elektronische Durchdringung der bankbetrieblichen Leistungsprozesse statt. Als Folge entsteht eine zunehmende Vernetzung und Integration der bankinternen Systeme bei steigendem Komplexitätsgrad der Systemstrukturen. Zudem ergibt sich durch die elektronische Vernetzung mit den Geschäftspartnern der Banken - vor allem über das Internet - die Notwendigkeit zur Öffnung eines Teils der IT-Infrastruktur nach außen. Damit geht einerseits eine Verlagerung von menschlichen auf technische Risiken einher, andererseits ergeben sich aber auch völlig neue Arten von Risiken.

Somit entstehen auch zunehmende Anforderungen an das IT-Sicherheitsmanagement. Der Bedarf nach Sicherheit kann dabei im Wesentlichen in drei Bereiche unterteilt werden: (a) Gewährleistung eines reibungslosen Funktionierens der Systeme, (b) Schutz der Systeme vor Bedrohungen von außen und innen sowie (c) Sicherheit in der Kommunikation mit den Geschäftspartnern.

Vor diesem Hintergrund haben wir uns entschlossen, einen Sammelband zum Thema „IT-Sicherheitsmanagement in Banken" herauszugeben. Ziel des Sammelbands ist es, über die Arten von Sicherheitsrisiken zu informieren sowie Lösungswege aufzuzeigen, mit denen diese beherrscht werden können. Dabei ist IT-Sicherheit nicht nur ein technisches Problem. Vielmehr müssen sowohl die organisatorischen Rahmenbedingungen geschaffen als auch die rechtlichen Vorschriften beachtet werden.

Der Sammelband ist entsprechend in drei Teile untergliedert. Der erste Teil befasst sich mit Fragen zur organisatorischen Gestaltung eines IT-Sicherheitsmanagements. Im zweiten Teil werden die relevanten Sicherheitsrisiken und deren Bewältigung aus einer technischen Perspektive betrachtet. Der dritte Teil widmet sich schließlich rechtlichen Fragestellungen, die sich aus der Thematik ergeben. Die Autoren sind Experten aus der Wissenschaft sowie der Bank- und Beratungspraxis, die sich bereits seit vielen Jahren mit diesem Bereich befassen.

Frankfurt, im Juli 2002   Peter Roßbach
                                                                       Hermann Locarek-Junge

Autorenverzeichnis

Alexander Behnke	IT-Security Consultant, Secaron AG, Deutschland.
Dr. Peter Biltzinger	IT Security & Privacy Consultant, IBM Global Services, München.
Marcus Bräuhäuser	IT Security & Privacy Consultant, IBM Global Services, München.
Klaus Engel	Geschäftsführender Gesellschafter, Rösch & Associates Information Engineering GmbH, Frankfurt am Main.
Dr. Markus Escher	Rechtsanwalt, GASSNER STOCKMANN & KOLLEGEN, München.
Dr. Stefan Feil	IT Security & Privacy Consultant, IBM Global Services, München.
Michael Hennecke	IT-Security Consultant, WestLB Systems GmbH, Düsseldorf.
Florian Hess	Licencié en droit français, PricewaterhouseCoopers Veltins, München.
Melanie Jörg	Risikocontrolling, Commerzbank AG, Frankfurt am Main.
Dr. Jörg Kahler	Rechtsanwalt, GASSNER STOCKMANN & KOLLEGEN, München.
Stefan Keller	Senior-Berater, CSC Ploenzke, Wiesbaden. Verantwortlich für die CSC IT Security Knowledge Community.
Marcus Klische	Freier Berater und Journalist für IT-Security, Berlin.
Prof. Dr. Hermann Locarek-Junge	Lehrstuhl für BWL, insbesondere Finanzwirtschaft und Finanzdienstleistungen, Fakultät Wirtschaftswissenschaften, Technische Universität Dresden.
Carsten Lorenz	IT Security & Privacy Consultant, IBM Global Services, München.

Frank Losemann	Wissenschaftlicher Mitarbeiter, Institut für Telematik, Trier.
Michael Maus	IT-Security Consultant, Secaron sàrl, Luxembourg.
Konstantin Petruch	Senior Consultant, Detecon International GmbH, Management and Technology Consulting, München.
Dr. Erhard Petzel	Direktor der NetBank AG, Hamburg (seit 1999), Professor an der International University, Bruchsal (seit 2002), Mitglied des Leitungsgremiums der GI-Fachgruppe „Informationssysteme in der Finanzwirtschaft".
Dr. Armin Ratz	Leiter Security Solutions, Dresdner Bank AG, Frankfurt am Main.
Dr. Andreas Rösch	Geschäftsführender Gesellschafter, Rösch & Asso ciates Information Engineering GmbH, Frankfurt am Main.
Prof. Dr. Peter Roßbach	Lehrstuhl für Allgemeine Betriebswirtschaftslehre, insbesondere angewandte Wirtschaftsinformatik und Informationstechnologie, Hochschule für Bankwirtschaft, Frankfurt am Main.
Dr. Markus Schäffter	Co-Partner, Secaron AG, Deutschland.
Prof. Dr. Christoph Schalast	Rechtsanwalt, Lehrstuhl für Rechtswissenschaft, Hochschule für Bankwirtschaft, Frankfurt am Main. Teilhaber der Kanzlei Schalast & Partner, Frankfurt am Main.
Dr. Georg F. Schröder	Rechtsanwalt, PricewaterhouseCoopers Veltins, München.
Prof. Dr. Dirk Stelzer	Fachgebiet Informationsmanagement, Institut für Wirtschaftsinformatik, Fakultät für Wirtschaftswissenschaften, Technische Universität Ilmenau.
Dr. Jörn Voßbein	Mitgründer und Geschäftsführer der UIMC DR. VOSSBEIN GmbH & Co KG, Wuppertal. Auditleiter für Zertifizierungsprojekte im Bereich des Managements der IT-Sicherheit und des Datenschutzes für die UIMCert, Wuppertal, ein 2000 gegründetes

Schwesterunternehmen der UIMC sowie lizenzierter Auditor für BSI-Gundschutz-Zertifizierungen.

Prof. Dr. Reinhard Voßbein   Professor für Betriebswirtschaftslehre, Universität Essen, FG Organisation/Planung/Wirtschaftsinformatik (em.). Mitgründer und Teilhaber der UIMC DR. VOSSBEIN GmbH & Co KG. Geschäftsführer der UIMCert (Zertifizierungsgesellschaft für IT-Sicherheit und Datenschutz).

Dr. Stefan Werner   Syndikus und Rechtsanwalt, Leiter der Rechtsabteilung der Credit Suisse (Deutschland) AG, Frankfurt am Main.

Inhaltsübersicht

Teil A: Organisatorische Konzepte zur Gestaltung eines IT-Sicherheitsmanagements

IT-Risikomanagement in Banken

Hermann Locarek-Junge

Inhalt:

1 Einleitung

Risiken, insbesondere die zur Ertragserzielung eingegangenen Marktpreisrisiken und Risiken aus Kreditengagements, sind traditionell Gegenstand der bankwirtschaftlichen Forschung und Praxis (vgl. z.B. Beeck/Kaiser, 2000, S. 650). Seit Mitte der 90er Jahre wird das Spektrum des Risikomanagements in Banken um die „operationellen Risiken" erweitert. Zwischenfälle wie der Zusammenbruch der Barings Bank im Jahr 1995 und weitere spektakuläre Verluste offenbarten Schwachstellen in Geschäftsprozessen sowie ein Versagen interner Kontrollsysteme in den betroffenen Instituten.

Die hinter diesen Ereignissen stehenden Risiken sind nur zum Teil durch Markt- und Kreditrisiken erklärbar, vielmehr handelt es sich um eine eigenständig zu betrachtende Kategorie innerhalb eines unternehmensweiten Risikomanagements: „Operational Risk". Die Folgezeit brachte zahlreiche Beiträge, Ansätze und Empfehlungen sowohl von Wissenschaft und Bankpraxis als auch von Gesetzgebern und Bankenaufsicht hervor. Den entscheidenden Schub erhielt die Diskussion durch den zweiten Entwurf zu den neuen Basler Eigenkapitalanforderungen (Basel II) vom 16. Januar 2001, der vorsieht, alle Kreditinstitute ab 2005 zu einer Absicherung operationeller Risiken über Eigenkapital und damit implizit zu einem Management dieser Risikokategorie zu verpflichten.

Die Diskussion um Operational Risk verdeckt jedoch, dass es sich keineswegs - wie suggeriert wird - um ein völlig neues Problemfeld handelt (so auch bei Peter et al. 2000, S. 656). Nach der vom Basler Komitee für Bankenaufsicht vorgeschlagenen Definition liegen operationelle Risiken insbesondere in bankbetrieblichen Prozessen und Systemen, mit denen sich aber bereits seit mehreren Jahren das Prozessmanagement und das Informatik-Sicherheitsmanagement befassen und Lösungen erarbeiten. Dieser Zusammenhang wird in den aktuellen, vornehmlich finanzwirtschaftlich geprägten Veröffentlichungen zum Thema "Operational Risk" kaum hervorgehoben. Auf diese Weise fließen auch Erkenntnisse und existierende Lösungsansätze aus beiden Disziplinen nicht in die Diskussion ein und werden damit nicht für das Management operationeller Risiken nutzbar gemacht.

1.1   Problemstellung

Das vorliegende Buch versucht deshalb im ersten Teil, sich dem umrissenen Problem durch eine Betrachtung des Managementprozesses operationeller Risiken in Banken aus dem Blickwinkel der Informationsverarbeitung zu nähern.

Zielsetzung des Buches und der einzelnen, aufeinander abgestimmten Kapitel von Autoren aus Wissenschaft und Praxis sind die Darstellung und Analyse der Aufgaben des Operational Risk Managements (ORM) im Allgemeinen und der Risiken der Informationsverarbeitung (IT-Risiken) im Besonderen. Dabei werden entlang des Risikomanagementprozesses die bisher zu wenig betonten Zusammenhänge, Berührungspunkte und die wechselseitigen Implikationen zwischen ORM, Prozess- und Sicherheitsmanagement in Banken aufgezeigt. Es wird deutlich herausgearbeitet, welche existierenden Methoden des Sicherheitsmanagements im Rahmen des übergeordneten ORM eingesetzt werden können und vor welchen Schwierigkeiten sich das Management operationeller Risiken v.a. in der Behandlung von IT-Risiken sehen muss. Gleichzeitig wird aber auch das traditionelle Prozessmanagement auf die Rolle von Risiko als Gestaltungsparameter hingewiesen. Prozessorientierte Ansätze betrachten ihrerseits Geschäftsprozesse gewöhnlich nur im Gestaltungsdreieck Zeit - Kosten - Qualität, d.h. ohne Risiko als eigenen Gestaltungsparameter ausdrücklich zu diskutieren. Die Sicherheit von Geschäftsprozessen ist dann i.d.R. Bestandteil der Qualität (vgl. Gaitanides et al., 1994, S. 58f und auch Konrad, 1998, S. 17). Es wird dem Thema IT-Sicherheit jedoch nicht gerecht, nur als Teilaspekt behandelt zu werden. Vielmehr ist das IT-Sicherheitsmanagement aus betriebswirtschaftlicher, technisch-organisatorischer und rechtlicher Sichtweise heraus integriert zu betrachten (vgl. Locarek-Junge, 2000 sowie Wilhelm, 2001).

1.2 Ausgangssituation des IT-Risikomanagements

Probst/Knaese unterscheiden den entscheidungsbezogenen Risikobegriff als „Möglichkeit einer Fehlentscheidung, den planungsorientierten Risikobegriff als Nichtrealisation vorausbestimmter Zielgrößen" (Soll-Ist-Abweichung) und den zielorientierten Risikobegriff als „Gefahr der Nichterfüllung eines angestrebten Ziels" (vgl. Probst/Knaese, 1998, S. 24; ebenso auch bei Büschgen, 1998, S. 881). Im Unterschied zur betriebswirtschaftlichen Sichtweise wird Risiko - oder der komplementäre Begriff Sicherheit - im Bereich betrieblicher Informationssysteme vorwiegend zustandsorientiert verwendet: "IT-Sicherheit ist der Zustand eines IT-Systems, in dem Risiken, die beim Einsatz dieses IT-Systems aufgrund von Bedrohungen vorhanden sind, durch angemessene Maßnahmen auf ein tragbares Maß beschränkt sind" (BSI 1992, S. 300). Sicherheit - und damit auch Risiko - bewegt sich entlang eines Kontinuums, wobei Sicherheitsmaßnahmen unterschiedliche Ebenen (Zustände) der Sicherheit erreichen und ein bestimmtes Maß an Restrisiken hinterlassen. Subjektiv ist etwa über eine Wirtschaftlichkeitsbetrachtung der eingesetzten Ressourcen das Grenzrisiko zu ermitteln, das gerade noch tragbar ist. Sicherheit wird damit gleichbedeutend mit subjektiv tragbarem Restrisiko. Ziel aller Bemühungen im Rahmen des Sicherheitsmanagements ist nach Teufel/Schlienger eine „kontrollierte Unsicherheit" (Teufel/Schlienger, 2000, S. 18).

Im nachfolgenden Abschnitt soll kurz auf die Struktur eines IT-Risikomanagements eingegangen werden, wie sie in den Beiträgen des vorliegenden Bandes dann ausführlich dargestellt wird.

2 Komponenten des IT-Risikomanagements in Banken
2.1 Organisation

Banken sind organisatorisch i.d.R. stark dezentralisiert, weil sie einerseits oft als große Unternehmen innerhalb eines Konzerns im Rahmen des Allfinanzanspruchs mit anderen Konzernunternehmen stark verflochten sind, andererseits als Kreditinstitute sich aus bank- und haftungsrechtlichen Gründen auf einen Teil der Bankgeschäfte beschränken. Durch Fusionen und Umstrukturierungen vereinen Banken außerdem oft eine Reihe unterschiedlicher DV-Plattformen unter ihrem Dach oder sie müssen diese innerhalb des Konzerns mit anderen Plattformen vernetzen.

Insofern ist es von erheblicher Bedeutung, die organisatorischen Rahmenbedingungen für ein einheitliches Risikomanagement mit einer zentralen Verantwortlichkeit und Einflussnahme auf das Gesamtsystem zu schaffen. In dem Beitrag von *Jörn Voßbein* zur „Organisation eines IT-Sicherheitsmanagements" in diesem Buch werden die erforderlichen aufbau- und ablauforganisatorischen Regelungen besprochen und die Organisationsmittel vorgestellt. Diese organisatorischen Maßnahmen sind unabhängig von der Vorgabe eines Sicherheitsniveaus oder von konkreten Bedrohungen der Sicherheit zu treffen. Konkrete Maßnahmen innerhalb des organisatorischen Rahmens liegen im Bereich des IT-Sicherheitscontrolling und betreffen beispielsweise die Vorsorge für bestimmte Bedrohungen oder die Betriebssicherheit.

2.2   Auditierung und Zertifizierung

Banken haben als Institutionen ein starkes Sicherheitsbedürfnis und sind aufgefordert, im eigenen sowie im Kundeninteresse ein sehr hohes Sicherheitsniveau zu erreichen und zu garantieren, sowohl in Bezug auf Integrität und Vertraulichkeit der Daten und Prozesse wie auch die Verfügbarkeit der Systeme. Gerade bei reinen Online-Banken gab es zu Zeiten hoher Belastung bereits Kritik der Verbraucherorganisationen und der Aufsicht im Hinblick auf mangelnde Verfügbarkeit und zu hohe Antwortzeiten.

Der hohe Anspruch an Integrität, Vertraulichkeit und Verfügbarkeit bedeutet mit Blick auf die Erfüllung der Kundenanforderungen und bezüglich der Geschäftsprozesse, dass ein hohes Qualitätsniveau in allen genannten Dimensionen garantiert werden muss. Die Verantwortung für Kundengelder und die Position als Markpartner verlangt von den Banken nicht nur, dass sie selbst diese Eigenschaften garantieren, sondern auch, dass sie im Rahmen gesetzlicher (z.B. KonTraG, KWG) und aufsichtsrechtlicher Bestimmungen (z.B. Mindestanforderungen wie MAH, MAK) den Nachweis dieser Sicherheit erbringen und anderen Marktteilnehmern signalisieren, dass sie ein hohes Maß an Sicherheit der Geschäftsabwicklung aufweisen. Analog zum Rating der finanziellen Leistungsfähigkeit wird von *Reinhard Voßbein* die Frage „Auditierung und Zertifizierung der IT-Sicherheit - ein Weg zu sicheren Systemen" als Hilfe zur Generierung dieses Signals behandelt.

2.3   Risikoanalysen und Quantifizierung

Während im Rahmen der Zertifizierung der Status-Quo des IT-Systems bezüglich der Bedrohungen analysiert wird und dabei auf Basis des vorhandenen Systems untersucht wird, wie die Beeinträchtigung des Bankgeschäfts durch Bedrohungen vermieden und die Konsequenzen eines eingetretenen Schadenfalls gering gehalten werden, können durch „Risikoanalysen als Hilfsmittel zur Entwicklung von Sicherheitskonzepten in der Informationsverarbeitung" (*Dirk Stelzer*) die IT-Systeme untersucht und proaktiv verbessert werden. Im Gegensatz zu Grundschutzmaßnahmen, wie sie im Grundschutzhandbuch des BSI (1992) vorgestellt sind, werden bei Risikoanalysen Gefährdungen der Informationsverarbeitung sowie ihre Ursachen und Konsequenzen detailliert untersucht. *Marcus Bräuhäuser, Peter Biltzinger* und *Carsten Lorenz* stellen anschließend an den Beitrag von Stelzer die „Methodische Vorgehensweise bei der Qualitativen Risikoanalyse in der IT-Beratungspraxis" vor. In einem weiteren Beitrag widmen sich *Melanie Jörg* und *Peter Roßbach* den Konsequenzen aus Basel II und den Problemen mit der Quantifizierung der operationellen Risiken am Beispiel der IT-Risiken.

3 Fallstudie

Die genannten Aspekte decken einen erheblichen Teil der aktuell relevanten Fragestellungen des IT-Risikomanagements in Banken aus organisatorischer und ökonomischer Sicht ab. Dies ist selbstverständlich nicht der gesamte Komplex der IT-Sicherheit, denn es fehlen auf jeden Fall noch technische und rechtliche Grundlagen. Doch auch ohne eine Integration der bisher behandelten Teile und einen praktischen Anwendungsfall bliebe die Darstellung des ersten Teils - trotz der sehr detaillierten Herangehensweise der einzelnen Beiträge - unvollständig. Deshalb schließt der als ausführliche Fallstudie gestaltete Beitrag von *Erhard Petzel* „Wie sichert man eine Internetbank?" den ersten Teil ab und leitet inhaltlich auf den zweiten Teil des Buchs über.

Literatur

Beeck, H./Kaiser, T. (2000) : Quantifizierung von Operational Risk mit Value-at-Risk, in: Johannig, L./Rudolph, B. (Hrsg.): Handbuch Risikomanagement Band 1: Risikomanagement für Markt-, Kredit- und operative Risiken, Bad Soden, S. 633-653.

BSI (1992): IT-Sicherheitshandbuch. Handbuch für die sichere Anwendung der Informationstechnik, Bundesamt für Sicherheit in der Informationstechnik, Bonn.

Büschgen, H. (1998): Bankbetriebslehre, 5. Auflage, Wiesbaden.

Gaitanides, M./Scholz R./Vrohlings, A./Raster, M. (1994): Prozeßmanagement, München/Wien.

Konrad, P. (1998): Geschäftsprozeß-orientierte Simulation der Informationssicherheit, Lohmar (zugl.: Universität zu Köln, Diss., 1998).

Locarek-Junge, H. (2000): IT-Sicherheit aus betriebswirtschaftlicher Sicht, in: BSI (Hrsg.): Kosten und Nutzen der IT-Sicherheit, Bonn.

Peter, A./Vogt, H.-J./Kraß, V.: Management operationeller Risiken bei Finanzdienstleistern, in: Johannig, L./Rudolph, B. (Hrsg.): Handbuch Risikomanagement Band 1: Risikomanagement für Markt-, Kredit- und operative Risiken, Bad Soden, S. 655-677.

Probst, G./Knaese, B. (1998) : Risikofaktor Wissen - Wie Banken sich vor Wissensverlusten schützen, Wiesbaden.

Teufel, S./Schlienger, T. (2000): Informationssicherheit - Wege zur kontrollierten Unsicherheit, in: HMD 216 Praxis der Wirtschaftsinformatik: Security Management, S. 18-31.

Wilhelm, S. (2001): Management operativer Risiken in Banken unter dem Aspekt der IT-Sicherheit, Diplomarbeit, Technische Universität Dresden.

Organisation eines IT-Sicherheitsmanagements

Jörn Voßbein

Inhalt:

1 Aufbauorganisatorische Komponenten eines IT-Sicherheitsmanagements

1.1 Organisatorische Ausgangslage

Das Kreditwesen ist organisatorisch i.d.R. durch eine hohe Dezentralisierung geprägt. Diese Dezentralisierung zeigt sich zum einen in einer starken Verflechtung von unterschiedlichen Unternehmen, die unter einem Konzerndach angeordnet sind und hier in Form von verschiedensten Arten der Beteiligung und der Besitzverhältnis-Strukturen existieren. Dies führt wiederum zu stark unterschiedlichen Möglichkeiten der zentralen Einflussnahme.

Ebenso sind die meisten Banken durch ein angegliedertes Filial-Bankensystem geprägt, das zu einer hohen räumlichen Verteilung führt. Darüber hinaus sind diese Filialen häufig von stark unterschiedlichen Größen.

Die intensive organisatorische Verflechtung spiegelt sich in einer hohen Verflechtung der Informationssysteme wider. Hierdurch werden wiederum die unterschiedlichsten Abhängigkeiten hervorgerufen, die dazu führen, dass Sicherheitsprobleme
in Teilsystemen zu einer Bedrohung des Gesamtsystems führen können. Diese hohen Abhängigkeiten begründen somit die Forderung nach einer möglichst zentral
gesteuerten Informationssystem-Politik, darauf aufbauend einer zentralen Informati-
onssystem-Konzeption und wiederum hierauf aufbauend einer entsprechenden zentralen Gestaltung des IT-Sicherheitsmanagements.

Diese zentralen Komponenten müssen jedoch um dezentrale Unterstützungsstruktu-
ren ergänzt werden, um eine Durchdringung des Informationssystems mit den Methoden des IT-Sicherheitsmanagements zu ermöglichen. Nur hierdurch kann eine
ausreichende Berücksichtigung der notwendigen IT-Sicherheitsaspekte in der gesamten Organisation sichergestellt werden.

1.2   Institutionalisierungsformen

Um der Forderung nach einer Kombination aus zentralen und dezentralen Stellen
mit IT-Sicherheitskernaufgaben Rechnung zu tragen, ist es notwendig, eine Stelle
„IT-Sicherheitsbeauftragter" zu schaffen, die durch entsprechende dezentral zu
schaffende Stellen unterstützt wird.

1.2.1   Zentrale Institutionalisierung

Generell gibt es verschiedene Möglichkeiten der Eingliederung der Stelle in die
Unternehmensorganisation:
- IT-Sicherheitsbeauftragter als Stabsstelle oder
- IT-Sicherheitsbeauftragter als Linienfunktion.

Darüber hinaus ist auch die Eingliederung im Hinblick auf die organisatorische Zuordnung in verschiedenen Alternativen möglich.

Die Stelle „IT-Sicherheitsbeauftragter" sollte eine hohe Autonomie besitzen, die es
ihr ermöglicht, relativ unabhängig zu agieren und insbesondere auch Kontrollen im
Hinblick auf die Einhaltung der IT-Sicherheitsforderungen durchzuführen, ohne
Sanktionen befürchten zu müssen. Hierfür bietet sich eine Lösung in Form eines
Stabs an, der ausreichend hoch in der Unternehmenshierarchie angesiedelt ist.

Mögliche Positionierungsalternativen des Stabs sind eine Einordnung unter einer der ersten beiden Führungsebenen:

- Stab unter dem Vorstand (1. Führungsebene) oder
- Stab unter der Ressortleitung o.ä. (2. Führungsebene).

Beide Lösungen haben ihre Vor- und Nachteile.

Bei einem *Stab unter dem Vorstand* ist auf Grund der hohen hierarchischen Einordnung von einer guten Durchsetzbarkeit der Arbeitsergebnisse auszugehen. Insbesondere dann, wenn der Vorstand ein eigenes Interesse - auf Grund einer entsprechenden Sensibilisierung - an dem Thema IT-Sicherheit hat, kann bei einer derartigen Lösung davon ausgegangen werden, dass eine effektive konzeptionelle und strategische Arbeit erfolgen kann.

Andererseits kann die hohe organisatorische Einordnung - neben dem Kostenaspekt - dazu führen, dass eine zu hohe Distanz zu den operativen Einheiten des IT-Bereichs entsteht und somit insbesondere die stärker operativ ausgerichteten Tätigkeiten eines IT-Sicherheitsbeauftragten nur sehr eingeschränkt wahrgenommen werden können.

Demgegenüber ist bei einem *Stab unter der Ressortleitung* eine etwas niedrigere hierarchische Einordnung gegeben, die gegebenenfalls die Möglichkeiten der Durchsetzung strategischer und konzeptioneller Forderungen und Maßnahmen erschweren könnte, andererseits aber auf Grund der näheren Einordnung im Hinblick auf die operativen Einheiten eine bessere Kenntnis des IT-Sicherheits-Tagesgeschäftes ermöglicht. Insbesondere die Gefahr, dass Informationen - auf Grund des Durchlaufens verschiedener hierarchischer Stufen - gefiltert werden, kann hierdurch verringert werden.

Auch für die Auswahl des jeweiligen Ressorts können mehrere Alternativen sinnvoll betrachtet werden. Bei einer Betonung der kontrollierenden Aufgaben und Funktionen des IT-Sicherheitsbeauftragten wäre eine Zuordnung zu dem Ressort „Revision" möglich. Als nachteilig kann hier angesehen werden, dass eine solche Einordnung eher zur Filterung von wichtigen Informationen führen könnte.

Eine Einordnung in das Ressort, dem auch die Informationstechnik zugeordnet wird, wird i.d.R. zu einem erheblich problemloseren Informationsfluss führen. Hierbei ist jedoch darauf zu achten, dass eine gewisse Unabhängigkeit des Informationssicherheitsbeauftragten angestrebt werden muss, da nicht alle Sicherheitsforderungen, die aus Sicht des Gesamtunternehmens sinnvoll sind, unbedingt dem originären Interesse des IT-Bereichs entsprechen. Dies führt dazu, dass für die Person des IT-Sicher-heitsbeauftragten ein Mitarbeiter ausgewählt werden muss, der über eine gewisse Konfliktfähigkeit verfügt, aber auch verschiedene Interessen zusammenführen kann.

Die Institutionalisierung als Linienfunktion ist ebenfalls im Rahmen der beiden an-gesprochenen Ressorts möglich. Sollte der IT-Sicherheitsbeauftragte dem Ressort Revision zugeordnet werden, so ist es sinnvoll, ihn in einen Bereich der EDV-Revi-sion einzugliedern. Aber auch hier gelten die oben beschriebenen Probleme einer re-visionsorientierten Einordnung.

Bei einer Einordnung als Linienfunktion in den Bereich der EDV ist die Forderung an eine gewisse Unabhängigkeit der Person noch größer, da die Einordnung in das hierarchische Gefüge die Akzeptanz durch andere Mitarbeiter derselben hierarchi-schen Ebenen i.d.R. erschwert. Insbesondere unpopuläre Maßnahmen durchzuset-zen, die aus Sicht der IT-Sicherheit notwendig, aber aus Sicht des IT-Betriebs als hinderlich angesehen werden, erfordern ein hohes Maß an persönlichem Durchset-zungsvermögen.

Eine besondere Betonung kann der Bereich IT-Sicherheit dadurch erfahren, dass er auch auf zentraler Ebene nicht nur durch eine Person wahrgenommen wird, sondern von mehreren Personen besetzt ist. Dies bedeutet zum einen, dass ein Stab in Form einer Stabsabteilung geführt wird. Dem hohen Stellenwert, der mit dieser Lösung auch nach außen sichtbar dem Thema IT-Sicherheit eingeräumt wird, steht eine nicht unbeachtliche Kostenintensität dieser Variante entgegen. Gerade aber in größe-ren Bankkonzernen kann eine entsprechende Lösung sinnvoll und angemessen sein. Entsprechendes gilt natürlich auch für eine Implementierung der IT-Sicherheit als Linienfunktion, bei der naturgemäß auch eine hierarchische Zuordnung von Mitar-beitern möglich und sinnvoll sein kann.

1.2.2 Dezentrale Institutionalisierung

Um der angesprochenen starken Dezentralisierung in Banken Rechnung zu tragen, muss die oben beschriebene zentrale Struktur durch eine entsprechende dezentrale Struktur ergänzt werden. Hierfür sollte - in Abhängigkeit von den jeweiligen spezifi-schen Gegebenheiten des Unternehmens - für verschiedene Bereiche je ein An-sprechpartner vor Ort für Fragen der IT-Sicherheit institutionalisiert werden. Ent-scheidungskriterien für die Anzahl der dezentralen Stellen sollten hier

- einerseits inhaltliche wie auch
- andererseits räumliche Aspekte sein.

Auf der inhaltlichen Seite ist es sinnvoll, für Organisationseinheiten, bei denen die IT-sicherheitsspezifischen Problemstellungen ähnlich gelagert sind und bei denen eine insgesamt enge Zusammenarbeit gegeben ist, einen entsprechenden Ansprechpartner zu etablieren. Hier kann i.d.R. eine Orientierung an gegebenen organisatorischen Strukturen vorgenommen werden. Einer räumlichen Verteilung sollte zusätzlich dadurch Rechnung getragen werden, dass für die verschiedenen Standorte zumindest ein Ansprechpartner benannt wird.

Die Aufgaben der jeweiligen dezentralen Ansprechpartner sollten in Abhängigkeit von dem Bedarf in unterschiedlichem Umfang definiert werden, so dass ein Ansprechpartner in einer kleinen Filiale fast ausschließlich Aufgaben der Kommunikation zwischen der Filiale und dem IT-Sicherheitsbereich wahrzunehmen hat, während die Ansprechpartner für IT-Sicherheit in zentralen Bereichen oder großen Filialen zusätzliche operative Aufgaben der IT-Sicherheit wahrnehmen sollten und auch in konzeptionelle und beratende Fragestellungen einbezogen werden müssen.

Um diese Kombination aus zentralen und dezentralen Verantwortlichkeiten möglichst effizient zu gestalten, ist es notwendig, dass ein fachliches Weisungssystem eingerichtet wird, das es dem zentralen IT-Sicherheitsbeauftragten erlaubt, auf die dezentralen Ansprechpartner für IT-Sicherheit einzuwirken. Dies bedeutet, dass - losgelöst von der hierarchischen Einordnung der dezentralen Mitarbeiter - es dem zentralen IT-Sicherheitsbeauftragten gestattet ist, Anweisungen im Rahmen dieses Aufgabenbereiches an die dezentralen Mitarbeiter zu geben. Hierfür müssen die Kompetenzen klar geregelt und dokumentiert sowie auch die geplanten Zeitbudgets formuliert werden, um keine gravierenden Konflikte hervorzurufen.

1.2.3   Ergänzende Stellen mit IT-Sicherheitsaufgaben

Neben den hier dargestellten Stellen, die originäre Aufgaben im Bereich der IT-Sicherheit haben, gibt es eine Reihe von anderen Stellen in einem Unternehmen, deren Tätigkeit eng mit der Wahrnehmung von IT-Sicherheitsaufgaben verbunden ist. Hierzu zählen besonders:

- der Datenschutzbeauftragte und
- die EDV-Revision.

1.2.4   Koordinierungsgremien

Auf Grund der Tatsache, dass die IT-Sicherheit eine Aufgabe ist, die eine Quer-
schnittfunktion darstellt, ist es sinnvoll, einen Mechanismus zu etablieren, der die
verschiedenen Interessen koordiniert. Hierfür bietet sich ein Koordinierungsgremium an, in dem die einzelnen Bereiche vertreten sind und in dem grundlegende Entscheidungen getroffen werden, die ein bereichsübergreifendes Handeln des IT-
Sicherheitsbeauftragten ermöglichen. Um diesen Aufgaben gerecht zu werden, sollte
das Koordinierungsgremium möglichst folgende Mitglieder/Bereiche umfassen:

- IT-Sicherheitsbeauftragter,
- Datenschutzbeauftragter,
- Leitung EDV,
- Leitung Organisation,
- Leitung EDV-Revision sowie
- Fachbereichsleitung(en).

Darüber hinaus ist die Teilnahme eines Mitglieds der obersten Leitungsebene von
Vorteil.

1.3   Aufgabenbereiche
1.3.1   Aufgaben des IT-Sicherheitsbeauftragten

Der IT-Sicherheitsbeauftragte ist Know-how-Träger und Ansprechpartner für alle
Fragen der IT-Sicherheit. Diese umfassen Tätigkeiten der Beratung, der Mitwirkung,
der Schulung und der Kontrolle. Ein Schwerpunkt seiner Tätigkeit ist insbesondere
die Erarbeitung, Umsetzung, Pflege und Kontrolle des IT-Sicherheitskonzepts inklusive der hieraus abzuleitenden Organisationsmittel wie IT-Sicherheitshandbuch und
Richtlinien. In diesen Zusammenhang können die Aufgaben wie folgt strukturiert
werden:

- im Rahmen der Konzeptentwicklung
  - die Schaffung und Aufrechterhaltung des Bewusstseins für die IT-Sicher-
    heitsproblematik,
  - die Erarbeitung der IT-Sicherheitsziele,
  - die Analyse des IT-Systems,
  - die Erarbeitung des IT-Sicherheitskonzeptes sowie

- die Unterstützung der verschiedenen Unternehmensbereiche bei der Umsetzung des IT-Sicherheitskonzepts und

- im Rahmen der Konzeptpflege und -kontrolle
  - die begleitende Kontrolle der Umsetzung sowie
  - die regelmäßige Aktualisierung und Überprüfung des IT-Sicherheitskonzepts und seiner Voraussetzungen.

Desweiteren ist eine der grundsätzlichen Aufgaben die Sensibilisierung und Schulung der Mitarbeiter für Fragen der IT-Sicherheit. Hierbei sollte der IT-Sicherheitsbeauftragte darauf hinwirken, dass der Aspekt der IT-Sicherheit möglichst in allen relevanten Schulungen angesprochen wird.

1.3.2   Aufgaben des Ansprechpartners für IT-Sicherheit

Die Aufgaben des Ansprechpartners für IT-Sicherheit korrespondieren mit denen des IT-Sicherheitsbeauftragten. Wo bei Letzterem die Verantwortung für die Wahrnehmung der verschiedenen Aufgaben liegt, ist bei dem Ansprechpartner eine Mitwirkung zu sehen. Einerseits kann er in den konzeptionellen Prozess das Know-how aus Sicht der Fachbereiche einbringen und andererseits in den Fachbereich das spezifische IT-Sicherheits-Know-how tragen. Darüber hinaus ist er näher am täglichen Geschehen, so dass er Anregungen aus der täglichen Arbeitspraxis in den konzeptionellen IT-Sicherheitsprozess einbringen kann. Insbesondere muss der Ansprechpartner für IT-Sicherheit dazu verpflichtet werden, die Meldung, Erfassung und Auswertung sicherheitsrelevanter Ereignisse durchzuführen.

1.3.3   Aufgaben der ergänzenden Stellen mit IT-Sicherheitsaufgaben

Im Rahmen der Verpflichtung der Sicherstellung der Forderungen des Bundesdatenschutzgesetzes (BDSG) und hier insbesondere bei den technischen und organisatorischen Maßnahmen, wie sie in der Anlage zum § 9 des BDSGs aufgeführt werden, muss der *Datenschutzbeauftragte* die Sicherstellung eines angemessenen Niveaus der IT-Sicherheit fordern. In dieser Funktion ist er einerseits auf die Zusammenarbeit mit dem IT-Sicherheitsbeauftragten angewiesen, andererseits können somit auch Forderungen des IT-Sicherheitsbeauftragten gesetzlich begründet werden.

Kontrolltätigkeiten, die zu den Aufgaben des IT-Sicherheitsbeauftragten gehören, können auch in Zusammenarbeit mit der *EDV-Revision* durchgeführt werden, wo ein unabhängiges Prüfungs-Know-how vorliegt. Die so gewonnenen Ergebnisse können dann wiederum dem IT-Sicherheitsbeauftragten dazu dienen, den IT-Sicherheitsprozess zu verbessern. Auch hier kann als positive Unterstützung gewertet werden, dass im Rahmen der spezifischen Gesetzgebung für das Kreditwesen Forderungen aufgestellt worden sind, die zu einer angemessenen Berücksichtigung des Problemfelds IT-Sicherheit führen müssen.

Ergänzend hierzu müssen allen Stellen, die mit der Erbringung von IT-Dienstleistungen betraut sind, operative Aufgaben im Bereich der IT-Sicherheit zugeordnet werden, wie auch alle Führungskräfte und alle Mitarbeiter für ihren jeweiligen Verantwortungsbereich eine Verpflichtung zur Gewährleistung der IT-Sicherheit tragen müssen.

1.3.4   Aufgaben des Koordinierungsgremiums

Aufgrund des angesprochenen Querschnittcharakters der IT-Sicherheit müssen konzeptionelle Entscheidungen gefällt werden, die einschneidende Auswirkungen auf die Arbeit der Fachbereiche - insbesondere des EDV-Bereichs - haben können. Um hiermit eine ausgewogene Berücksichtigung der Belange aller Bereiche sicherzustellen, aber auch die Akzeptanz durch die Bereiche zu ermöglichen, ist es Aufgabe eines entsprechenden Koordinierungsgremiums, grundlegende konzeptionelle und strategische Entscheidungen gemeinsam zu fällen und die Umsetzung dieser Aufgaben dann an den IT-Sicherheitsbeauftragten zu delegieren und ihn mit den entsprechenden hierfür notwendigen Kompetenzen auszustatten.

2   Ablauforganisatorische Komponenten eines IT-Sicherheitsmanagements

Im Rahmen der Ablauforganisation ist sicherzustellen, dass die bereichsübergreifenden Aufgaben der IT-Sicherheit so in die Organisationen des Unternehmens eingebunden werden, dass bei allen relevanten Prozessen eine Berücksichtigung der IT-Sicherheit gewährleistet werden kann. Dies bedeutet insbesondere, dass Verfahren festgeschrieben werden, die das Einschalten des IT-Sicherheitsbeauftragten immer dann vorsehen, wenn Prozesse gestaltet werden, die - im Zweifelsfall auch nur indirekt - eine Veränderung der IT-Sicherheitslandschaft nach sich ziehen können. Hierfür bietet es sich an, z.B. bei allen Freigabeverfahren im Rahmen der EDV entweder eine Freigabe durch den IT-Sicherheitsbeauftragten festzuschreiben oder aber bei einer entsprechenden Freigabe durch die EDV-Revision im Rahmen der Prüfgrundlage IT-Sicherheitsforderungen zu integrieren. Ein anderes Beispiel hierfür ist die notwendige Integration des IT-Sicherheitsbeauftragten bei der Erarbeitung von IT-Konzepten oder Notfallkonzepten etc.

Darüber hinaus müssen die jeweiligen Abläufe definiert werden, die durch die Koordination der verschiedenen institutionellen Träger der IT-Sicherheit eine reibungslose Erfüllung der IT-sicherheitsorientierten Aufgaben gewährleisten. Die Abläufe, die zu einer Verabschiedung von IT-Sicherheitszielen führen und die Einbeziehung der relevanten Gruppen darstellen, werden in Abb. 1 exemplarisch visualisiert.

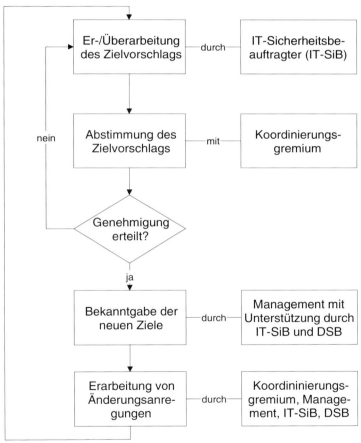

Abb. 1: Ablaufbetrachtung IT-Sicherheitsziel-Erarbeitung

Im Bereich der Banken ist es von besonderer Bedeutung, den IT-Sicherheitsbeauftragten auch in dienstleistungsorientierte Ablaufprozesse einzubinden. Bei zunehmender EDV-Unterstützung der kundenorientierten Prozesse (eBanking) werden die

Anforderungen an eine frühzeitige Einbindung aller relevanten IT-Sicherheitsforderungen in den Entwicklungsprozess neuer Produkte und Funktionen zu einem bedeutenden Imagefaktor. Hierfür müssen entsprechende Ablauforganisationsregelungen getroffen werden, die sicherstellen, dass in den Vorgehensmodellen die Integration des IT-Sicherheitsbeauftragten in einer möglichst frühen Phase erfolgt.

3 Organisationsmittel
3.1 Handbücher und Richtlinien

Um die dargestellten organisatorischen Maßnahmen in dem Unternehmen umzusetzen, ist es notwendig, eine schriftliche Fixierung der organisatorischen Entscheidungen vorzunehmen. Hierfür bietet es sich an, entsprechende Organisationsmittel zu
erlassen, die die Entscheidungen dokumentieren.

In Abhängigkeit von dem generellen Organisationsgrad des Unternehmens können
hier verschiedene Organisationsmittel mit ansteigendem Umfang genutzt werden:
- einzelne Richtlinien,
- Teilkonzepte sowie
- ein umfassendes Gesamtkonzept,

wobei es insbesondere bei dem Letzteren sinnvoll ist, dies in einem Organisationshandbuch - in dem IT-Sicherheitshandbuch - zusammenfassend niederzulegen.

Während in Richtlinien einzelne spezifische Regelungen angesprochen werden, wie
zum Beispiel der Umgang mit Passworten, die Verfahrensweisen der Benutzerverwaltung oder die erlassenen Sicherheitsmaßnahmen für Sicherheitszonen, sind Teilkonzepte schon eine Sammlung von einer Anzahl einzelner Richtlinien zu einem
spezifischen Sicherheitsthema. Beispiele für entsprechende Teilkonzepte können
sein:
- Notfallkonzeption,
- Datensicherungskonzeption,
- Berichtigungskonzeption und
- Testkonzeption.

Werden alle im Unternehmen im Hinblick auf IT-Sicherheit erlassenen Richtlinien
und Konzeptionen in einen übergreifenden strategischen und konzeptionellen Zusammenhang gebracht, so bietet es sich an, diese Gesamtkonzeption in einem IT-
Sicherheitshandbuch niederzulegen.

3.2   Ziel und Nutzen von Handbüchern

Die übergeordneten Ziele des IT-Sicherheitshandbuchs sind generell die Unterstützung der Schaffung von Informationssicherheit sowie die Dokumentation aller dies-
bezüglichen Entscheidungen.

Das IT-Sicherheitshandbuch - als Organisationshandbuch verstanden - ist von seinen
Zielen her ein(e):
- Gestaltungs-/Organisationsmittel,
- Mittel zur Schaffung von Transparenz sicherheitsspezifischer Tatbestände,
- Informationsquelle,
- Führungsinstrument für Vorgesetzte sowie
- Kontrollgrundlage für Vorgesetzte und Mitarbeiter.

Darüber hinaus dient das IT-Sicherheitshandbuch den einzelnen Mitarbeitern zur
Realisierung von Sicherheit und Datenschutz an ihrem Arbeitsplatz und ist dem-
nach:
- Hilfe für Mitarbeiter bei ihrer Arbeit sowie bei der Beantwortung von Zwei-
  felsfragen und
- Bezugspunkt für das gesamte Problem der IT-Sicherheit bei der täglichen
  Arbeit auf allen Ebenen und an allen Stellen.

Das IT-Sicherheitshandbuch ist ein Instrument, mit dessen Hilfe die auf der Basis
einer Konzeption entwickelten IT-Sicherheitsziele sowie die aufbau- und ablauforganisatorischen Maßnahmen den Vorgesetzten und Mitarbeitern des Unternehmens
übermittelt werden sollen. Es ist ein Instrument, das dazu dient, einen reibungslosen
Informationsverarbeitungsbetrieb zu schaffen und zu erhalten, und ist somit Informationsquelle und Nachschlagewerk für alle Mitarbeiter.

Ein solches Handbuch beinhaltet die Zusammenstellung bzw. die Dokumentation
aller in einem Unternehmen für das Gebiet der Sicherheit der Informationsverarbeitung erlassenen und gültigen organisatorischen Regeln. Die konkreten Anweisungen
für Stelleninhaber in der Mitarbeiter- und Vorgesetztenfunktion gehen aus den Re-
gelungen/Richtlinien hervor.

Die Gesamtheit der enthaltenen organisatorischen Regelungen sollte insoweit verbindlichen Charakter besitzen, als Verstöße gegen die Inhalte des IT-Sicherheitshandbuchs zu arbeitsrechtlichen Konsequenzen führen können. Hierfür muss fest-

gelegt werden, welche organisatorischen Regelungen für welche Arbeitsplätze verbindlich sind.

Es ist sinnvoll, das IT-Sicherheitshandbuch sowohl
- in Papierform als Loseblattsammlung als auch
- in elektronischer Form im Rahmen des Intranets oder als CD-ROM
zur Verfügung zu stellen.

Als Empfängerkreis für das gesamte IT-Sicherheitshandbuch sind vorzusehen:
- alle Personen mit Leitungsfunktionen,
- der IT-Sicherheitsbeauftragte,
- die dezentralen Ansprechpartner für IT-Sicherheit,
- der Datenschutzbeauftragte,
- die EDV-Revision sowie
- die Mitarbeitervertretung.

Die Mitarbeiter der einzelnen Abteilungen erhalten Auszüge aus dem IT-Sicherheitshandbuch. Für eventuell darüber hinausgehende Informationsbedürfnisse seitens der Mitarbeiter sollte das gesamte IT-Sicherheitshandbuch zur Ansicht in der jeweiligen Abteilung ausgelegt oder elektronisch zugänglich gemacht werden. Weiterhin ermöglicht eine Veröffentlichung im Intranet, benutzerspezifische Views zu definieren, so dass für die Mitarbeiter auch eine Reduktion ausschließlich auf die für sie relevanten, organisatorisch verbindlichen Inhalte durchgeführt werden kann.

4   Fazit

Zusammenfassend ist festzustellen, dass es zu empfehlen ist, eine Institutionalisierung der IT-Sicherheit so durchzuführen, dass zum einen eine zentrale Funktion - der IT-Sicherheitsbeauftragte - etabliert wird, der für übergreifende konzeptionelle und strategische Aufgaben sowie für beratende Tätigkeiten im Umfeld der IT-Sicherheit verantwortlich ist. Diese Funktion sollte dann um dezentral zu benennende Ansprechpartner für IT-Sicherheit ergänzt werden, die einerseits der IT-Sicherheit zu einer stärkeren Durchsetzung in der Fläche verhelfen können und andererseits jeweils als Ansprechpartner für den zentralen IT-Sicherheitsbeauftragten und die Mitarbeiter der einzelnen Fachbereiche fungieren.

Um eine reibungslose Zusammenarbeit der verschiedenen Verantwortlichen für die IT-Sicherheit zu gewährleisten und gegebenenfalls auch übergreifende Koordinationsgremien einzubinden, sind die jeweiligen Aufgaben und Verantwortungen in entsprechenden ablauforganisatorischen Regelungen zu fixieren und zu einem verbindlichen Teil des Regelungssystems des Unternehmens zu machen.

Generell sollte angestrebt werden, ein IT-Sicherheitshandbuch zu verabschieden, in dem neben der Niederlegung der IT-Sicherheitsziele die verschiedenen Vorschriften und Verfahrensweisen sowohl aufbauorganisatorischer als auch ablauforganisatorischer Natur zusammengefasst werden. Dieses Anweisungs- und Informationswerk muss für alle Mitarbeiter verbindlich sein und kann - sofern vorhanden - zu einem integralen Bestandteil eines übergreifenden Organisationshandbuch-Systems werden, in das z.B. auch ein Datenschutzhandbuch sinnvoll einzubringen ist.

Literatur

Bundesamt für Sicherheit in der Informationstechnik (Hrsg.) (2000): IT-Grundschutzhandbuch, Köln.

Voßbein, J. (1997): Der betriebliche Datenschutzbeauftragte im Umfeld der Organisation der Datensicherheit des Unternehmens, in: Voßbein, R. (Hrsg.): Die Organisation der Arbeit des betrieblichen Datenschutzbeauftragten. Frechen, S. 57-68.

Voßbein, J. (1999): Integrierte Sicherheitskonzeptionen für Unternehmen, Ingelheim.

Voßbein, R. (1995): Das Sicherheitshandbuch - Funktion, Inhalt, Regelungsbereiche, in: Voßbein, R. (Hrsg.): Handbuch 3: Organisation sicherer Informationsverarbeitungssysteme, München/Wien, S. 269-283.

Voßbein, R. (2002): IT-Sicherheitsmanagement - Bedeutung und Besonderheiten für Banken und Sparkassen, in: Banken & Sparkassen, Heft 2, Bad Wörishofen.

Auditierung und Zertifizierung der IT-Sicherheit – ein Weg zu sicheren Systemen

Reinhard Voßbein

Inhalt:

1 IT-Sicherheit als Spezialproblem der Sicherheit in Banken

Auditierung und Zertifizierung der IT-Sicherheit in Banken sind durch folgende Beeinflussungsfaktoren gekennzeichnet:

- Hohe Bedeutung des IT-Sicherheitsniveaus im Hinblick auf
  - Verfügbarkeit,
  - Integrität sowie
  - Vertraulichkeit.
- IT- Sicherheit als Image-Komponente nach außen,

- IT- Sicherheit als wesentliches Merkmal der Informationsverarbeitung nach innen,

- Datenschutz als Komponente der IT-Sicherheit.

Diese vier Beeinflussungsfaktoren - so wird im Folgenden gezeigt - sind wesentlich für die Einschätzung der Relevanz der Zertifizierung in Banken, wenn auch in unterschiedlicher Gewichtung.

Banken sind von Haus aus Institutionen, die ein starkes Sicherheitsbedürfnis haben. Dies trifft für alle Gebiete der Sicherheit zu, auch für die IT-Sicherheit. Banken sollten darüber hinaus die Qualität ihres Sicherheitssystems nicht nur nach innen kommunizieren, sondern auch aktiv in der Kommunikation nach außen einsetzen. Ein aktives Sicherheitsmanagement zu betreiben, ist für die meisten Banken nahezu selbstverständlich, es nach außen hin zu dokumentieren, wird oft aber nicht realisiert. Die nach dem derzeitigen Stand effizienteste Dokumentation nach außen besteht in dem Erwerb eines Zertifikates, das auf Grund seiner Objektivität und dem anerkannten Zertifizierer zu einem wesentlichen Dokument der Image-Beeinflussung und des Marketings werden kann. Desweiteren ist davon auszugehen, dass auch die Mitarbeiter an hoch sicheren IT-Systemen interessiert sein müssen, da auf diese Weise ungerechtfertigte Verdächtigungen bei Sicherheitsverstößen reduzierbar sind und die Mitarbeiter darüber hinaus das Arbeiten mit sicheren IT- Systemen als „Normalität" empfinden sollten. Nicht zuletzt sei darauf hingewiesen, dass moderner Datenschutz nur durch sichere Systeme realisiert werden kann. Datenschutz aber ist für Banken im Regelfall nicht nur die Befolgung eines Gesetzes, sondern gleichzeitig ein Beitrag zur Umsetzung des Bankgeheimnisses.

2 Parameter des IT-Sicherheitsmanagements

Das IT-Sicherheitsmanagement in Banken wird durch folgende typische Kriterien bestimmt:

1. Hoher Anspruch bei Verfügbarkeit, Integrität und Vertraulichkeit
   Der hohe Verfügbarkeitsanspruch führt zu einer großen Bedeutung z.B. des Notfallmanagements. Das IT-Sicherheitsmanagement hat sowohl in der strategischen wie auch operativen Zielsetzung dem Notfallmanagement eine besondere Beachtung zu widmen. Dies wird sich auch beim Outsourcing auswirken, wo diese hohe Bedeutung in entsprechenden Vertragsbedingungen zu verankern ist. Der hohe Integritätsanspruch ist branchenbedingt und benötigt

keine weitere Diskussion. Der hohe Vertraulichkeitsanspruch ergibt sich aus dem Bankgeheimnis und dem Datenschutzgesetz und ist damit im Wesentlichen gesetzlich fundiert.

2. Starke Dezentralisation der IT-Sicherheitsfunktion durch Niederlassungen, Filialen, Geschäftsstellen
   Die starke Dezentralisation der IT-Sicherheit hat Konsequenzen für das IT-Sicherheitsmanagement. Faktisch bedeutet dies, dass Strukturen gefunden werden müssen, die die IT-Sicherheit effizient in alle dezentralen Einheiten zu bringen in der Lage sind. Dies führt i.d.R. zur Installation sog. dezentraler IT-Sicherheitsbeauftragter, die eine Zentralfunktion wesentlich unterstützen müssen. Sicherheit kann praktisch nur „vor Ort" garantiert werden.

3. Hoher Grad an Outsourcing der IV-Funktionen
   In nur wenigen Sektoren der Wirtschaft wird Outsourcing so stark praktiziert wie im Bankensektor. Es gibt kaum eine bedeutende Institution und Organisation des Bankensektors mit starker Dezentralisation, die nicht Teile oder die gesamte Informationsverarbeitung outgesourced hat. Hierdurch wird das IT-Sicherheitsmanagementproblem verlagert, nicht aber gelöst. Die Lösung wird damit in die Organisation des Outsourcing-Nehmers gegeben. Beim Outsourcing-Geber verbleibt aber erstens die Festlegung der Sicherheitsbedingungen in Form von Service Level Agreements und/oder Vertragsbedingungen und zweitens insbesondere die Kontrolle der Effizienz des IT-Sicherheitsmanagements beim Auftragnehmer. Auch das Kontrollrecht sollte vertraglich verankert und real vorgenommen werden. Gegenstand der vertraglichen Festlegung sollte aber nicht nur die IT-Sicherheit im Sinne der Verfügbarkeit und Integrität, sondern auch die Vertraulichkeit, insbesondere aber der Datenschutz sein.

3 Zertifizierung als normgerechte Gestaltung von IT-Systemen

Mittlerweile existiert ein eigener Standard zur Zertifizierung der IT-Sicherheit. Der British Standard 7799 - im Teil 1 auch ISO-IEC 17799-1-Norm - hat sich zum Ziel gesetzt, als Norm für die Auditierung und Zertifizierung des Sicherheitsmanagements von IT-Systemen zu dienen. Er wurde in Großbritannien zwischen 1995 und 2000 zu einem Standard. Eine Gruppe von Praktikern, hauptsächlich aus Großunternehmen, hat in mehrjähriger Arbeit einen Fragenkatalog zusammengestellt, um IT-Systeme effizient auf ihre Sicherheitskriterien untersuchen zu können. Die Erfahrungen der letzten Monate im praktischen Umgang mit der Norm zeigen, dass Unternehmen, die sich gewissenhaft auf die Auditierung und Zertifizierung vorbereiten, zwischen drei und sechs Monaten brauchen, um die Zertifizierungsreife zu erreichen. Allerdings können die gleichen Verfahren, die bei technischen IT-Systemprüfungen angewendet werden, auf gesamte, komplexe Systeme nicht übertragen werden. Dies ist vor allem damit zu begründen, dass bei Gesamtsystemen die nicht-technischen, also organisatorischen Systemteile einen hohen Stellenwert haben. Der BS 7799/ISO-IEC 17799-1 hat hier zu einer deutlichen Verbesserung der Möglichkeiten geführt.

Um dem Standard zu genügen, sind zehn Auditierungs- und Zertifizierungsgebiete zu prüfen. Beispielsweise etwa die Bereiche

- Sicherheitspolitik der Bank/des Konzerns,
- Organisation der IT-Sicherheit,
- eCommerce und/oder Online-Banking-Prozesse,
- IT-Systemsicherheit und -wartung,
- Zugangs- und Zugriffskontrolle,
- Personelle Sicherheit,
- Kommunikationsmanagement oder
- Einhaltung gesetzlicher Bestimmungen, wie Datenschutzgesetze, Kreditwesengesetz o. ä.

Jeder dieser Bereiche ist noch weiter untergliedert und bildet so die Grundlage für die Vorbereitung zur Auditierung (gegebenenfalls für einen vorgeschalteten Check-up), für die Auditierung selbst und in ihrer auditierten Beurteilung und Bewertung auch für die Zertifizierung. Die Erteilung eines Zertifikats ist nach dem Grundkonzept der ISO akkreditierten Institutionen vorbehalten, die die Objektivität und die Qualität der Auditierung und Zertifizierung sicherstellen sollen.

Das Bundesamt für Sicherheit in der Informationstechnik BSI hat auf der Basis des Grundschutzhandbuches eine eigene Norm entwickelt, die jedoch zurzeit noch keine internationale, der ISO-Norm entsprechende Grundlage darstellt. Zwar kann in absehbarer Zeit auch ein dem Grundschutzhandbuch entsprechendes Auditierungssystem eingesetzt werden, diesem würde jedoch die internationale Anerkennung fehlen. Das in Entwicklung befindliche Auditierungssystem selbst soll zu einem vom BSI erteilten Zertifikat führen, das Audit wird von akkreditierten Gutachtern durchgeführt, die dem BSI bei positivem Befund einen Vorschlag zur Gütesiegelerteilung machen.

4 Der Inhalt der Norm als Grundlage für eine Zertifizierung

Die Kapitel-Inhalte der BS 7799/ISO-IEC 17799-1 lassen sich kurz gefasst wie folgt darstellen.

Kapitel 1: Anwendungsbereich der BS 7799/ISO-IEC 17799-1

Die ISO 17799 gibt Empfehlungen für das Informationssicherheits-Management. Sie dient als Leitfaden für die Mitarbeiter, die in einem Unternehmen für die Einführung, Implementierung und Erhaltung der Sicherheit verantwortlich sind. Ziel der Norm ist es, eine gemeinsame Basis zur Entwicklung von organisationsbezogenen Sicherheitsnormen und effektiven Sicherheitsmanagement-Praktiken zu bilden. Darüber hinaus will sie das Vertrauen in die Geschäftsbeziehungen zwischen Organisationen fördern, ein Aspekt der für Banken von hoher Bedeutung ist.

Kapitel 2: Begriffe und Definitionen

Informationssicherheit wird definiert als Aufrechterhaltung der Vertraulichkeit, Integrität und Verfügbarkeit von Informationen. Vertraulichkeit meint hier die Gewährleistung des Zugangs nur für Zugangsberechtigte, wobei Zugang sowohl logisch als auch physisch zu verstehen ist. Im Gegensatz dazu unterscheidet das BSI zwischen Zutritt (physisch), Zugang (logisch zu Systemen) sowie Zugriff (logisch, Lese- und Schreibzugriff). Die Risikoanalyse umfasst die Analyse von Bedrohungen, Auswirkungen und Schwachstellen bei Informationen und Geräten zur Informationsverarbeitung und die Wahrscheinlichkeit des Auftretens. Es empfiehlt sich, Wahrscheinlichkeit hier nicht im statistisch-mathematischen Sinne zu verstehen, sondern eher qualitativ. Sicherheit im Verständnis dieser Norm ist jedoch stets auf singuläre Systeme bezogen.

Kapitel 3: Sicherheitspolitik

In jedem Unternehmen sollte eine Informationssicherheitspolitik verfasst werden, die strategischen Charakter hat und der Sicherheit eine klare Richtung vorgibt. Dies ist für Banken besonders wichtig. Die Unternehmensleitung sollte Unterstützung und Engagement durch organisationsweite Veröffentlichung und Aufrechterhaltung dieser Politik zeigen sowie die Politik genehmigen. Zu den Inhalten gehört u.a. die

Definition von Informationssicherheit, kurze Erläuterungen der Prinzipien, Normen und Anforderungen sowie Zuständigkeiten. Diese werden in einem Dokument schriftlich niedergelegt, das an alle Mitarbeiter verteilt werden sollte und regelmäßig überprüft, bewertet und gegebenenfalls entsprechend angepasst wird. Auf Grund der Dezentralisierung, die als typisches Merkmal von Bankenorganisationen angesehen werden muss, kommt der Formulierung der Sicherheitspolitik ein besonders hoher Stellenwert zu: Nur eine klar formulierte und kommunizierte Sicherheitspolitik gewährleistet, dass sich die Mitarbeiter an ihr ausrichten können.

Kapitel 4: Organisation der Sicherheit

Zur Organisation der Informationssicherheit in einer Institution sollte ein Rahmen geschaffen werden, um die Sicherheitsstrategien und -richtlinien erfolgreich zu implementieren und kontrollieren. Dazu sollten Managementforen, d.h. Management-Teams gebildet werden, um die Politik zu genehmigen, Rollen der Sicherheit zu verteilen und die Umsetzung unternehmensweit zu koordinieren. Dies ist i.d.R. in Bankorganisationen realisiert, da die starke Dezentralisierung die Arbeit auf dem Gebiet der IT-Sicherheit zu einer unerlässlichen Vorbedingung werden lässt. Je nach Bedarf sollten zusätzlich intern Beratungsstellen eingeführt werden und/oder Kontakte zu externen Sicherheitsfachkräften gehalten werden. Haben Fremdunternehmen Zugang, sei es im Hinblick auf Wartungs-, Reinigungsdienstleistungen oder auch im Rahmen des Outsourcings, sind geeignete Maßnahmen einzuleiten, die die Sicherheit institutionseigener Geräte zur Informationsverarbeitung und Informationswerte erhalten sollen. Insbesondere die Verträge mit Fremdunternehmen sind den unternehmensspezifischen Risiken anzupassen. Am Beispiel der Verfügbarkeit bedeutet dies, dass auf Grund der hohen Verfügbarkeitsanforderungen in Bankorganisationen Verträge mit Wartungsunternehmen so zu gestalten sind, dass die maximal zu tolerierende Unterbrechungszeit abgesichert wird.

Kapitel 5: Einstufung und Kontrolle der Werte

Werte stellen in einer Organisation alle materiellen und immateriellen Elemente dar, die für die Aufrechterhaltung des Geschäftsbetriebs notwendig sind. Um diese Werte angemessen zu schützen, sollte jeder Wert einem bestimmten Mitarbeiter zugerechnet werden können, d.h. jeder Wert fällt in den Zuständigkeitsbereich eines Mitarbeiters. Die identifizierten Werte sollen in einem Inventar aufgelistet und eingestuft werden. Diese Empfehlung der Normen ist insbesondere im Hinblick auf die vorgeschlagene Inventarisierung nicht leicht zu realisieren. Allerdings sind Bankorganisationen spätestens seit den zu treffenden Lösungen für das Jahrtausend-Problem auf die Einstufung der Werte vorbereitet, jedoch sollte die Aussagefähigkeit insbesondere für IT-Sicherheitsprozesse nicht überschätzt werden.

Kapitel 6: Personelle Sicherheit

Maßnahmen zur personellen Sicherheit von Stellenbeschreibungen über Schulungen bis hin zu Verhaltensweisen bei Sicherheitsvorfällen sind zentrales Element dieses Teils der Norm. So wird hier eine Reduzierung der Risiken durch menschlichen Irrtum, Diebstahl, Betrug oder Missbrauch der Einrichtungen angestrebt. Die Sicherheitsansprüche von Banken haben schon lange zu der Erkenntnis geführt, dass sichere IT-Systeme auch den Mitarbeitern nutzen, weil durch die Sicherheit der Systeme ungerechtfertigte Verdächtigungen weniger leicht aufkommen können. Sicherheitsverantwortlichkeiten sollten bereits bei der Einstellung angesprochen, in Verträge aufgenommen und während der Beschäftigung überprüft werden. Desweiteren sollten Benutzerschulungen zur Sensibilisierung durchgeführt werden, um zu gewährleisten, dass sich die Benutzer der Bedrohungen und Bedenken bezüglich der Informationssicherheit bewusst sind und bei ihrer Tätigkeit über Mittel zur Umsetzung der Sicherheitspolitik verfügen. Zentral ist hier ferner, das richtige Verhalten bei Sicherheitsvorfällen und Störungen zu vermitteln, um Schaden zu begrenzen, Vorfälle zu überwachen und einen Zugewinn an Erkenntnis verzeichnen zu können. Allgemeines Notfallmanagement ist jedoch auch bei Banken in vielen Fällen noch nicht zum Bestandteil des Umgangs mit sicheren Systemen geworden.

Kapitel 7: Physische und umgebungsbezogene Sicherheit

In dem Unternehmen sollten Sicherheitszonen identifiziert werden, um den unberechtigten Zugang, Beschädigung und Störung der Geschäftsräume und Informationen zu verhindern. Dies ist in Bankbetrieben bereits seit langem gängige Praxis und durchweg realisiert. Dazu sollten Sicherheitsgrenzen definiert und Zugangskontrollen implementiert werden. Die Geräte sollten physisch vor Sicherheitsbedrohungen und umgebungsbedingten Gefahren geschützt werden mit dem Ziel, Verlust, Beschädigung oder Kompromittierung von Werten und damit eine Unterbrechung der Geschäftsaktivitäten zu vermeiden. Diese Maßnahmen schließen auch unterstützende Einrichtungen wie die Stromversorgung und die Infrastruktur der Verkabelung ein - Maßnahmen, die in Bankunternehmen generell realisiert sind.

Kapitel 8: Management und Kommunikation des Betriebs

Ein korrekter und sicherer Betrieb von Geräten zur Informationsverarbeitung kann nur gewährleistet werden, wenn entsprechende Verantwortlichkeiten und Verfahren für die Verwaltung und den Betrieb aller Geräte zur Informationsverarbeitung eingeführt werden. Hierzu gehört auch die Erstellung von Betriebsanweisungen und Meldeverfahren für Vorfälle. Eine Pflichtentrennung sollte implementiert werden, um das Risiko des fahrlässigen oder absichtlichen Systemmissbrauchs zu reduzieren. Im Rahmen der Systemplanung und -abnahme sind zur Einschränkung des Risikos von Systemausfällen Vorausplanung und Vorbereitung zur Sicherung der Verfügbarkeit adäquater Kapazitäten und Ressourcen erforderlich. Vorsichtsmaßnahmen zum Schutz vor bösartiger Software sind mit dem Ziel einzuleiten, die Integrität von Software und Informationen zu schützen. Das Ziel der Aufrechterhaltung der Integrität und Verfügbarkeit von Diensten zur Informationsverarbeitung und Kommunikation kann durch Regelungen der internen Organisation realisiert werden. Als Mittel dienen hier Backup-Strategien sowie Bediener- und Fehlerprotokollerstellung. Von hoher Bedeutung ist ferner das Netzwerkmanagement einschließlich einer Sicherung der Übermittlung sensitiver Daten über öffentliche Netze. Weiterhin sollten Maßnahmen zum Umgang mit der Sicherheit von Datenträgern getroffen werden, wie z.B. die Kontrolle der Datenträger und physische Schutzregelungen. Hier ist insbesondere auch die Datenträgerlagerung in speziellen Schutzzonen von Bedeutung. Bei dem Austausch von Informationen und Software, v.a. im Bereich eCommerce und eMail, sollten Verfahren implementiert werden, die Verlust, Änderung oder Missbrauch von Informationen verhindern. Insbesondere die bereits seit Jahren bewährten Online-Banking-Verfahren haben dazu geführt, dass auf diesem Sektor im Regelfall ein hohes Schutzniveau in Banken realisiert ist.

Kapitel 9: Zugangskontrolle

Bei der Kontrolle des Zugangs zu Informationen sollten Politiken für die Informationsverarbeitung und Regelung von Zugriffsberechtigungen beachtet werden. Diese sollten in die Verantwortung der Benutzer gestellt werden, so dass nur berechtigte Mitarbeiter Zugriff haben. Gleiches gilt für Netzwerk, Betriebssystem und Anwendungszugriffe. Um unberechtigte Tätigkeiten aufzudecken, sollte der Zugriff und die Benutzung überwacht werden. Betreibt die Organisation Mobile Computing und/oder Telearbeit, sind auch in diesen Bereichen angemessene Vereinbarungen zur Informationssicherheit zu treffen. Die Realisierung von Zugangs- und Zugriffs-Kontroll-Systemen ist in Banken nahezu perfekt organisiert und realisiert.

Kapitel 10: Systementwicklung und -wartung

Die Logik des Aufbaus der Norm ist nicht in allen Fällen voll überzeugend. So behandelt zum Beispiel das Kapitel zehn Themen der Systementwicklung und -wartung ebenso wie kryptografische Verfahren. Ziel ist, Sicherheit in Informationssysteme schon bei der Entwicklung einzubauen. Dies umfasst die Infrastruktur, Geschäftsanwendungen und von Benutzern entwickelte Anwendungen. Die Organisation sollte prüfen, ob kryptografische Maßnahmen für das eigene Unternehmen sinnvoll sind, um die Vertraulichkeit, Authentizität und Integrität von Informationen durch eine Politik für den Einsatz kryptografischer Maßnahmen, einschließlich digitaler Signaturen, zu schützen. Im Rahmen der Sicherheit von Systemdateien sollte der Zugriff auf diese kontrolliert werden. Auch Projekt- und Supportumgebungen sollten streng kontrolliert werden, da nur so die Sicherheit von Software und Informationen in Anwendungssystemen erhalten werden kann.

Kapitel 11: Management des kontinuierlichen Geschäftsbetriebs

Im Mittelpunkt der Maßnahmen zur Aufrechterhaltung des Geschäftsbetriebes (Business Continuity) steht die Einführung von Aktivitäten gegen Unterbrechungen und der Schutz kritischer Geschäftsprozesse vor den Auswirkungen von Störungen oder Katastrophen. Dazu sollten Pläne verfasst und implementiert werden, die durch eine Kombination aus vorsorglichen und wiederherstellenden Kontrollen dieses Risiko auf ein akzeptables Maß reduzieren. Hierzu sind die Folgen der Vorfälle zu analysieren sowie Notfallpläne zu entwickeln und anzuwenden. Diese Pläne sollten kontinuierlich getestet, neu analysiert und angepasst werden. Besonders das Problem der Business Continuity ist für Banken von extrem hoher Bedeutung und hat dementsprechend bei der Zertifizierung von Banksystemen einen hohen Stellenwert. Auch hier liegt durchweg ein hoher Realisierungsgrad vor.

Kapitel 12: Einhaltung von Verpflichtungen

Die Entwicklung, der Betrieb, der Einsatz und die Verwaltung von Informationssystemen kann gesetzlichen, behördlichen und vertraglichen Sicherheitsanforderungen unterworfen sein. Um Verletzungen jeglicher Gesetze des Straf- oder Zivilrechts, gesetzlicher, behördlicher oder vertraglicher Verpflichtungen und jeglicher Sicherheitsanforderungen interner Art zu vermeiden, sollte die Institution geeignete Maßnahmen implementieren. Dazu gehört die Identifikation anzuwendender Gesetze, die Beachtung des Datenschutzes und die Geheimhaltung persönlicher Informationen usw. sowie die Überprüfung der Sicherheit von Informationssystemen zur Erfüllung organisationseigener Sicherheitspolitiken, -vorgaben und Normen.

Zusammenfassend lässt sich bei einer kritischen Betrachtung der Forderungen der Normen und ihrer Realisierung in Bankunternehmen feststellen, dass Banken durchweg über ein hohes Realisationsniveau verfügen und bei ihnen demnach die Vorbedingungen für eine Zertifizierung in beachtlichem Umfang gegeben sind.

5 Die Vorgehensweise einer Zertifizierung

In Anlehnung an den BS 7799/ISO-IEC 17799 und seine Ausführungen lässt sich die Vorgehensweise einer Zertifizierung folgendermaßen charakterisieren:

- Zunächst muss das Unternehmen eine Informationssicherheitspolitik für sich definieren. Dies ist in den meisten Unternehmen, auch in Banken, nicht geschehen. Dieser Schritt hat nicht nur Bedeutung für das Zertifizierungsvorhaben, sondern ist gleichzeitig eine strategische Standortbestimmung.

- Der Anwendungsbereich des Managementsystems für Informationssicherheit muss bestimmt werden. Dies bedeutet, dass eine Segmentierung des gesamten Systems erfolgen sollte, um sog. IT-Sicherheitssubsysteme zu bilden, die Bestandteile eines insgesamt zu managenden IT-Sicherheitssystems sind. Diese Systemsegmentierung ist insbesondere für hochkomplexe Systeme von Bedeutung, wobei es möglich ist, dass nur Teilsysteme einer Auditierung und Zertifizierung unterworfen werden. Desweiteren sind die Grenzen hinsichtlich der Merkmale der Organisation, ihrer Werte und ihrer eingesetzten Technologie festzulegen.

- Es erfolgt eine angemessene Risikoanalyse. Die Analyse muss sowohl die Bedrohung der Werte als auch Schwachstellen und Auswirkungen auf die Organisation identifizieren sowie die Höhe des Risikos bestimmen. Hier spielen die Risikoanalyseverfahren eine wichtige Rolle, wobei nicht nur die quantitativen Elemente, sondern auch die methodischen von Bedeutung sind. So wird in vielen Fällen der quantitativen Risikoberechnung ein zu hoher Stellenwert zugeordnet, während die qualitativen Risikobewertungsmethoden, die darüber hinaus die Grundlage für eine Risikostrategie bilden, in ihrer Bedeutung häufig unterbewertet werden.

- Weiterhin müssen geeignete Sicherheitsziele und Maßnahmen definiert und dokumentiert werden, die dann kommuniziert werden und in ihrer Realisierung/Umsetzung zu kontrollieren sind. Es zeigt sich, dass Sicherheitsziele in formulierter Form meist nahezu nicht vorhanden sind und häufig erst zum Zweck der Auditierung erarbeitet werden müssen. Maßnahmen sind häufig nicht dokumentiert und daher in ihrer Umsetzungskontrolle, ihrer Effizienzbewertung und ihrer Verantwortungszuordnung nicht nachvollziehbar.

- Die bis hier erfolgten Schritte sind in nach Bedarf festzulegenden Abständen zu überprüfen. Die Nachprüfung der einzelnen abzuwickelnden Phasen ist ein Schritt auf dem Wege zum IT-Sicherheitscontrolling und dient nicht nur der Überwachung der Effizienz, sondern darüber hinaus der Dynamisierung des gesamten IT- Sicherheitssystems mit dem Ziel seiner ständigen Aktualisierung.

Geeignete Kontrollverfahren geben Auskunft über die Effizienz der ausgewählten Maßnahmen und ermöglichen es, ein erreichtes Niveau der IT-Sicherheit auf Dauer beizubehalten, was dem eigentlichen Sinn der Qualitätsprüfung des IT-Sicherheitsmanagementsystems entspricht.

Bei Bewertung der obengenannten besonderen Eigenschaften der IT-Sicherheit in Banken wird durch die spezifischen Eigenschaften der BS 7799/ISO-IEC 17799 dem Merkmal hoher Verfügbarkeit und Integrität in der Prüfung voll Rechnung getragen. Ein Problem bedeutet im Zweifelsfall die Notwendigkeit, der stark dezentralen Struktur gerecht zu werden. Hierfür ist es notwendig, dass - um den Bedingungen des Standards zu genügen - bestimmte Vor-Ort-Prüfungen gegebenenfalls mehrfach vorgenommen werden müssen, um den Stand der Sicherheit auch in den dezentralen Einheiten genau feststellen zu können. Da das Ziel eines solchen Auditierungsvorhabens in der Ausstellung eines Zertifikats bestehen wird, ist es gegebenenfalls notwendig, nur bestimmte organisatorische Einheiten im Hinblick auf ihre IT-Sicherheit zu prüfen, zu bewerten und gegebenenfalls zu zertifizieren. Dies bedeutet, dass der Auftrag für das gesamte Projekt deutlich umrissen werden muss, damit klar ist, worauf sich das Ergebnis der Auditierung und Zertifizierung bezieht bzw. beziehen soll.

6 Outsourcing als charakteristisches Merkmal von Bank-IT-Systemen

Banken haben durchweg Teile ihrer Informationsverarbeitung outgesourced. Dies bedeutet, dass die Outsourcing-Nehmer in hohem Maße für die Sicherheit der Informationsverarbeitung verantwortlich sind. Es werden mit den Outsourcing-Nehmern durchweg sog. Service Level Agreements vertraglich vereinbart, in denen auch Festlegungen für die Sicherheit der Informationsverarbeitung getroffen werden müssen. Ein gewisses Problem ist darin zu sehen, dass die Outsourcing-Nehmer z.T. in unterschiedliche Prozessstufen eingegliedert sind, und dass gegebenenfalls Daten zwischen Systemen ausgetauscht werden, die von unterschiedlichen Outsourcing-Nehmern betrieben werden. Den Banken ist darüber hinaus in den meisten Fällen ein Revisionsrecht im Vertrag eingeräumt, das die Revision der IT-Sicherheit einschließt.

Der hohe Grad an Outsourcing bedeutet, dass Banken im Zweifelsfall einen Einfluss dergestalt auf ihren Datenverarbeiter nehmen müssen, dass dieser sich einer Qualitätsprüfung unterzieht. Diese Forderung nach einer Qualitätsprüfung ist im Bankenumfeld insbesondere deswegen vergleichsweise leicht zu realisieren, weil die Outsourcing-Nehmer häufig Tochtergesellschaften oder verbundene Unternehmen sind. Dies bedeutet, dass der Outsourcing-Nehmer das Zertifikat zu erwerben hat, um sich gegenüber seinen Auftraggebern zu qualifizieren. Wieweit und in welcher Form dann allerdings die Bankeninstitution noch in der Lage ist, das Zertifikat des Outsourcing-Nehmers marketingmäßig zu verwerten, müsste einer besonderen Abmachung und Klärung unterzogen werden.

7 Zusammenfassung und Fazit

Es wurde festgestellt, dass Bankeninstitutionen im Regelfall einige Besonderheiten gegenüber anderen Unternehmen aufweisen. Dies sind insbesondere die Merkmale der starken Dezentralisierung und eines erheblichen Outsourcing-Niveaus. Weitere erheblich spezifischere Eigenheiten, wie hoher Anspruch an Verfügbarkeit, Integrität und Vertraulichkeit, gehören zum Bankenalltag und sind bei heutigen Systemen bereits durchweg verwirklicht. Es wurde darüber hinaus festgestellt, dass das realisierte Sicherheitsniveau auf Grund langjähriger Beschäftigung mit dem Sicherheitsproblem in Banken in vielen Fällen dem von der Norm geforderten Realisationsniveau entsprechen wird. Dies wird im Regelfall dazu führen, dass die Ergebnisse einer Auditierung positiv ausfallen werden und eine vergleichsweise komplikationslose Zertifizierung möglich machen dürften. Die hierin liegende Chance, ein zertifiziertes System mit den entsprechenden Außenwirkungen des Zertifikats bestätigt zu erhalten, sollte von Banken im positiven Sinne genutzt werden.

Literatur

Bundesamt für Sicherheit in der Informationstechnik (Hrsg.) (1992): IT-Sicherheitshandbuch, Handbuch für die sichere Anwendung der Informationstechnik, Bonn.

Bundesamt für Sicherheit in der Informationstechnik (Hrsg.) (2000): IT-Grundschutzhandbuch, Köln.

Voßbein, R. (1999): Das KonTraG - Neue Impulse für Datensicherheit, in: IT-Sicherheit, Heft 5, Frechen.

Voßbein, R. (2000): IT-Sicherheit zertifizieren lassen, in: IT-Sicherheit, Heft 5, Frechen.

Voßbein, R. (2001): Auditierung durch Sicherheit von IT-Systemen, in: ReVision, Heft 3, Hamburg.

Voßbein, R. (2002): IT-Sicherheitsmanagement - Bedeutung und Besonderheiten für Banken und Sparkassen, in: Banken & Sparkassen, 2002-2, Bad Wörishofen.

Risikoanalysen als Hilfsmittel zur Entwicklung von Sicherheitskonzepten in der Informationsverarbeitung

Dirk Stelzer

Inhalt:

1 Entwicklung von Sicherheitskonzepten in der Informationsverarbeitung

1.1 Bedeutung von Sicherheitskonzepten für das Sicherheitsmanagement

Soll das Sicherheitsniveau in einer Organisation, d.h. in einem Unternehmen oder einer Behörde, erhalten oder erhöht werden, so bietet es sich an, die dazu notwendigen Maßnahmen strukturiert und systematisch zu planen, zu realisieren und zu kontrollieren oder, anders formuliert, Sicherheitsmanagement zu betreiben. Als Unterstützung wird häufig empfohlen, ein Sicherheitskonzept zu entwickeln (vgl. BSI, 1992; Bundesminister des Innern, 1992; Lippold/Stelzer/Konrad, 1992). Ein Sicherheitskonzept ist ein Plan zur Erhaltung oder Verbesserung der Sicherheit der Informationsverarbeitung in einer Organisation (vgl. BSI, 1992; Lippold/Stelzer/Konrad, 1992). Die Entwicklung eines Sicherheitskonzepts ist ein zentraler Bestandteil des Sicherheitsmanagements.

Grundsätzlich lassen sich zwei Vorgehensweisen unterscheiden, wie Sicherheitskonzepte entwickelt werden können, nämlich die Verwendung von Grundschutzmaßnahmen und die Durchführung von Risikoanalysen. Diese beiden Vorgehensweisen unterscheiden sich nicht in ihrem Ziel. Beide streben an, die Sicherheit der Informationsverarbeitung zu erhöhen oder zumindest zu erhalten. Allerdings gibt es erhebliche Unterschiede in der Art und Weise, wie dieses Ziel erreicht werden soll. In den beiden folgenden Teilkapiteln werden zunächst die Grundgedanken bei der Anwendung von Grundschutzmaßnahmen und Risikoanalysen erörtert, bevor im Anschluss detaillierter auf die Risikoanalyse eingegangen wird.

1.2   Entwicklung von Sicherheitskonzepten auf der Basis von Grundschutzmaßnahmen

Grundschutzmaßnahmen werden in der anglo-amerikanischen Literatur als „baseline security measures" bezeichnet (vgl. Gerber/von Solms, 2001; Parker, 1989; Wong, 1986). Parker erörtert dieses Konzept folgendermaßen: „ ... adopting generally accepted controls and practices used by other well-run business organizations under similar circumstances to meet the insurance, legal, business and practical standards of due care" (Parker, 1989). Im deutschsprachigen Raum hat sich für dieses Vorgehen spätestens seit der Publikation des IT-Grundschutzhandbuchs des Bundesamtes für Sicherheit in der Informationstechnik (BSI, 2000) die Bezeichnung „Grundschutzmaßnahmen" durchgesetzt. Dabei handelt es sich um die Entwicklung eines Sicherheitskonzepts durch die Auswahl der für einen bestimmten Anwendungsbereich für notwendig erachteten und allgemein anerkannten Sicherungsmaßnahmen. Die Angemessenheit der ausgewählten Sicherungsmaßnahmen wird dabei nicht in erster Linie durch die Analyse bestehender Risiken und das Risikoreduzierungspotenzial von Sicherungsmaßnahmen begründet, sondern durch die „übliche Praxis" in vergleichbaren Institutionen.

Die Entwicklung von Sicherheitskonzepten auf der Basis von Grundschutzmaßnahmen beruht auf folgendem Grundgedanken: In bestimmten Bereichen sind (fast) alle Organisationen den gleichen Gefährdungen ausgesetzt. Die Mehrheit der umsichtigen und erfahrenen Sicherheitsbeauftragten verwendet in diesen Bereichen ähnliche Sicherungsmaßnahmen. Mit Hilfe dieser Sicherungsmaßnahmen kann eine ausreichende Sicherheit erzielt werden.

Die Auswahl der Sicherungsmaßnahmen folgt – etwas vereinfacht formuliert – folgendem Schema: Mit Hilfe von Check-Listen, Fachliteratur oder der gängigen Praxis in vergleichbaren Organisationen werden Sicherungsmaßnahmen gesichtet. Im Anschluss wird analysiert, welche der Sicherungsmaßnahmen mit vertretbarem Aufwand zu realisieren sein scheinen, ohne dass man – wie bei der Risikoanalyse – das konkrete Gefährdungspotenzial im Detail untersucht. Beispiele für Sicherungsmaßnahmen, die typischerweise mit Hilfe des Grundschutzansatzes ausgewählt werden, sind Feuermelder in Rechenzentren, Virenschutzsoftware auf Arbeitsplatzrechnern oder eine unterbrechungsfreie Stromversorgung für einen Server, der geschäftskritische Anwendungen unterstützt.

Für die Entwicklung von Sicherheitskonzepten mit Hilfe von Grundschutzmaßnahmen sprechen folgende Argumente. Diese Vorgehensweise ist wenig aufwändig und dadurch preiswert und schnell zu realisieren. Die Mitarbeiter, die ein Sicherheitskonzept auf der Grundlage von Grundschutzmaßnahmen entwickeln, benötigen zwar solide Kenntnisse der Informationsverarbeitung sowie der IT-Sicherheit, sie benötigen aber keine zusätzliche Ausbildung in einer bestimmten Methode, wie dies bei der Durchführung von Risikoanalysen in der Regel der Fall ist. Die Anwendung von Grundschutzmaßnahmen führt zu einheitlichen Sicherungsstrukturen in vergleichbaren Bereichen des Unternehmens. Dies wiederum führt zu verschiedenen Synergieeffekten z.B. bei Beschaffung, Schulung und Wartung der Sicherungsmaßnahmen bzw. der dazu erforderlichen Hilfsmittel. Außerdem ist die Einhaltung eines solchen Sicherungskonzepts relativ einfach zu kontrollieren.

Allerdings hat der Grundschutzansatz auch einige gravierende Nachteile. Er kann z.B. nur dann angewendet werden, wenn es vergleichbare Vorbilder gibt. Gerade beim Einsatz neuer Technologien oder Anwendungen gibt es aber häufig noch keine „üblichen" und „allgemein anerkannten" Sicherungsmaßnahmen. Außerdem kann der Grundschutzansatz leicht zu einer Übersicherung in einigen Bereichen und zu einer Untersicherung in anderen Bereichen führen, weil die tatsächlich existierenden Risiken weder detailliert untersucht noch erkannt worden sind. Der Grundschutzansatz folgt zwar dem „gesunden Menschenverstand", ist aber keine methodisch gut fundierte Vorgehensweise. Die Fragen, welche Vorbilder für die Auswahl von Sicherungsmaßnahmen herangezogen werden sollen oder welche Check-Listen gute Hinweise auf Sicherungsmaßnahmen geben, müssen die Verantwortlichen nach eigenem Ermessen beantworten. Zudem lassen sich kostenintensive Sicherungsmaßnahmen gegenüber den Entscheidungsträgern oft nur schwer begründen.

Dennoch scheint der Grundschutzansatz in der Praxis am weitesten verbreitet zu sein. Dies ist wahrscheinlich darauf zurückzuführen, dass Sicherheitskonzepte auf der Basis von Grundschutzmaßnahmen leichter, schneller und billiger entwickelt werden können als mit Hilfe von Risikoanalysen.

1.3   Entwicklung von Sicherheitskonzepten auf der Basis von Risikoanalysen

Im Rahmen einer Risikoanalyse werden Gefährdungen der Informationsverarbeitung sowie ihre Ursachen und Konsequenzen detailliert untersucht, um auf dieser Grundlage für verschiedene IT-Systeme und deren Anwendungen jeweils angemessene Sicherungsmaßnahmen auswählen zu können. Es gibt sehr unterschiedliche Konzepte zur Durchführung von Risikoanalysen (vgl. Peltier, 2001; Stelzer, 1994). US-amerikanische Bundesbehörden sind z.B. bereits 1979 verpflichtet worden, auf der Grundlage einer vom National Bureau of Standards publizierten Richtlinie (vgl. NBS, 1979) Risikoanalysen für die Datenverarbeitung durchzuführen. Seitdem haben US-amerikanische Normungsgremien verschiedene Richtlinien für die Durchführung von Risikoanalysen publiziert (vgl. Stoneburner/Goguen/Feringa, 2001). 1992 veröffentlichte das Bundesamt für Sicherheit in der Informationstechnik (BSI) das Handbuch für die sichere Anwendung der Informationstechnik (BSI, 1992). Bundesbehörden in Deutschland müssen ein Sicherheitskonzept für die Informationsverarbeitung entwickeln. Sie sind von der Bundesregierung aufgefordert worden, zu diesem Zweck die im IT-Sicherheitshandbuch beschriebene Risikoanalyse-Methode als Orientierung heranzuziehen (vgl. Bundesminister des Innern, 1992). Obwohl an dem IT-Sicherheitshandbuch - insbesondere an der dort beschriebenen Risikoanalysemethode - vielfältige Kritik geübt worden ist (vgl. Bundesminister des Innern, 1993; Stelzer/Konrad/Lippold, 1993), dürfte diese Methode die im deutschsprachigen Raum bekannteste Richtlinie für die Durchführung von Risikoanalysen sein.

Die Verfechter der Risikoanalyse gehen von bestimmten Annahmen aus. Um beurteilen zu können, ob es sinnvoll ist, eine Risikoanalyse durchzuführen, muss man sich diese Annahmen bewusst machen:

- Struktur, Bedeutung und Umfeld der Informationsverarbeitung sowie die zu schützenden Werte sind in vielen Organisationen sehr verschieden.

- Innerhalb komplexer Organisationen gibt es sehr unterschiedliche Sicherungsanforderungen.

- Deshalb gibt es für die wenigsten Bereiche, in denen Informationsverarbeitung betrieben wird, Standardvorschläge für angemessene Sicherungsmaßnahmen.

- Der Bedarf an Sicherungsmaßnahmen muss durch eine detaillierte Analyse der Risiken ermittelt werden.

- Ein angemessenes Sicherheitskonzept lässt sich in den meisten Fällen nur durch die Analyse der Risiken und die darauf aufbauende Auswahl von Sicherungsmaßnahmen erzielen.

Mit der Durchführung einer Risikoanalyse können verschiedene Ziele verfolgt werden. In erster Linie soll eine Risikoanalyse helfen, angemessene Sicherungsmaßnahmen zu ermitteln. Die Frage, wann Sicherungsmaßnahmen angemessen sind, ist sowohl in Abhängigkeit von der Art (Welche Risiken sollen bekämpft werden?) als auch von der Höhe bzw. dem Ausmaß der Risiken (Welcher Aufwand soll betrieben werden, um bestimmte Risiken zu bekämpfen?) zu beantworten. Eine Risikoanalyse muss es den Verantwortlichen ermöglichen, diese Fragen zu beantworten. In der Regel wird es hilfreich sein, wenn während der Risikoanalyse das Verständnis der relevanten Zusammenhänge verbessert wird. (Was kann z.B. passieren, wenn Rechner xyz ausfällt? Welche Konsequenzen hat ein Feuer in Gebäude 17? Welche Schäden kann Herr S. aus I. anrichten, wenn er seine Zugriffsrechte missbraucht?) Ein weiteres wichtiges Ziel der Risikoanalyse ist die Verbesserung des Sicherheitsbewusstseins sowohl der Mitarbeiter als auch der Leitung der Organisation. Gegenüber den Entscheidungsträgern müssen die Sicherheitsverantwortlichen das Sicherheitskonzept - und damit auch die vorgeschlagenen Sicherungsmaßnahmen - rechtfertigen. Risikoanalysen können helfen, die Vorschläge für zu realisierende Sicherungsmaßnahmen zu begründen. Sie helfen auch, die Angemessenheit bereits bestehender Sicherungsmaßnahmen zu erörtern. Im Katastrophenfall helfen sie außerdem zu erklären, warum eventuell bestimmte Maßnahmen nicht ergriffen wurden. Ein häufig beobachteter angenehmer Nebeneffekt von Risikoanalysen ist die Aufdeckung allgemeiner Schwachstellen der Informationsverarbeitung, z.B. unangemessene Zuständigkeiten oder schlecht organisierte Abläufe.

Die verschiedenen Risikoanalyse-Methoden und -Werkzeuge unterscheiden sich erheblich hinsichtlich ihrer Eignung, diese Ziele zu erreichen. Je nachdem, welche der oben beschriebenen Ziele mit einer Risikoanalyse verfolgt werden, wird das eine oder andere Konzept mehr oder weniger geeignet sein. Die oben geschilderten Ziele können deshalb auch zur Beurteilung der verschiedenen Risikoanalyse-Methoden herangezogen werden.

Allerdings ist die Entwicklung von Sicherheitskonzepten mit Hilfe von Risikoanalysen sehr aufwändig, dauert oft lange und benötigt in der Regel Softwareunterstützung. Die Mitarbeiter, welche die Analyse durchführen, müssen in der verwendeten Methode geschult werden und oft ist - gerade in der Anfangszeit - die Hinzuziehung von Beratern sinnvoll. All dies führt dazu, dass die Durchführung von Risikoanalysen mit hohen Kosten verbunden ist.

2 Entwicklung von Sicherheitskonzepten mit Hilfe von Risikoanalysen

2.1 Grundbegriffe der Risikoanalyse

Unter dem Begriff „Risikoanalyse" soll in diesem Beitrag die Untersuchung und Bewertung von gefährdenden Ereignissen sowie ihrer Ursachen und Konsequenzen verstanden werden. Ein gefährdendes Ereignis bezeichnet das Einwirken einer Gefahr auf ein sicherheitsrelevantes Objekt. Sicherheitsrelevante Objekte sind alle Objekte, die zur Erfüllung der mit Hilfe der Informationsverarbeitung bearbeiteten Aufgaben benötigt werden. Hierzu zählen nicht nur Hardware, Programme und Informationen, sondern z.B. auch Immobilien und Infrastruktur, Anwendungen der Informationsverarbeitung sowie betriebliche Funktionen bzw. Geschäftsprozesse. Gefahren sind Einflussfaktoren, die sicherheitsrelevante Objekte beeinträchtigen und dadurch Schäden verursachen können. Gefahrenquellen sind Ursachen oder Ausgangspunkte von Gefahren. Ein Feuer kann z.B. durch einen Kabelbrand, durch Blitzschlag oder durch einen Brandstifter verursacht werden. Schäden sind unerwünschte Konsequenzen eines gefährdenden Ereignisses. In Abb. 1 ist der Zusammenhang zwischen den Begriffen dargestellt.

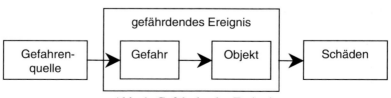

Abb. 1: Gefährdendes Ereignis

Der Begriff „Risiko" bezeichnet sowohl etwas Negatives, Bedrohliches bzw. Gefährliches als auch etwas Zukünftiges und daher Ungewisses. In der DIN, VDE Norm 31000 wird ein Risiko beschrieben durch

- die zu erwartende Häufigkeit eines gefährdenden Ereignisses und
- das beim Ereigniseintritt zu erwartende Schadensausmaß (DIN, 1987).

Ein Risiko lässt sich also durch zwei Merkmale charakterisieren: durch die Häufigkeit oder Wahrscheinlichkeit eines gefährdenden Ereignisses und das mit diesem Ereignis verbundene Schadenspotenzial bzw. die daraus folgenden negativen Konsequenzen.

2.2 Idealtypische Struktur einer Risikoanalyse

Die im folgenden dargestellte Struktur stellt eine idealtypische Vereinigungsmenge verschiedener Risikoanalyse-Methoden dar. Mit dieser Struktur wird nicht etwa der Anspruch erhoben, die beste aller denkbaren Risikoanalyse-Methoden darzustellen. Die folgenden Ausführungen sollen auch nicht nahe legen, dass eine Risikoanalyse genau diesem Ablauf folgen müsste. Die Struktur ist vielmehr als ein gedankliches Hilfsmittel zu verstehen, mit dem reale Risikoanalyse-Methoden eingeordnet und kategorisiert werden können.

2.2.1 Abgrenzung und Beschreibung des Analysebereichs

Ein wichtiger Teilaspekt einer Risikoanalyse ist die Abgrenzung des zu analysierenden Bereichs. In der Regel wird eine Risikoanalyse einerseits nicht auf eine Software, einen Rechner, eine Datei, eine Anwendung oder ähnliches beschränkt bleiben können. Andererseits wird es nur selten möglich sein, sämtliche Risiken der gesamten Informationsverarbeitung einer Organisation in einer Analyse zu untersuchen und zu bewerten, da dies viel zu aufwändig wäre. Aus diesen Gründen muss ein sinnvoller Ausschnitt abgegrenzt werden. Dabei ist zu klären, welche Aspekte analysiert werden sollen und welche nicht. In diesem Zusammenhang müssen auch die Schnittstellen zu den nicht analysierten Bereichen spezifiziert werden. Ist der zu analysierende Bereich abgegrenzt, müssen die sicherheitsrelevanten Objekte identifiziert und beschrieben werden. Als sicherheitsrelevante Objekte kommen z.B. Gebäude, Etagen, Räume, organisatorische Einheiten (wie Abteilungen oder Projekte), infrastrukturelle Einrichtungen, Hardware, Daten und Software, Anwendungen der Informationsverarbeitung sowie betriebliche Funktionen in Betracht. Ferner ist die

Frage zu klären, wie diese Objekte zusammenhängen, um später mögliche Ursache-Wirkungs-Beziehungen, d.h. die Fortpflanzung von Schäden in der betreffenden Organisation, ermitteln zu können.

2.2.2 Risikoerkennung

Im Rahmen der Risikoerkennung werden die Risiken identifiziert und inhaltlich beschrieben. Zu diesem Zweck sind in einem ersten Schritt relevante Gefahren zu ermitteln. Diese Gefahren werden dann den sicherheitsrelevanten Objekten zugeordnet, um im nächsten Schritt potenzielle Konsequenzen bzw. Schäden gefährdender Ereignisse einschätzen zu können.

2.2.3 Risikobewertung

Sind die Risiken inhaltlich beschrieben, muss festgestellt werden, welche Bedeutung diese Risiken im Kontext der betreffenden Organisation haben. Das bedeutet, dass die Risiken bewertet werden müssen. Dabei sind Eintrittswahrscheinlichkeiten bzw. -häufigkeiten zu ermitteln und Schadenspotenziale zu bewerten. Zum Abschluss der Risikobewertung werden Risikokenngrößen ermittelt, indem Eintrittswahrscheinlichkeiten und Schadenspotenziale miteinander verknüpft werden.

2.2.4 Aufbereitung und Darstellung der Ergebnisse

Da die Durchführung einer Risikoanalyse kein Selbstzweck ist, müssen die Ergebnisse der Analyse so aufbereitet und dargestellt werden, dass die Ziele, die mit der Risikoanalyse angestrebt wurden, auch sinnvoll erreicht werden können. Soll die Risikoanalyse z.B. als Entscheidungsvorlage für die Genehmigung eines Sicherheitsbudgets dienen, müssen die Ergebnisse der Risikoanalyse so aufbereitet werden, dass sie für die Entscheidungsträger verständlich sind. Das wird in der Regel bedeuten, dass die Ergebnisse nicht in Fachtermini der Informationsverarbeitung oder gar der Informationssicherheit dargestellt sind, sondern in Konzepten und Begriffen, die den Entscheidungsträgern geläufig sind. Viele Risikoanalyse-Methoden weisen besonders in diesem Punkt gravierende Schwächen auf.

Wie bereits betont, beschreibt die oben dargestellte Grundstruktur eine idealisierte Risikoanalyse. Die meisten realen Risikoanalyse-Konzepte legen ihren Schwerpunkt auf einzelne Teilaspekte dieser Struktur.

2.3   Arten von Risikoanalysen

Im Folgenden werden vier verschiedene Arten von Risikoanalysen vorgestellt. Das Szenario- und das Simulationskonzept legen den Schwerpunkt auf die Identifizierung und Beschreibung von Risiken. Das kardinale und das ordinale Konzept ermöglichen es in erster Linie, Risiken zu bewerten. Die Unterscheidung in ein kardinales und ein ordinales Bewertungskonzept bezieht sich auf die für die Bewertung von Risiken verwendeten Skalen. Die hier vor gestellten Risikoanalyse-Konzepte sind prototypisch zu verstehen. Reale Methoden, wie sie z.B. in Beratungsleistungen oder Software-Paketen verwendet werden, sind häufig eine Mischung aus verschiedenen Konzepten (vgl. Stelzer, 1993).

2.3.1   Qualitative Konzepte zur Risikoerkennung
2.3.1.1   Das Szenariokonzept

Ein Szenario ist eine hypothetische Aufeinanderfolge von Ereignissen, das zur Analyse kausaler Zusammenhänge konstruiert wird. Werden Risiken mit Hilfe einer Szenarioanalyse untersucht, so ist dies in der Regel keine umfassende und vollständige Analyse aller in Frage kommender Aspekte eines Bereichs, sondern die Erörterung einiger weniger Fallbeispiele.

Der eigentlichen Szenarioanalyse geht meist eine Erhebungsphase voraus, in der zunächst die zu analysierenden Bereiche identifiziert werden. Häufig werden einige Bereiche in Zusammenarbeit mit der Leitung der Organisation ausgewählt. Im Anschluss sind möglichst viele Informationen über diese Bereiche zu sammeln, die zur Konstruktion von realistischen Szenarien benötigt werden. Das Herzstück einer Szenarioanalyse ist die Konstruktion konkreter Einzelfälle (Szenarien), wobei Ursache-Wirkungs-Beziehungen von den denkbaren Gefahrenquellen bis zu den Auswirkungen auf die Organisation von verschiedenen Mitarbeitern diskutiert werden. Dies kann z.B. in Form eines Workshops geschehen, dessen Ergebnisse als Kurzgeschichten oder Graphiken dokumentiert werden. Unmittelbar im Anschluss daran werden Empfehlungen für Sicherungsmaßnahmen entwickelt. Diese Analysen können für mehrere Bereiche mit verschiedenen Mitarbeitern wiederholt werden. Die

Befürworter von Szenarioanalysen erhoffen sich, dass viele der gefundenen Maßnahmen per Analogieschluss auch auf andere, bisher nicht analysierte Bereiche
übertragen werden können.

Die Stärken und Schwächen des Szenariokonzepts lassen sich wie folgt zusammenfassen. Szenarioanalysen sind in hervorragender Weise dazu geeignet, das Wissen
der Mitarbeiter über mögliche Schwachstellen oder Sicherungsmöglichkeiten in ein
Sicherheitskonzept einfließen zu lassen. Szenarioanalysen haben außerdem den
Vorteil, dass sie sowohl das Verständnis der relevanten Zusammenhänge als auch
das Sicherheitsbewusstsein der Mitwirkenden verbessern. Dies liegt in erster Linie
daran, dass in den Szenarien nicht voneinander losgelöste, einzelne gefährdende Ereignisse beschrieben werden, sondern Fälle, wie sie sich unter den gegebenen Umständen tatsächlich abspielen können. Aus diesem Grund haben die Analysen in der
Regel auch eine hohe Überzeugungskraft. Sie erleichtern es, die Entscheidungsträger, welche die Mittel für die vorgeschlagenen Sicherungsmaßnahme genehmigen
müssen, von der Notwendigkeit dieser Maßnahmen zu überzeugen. Die Mitarbeiter,
welche die Sicherungsmaßnahmen später umsetzen, anwenden oder einhalten müssen, lassen sich ebenfalls leichter vom Sinn der Maßnahmen überzeugen. Szenarioanalysen lassen sich relativ schnell, d.h. in wenigen Tagen bis einigen Wochen
durchführen. Sie sind daher relativ kostengünstig.

Während einer Szenarioanalyse konzentriert man sich auf einige „wichtige" oder
vermeintlich „bedeutende" Fallbeispiele. Dies hat den Vorteil, dass die dabei behandelten Gefahrenquellen und Gefahren, die betroffenen Objekte sowie die Konsequenzen der gefährdenden Ereignisse sehr detailliert erörtert und von den Beteiligten
gut verstanden werden. Es ist zu erwarten, dass für diese Fälle auch angemessene
Sicherungsmaßnahmen vorgeschlagen werden können. Aufgrund des exemplari-
schen Charakters der Szenarien ist es allerdings möglich, dass in den nicht behandelten Bereichen gravierende Risiken unentdeckt bleiben. Ferner ist nicht immer
gewährleistet, dass sich die in einem Szenario ermittelten Sicherungsmaßnahmen
per Analogieschluss auf andere Fälle übertragen lassen.

Zusammenfassend lässt sich feststellen, dass das Szenariokonzept besonders gut geeignet ist, um Mitarbeiter mit Risikoanalysen vertraut zu machen. Sind in einer Organisation noch keine Erfahrungen mit Risikoanalysen gemacht worden, so bietet
sich dieses Konzept als Einstieg an. Szenarioanalysen sind jedoch zur Erstellung
umfangreicher Sicherheitskonzepte nur wenig geeignet.

2.3.1.2   Das Simulationskonzept

Simulation bedeutet in diesem Zusammenhang Nachahmung technischer Vorgänge. In einer Simulation wird angestrebt, Bedingungen und Verhältnisse so herzustellen, wie sie in Wirklichkeit bestehen.

In Risikoanalyse-Konzepten, welche die Simulation nutzen (vgl. Stelzer, 1993; Konrad, 1998), wird zunächst der Analysebereich modellhaft abgebildet. Da eine solche Abbildung sehr arbeitsintensiv ist, bietet es sich an, diesen Arbeitsschritt durch ein entsprechendes Software-Werkzeug zu unterstützen. Simulationsmethoden geben dem Benutzer Hilfestellungen und Hinweise darauf, welche Informationen (z.B. über sicherheitsrelevante Elemente und deren Beziehungen) sinnvollerweise in die Risikoanalyse einbezogen werden sollten. Ist ein solches Modell erstellt worden, können darauf aufbauend gefährdende Ereignisse von den Gefahrenquellen bis zu den Auswirkungen simuliert werden. Das Ergebnis der Analyse sind inhaltlich beschriebene Ursache-Wirkungs-Zusammenhänge. Der Unterschied zur Szenarioanalyse besteht darin, dass die Simulationsmethoden meist auf eine umfassendere Analyse ausgelegt sind, wohingegen die Szenarioanalyse einzelne Fallbeispiele zum Inhalt hat.

Das Simulationskonzept ermöglicht situationsspezifische und sehr detaillierte Analysen. Risiken werden im Gesamtzusammenhang der betreffenden Organisation dargestellt und müssen nicht ausschließlich formal bewertet werden. Aus diesem Grund haben die Ergebnisse der Simulation eine hohe Überzeugungskraft und eignen sich auch zur Verbesserung des Sicherheitsbewusstseins der Mitarbeiter. Ein weiterer Vorteil ist, dass die Modelle des Analysebereichs „wiederverwendet" werden können. Dies bedeutet einen erheblich geringeren Aufwand bei der Wiederholung von Analysen.

Allerdings müssen diese Vorteile mit einem erheblichen Arbeitsaufwand erkauft werden. Vor allem in der Anfangsphase ist ein nicht unerheblicher Aufwand für die Abbildung des Analysebereichs zu erbringen. Da die entsprechenden Methoden nicht einfach zu handhaben sind, müssen sich die Mitarbeiter, die auf diese Art und Weise Risikoanalysen durchführen, zunächst einige Zeit mit der Vorgehensweise vertraut machen. Simulationsanalysen müssen sehr detailliert durchgeführt werden. Aus diesem Grund ist die Verwendung rechnergestützter Werkzeuge dringend anzuraten.

Simulationsstudien sind gut geeignet, wenn Risiken inhaltlich dargestellt und nicht in erster Linie formal bewertet werden sollen. Je komplexer die zu analysierenden Bereiche, desto eher bieten sich Risikoanalysen mit Hilfe von Simulationen an. Das Simulationskonzept ist hervorragend für detaillierte Analysen geeignet, die häufig wiederholt werden sollen. Es eignet sich auch für Sicherheitsbeauftragte, die sich fundiert in ihren Arbeitsbereich einarbeiten wollen.

2.3.2   Quantitative Konzepte zur Risikobewertung
2.3.2.1   Das kardinale Bewertungskonzept

Risikoanalyse-Methoden, die dem kardinalen Bewertungskonzept folgen, haben ihre wesentliche Funktion in der Bewertung von Risiken mit rechenbaren Größen. Aus diesem Grund haben diese Methoden eine eher mathematische bzw. statistische Aus-richtung. Sie verfügen zwar häufig auch über Listen mit Gefahren, mit Kategorien potenziell gefährdeter Objekte und mit Hinweisen auf die Zuordnung von Gefahren zu Objekten. Die Identifizierung und inhaltliche Beschreibung von Risiken wird aber nur ansatzweise unterstützt. Insbesondere die Ermittlung von Folgeschäden ge-fährdender Ereignisse bleibt den Benutzern meist völlig selbst überlassen. Die Me-thoden bieten mehr oder weniger umfangreiche statistische Funktionen an, mit de-nen quantitative Risikomodelle erstellt werden können.

Die Methoden unterstützen die Benutzer dabei, Risiken mittels kardinaler Größen zu „errechnen". Schadenspotenziale werden in der Regel in Währungseinheiten ausge-drückt und Eintrittshäufigkeiten in Ereignissen pro Jahr. Für jedes gefährdende Er-eignis werden Schaden und Häufigkeit miteinander multipliziert. Das Ergebnis der Analyse besteht aus kardinal bezifferten Risiken oder anders ausgedrückt, aus statis-tischen Erwartungswerten, die in anglo-amerikanischen Methoden häufig mit dem Begriff „Annual Loss Expectancy (ALE)" bezeichnet werden.

Ein stark vereinfachtes Beispiel soll dies verdeutlichen. Das Risiko, dass das Re-chenzentrum einer Organisation durch ein Erdbeben zerstört wird, soll bewertet werden. Der Schaden wird auf 10 Mio. € geschätzt und die Wahrscheinlichkeit, dass ein solches Ereignis eintritt, auf durchschnittlich einmal in 10.000 Jahren. Daraus lässt sich ein Risiko von

$$10.000.000 \, € \times 0,0001/\text{Jahr} = 1000 \, €/\text{Jahr}$$

errechnen. Dieser einfache Grundgedanke lässt sich z.B. mit Konfidenzfaktoren, mit Spannbreiten oder mit statistischen Verfahren beliebig verfeinern, so dass die Methoden z.T. aus sehr aufwändigen Modellen bestehen. Das kardinale Bewertungskonzept für Risiken hat vor allem in den USA Verbreitung gefunden. Es ist deshalb nicht verwunderlich, dass die meisten Methoden dieser Kategorie aus Nordamerika stammen.

Die Stärken dieses Konzepts lassen sich wie folgt zusammenfassen. Risiken werden prägnant beschrieben, nämlich in Form von Zahlen, und sie sind der Höhe nach leicht miteinander vergleichbar. Risikoanalysen, die dem kardinalen Bewertungskonzept folgen, können Anhaltspunkte für ein ökonomisch zu rechtfertigendes Sicherungsbudget liefern. Sie eignen sich deshalb als Teil einer Kosten-Nutzen-Analyse für Sicherungsmaßnahmen.

In der Praxis bereitet das Konzept aber erhebliche Probleme. Zunächst einmal muss der Benutzer solcher Methoden die Risiken kennen und inhaltlich beschreiben können, bevor er die Bewertung beginnt. Die meisten kardinalen Methoden unterstützen ihn hierbei nur ansatzweise. Außerdem erzwingt das Konzept numerische Formulierungen der Risiken auch dann, wenn keine verlässlichen Angaben oder Schätzungen vorliegen. Für einige Risiken lassen sich Werte ableiten, z.B. aus Statistiken oder Erfahrungen mit ähnlichen Ereignissen in der Organisation. Für andere Risiken sind Schätzungen aber nur sehr schwierig oder aus prinzipiellen Gründen unmöglich. Wie hoch ist z.B. die Wahrscheinlichkeit, dass Mitarbeiter in der Abteilung xyz die ihnen zugestandenen Rechte in krimineller Weise missbrauchen? Welcher in kardinalen Größen bezifferte Schaden entsteht, wenn ein Mitarbeiter der Organisation eine bestimmte Datei zur Kenntnis nimmt, für die er kein Leserecht hat? Häufig müssen Schadenswerte und Eintrittswahrscheinlichkeiten geschätzt oder ohne verlässliche Grundlage ermittelt werden. Die Analysen täuschen eine Exaktheit vor, die bei genauer Betrachtung nicht gegeben ist. Aus diesem Grund hat das kardinale Bewertungskonzept auch nur eine geringe Überzeugungskraft. Zudem sind die entsprechenden Methoden häufig sehr aufwändig durchzuführen.

Das kardinale Bewertungskonzept ist für „Risikoanalyse-Anfänger" ungeeignet. Es empfiehlt sich, Risiken nur dann auf diese Weise zu bewerten, wenn Ursachen und Auswirkungen von Risiken bereits bekannt und inhaltlich beschrieben sind. Allerdings sind entsprechende Methoden hilfreich, wenn Investitionen in Sicherungsmaßnahmen quantitativ begründet werden müssen.

2.3.2.2   Das ordinale Bewertungskonzept

Im Unterschied zu dem kardinalen Bewertungskonzept liegt den ordinalen Risikoanalyse-Methoden ein anderer - nämlich ein ordinaler - Bewertungsmaßstab zugrunde. Außerdem wird die Risikoerkennung in diesem Konzept etwas stärker betont. Informationssysteme werden zunächst gedanklich in Teilsysteme bzw. Objekte zerlegt. Die Risiken werden dann durch die Zuordnung von Gefahren zu Teilsystemen
mit Hilfe von Listen und Matrizen schematisch beschrieben. Der Schwerpunkt liegt
aber auf der Risikobewertung, in der Risiken nicht „errechnet", sondern mittels ordinaler Skalen klassifiziert werden.

Das IT-Sicherheitshandbuch des Bundesamtes für Sicherheit in der Informationstechnik in der Bundesrepublik Deutschland ist ein typisches Beispiel für das ordinale Bewertungskonzept (vgl. BSI, 1992). Die in diesem Handbuch dargestellte Risikoanalyse-Methode legt es dem Benutzer nahe, zunächst alle relevanten Objekte in
Listen zu erfassen und zu bewerten. In weiteren Schritten werden diesen Objekten
relevante Gefahren zugeordnet, Häufigkeiten von Schäden geschätzt und Kennziffern pro Risiko ermittelt. Das Ergebnis der Analyse besteht aus Listen mit nach ihrer
Tragbarkeit bzw. Untragbarkeit klassifizierten Risiken. Die untragbaren Risiken
müssen durch geeignete Sicherungsmaßnahmen reduziert werden.

Ordinale Bewertungskonzepte leiten zum systematischen Arbeiten an. Sie ermöglichen eine grobe Unterscheidung von wichtigen und weniger wichtigen Risiken und
geben erste Anhaltspunkte für die Bekämpfung dieser Risiken. Außerdem sind viele
ordinale Risikoanalyse-Methoden gut dokumentiert. Sie lassen sich deshalb leicht
nachvollziehen.

Allerdings haben auch die ordinalen Bewertungskonzepte eine Reihe von Schwach-
punkten. Sie sind sehr arbeitsintensiv. Die Methoden zwingen den Benutzer, sehr
viele einzelne gefährdende Ereignisse mehr oder weniger zusammenhanglos zu betrachten und zu bewerten. Bei der Ermittlung von Folgeschäden werden die Benutzer nur schlecht unterstützt, und es ist häufig schwierig, den Gesamtüberblick zu behalten bzw. die Bedeutung eines einzelnen gefährdenden Ereignisses für die gesamte
Organisation einzuschätzen. Der Zwang, auch solche Sachverhalte ordinal bewerten
zu müssen, die sich auf diese Weise nur schwer beschreiben lassen, führt auch hier
zu einer mangelhaften Überzeugungskraft der Ergebnisse.

Das ordinale Bewertungskonzept enthält viele sinnvolle Anregungen, ist aber in der
Praxis nur bedingt einsatzfähig. Aus diesem Grund erfordern viele der zur Zeit be-

stehenden Methoden noch umfangreiche Vorarbeiten, bevor mit der praktischen Durchführung einer Risikoanalyse begonnen werden kann.

3 Würdigung des Beitrags von Risikoanalysen zur Entwicklung von Sicherheitskonzepten

In diesem Kapitel wurden zwei verschiedene Ansätze zur Entwicklung von Sicherheitskonzepten vorgestellt: Grundschutzmaßnahmen und Risikoanalysen. Die Verfechter der einen bzw. der anderen Vorgehensweise vertreten ihren Standpunkt in der Literatur oft sehr vehement - zum Teil auch mit unsachlichen oder unzutreffenden Argumenten (vgl. Gerber/von Solms, 2001) - ohne dass Mitarbeiter, die ein Sicherheitskonzept entwickeln sollen, daraus hilfreiche Schlussfolgerungen ziehen können. Aus diesem Grund sollen im Folgenden Teilkapitel Hinweise für die Auswahl einer geeigneten Vorgehensweise zur Entwicklung von Sicherheitskonzepten gegeben werden.

Die Entwicklung eines Sicherheitskonzepts mit Hilfe von Grundschutzmaßnahmen ist schnell und kostengünstig zu realisieren. Diese Vorgehensweise erfordert - über Kenntnisse der Sicherheit der Informationsverarbeitung hinaus - keine detaillierten methodischen Erfahrungen. Mit Hilfe von Grundschutzmaßnahmen können einige Risiken angemessen bekämpft werden. Allerdings kann diese Vorgehensweise zur Auswahl von Sicherungsmaßnahmen führen, die im konkreten Einzelfall unangemessen sind. Außerdem liefert diese Vorgehensweise keine detaillierten Begründungen für einzelne Maßnahmen.

Risikoanalysen sind sehr aufwändig. Sie sind teuer, und es dauert relativ lange, bis Sicherungsmaßnahmen ausgewählt und realisiert sind. Eine vollständige Risikoanalyse in allen Bereichen einer Organisation ist deshalb häufig schon aus diesem Grund unangemessen. Außerdem erfordert die Durchführung einer Risikoanalyse methodische Kenntnisse und Erfahrungen. Es ist daher meist nicht einfach, geeignete Mitarbeiter zu finden. Es bietet sich an, zumindest in der Anfangsphase Beratungsleistungen für die Auswahl einer Methode oder eines Werkzeugs in Anspruch zu nehmen und sich solange durch einen erfahrenen Berater begleiten zu lassen, bis in der eigenen Organisation ein ausreichender Erfahrungsschatz aufgebaut ist.

Diesen Schwierigkeiten stehen jedoch erhebliche Vorteile gegenüber. Risikoanalysen fördern das Verständnis der sicherheitsrelevanten Zusammenhänge. Nach einer solchen Analyse kennen die Mitarbeiter, die daran beteiligt waren, die Risiken in dem untersuchten Bereich. Ihr Sicherheitsbewusstsein wird sich entsprechend verbessern. Risikoanalysen unterstützen die Entwicklung angemessener Sicherheitskonzepte. Risikoanalysen helfen, den Bedarf an Sicherungsmaßnahmen zu erkennen und zu begründen. Die Analysen erlauben es, Sicherungsmaßnahmen für einzelne Bereiche maßzuschneidern. Sinnvolle Risikoanalyse-Konzepte liefern automatisch Argumente, der Unternehmensleitung und den Mitarbeitern die Notwendigkeit von Sicherungsmaßnahmen zu begründen.

Zum Abschluss sollen einige Kriterien für die Erstellung von Sicherheitskonzepten mit Hilfe von Risikoanalysen formuliert werden. Risikoanalysen sollten nur in den Bereichen durchgeführt werden, in denen mindestens eines der folgenden Kriterien erfüllt ist:

- Die zu untersuchenden Informationssysteme sind komplex, und mögliche Konsequenzen gefährdender Ereignisse sind nur schwer überschaubar.
- Bei dem zu analysierenden Bereich handelt es sich um neuartige und in ihrer Sicherheitsrelevanz noch unbekannte Anwendungen oder Systeme.
- Die mit dem Betrieb der Informationssysteme verbundenen potenziellen Schäden sind sehr hoch.

Ist keines dieser Kriterien erfüllt, sollten Sicherheitskonzepte mit Hilfe von Grundschutzmaßnahmen entwickelt werden. Neben diesen eher inhaltlichen Gründen müssen auch pragmatische Aspekte erwogen werden. Risikoanalysen sollten nur dann geplant und durchgeführt werden,

- wenn es Sachkundigen nicht ohne weitere Analysen möglich ist, angemessene Sicherungsmaßnahmen vorzuschlagen,
- wenn für den zu analysierenden Bereich „maßgeschneiderte Sicherungslösungen" notwendig sind und
- wenn ausreichende Mittel zur Durchführung einer Risikoanalyse zur Verfügung stehen.

Solche pragmatischen Überlegungen werden auch deutschen Bundesbehörden nahegelegt. Haben sich die Verantwortlichen in einer Organisation entschieden, eine Risikoanalyse durchzuführen, bleibt die Frage, welches Risikoanalyse-Konzept gewählt werden soll. Es bietet sich an, zunächst eine Methode zu verwenden, die den Schwerpunkt auf die Risikoerkennung legt, um im Anschluss die Risiken quantitativ zu bewerten, falls dies notwendig sein sollte.

Obwohl Grundschutzmaßnahmen und Risikoanalysen in der Literatur häufig als sich gegenseitig ausschließende Vorgehensweisen dargestellt werden, empfiehlt es sich in der Praxis, beide Vorgehensweisen miteinander zu kombinieren. Bestimmte „Baseline security measures" können z.B. in einem Unternehmen vorgeschrieben werden, um einen einheitlichen Grundschutz zu erreichen. Darüber hinaus können Risikoanalysen in besonders sensiblen Bereichen durchgeführt werden, um zusätzlich notwendige Sicherungsmaßnahmen zu ermitteln.

Literatur

Bundesamt für Sicherheit in der Informationstechnik (BSI) (Hrsg.) (1992): IT-Sicherheitshandbuch, Handbuch für die sichere Anwendung der Informationstechnik, Version 1.0, Bonn.

Bundesamt für Sicherheit in der Informationstechnik (BSI) (Hrsg.) (2000): IT-Grundschutzhandbuch, Köln.

Bundesminister des Innern (Hrsg.) (1992): KBSt-Empfehlung Nr. 2/92 zur Anwendung des Handbuchs für die sichere Anwendung der Informationstechnik (IT) - IT-Sicherheitshandbuch, Bonn.

Bundesministerium des Innern (Hrsg.) (1993): KBSt-Brief Nr. 2/93, Hinweise zur Risikoanalyse und Sicherheitskonzeption nach dem IT-Sicherheitshandbuch, Bonn.

DIN Deutsches Institut für Normung, VDE Verband Deutscher Elektrotechniker (Hrsg.) (1987): DIN VDE 31000 Teil 2, Allgemeine Leitsätze für das sicherheitsgerechte Gestalten technischer Erzeugnisse, Begriffe der Sicherheitstechnik, Grundbegriffe, Berlin/Offenbach.

Gerber, M./von Solms, R. (2001): From Risk Analysis to Security Requirements, in: Computers & Security, no. 7, S. 577-584.

Konrad, P. (1998): Geschäftsprozess-orientierte Simulation der Informationssicherheit: Entwicklung und empirische Evaluierung eines Systems zur Unterstützung des Sicherheitsmanagements, Lohmar/Köln.

Lippold, H./Stelzer, D./Konrad, P. (1992): Sicherheitskonzepte und ihre Verknüpfung mit Sicherheitsstrategie und Sicherheitsmanagement, in: Wirtschaftsinformatik, Heft 4, S. 367-377.

National Bureau of Standards (Hrsg.) (1979): Federal Information Processing Standards Publication, FIPS PUB, Nr. 65, Guideline for Automatic Data Processing Risk Analysis, Springfield, Virginia.

Parker, D. B. (1989): Consequential loss from computer crime, in: Grissonnanche, A. (Hrsg.): Security and protection in information systems, Proceedings of the Fourth IFIP TC 11 International Conference on Computer Security, IFIP/SEC '86. Amsterdam u.a., S. 375-379.

Peltier, Th. R. (2001): Information Security Risk Analysis, Boca Raton/London/ New York/Washington.

Stelzer, D./Konrad, P./Lippold, H./Gartner, H. A. (1993): Das IT-Sicherheitshand-buch des BSI - Darstellung, Kritik und Verbesserungsvorschläge, in: Datenschutz und Datensicherung, Heft 6, S. 338-350.

Stelzer, D. (1994): Risikoanalyse - Konzepte, Methoden und Werkzeuge, in: Bau-knecht, K./Teufel, S. (Hrsg.): Sicherheit in Informationssystemen, Proceedings der Fachtagung SIS '94, Universität Zürich-Irchel, Institut für Informatik, Zürich, S. 185-200.

Stelzer, D. (1993): Sicherheitsstrategien in der Informationsverarbeitung - Ein wissensbasiertes, objektorientiertes Beratungssystem für die Risikoanalyse, Wiesbaden.

Stoneburner, G./Goguen, A./Feringa, A. (2001): Risk Management Guide for Information Technology Systems, Recommendations of the National Institute of Standards and Technology, NIST Special Publication 800-30, Washington.

Wong, K. (1986): Effective computer security management, in: Datenschutz und Datensicherung, Heft 4, S. 251-253.

Qualitative Risikoanalyse - Methodische Vorgehensweise in der IT-Beratungspraxis

Marcus Bräuhäuser, Peter Biltzinger, Carsten Lorenz

Inhalt:

1 Einleitung

Die Ermittlung und die Bewertung des operationellen Risikos stellen einen immer wichtiger werdenden Bereich im Gesamtkomplex der Risikoanalyse dar und ergänzen die von Banken und Finanzdienstleistern erhobene traditionelle Beurteilung branchenspezifischer Risiken, wie z.B. die Beurteilung von Kreditausfallrisiken oder Marktpreisänderungsrisiken. Das operationelle Risiko beschreibt die Gefahr des direkten oder indirekten Verlustes von Werten aufgrund von Vorkommnissen, deren Ursprung folgenden Bereichen zugeordnet werden kann: menschliches Versagen, fehlerhafte Managementprozesse, kriminelle Handlungen, Naturkatastrophen, Technikversagen sowie Ausfall oder Abwanderung wichtiger Mitarbeiter.

Das Management jedes Unternehmens sollte in der Lage sein, über die Relevanz jedes einzelnen Bereichs für die Erfüllung der Geschäftsabläufe Auskunft zu geben, d.h. die wesentlichen Faktoren des operationellen Risikos benennen zu können. In der Praxis zeigt sich, dass bei der Ermittlung des operationellen Risikos der Beurteilung und Bewertung der Informationssicherheit eines Unternehmens eine zentrale Bedeutung zukommt: Alle aufgeführten Bereiche, die mit ihren Risiken als Summe das operationelle Risiko bestimmen, werden durch die Informationssicherheit tangiert. Aus diesem Grunde stellt die Untersuchung der Informationssicherheit, und somit die Betrachtung von Risiken bei der Verarbeitung von Informationen, einen zentralen Bestandteil eines Beratungsprojektes zur Ermittlung des operationellen Risikos dar. In Reflektion dieser Anforderung hat im Bereich der IT-Beratung ein Paradigmenwechsel stattgefunden: Ausgehend von der klassischen Untersuchung der IT-Sicherheit hat sich der Fokus von der Betrachtung der Sicherheit auf der Ebene (elektronischer) Daten ausgeweitet auf die Betrachtung der Sicherheit auf der Ebene der Informationen, die in diesen Daten enthalten sind. Das zu betrachtende Untersuchungsfeld umfasst folglich nicht mehr allein IT-Systeme, sondern bezieht vielmehr das gesamte Umfeld, das an der Verarbeitung von Informationen beteiligt ist (Gebäude, Personen, Produktionsanlagen, Prozesse usw.), mit in die Untersuchung ein.

Die zunehmende Bedeutung des operationellen Risikos in der Finanzindustrie wird auch durch die erstmalige Berücksichtigung dieses Risikos in der neuen Baseler Eigenkapitalvereinbarung unterstrichen. Wie schwierig jedoch die Ermittlung des operationellen Risikos generell ist, wird schon anhand der in Basel II vorgeschlagenen Verfahren zur Ermittlung der aus dem operationellen Risiko resultierenden Eigenkapitalhinterlegung deutlich (vgl. hierzu den Beitrag von Jörg/Roßbach).

Generell ist die quantitative Bewertung des operationellen Risikos mit großen Schwierigkeiten und mit sehr großen Unsicherheiten verbunden: Für aussagefähige quantitative Bewertungen fehlen geeignete und abgestimmte Messverfahren, wie sie z.B. bei der Bewertung von Gläubigern durch Rating-Agenturen oder zur Bestimmung von Kreditausfallrisiken existieren. In qualitativer Hinsicht sind Bewertungen hingegen sehr gut möglich, die dann wiederum zu Empfehlungen hinsichtlich des Umgangs mit den entsprechenden Risiken führen.

In der Praxis zeigt sich sogar, dass qualitative Risikoanalysen für Unternehmen, die das Ziel verfolgen, eine nachhaltige Steigerung der Qualität und infolgedessen einen Wettbewerbsvorteil zu erreichen, von wesentlich größerem Nutzen sind, da qualitative Merkmale es ermöglichen, Trends und Richtungen anzugeben, deren Umkehr oder Fortsetzung eindeutig erkannt werden kann. Aus diesem Grunde wird in diesem Beitrag die methodische Vorgehensweise zur Erstellung einer qualitativen Risikoanalyse vorgestellt.

2 Begriffsbestimmungen

Allgemein wird unter dem Begriff Risiko die Gefahr einer (negativen) Zielverfehlung verstanden. Während diese Definition die Folgen eines eingetretenen Risikofalls betrachtet, eben die Zielverfehlung, gibt sie keine Auskunft über die Quellen von Risiken. Im Rahmen des Managements von operationellen Risiken ist eine morphologische Betrachtung des Risikos bezüglich ihrer jeweiligen Ursachenkonstellation jedoch sinnvoll. Die Existenz von Risiken hängt ursachenbezogen vom Vorhandensein von Bedrohungen einerseits und von Schwachstellen andererseits ab. Im Rahmen der qualitativen Risikoanalyse werden neben den negativen Folgen von Risiken v.a. die beiden ursächlichen Risikoquellen Bedrohungen und Schwachstellen näher untersucht. Als Maße für jeweils betrachtete Risiken dient ursachenbezogen die Wahrscheinlichkeit, mit der Schwachstellen und Bedrohungen zusammenwirken, sowie wirkungsbezogen die potenzielle Höhe von Schäden, die durch ein solches manifestiertes Zusammenwirken entstehen.

Bezogen auf Risiken der Informationssicherheit werden somit ursachenbezogen die jeweilige Bedrohungslage (etwa das Ausspionieren von Geschäftsgeheimnissen durch einen Industriespion) sowie die Schwachstellen bei der (technischen) Verarbeitung von Informationen (etwa ein unzureichend abgesicherter Datenbankserver) zur Charakterisierung derartiger Risiken herangezogen. Diese Risiken werden im Rahmen dieses Beitrags als Informationsrisiken bezeichnet. Von der hiesigen Betrachtung ausgeschlossen bleiben allerdings Informationsrisiken im Form des Modellrisikos, da diese ihren Ursprung nicht in der ablauftechnischen Verarbeitung von Informationen (Doing) haben, sondern vielmehr auf fehlerbehaftete Abstraktionen finanzwissenschaftlicher Zusammenhänge (Thinking) zurückzuführen sind.

Das Management von Risiken im IT-Bereich folgt einem zyklischen Prozess analog dem Management von Finanzrisiken und setzt sich aus vier Phasen zusammen. In Phase I wird im Rahmen der firmenspezifischen Risikopolitik, abgeleitet aus der Geschäftspolitik, das Level der Risikoakzeptanz definiert. Hierauf basierend erfolgt die Risikoanalyse in Phase II, die sich mit der Identifikation derjenigen Risiken, die Unternehmensziele gefährden sowie mit deren systematischen Bewertung beschäftigt. Die bei der Risikoanalyse gewonnenen Informationen über die Beschaffenheit und Höhe der ermittelten Risiken werden im Rahmen der Risikosteuerung als Phase III herangezogen, um Maßnahmen zur Handhabung dieser Risiken zu ergreifen. Unter Berücksichtigung der mit den Risiken einhergehenden Chancen sollen dabei Risiken vermieden oder gemindert werden (Risiko-Chancen-Kalkül). Bei Risiken, die als nicht vermeidbar angesehen werden, sollen die Maßnahmen die Tragfähigkeit negativer Folgen erhöhen (Risikotragfähigkeits-Kalkül). Da die Risikosituation eines Bankunternehmens und somit auch die inhaltliche Ausgestaltung des Risikomanagementprozesses einem stetigen Wandel unterworfen ist, ist eine kontinuierliche Überprüfung der Ergebnisse der einzelnen Phasen erforderlich. In Phase IV wird daher im Rahmen des Risikocontrolling die Soll-Ist-Abweichungen von unternehmenspolitisch gesetzten Zielen (Phase I) und realisiertem Risikomanagement (Phase II und III) ermittelt.

3 Konzept zur Durchführung einer qualitativen Risikoanalyse

Im Rahmen des zyklischen Managementprozesses von Risiken wird in der Phase II von einem Beraterteam im Auftrag eines Unternehmens eine qualitative Risikoanalyse für dieses Unternehmen erstellt. Konzeptionell erfolgt die Ermittlung der Informationsrisiken auf alle Ebenen eines Unternehmens: Auf der Prozess-, der Organisations-, der Applikations- sowie der IT-Infrastrukturebene. Dies bedeutet, dass organisatorische, fachliche sowie technische Aspekte betrachtet werden.

Aus diesem Grund muss der Auftraggeber der Analyse der mittleren oder höheren Managementebene zugeordnet sein, um die im Projekt notwendige Unterstützung aller beteiligten Abteilungen sicher zu stellen. Einen weiteren, wesentlichen Beitrag zum Projekterfolg leisten die betroffenen Fachabteilungen. Hier befinden sich die Fachleute, die die besten Kenntnisse über die Anwendungen und Systeme besitzen, sei es als fachlich Verantwortlicher, als Nutzer oder als Administrator bzw. Entwickler. Infolgedessen werden sie in die Projektarbeit einbezogen und stehen beispielsweise als Interviewpartner zur Verfügung.

Im Rahmen der Ermittlung der Informationsrisiken auf jeder der vier Ebenen werden mit Hilfe bestimmter Methoden und Vorgehensweisen (siehe Kapitel 0) zum einen die Ursachen eines möglichen Schadensfalls sowie die Wahrscheinlichkeit des Eintretens dieser Ursache qualitativ eingeschätzt. Zum anderen wird die aus dem Eintreten des Ereignisses resultierende Schadenshöhe, ebenfalls qualitativ, ermittelt. Aus diesen beiden Faktoren ergeben sich die einzelnen Informationsrisiken. Die Bewertung der Wahrscheinlichkeiten bzw. der Schadenshöhen und somit des Informationsrisikos erfolgt in der Regel auf der Skala von niedrig über mittel, hoch bis sehr hoch. Ist z.B. die Ausfallwahrscheinlichkeit eines Intranetservers als Ursache für einen Schadensfall *gering*, seine Relevanz für die Geschäftsabläufe und somit die Schadenshöhe *mittel*, so ist das resultierende Informationsrisiko diesen Intranet-Server betreffend mit *mittel* zu bewerten. Eine mögliche Matrix zur Bestimmung des

Informationsrisiken, resultierend aus der Ursachenwahrscheinlichkeit und der Schadenshöhe, ist in Abb. 1 dargestellt.

		Schadenshöhe		
		Gering	Mittel	Hoch
Schadensursa-	Hoch	Mittel	Hoch	Sehr hoch
chenwahr-	Mittel	Gering	Hoch	Hoch
scheinlichkeit	Gering	Gering	Mittel	Mittel

Abb. 1: Informationsrisiko = Schadensursachenwahrscheinlichkeit x Schadenshöhe

Analog zur Bestimmung des Risikopotenzials von technischen Komponenten (Applikations- und IT-Infrastrukturebene) können auch Risikopotenziale, die der Prozess- und Organisationsebene zugeordnet sind, in die in Abb. 1 dargestellte Risikomatrix eingeordnet werden. Durch das Zusammenfügen der in den einzelnen Untersuchungsebenen erhobenen Risiken kann somit für den jeweils betrachteten Unternehmensbereich eine Risiko-Scorecard erstellt werden. Weiterhin können diese Scorecards auch über mehrere Unternehmensbereiche aggregiert werden. Somit lässt sich schließlich ein Risikoprofil für das Gesamtunternehmen ableiten (vgl. Abb. 2).

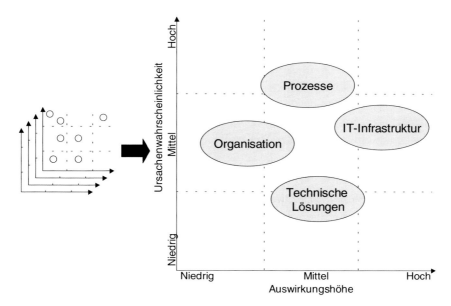

Abb. 2: Mögliches hoch-aggregiertes Risikoprofil für ein Unternehmen, resultierend aus Ursachenwahrscheinlichkeit und Schadenshöhe

Unternehmensspezifische Aspekte - resultierend aus spezifischen Unternehmenssituationen - führen dazu, dass die Bewertung der Auswirkungen der Ursachenwahrscheinlichkeiten abhängig vom jeweiligen Unternehmen zu völlig unterschiedlichen Informationsrisiken führen kann. Dies soll anhand des folgenden Beispiels verdeutlicht werden.

Das Beraterteam stellt fest, dass der Web-Server des Kunden anfällig für gängige Angriffsmethoden ist und bewertet die Ursachenwahrscheinlichkeit z.B. für eine Denial-Of-Service-Attacke auf den Server mit *hoch*. Gleichzeitig zeigt das Unternehmen aber ein hohes Maß an Sensibilität für das Thema Informationssicherheit. Es gibt einen dezidierten Sicherheitsbeauftragten, umfassende Vorschriften wurden erstellt, und es wird durch regelmäßige Mitarbeiterschulungen für deren Umsetzung gesorgt. Das Beraterteam hat festgestellt, dass die Mitarbeiter diese Prozesse auch umsetzen und eine geringe Anfälligkeit gegen *nicht-technische Angriffe* aufzeigen. Je nach dem, in welchem Marktumfeld sich das Unternehmen bewegt, können die resultierenden qualitativen Risiken unterschiedlich ausfallen:

- Das Unternehmen nutzt die Web-Präsenz nur zur Firmenpräsentation. In diesem Fall wäre etwa ein Angriff auf die Web-Seite mit einem Image-Verlust behaftet, der Schaden für das Unternehmen an sich wäre aber überschaubar, da die Handlungsfähigkeit nicht wesentlich beeinträchtigt ist. In Folge dessen können die Auswirkungen und somit die Schadenshöhe mit *gering* und das resultierende Informationsrisiko den Web-Server betreffend mit *mittel* bewertet werden.

- Das Unternehmen nutzt die Web-Präsenz bisher nur zur Firmenpräsentation, plant aber den Ausbau zu einem umfangreichen Portal. In diesem Fall wird in Zukunft ein stark erhöhtes Sicherheitsniveau erforderlich sein und die Schadenshöhe wird mit *mittel* bewertet. Das Informationsrisiko sollte demnach mit *hoch* bewertet werden.

- Über die Web-Präsenz werden bereits Geschäftstransaktionen abgewickelt (etwa durch ein Shop-System), und es können signifikante Wertverluste im Falle des Eintretens des Schadens nicht ausgeschlossen werden. Es besteht ein hohes Risiko eines Umsatzverlustes, resultierend aus evtl. unzureichender Bearbeitung von Kundenaufträgen. Die Handlungsfähigkeit des Unternehmens könnte teilweise beeinträchtigt werden und die Veröffentlichung vertraulicher Informationen könnte rechtliche Konsequenzen zur Folge haben. In diesem Fall ist die Schadenshöhe mit *hoch* und das Informationsrisiko infolgedessen mit *sehr hoch* zu bewerten.

Nach Beendigung des Projektes bildet die Risikoanalyse zusammen mit der Bewertung des Umgangs mit diesen Risiken die Basis für eine regelmäßige weitere Evaluierung des Risikoprofils und der getroffenen Maßnahmen. Dies soll gewährleisten, dass das Verhältnis des Risikos zu den getroffenen Maßnahmen auch für zukünftige Geschäftsumfelder und neue Anwendungen dem erarbeiteten Stand entspricht. Die getroffenen Maßnahmen müssen hinreichend flexibel sein, um zukünftigen Entwicklungen angepasst werden zu können.

4 Untersuchungsebenen

Im Folgenden werden die vier Ebenen, die Gegenstand der Risikoanalyse sind, im Einzelnen vorgestellt. Im Rahmen dieser Einordnung wird die für jede Ebene typische Vorgehensweise zur qualitativen Bestimmung der Informationsrisiken diskutiert.

4.1 Prozessebene

In der IT-Beratungspraxis erlangt die durchaus aufwändige, aber zu sehr wertvollen Resultaten führende Risikoanalyse von organisatorischen Abläufen immer mehr an Bedeutung und soll deshalb im Folgenden als eine mögliche Vorgehensweise in ihren Grundzügen vorgestellt werden.

Bei einer risikofokussierten Betrachtung von Prozessen können generell viele derjenigen Instrumente eingesetzt werden, die in der Unternehmensberatungspraxis bei allgemeinen Prozessanalysen eingesetzt werden. Als besonders geeignet zeigen sich jedoch Bewertungen von Prozessen, die auf dem Vergleich zu Referenzmodellen basieren. Darüber hinaus bieten sich Analyseinstrumente, wie die Fehlermöglichkeits- und Einflussanalyse (Failure Mode and Effect Analysis, FMEA) sowie die Modellierung von möglichen Prozessfehlern im Rahmen von Fehlerbaumanalysen (Fault Tree Analysis, FTA) an.

Im Rahmen einer Bewertung der betrachteten Prozesse auf Basis bekannter Referenzmodelle (etwa dem IBM IT Process Model) erfolgt eine Einordnung jedes betrachteten Prozesses durch Expertenbefragungen in eine Skala von eins (Prozess nicht dokumentiert), über vier (der Prozess ist effizient dokumentiert, verständlich kommuniziert, Schwachstellen sind identifiziert, Ersatzmaßnahmen sind beschrieben, und er wird effektiv gelebt) bis fünf (world class).

Eine detaillierte Betrachtung bietet die Fehlermöglichkeits- und Einflussanalyse (FMEA), die bereits im Rahmen von Total-Quality-Management-Bestrebungen im Bankenbereich angewendet wird und auch zur Identifizierung und qualitativen Bewertung von Informationsrisiken herangezogen werden kann (vgl. Bokranz/Kasten, 1994). Nach Einteilung des betrachteten Prozesses in einzelne Prozessschritte wird jeder Prozessschritt auf mögliche Risiken untersucht, indem Kausalketten jeden Einzelrisikos progressiv, d.h. ausgehend von der Risikoursache hin zu den Risikowirkungen, verfolgt und abschließend anhand der geschätzten Eintrittswahrscheinlichkeit, der potenziellen Schadenshöhe sowie der Entdeckungswahrscheinlichkeit bewertet werden. Somit betrachtet die prozessbezogene FMEA Ablaufrisiken sowie die in direktem Bezug mit den Prozessen stehenden personellen, technischen und Informationsrisiken.

Für die Durchführung einer FMEA sind folgende Schritte notwendig: (1) Identifikation von Schwachstellen im Prozess durch Herausarbeiten sog. Fehler-Folge-Ursache-Ketten (Risikoidentifikation), (2) Bewertung jeder Kette hinsichtlich ihrer Priorität durch Bestimmung einer Risikoprioritätszahl (Risikoeinschätzung und -bewertung) und (3) Ableitung von möglichen Verbesserungsmaßnahmen (Vorschläge zur aktiven Risikosteuerung).

Der erste Schritt besteht in der Festlegung der Grenzen des zu untersuchenden Prozesses und seiner Schnittstellen zur Umwelt, um anschließend die Elemente des Prozesses herauszuarbeiten. Zur Darstellung von Prozessen eigenen sich Ablauffolgepläne, Datenfluss- und Programmablaufpläne. Der zweite Schritt dient der Bewertung der evaluierten Ketten entsprechend der Dringlichkeit ihrer Behandlung. Im dritten Schritt werden spezifische Lösungsvorschläge für als besonders relevant erachtete Ketten abgeleitet. Es wird nach Möglichkeiten gesucht, die die Entdeckungswahrscheinlichkeit von Schwachstellen noch im Prozessverlauf zu erhöhen und die Fehler durch Änderung des organisatorischen Ablaufs von vornherein zu vermeiden.

In der Praxis zeigt sich, dass die FMEA stark von einer interdisziplinären Zusammensetzung des Untersuchungsteams profitieren kann. Bei nicht am untersuchten Prozess beteiligten Mitarbeitern besteht ein höherer Objektivitätsgrad, allerdings lassen sich Prozessbestandteile exakter abbilden, wenn direkt betroffene Mitarbeiter an der Analyse beteiligt sind. Durch die Kombination von direkt in den Prozess eingebunden Mitarbeitern mit analysegeübten Risikomanagern wird daher die qualitative Aussagekraft der FMEA erhöht.

Während die FMEA als Input bereits eine Formalisierung des Prozesses voraussetzt, kann die Fault Tree Analysis (FTA) auch im Rahmen von unstrukturierteren Prozessen eingesetzt werden, da nicht jeder einzelne Prozessschritt gesondert untersucht wird. Das Gesamtergebnis des Prozesses wird als sog. TOP-Ereignis betrachtet. Im Rahmen von Expertenbefragungen wird ermittelt, welche Vorereignisse zu einem Verfehlen dieses Ereignisses beitragen können. Durch kausale Aufreihung der Vorereignisse ergibt sich schließlich ein Fehlerbaum, aus dem die Zusammenhänge, die zu einem Versagen des Prozesses führen können, abgelesen werden können. Durch Bewertung der Wahrscheinlichkeit und des Schadens der Einzelereignisse lässt sich schließlich durch Aggregation die Wahrscheinlichkeit sowie der potenzielle Gesamtschaden eines Prozessversagens ermitteln.

4.2   Organisationsebene

Im Rahmen der Untersuchung der Organisationsebene wird geprüft, inwiefern Vorgaben seitens der Unternehmensführung existieren und wie diese umgesetzt werden. Dazu werden zunächst die vorhandenen Dokumente (z.B. die Sicherheits-Policy) herangezogen. Die Qualität der Dokumente lässt sich anhand folgender Fragen beurteilen:

- Wie wird die Vollständigkeit und Angemessenheit der Dokumente sichergestellt, orientiert diese sich an Standards wie z.B. ISO17799 (ISO, 2001) oder Common Criteria (ISO, 1999) oder dem IT-Grundschutzhandbuch (BSI, 2001)?

- Werden die in den Dokumenten beschriebenen Maßnahmen umgesetzt, und wer ist in den unterschiedlichen Unternehmensbereichen für die Wahrung der Umsetzung verantwortlich?

- Kennen die Mitarbeiter ihre Rolle im Rahmen der Vorgaben der Dokumente?

Eine allgemeine Richtlinie etwa, die nicht im Unternehmen für jeden betroffenen Mitarbeiter leicht einzusehen ist, kann nicht den Anspruch erheben, einen wesentlichen Beitrag zum Unternehmenserfolg zu leisten. Eine weitere Frage ist, wie spezifisch die Regelungen für das jeweilige Unternehmen formuliert sind. Ungenaue Aussagen oder Vorgaben sind dabei ebenso wenig hilfreich wie seitenlange Detailangaben. Es besteht in beiden Fällen die Gefahr, dass die Regelungen nicht ernst genommen werden oder der Mitarbeiter sie nicht auf seine konkrete Aufgabe bezieht. Besser ist es hingegen, einen für das Unternehmen als ganzes gültigen und angepassten Teil zu formulieren und diesen ggf. durch besondere Regelungen für einzelne Teilbereiche des Unternehmens zu ergänzen.

Zudem werden oft die Begriffe Policy, Standard und Prozessbeschreibung nicht eindeutig abgegrenzt - dies kann unklare Regelungen zur Folgen haben. Eine mögliche Abgrenzung wäre: Eine Policy ist eine Aussage des Managements, welche Ziele das Unternehmen verfolgt, ein Standard beschreibt Regeln für die Umsetzung der Policy und Prozessbeschreibungen sind konkrete Vorgehensweisen für die Arbeitsabläufe.

Im nächsten Schritt werden die Mitarbeiter befragt, wie die Regelungen im Einzelnen umgesetzt werden. Auf diese Weise stellt sich schnell heraus, ob die Verantwortlichkeiten klar definiert und kommuniziert sind. Um diesen Teil des Projektes durchzuführen, werden typischerweise standardisierte Einzelinterviews geführt. Aufgrund der Dokumentation sollte ersichtlich sein, welche Funktionen und damit welche Mitarbeiter für die Interviews in Frage kommen. Ist dies nicht ersichtlich, so hat man bereits einen Punkt für Verbesserungen gefunden. In der Regel kann man sich bei den Interviews auf wenige Personen beschränken. Grundsätzlich sollte man dabei sowohl Mitarbeiter mit Leitungsfunktionen als auch die ausführenden Mitarbeiter berücksichtigen. Von der erste Gruppe erfährt man, wie die Regeln umgesetzt werden sollen, von der zweiten Gruppe erfährt man, wie es tatsächlich durchgeführt wird bzw. wie es beim Mitarbeiter ankommt.

Als weiteres Hilfsmittel können nicht-technische Angriffe auf die Informationssicherheit (sog. „Social Engineering") herangezogen werden. Hierdurch erfährt man ganz konkret, wie es um den Erfolg der Umsetzung bestellt ist. Dazu erarbeitet das Beraterteam Szenarien, die für die Umsetzung der Regelungen relevant sind und Aussagen über die zentralen Prozesse zulassen. Auch hier ist Augenmaß gefordert, denn nicht jeder theoretisch denkbare Angriff zeigt Schwächen der Regelungen auf. Es gilt, typische und aussagekräftige Konstellationen für zentrale Prozesse zu erstellen und diese im Rahmen eines nicht-technischen Angriffs auf die Informationssicherheit durchzuspielen.

Der Vergleich zwischen den gedachten oder geplanten Maßnahmen und der tatsächlichen Umsetzung liefert Hinweise auf mögliche Risiken für das Unternehmen. Unter Umständen können auch Unstimmigkeiten in den Arbeitsabläufen aufgedeckt werden. Wenn etwa die Unternehmenskommunikation im Bezug auf Informationssicherheit nicht funktioniert, so kann dies ein Hinweis sein, dass diese auch in anderen Bereichen des Unternehmens verbesserungsbedürftig ist.

Analog zur der in Abb. 1 definierten Bewertungsskala wird abschließend eine Priorisierung der gefundenen Risiken durchgeführt und eine entsprechende Risiko-Scorecard erstellt.

4.3   Applikationsebene

Die Untersuchung dieser Ebene betrachtet die Applikationsarchitektur, d.h. die unternehmensspezifische Implementierung einer technischen Lösung für bankfachliche Fragestellungen. Risiken auf der Applikationsebene entstehen hauptsächlich durch Programmier- oder Designfehler oder haben ihren Ursprung in der Verwendung von Technologien, die nicht oder nicht hinreichend zur Lösung der ursprünglich identifizierten bankbetrieblichen Fragestellung beitragen.

Als Instrumente zur Risikoanalyse kommen in diesem Bereich zum einen Reviews der Anforderungs- und Designdokumente sowie des Programmcodes in Betracht. Diese Reviews dienen der Aufdeckung und anschließenden Bewertung von Schwachstellen, die für die jeweilige Programmiersprache spezifisch sind (z.B. Buffer-Overflow-Attacken). Ferner wird der Quellcode nach versteckten Zugangsmechanismen untersucht, die entweder in der Programmier- und der Testphase aus Produktivitätsgründen eingebaut oder von Programmierern mit Absicht hinterlassen wurden, um bei Bedarf einfachen Zugang zu geschützten Bereichen der Applikation zu erlangen. Die Analyse der technischen Dokumentation fokussiert v.a. auf die nicht-funktionalen Anforderungen wie Sicherheit, Skalierbarkeit und Verfügbarkeit, die bei den heute üblichen Testphasen bei Integrationsprojekten oftmals nicht mit der gebotenen Sorgfalt betrachtet werden. Im Rahmen von *Best-Practice*-Vergleichen werden Negativabweichungen des realisierten Designs ermittelt, aus denen sich Risiken für den über die Applikation abzuwickelnden Geschäftsprozess ergeben können.

Wesentlich häufiger stützen sich die Untersuchungen allerdings auf Szenarioanalysen im Rahmen von sog. Ethical Hackings. Hierbei werden durch simulierte Einbrüche die Schwachstellen aufgezeigt, die sich von der Anwenderseite ausnutzen lassen. Beispielsweise werden eBusiness-Anwendungen durch absichtliches Verändern der vom Server übertragenen Inhalte (HTML, Javascript) vor der Interpretation durch den Browser sowie die vom Browser zum Server gesendeten Anfragen so manipuliert, dass sich etwa Daten anderer Benutzer einsehen und verändern lassen. Ein in dieser Hinsicht sehr häufig auftretendes Problem ist die Manipulationsmöglichkeit von Preisen und Stückzahlen bei Shop-Systemen. Im Gegensatz zu Angriffen auf Standardinstallationen von Betriebssystemen und Anwendungsprogrammen erfordert ein Angriff auf eine individuelle Applikation allerdings erhöhte Kreativität und kann daher nur eingeschränkt automatisiert werden. Die im Rahmen von Ethical Hackings gefundenen Schwachstellen lassen sich bezüglich der Einfachheit ihrer Ausnutzung sowie ihrer Tragweite bewerten, was Schlüsse auf die Ursachenwahrscheinlichkeit und potenzielle Schadenshöhe und somit eine Einordnung in das Raster von Abb. 1 ermöglicht.

4.4 IT-Infrastrukturebene

Im Rahmen dieser Vorgehensweise wird das gesamte IT-System einerseits hinsichtlich der Schwachstellen und Ausfallmöglichkeiten von Betriebssystemen und Standardsoftwarepaketen auf Ebene der Einzelkomponenten untersucht. Zudem erfolgt eine Analyse des Netzwerkes sowie seiner Komponenten, etwa bezüglich der Abhörsicherheit der verwendeten Protokolle.

In der Praxis werden zur Lokalisation der Schwachstellen in IT-Systemen eine Reihe von Software-Tools eingesetzt, die es ermöglichen, Angriffe, wie sie von außen und aus dem Unternehmen selbst heraus mit böser Absicht vorgenommen werden könnten, nachzuempfinden. Nachempfinden bedeutet in diesem Zusammenhang, dass Angriffe auf die IT-Systeme derart durchgeführt werden, dass sie keine Schäden im Unternehmen zur Folge haben, sondern lediglich Schwachstellen aufdecken. Typische Vorgehensweise in diesem Kontext sind *Network Vulnerability Scanning, System Health Check, Denial of Service Attacks* – Begriffe, die im Folgenden näher erläutert werden sollen. Weiterhin werden in der Praxis häufig eingesetzte Software-Tools vorgestellt.

Generell wird bei der Untersuchung der IT-Komponenten auf Schwächen bei der Konfiguration des Betriebssystems bzw. der installierten Software folgende Unterscheidung getroffen: Die Untersuchung von „außen“ über das Netzwerk (sog. *Network Vulnerability Scanning*) sowie von „innen“ auf dem System selbst (sog. *System Health Check*).

Im Bereich des *Network Vulnerability Scanning* wird in der Praxis spezielle Software eingesetzt, die die Komponenten eines Netzwerkes automatisch von außen abtasten und die angebotenen Dienste (etwa Webserver, Login-Shells, Mail-Dienste) dahingehend untersuchen, ob diese sich missbrauchen lassen, um unautorisierten Zugriff zum IT-System zu erlangen (Remote Exploitation) oder die Verfügbarkeit des IT-Systems einzuschränken (*Denial of Service*). Die Schwachstellen werden anhand von Charakteristika wie Bekanntheitsgrad, Einfachheit der Anwendung und Stärke der Systembeeinträchtigung ordinal klassifiziert. Die gefundene Schwachstellenkonstellation eines Systems ergibt sich aus Kombination dieser Charakteristika.

Ein im Bereich des *Network Vulnerability Scanning* weit verbreitetes Softwareprodukt ist der *Internet Security Scanner* der Firma ISS Software. Die Datenbank, die ISS für seine Schwachstellenanalyse verwendet, wird kontinuierlich gepflegt und erweitert. Als Ergebnis liefert ISS Häufigkeitsverteilungen von bestimmten gefundenen Schwachstellen, die sich zu Gruppen aggregieren lassen. Durch die Bewertung der Möglichkeit, diese Schwachstellen ausnutzen zu können, ergibt sich ein Wahrscheinlichkeitsprofil der Penetration des Netzwerkes und seiner Systeme. Zudem bietet ISS die Möglichkeit, die durchgeführten Analysen graphisch sowie für unterschiedliche Zielgruppen (technisches Personal, Management) aufzubereiten. Ein weiteres Produkt mit ähnlichem Funktionsumfang ist z.B. die frei erhältliche Software Nessus.

Im Falle des *System Health Checking* werden auch die Arten von Angriffen einbezogen, die sich ergeben, wenn jemand bereits nicht-privilegierten Zugriff auf die Systeme hat (z.B. ein böswilliger Mitarbeiter). Die verwendeten Tools erlauben die Untersuchung von Schwachenstellen des IT-Systems, die nur dann sichtbar sind, wenn man bereits Zugriff hat. Untersuchungsbereiche sind etwa die Verwendung von unsicheren Passwörtern, unangemessenen Dateirechten und ähnliche Problemen auf Systemebene. Ein bekanntes Tool dieser Art ist etwa *ESM* der Firma Symantec. Bei diesem Tool werden systemtypische Schwachstellen geprüft und diese nach Auftretenshäufigkeit, Bekanntheitsgrad usw. klassifiziert. Zur Durchführung der Analyse wird auf jedem zu überprüfenden System ein Agent installiert, der die Prüfungen der Systemkonfiguration durchführt und die Ergebnisse an einen zentralen Server meldet. Auf diesem werden die Daten aggregiert und die Ergebnisse zusammengestellt.

5   Risikosteuerung

Sind die Informationsrisiken als Ergebnis des Beratungsprojekts qualitativ bestimmt, so sind im Folgenden mögliche Maßnahmen zu ihrer Minderung zu erarbeiten (Phase III, Risikosteuerung). Obwohl sich im Rahmen der Risikoanalyse schon Hinweise auf Möglichkeiten zur Steuerung gefundener Risiken ergeben, stellt die Konkretisierung und die Implementierung dieser Maßnahmen aufgrund ihrer Komplexität im Allgemeinen ein Folgeprojekt dar.

Aus diesem Grund und aufgrund der Fokussierung dieses Beitrags auf Phase II soll an dieser Stelle nur kurz auf die Risikosteuerung eingegangen werden. Generell lässt der Umgang mit Risiken folgende Bewertungskategorien zu:

- Risikoakzeptanz, d.h. das Risiko selbst tragen durch Schaffung eines adäquaten Risikodeckungspotenzials (z. B. in Form von Rückstellungen).

- Risikovermeidung, z.B. durch den Ausstieg aus Geschäftsbereichen mit besonders hohen Risiken oder dem Verzicht auf den Einsatz von besonders sicherheitsanfälliger Technologie.

- Verlagern des Risikos auf Dritte, z.B. durch Abschließen einer Versicherung oder der Auslagerung risikoreicher Bereiche an Fremdfirmen mit Service Level Agreement (SLA). Im Falle der Auslagerung ist auf exakt abgestimmte SLA und eine sehr gute Abstimmung zwischen externen und internen Prozessen zu achten, damit das Risiko auch tatsächlich vom Kerngeschäft getrennt werden kann und nicht durch die Einbeziehung eines Dritten eine Lücke im Sicherheitskonzept entsteht. Das BAKred beschreibt spezielle Anforderungen an das Outsourcing im Geltungsbereich des KWG (vgl. BAKred, 2001).

- Reduzieren des Risikos durch Maßnahmen, die die Eintrittswahrscheinlichkeit senken oder Begrenzung der Auswirkungen (Incident Response Management, Crisis Management oder Business-Recovery).

Die im Rahmen der Risikoanalyse erlangten Hinweise auf Risikosteuerungspotenziale müssen im Rahmen von Folgeprojekten konkretisiert werden. Die Umsetzung der Effektivität dieser Maßnahmen ist regelmäßig durch Audits im Rahmen der Risikokontrolle zu prüfen.

6 Fazit

Ausgehend von der klassischen Untersuchung der IT-Sicherheit hat sich der Fokus von der Betrachtung der Sicherheit auf der Ebene (elektronischer) Daten ausgeweitet auf die Betrachtung der Sicherheit auf der Ebene der Informationen, die auf diesen Daten basieren. Das zu betrachtende Untersuchungsfeld umfasst folglich nicht mehr die IT-Systeme allein, sondern bezieht vielmehr das gesamte Umfeld, das an der Verarbeitung von Informationen beteiligt ist (Gebäude, Personen, Produktionsanlagen, Prozesse), mit in die Untersuchung der Informationssicherheit ein.

Zur Ermittlung des Informationsrisikos werden das gesamte Unternehmen und die darin enthaltenen Ebenen, d.h. die Prozess-, die Organisations-, die Applikations- sowie die IT-Infrastrukturebene, untersucht. Für jede dieser Ebenen werden methodisch die Wahrscheinlichkeiten für das Eintreten einzelner Schadensursachen sowie die mögliche Schadenshöhe beim Eintreten des Ereignisses qualitativ ermittelt. Da alle Ebenen eines Unternehmens in die Untersuchung involviert sind, ist die Unterstützung durch die Leitungsfunktionen notwendig. Die Ergebnisse aller vier Ebenen werden abschließend zusammengetragen und die resultierenden operationellen Risiken qualitativ bestimmt. Die Unternehmensleitung kann auf Basis des spezifischen Risikoprofils Aussagen über das Unternehmen machen und effektive Risikosteuerung betreiben. Entsprechend des betrachteten Untersuchungsfelds können Maßnahmen zur Risikosteuerung alle Ebenen des Unternehmens betreffen.

Die qualitative Risikoanalyse ist im Kontext des zyklischen Prozesses zum Management von Risiken zu sehen: Definition des Risikoakzeptanzlevels (Phase I), Risikoanalyse (Phase II), Risikosteuerung (Phase III) und Risikocontrolling (Phase IV). Als Teil eines solchen zyklischen Prozesses verstanden, stellt die qualitative Risikoanalyse aufgrund der ableitbaren Richtungen und Trends ein sehr gutes Instrument dar, langfristig eine kontinuierliche Steigerung der Qualität der Dienstleitungen und somit einen Wettbewerbsvorteil zu erzielen.

Literatur

BAKred (2001): Bundesaufsichtsamt für das Kreditwesen, Auslagerung von Bereichen auf andere Unternehmen gemäß §25 a Abs. 2 KWG, in: Rundschreiben 11/2001 vom 06.12.2001, http://www.bafin.de/.

Bokranz, R./Kasten, L. (1994): Qualitätssicherung im Bankbetrieb: eine Einführung; Wiesbaden.

Bundesamt für Sicherheit in der Informationstechnologie (BSI) (2001): Das IT-Grundschutzhandbuch, Bonn 2001, http://www.bsi.de/.

International Organization for Standardization (ISO) (2001): Code of practice for information security management (ISO17799), Genf, http://www.iso.org/.

International Organization for Standardization (ISO) (1999): Information technology - Security techniques - Evaluation criteria for IT security (ISO15408), Genf, http://www.iso.org/.

Messung und Bewertung operationeller Risiken

Melanie Jörg, Peter Roßbach

Inhalt:

1 Einleitung

Banken und Aufsichtsbehörden ist in den letzten Jahren die wachsende Bedeutung von operationellen Risiken bewusst geworden, was nicht zuletzt der Grund dafür ist, einerseits ein verbessertes Risikomanagement in diesem Bereich anzustreben und andererseits auch diese Risiken in die Berechnung der Eigenmittelunterlegung einzubeziehen.

Als Ursachen für die Zunahme der operationellen Risiken werden v.a. folgende angeführt:

- Zunehmende Abhängigkeit der Bankgeschäfte von der IT
  womit deren Abwicklung immer mehr von der Verfügbarkeit und korrekten Funktionalität der Systeme abhängt.

- Zunehmende Komplexität der IT-Infrastruktur
  bedingt durch die extrem heterogenen Systemlandschaften. Neben den immer noch im Betrieb befindlichen Altsystemen werden ständig neue Technologien eingesetzt, womit sich die Problematik der Integration gerade auch im Hinblick auf durchgängig elektronisch unterstützte Geschäftsprozesse verschärft. Diese wird zudem durch die zahlreichen Fusionen verstärkt.

- Verbreitung des E-Banking
  mit dem eine Öffnung der Banksysteme nach außen einher geht und somit der Einsatz komplexer Sicherheitssysteme erforderlich ist, um Eindringlinge (wie Hacker oder Viren) abzuwehren.

- Erhöhte Komplexität der Geschäftstätigkeit
  bedingt durch die ständig steigende Komplexität der Finanzprodukte selbst, den stärker werdenden Wettbewerb zwischen den Finanzinstituten sowie die aus Konzentrationsprozessen resultierenden Organisationsprobleme.

Obwohl die Begründungen vornehmlich auf den zunehmenden Einsatz der Informationstechnologie abzielen, hat die Vergangenheit gezeigt, dass auch organisatorische Missstände zu erheblichen Verlustpositionen führen können. So konnte Nick Leeson im Fall der Barings Bank aufgrund einer fehlenden Trennung der Verantwortlichkeiten und mangelhafter Überwachung in der Matrixorganisation unangemessene Marktpositionen aufbauen mit einem Verlust von 1,3 Mrd. Dollar als Folge. Bei NatWestMarkets haben fehlerhafte Optionsmodelle und Bewertungsbetrug zu erheblichen Verlusten geführt. Der Verlust der Sumitomo Corp. durch einen Trading-Betrug hat sich über einen Zeitraum von 10 Jahren auf 1,8 Mrd. Dollar summiert. Auch bei Morgan Grenfall Asset Management hat die Verletzung von Anlagevorschriften für Aktienfonds durch Peter Young zu einem Verlust von mehr als 600 Mio. Dollar geführt.

Deutsche Banken stufen das operationelle Risiko mittlerweile nach dem Kreditrisiko als zweitwichtigste Risikokategorie ein und veranschlagen hierfür etwa ein Fünftel ihres ökonomischen Eigenkapitals. In einer britischen Studie schätzen rund 70% der führenden Finanzinstitute sogar, dass die Verluste aus operationellen Risiken ebenso bedeutend sind, wie diejenigen aus Markt- und Kreditrisiken.

2 Definition des operationellen Risikos

Operationelle Risiken sind überall dort zu finden, wo Menschen, Systeme und Prozesse im Einsatz sind. Entsprechend definiert das Baseler Komitee diese auch als *„die Gefahr von Verlusten, die infolge der Unangemessenheit oder des Versagens von internen Verfahren, Menschen und Systemen oder von externen Ereignissen eintreten"* (vgl. Basel Committee, 2001b, S. 2).

Es handelt sich hierbei um eine Definition, die auf den zugrundeliegenden Auslösern der operationellen Risiken basiert. Im Gegensatz zu früher häufig vertretenen Ansichten, das operationelle Risiko als Residualgröße für alle Risiken, die nicht Markt- oder Kreditrisiken sind, - oft auch als 'andere Risiken' bezeichnet - zu betrachten, ergeben sich damit auch Ansatzpunkte für ein erhöhtes Bewusstsein und eine gezielte Risikosteuerung in diesem Bereich. Zudem legt die Definition nahe, viele Verluste, die bislang als Markt- oder Kreditrisiken verbucht wurden, nun den operationellen Risiken zuzuordnen.

3 Arten von operationellen Risiken

Gemäß der in der Definition enthaltenen auslösenden Faktoren lassen sich folgende Arten von operationellen Risiken kategorisieren:

- **Prozessrisiken**
  Die Definition interner Verfahrensweisen und Abläufe sowie die Implementierung der dazugehörigen Kontrollmaßnahmen dienen im Allgemeinen der Vermeidung von operationellen Risiken. Jedoch können auch Prozesse selbst ein operationelles Risiko darstellen, wenn ein Prozess nicht richtig aufgestellt ist oder ein Prozess nicht richtig ausgeführt wird (vgl. van den Brink, 2001, S. 10). *Fehlerhaft aufgestellte Prozesse* können ihre Ursachen in der Definition der Prozesse selbst oder in der fehlenden bzw. mangelhaften Implementierung von Kontrollmaßnahmen haben. Ein Beispiel hierzu wurde bereits mit der Barings Bank durch die fehlende Trennung der Verantwortlichkeiten und die mangelhafte Überwachung in der Matrixorganisation erwähnt. *Fehler in der Ausführung von Prozessen* haben ihre Ursachen z.B. in Fehleingaben, Nachlässigkeiten oder Kommunikationsfehlern (bspw. im Handelsbereich). Unter die Prozessrisiken fallen aber auch Modellrisiken, die insbesondere bei komplexen und weitgehend automatisierten Handelsstrategien ein erhebliches Gefährdungspotenzial darstellen. Modellrisiken haben entweder methodische oder Umsetzungsfehler als Ursache. Zu den Prozessrisiken gehören ebenfalls die Transaktionsrisiken, die eine Folge von fehlerhaften Prozessen oder von Ausführungsfehlern sein können.

- **IT-Risiken**
  Hier spielen v.a. Risiken der Verfügbarkeit, der Korrektheit von Funktionen und Daten und der Sicherheit eine wesentliche Rolle. *Verfügbarkeit* bedeutet, dass sowohl Systeme als auch Dienste jederzeit in der Lage sind, ihre Aufgaben in der erforderlichen Zeitspanne zu verrichten. Dies beinhaltet einerseits

die technische Verfügbarkeit der Systeme selbst, andererseits aber auch, dass die zur Verarbeitung benötigten Dienste und Daten zugänglich sind. Zudem muss gewährleistet werden, dass die Transaktionen in einer angemessenen Zeit abgewickelt werden, d.h. die Systeme nicht überlastet sind. Die *Korrektheit von Funktionen und Daten* bedeutet, dass einerseits die korrekte Funktionalität der Programme (v.a. im Hinblick auf Softwarefehler) sichergestellt sein muss und andererseits die Daten weder durch Übertragungsfehler noch durch mangelhafte Datenstrukturen in einen inkonsistenten Zustand gelangen dürfen, um fehlerhafte Transaktionen zu vermeiden. Die *Sicherheitsrisiken* haben insbesondere mit der Öffnung der Banknetze nach außen an Bedeutung gewonnen. Sowohl Hackerangriffe als auch die Problematik der Computerviren beinhalten heutzutage eine bedeutsame Sicherheitsproblematik. Daneben lässt sich auch die Problematik der Verbindlichkeit von elektronischen Transaktionen unter diese Kategorie fassen.

- **Personalrisiken**
  umfassen einerseits *nicht-autorisierte und rechtswidrige Aktivitäten* von Mitarbeitern, andererseits v.a. aber auch das Problem der *quantitativen und qualitativen Personalverfügbarkeit*. So stellen Personalengpässe, z.B. durch Krankheit, mangelhafte Personalplanung und Personalfluktuation, ein erhebliches Gefährdungspotenzial dar. Insbesondere der Know-how-Abzug durch Personalfluktuation darf hier nicht unterschätzt werden. Qualitative Personalrisiken können aber auch durch unzureichende Kenntnisse der Mitarbeiter bezüglich der Produkte und Prozesse oder durch Überarbeitung entstehen. Als Folge treten Fehlhandlungen auf.

- **Externe Risikofaktoren**
  beinhalten v.a. *externe verbrecherische Aktivitäten* (wie Kreditkartenbetrug), *mangelhafte Leistungen von externen Dienstleistern* (z.B. von Outsourcingunternehmen oder technischen Providern, die häufig die Ursachen von Verfügbarkeitsproblemen bei den Online-Aktivitäten darstellen) sowie *Naturkatastrophen und Desaster*. Insbesondere der 11. September 2001 hat die Gefährdung durch externe Risikofaktoren deutlich gemacht.

Ein Problem bei der Systematisierung der Risikoarten ist, dass sie sich nicht immer klar voneinander abgrenzen lassen. Transaktionsrisiken können z.B. durch fehlerhaft aufgesetzte bzw. ausgeführte Prozesse oder durch Fehlfunktionen von Systemen entstehen. Abhängig von der Ursache müssen sie unterschiedlich zugeordnet werden.

4 Basel II und operationelle Risiken

Als Reaktion auf die zunehmende Bedeutung der operationellen Risiken hat sich das Baseler Komitee für deren Aufnahme in die Berechnung der Eigenmittelunterlegung entschieden. Damit sollen einerseits Anreize für eine kontinuierliche Verbesserung des Risikomanagements bei Banken gesetzt und andererseits ein Beitrag zur Sicherheit des globalen Finanzsystems geleistet werden. Als Einführungszeitpunkt ist derzeit das Jahr 2006 vorgesehen.

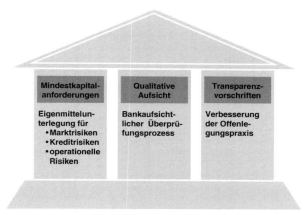

Abb. 1: Säulen von Basel II

Der neue Baseler Akkord besteht aus drei Säulen (vgl. Abb. 1). Die *erste Säule* verlangt von den Banken die Einhaltung von Mindestkapitalanforderungen für drei Risikokategorien: Marktrisiken, Kreditrisiken und operationelle Risiken (vgl. Deutsche Bundesbank, 2001, S. 17). Die *zweite Säule* beinhaltet das aufsichtsrechtliche Überprüfungsverfahren als eine wesentliche Ergänzung der Mindestkapitalanforderungen. Die Aufsichtsbehörde muss demnach beurteilen, wie gut die Banken ihren Eigenkapitalbedarf im Verhältnis zu ihren Risiken abschätzen. Der Bankenaufsicht wird dabei auch das Recht eingeräumt, in Einzelfällen bestimmte Maßnahmen (z.B. eine erhöhte Eigenkapitalunterlegung) zu erzwingen. Die *dritte Säule* fordert die Offenlegung von aussagekräftigen Daten über die finanzielle Verfassung, die Risiko- und Eigenkapitalsituation sowie die angewandten Risikomanagement-Praktiken. Dem liegt die Erwartung zu Grunde, dass gut informierte Marktteilnehmer eine risikobewusste Geschäftsführung und ein wirksames Risikomanagement von Banken in ihren Anlage- und Kreditentscheidungen honorieren bzw. risikoreicheres Verhalten entsprechend sanktionieren.

Die folgenden Ausführungen sollen sich ausschließlich auf die erste Säule und dort auf die operationellen Risiken konzentrieren. Die vorgeschlagene Mindestkapitalregelung für operationelle Risiken sieht vor, dass die Banken aus drei Methodengruppen zur Festsetzung der Eigenmittelunterlegung auswählen können, die sich in Komplexität und Risikosensitivität unterscheiden. Dabei besteht die Absicht, die Wahl einer komplexeren und damit auch aufwendigeren Variante mit der Aussicht auf geringere Eigenkapitalanforderungen zu verknüpfen, um somit den Banken einen Anreiz für die Implementierung eines effektiven Managements für operationelle Risiken zu geben.

Die drei Methodengruppen sind (vgl. Basel Committee, 2001b, S. 7ff):

- **Basisindikatoransatz**

  Die einfachste Unterlegungsmethodik ist der Basisindikatoransatz, der auf einem einzigen Indikator zur Erfassung der operationellen Risiken basiert. Dieser soll mit der Geschäftstätigkeit des Kreditinstituts verknüpft sein. Die Berechnung des zu unterlegenden Mindesteigenkapitals erfolgt dabei durch die Multiplikation des Indikators mit einem festen Prozentsatz α, der eine Pauschalschätzung des operationellen Risikos darstellt:

  $$E = \text{Bruttoertrag} \cdot \alpha$$

  Als Indikator ist derzeit der Bruttoertrag vorgesehen. Das Komitee definiert den Bruttoertrag als Nettozinsertrag + zinsneutraler Nettoertrag (beinhaltet zu fordernde Gebühren und Provisionen minus zu zahlende Gebühren und Provisionen, den Nettoertrag finanzieller Transaktionen und sonstige Bruttoerträge, wobei außerordentliche oder unregelmäßige Posten auszuschließen sind).

  Der Kalibrierungsfaktor α wird schätzungsweise zwischen 17% und 20% liegen, was im Durchschnitt zu einer Eigenkapitalunterlegung für operationelle Risiken von ca. 12% des regulatorischen Eigenkapitals führen wird. Der Baseler Ausschuss wird in seinem dritten Konsultationspapier im Jahre 2003 diesen Wert konkretisieren.

  Der Basisindikatoransatz ist besonders für kleinere Banken oder Institute mit begrenzten Geschäftsaktivitäten geeignet. Aufgrund der pauschalen Vorgehensweise liefert das Verfahren jedoch keinen Beitrag zur Identifizierung der Schwachstellen in der Bank und beinhaltet somit auch keine Ansatzpunkte zur Steuerung des operationellen Risikos.

- **Standardansatz**

Der Standardansatz teilt die Aktivitäten einer Bank in acht Geschäftsfelder, sog. Business Lines, auf. Für jedes dieser Geschäftsfelder existiert ein Indikator, der die Grundlage für die Mindesteigenkapitalermittlung bildet. Aufgrund der mangelnden Evidenz anderer Indikatoren und aus Vereinfachungsgründen hat der Ausschuss zunächst für jedes Geschäftsfeld den Bruttoertrag als Indikator vorgeschlagen. Da die verschiedenen Geschäftsfelder unterschiedlich hohe operationelle Risiken haben, muss für die Berechnung der geforderten Kapitalunterlegung der Bruttoertrag um einen Faktor β adjustiert werden. Das Beta wird von den Aufsichtsinstanzen festgesetzt und soll als Näherungswert für das Branchenverhältnis zwischen dem aus operationellen Risiken resultierenden Schadensverlauf in dem Geschäftsfeld und dem jeweiligen Indikator dienen. Das zu unterlegende Mindesteigenkapital ergibt sich dann aus der Summe der Einzelprodukte:

$$E = \sum_{i=1}^{8} \text{Bruttoertrag}_i \cdot \beta_i$$

Auch der Standardansatz stellt keine genaue Risikomessung dar, da keine institutseigenen Verlustdaten verwendet werden. Folglich liefert auch dieses Verfahren keine Ansatzpunkte zur Steuerung des operationellen Risikos. Es wird jedoch davon ausgegangen, dass die Banken bei Anwendung des Standardansatzes den Übergang zu einem fortgeschritteneren Ansatz möglichst schnell vollziehen.

- **Fortgeschrittenere Bewertungsansätze**

Der Baseler Ausschuss hat in einem weiteren Arbeitspapier über operationelle Risiken Beispiele für weiterführende Ansätze gegeben, gleichzeitig aber betont, dass dies nicht impliziert, dass diese auch genehmigt werden. Stattdessen könnten weitere Ansätze entwickelt werden oder sich eine Kombination aus den drei Ansätzen herausbilden. Die Genehmigung eines intern entwickelten Ansatzes hängt von der Erfüllung der von Basel II geforderten qualitativen und quantitativen Standards ab. Der Baseler Ausschuss hat versichert, dass die Kapitalunterlegung in den fortgeschritteneren Ansätzen niedriger sein wird als im Standard- und Basisindikatoransatz, um so einen Anreiz zur Verbesserung des Risikomanagements zu geben. Grundmerkmal der fortgeschritteneren Ansätze ist, dass die Banken hier eigene und ggf. externe Verlustdaten für die Berechnung verwenden und zu diesem Zweck Verlustdatenbanken aufgebaut werden müssen.

Risiko- typen Geschäfts- felder	Typ 1	Typ 2	...	Typ M
Corporate Finance	E_{11}	E_{12}	...	E_{1M}
Trading and Sales	E_{21}	E_{22}	...	E_{2M}
Retail Banking	E_{31}	E_{32}	...	E_{3M}
Commercial Banking	E_{41}	E_{42}	...	E_{4M}
Payment and Settlement	E_{51}	E_{52}	...	E_{5M}
Agency Services and Custody	E_{61}	E_{62}	...	E_{6M}
Asset Management	E_{71}	E_{72}	...	E_{7M}
Retail Brokerage	E_{81}	E_{82}	...	E_{8M}

Abb. 2: Geschäftsfeld/Risikotyp-Matrix

Ein erster Ansatz ist der *Interne Bewertungsansatz*. Wie beim Standardansatz werden die Geschäftsaktivitäten in Geschäftsfelder aufgeteilt und zudem bestimmte operationelle Verlustkategorien bzw. Risikotypen vorgegeben (vgl. Abb. 2). Die Aufsichtsbehörden werden dann für jede relevante Kombination von Geschäftsfeld und Verlustart einen Gefährdungsindikator auswählen, der das Ausmaß des operationellen Risikos am besten beschreibt. Anhand der internen Verlustdaten werden von der Bank schließlich für jedes Kombinationspaar eine Eintrittswahrscheinlichkeit und die Höhe des im Schadensfall eintretenden Verlustes geschätzt, wobei nicht jedes Feld der Matrix tatsächlich besetzt ist, da nicht jeder Risikotyp für jedes Geschäftsfeld eine Bedeutung hat. Abschließend müssen die Aufsichtsbehörden den Hebesatz γ für jede Verlustart j und jeden Geschäftsbereich i festlegen, mit dem für die erwarteten Verluste die erforderliche Eigenkapitalunterlegung berechnet werden:

$$E = \sum_{i=1}^{8} \sum_{j=1}^{M} E_{ij}$$

mit:

$E_{ij} = \text{Gefährdungsindikator}_{ij} \cdot \text{Eintrittswahrscheinlichkeit}_{ij} \cdot \text{Verlusthöhe}_{ij} \cdot \gamma_{ij}$

Bei dem sog. Verlustverteilungsansatz berechnen die Banken für jedes Geschäftsfeld und jede Risikokategorie eine Verteilungsfunktion über einen Zeithorizont (z.B. ein Jahr). Basierend auf der Verteilungsfunktionen kann dann der Value-at-Risk (VaR) berechnet werden, der in einer einzigen Zahl das Risikopotenzial für jedes Geschäftsfeld und jeden Risikotyp angibt. Der aggregierte VaR dient schließlich als Grundlage für die Bemessung der Eigenmittelunterlegung. Derzeit deutet alles darauf hin, dass zumindest die größeren Banken diesen Ansatz wählen werden, weshalb er an späterer Stelle noch detaillierter beschrieben wird.

Zudem erlaubt der Baseler Ausschuss die Anwendung von sog. *Scorecard-Ansätzen*. Das Konzept der Scorecards basiert auf der Erweiterung von quantitativen Ansätzen um qualitative Elemente. Da die quantitativen Ansätze einen starken Vergangenheitsbezug aufweisen, sollen mittels der qualitativen Anreicherung die Verbesserungen von Prozessen und Kontrollen eine entsprechende Berücksichtigung in der Berechnung der Eigenmittelunterlegung finden. Hierzu wird später ein Ansatz vorgestellt, der zwei qualitative Elemente einbezieht.

5 Managementprozess von operationellen Risiken

Die Ausführungen zeigen, dass es Ziel der Banken sein sollte, durch den Wechsel in die anspruchsvolleren Ansätze die aus der Eigenmittelunterlegung resultierenden Belastungen zu reduzieren. Damit verbunden ist die Notwendigkeit zur Sammlung, Analyse und Bewertung von Verlustdaten und deren Ursachen. Gleichzeitig wird hierdurch auch ein effektives Risikomanagement und eine risikoorientierte Leistungskontrolle ermöglicht.

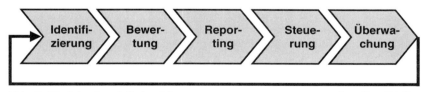

Abb. 3: Kreislaufmodell des Managementprozesses von operationellen Risiken
Quelle: Acrys Consult, 2002, S. 4.

Generell kann der Prozess des Managements von operationellen Risiken (ORM) als Kreislaufmodell, bestehend aus fünf Phasen, dargestellt werden (vgl. Abb. 3): Zunächst gilt es, die relevanten Risiken zu identifizieren und die entsprechenden Daten zu sammeln. Nach Basel II ist eine Verlusthistorie über 5 Jahre für die Anwendung der anspruchsvolleren Ansätze erforderlich, in der Übergangsphase genügen jedoch 3 Jahre. Entsprechend ist der Aufbau einer Verlustdatenbank zwingend. Im nächsten Schritt müssen die Daten analysiert und bewertet werden, um die notwendigen Kennziffern zu erlangen. Daran schließt sich das Reporting an, das Managementreports und Alarmmeldungen umfasst, aufgrund derer die Risikosteuerung erfolgen kann. Gleichzeitig müssen hier auch die regulatorischen Informationen für die Aufsichtsbehörde bereitgestellt werden.

Die Risikosteuerung ermöglicht eine aktive Beeinflussung der im Rahmen der Risikoanalyse und -bewertung ermittelten Risikopositionen. Das Risikomanagement strebt dabei zwei Hauptziele an: Auf der einen Seite muss die Risiko-Rentabilitätsstruktur der Bank optimiert werden, auf der anderen Seite kann sie aber auch nur ein gewisses Maß an Risiko verkraften. Es müssen somit risikobezogene Strategien entwickelt und abgewägt werden, ob die potenziellen Risiken akzeptiert, reduziert, vermieden oder versichert werden (vgl. Abb. 4).

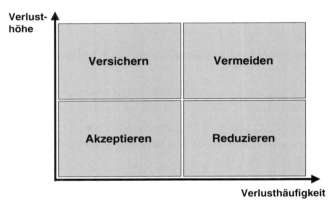

Abb. 4: Steuerungskonzepte für operationelle Risiken

Schließlich ist noch eine Überwachung notwendig, bei der die Wirksamkeit des ORM geprüft wird. Hier sind die Qualität der Daten, die Zuverlässigkeit der Methoden und die Wirksamkeit der Steuerungsmaßnahmen zu bewerten.

6 Analyse von operationellen Risiken

Eine der größten Herausforderungen im Rahmen des ORM ist die Identifizierung der operationellen Risiken. Die hier zu sammelnden Daten bilden die Grundlage für die weiteren Schritte. Da operationelle Risiken oft nur schwer messbar sind und von subjektiven Einschätzungen abhängen, ist die Ermittlung von genauen Daten bzw. Datenquellen eines der Kernprobleme.

Die Basis zur Anwendung der anspruchsvolleren Ansätze muss eine quantitative Datensammlung sein. Diese wird in Form einer *Verlustdatenbank* realisiert. Hinsichtlich des Aufbaus der Verlustdatenbank müssen die Vorgaben von Basel II beachtet werden. Um eine möglichst hohe Vergleichbarkeit zu erreichen, verlangt Basel II, dass alle Banken ihre Daten in einer einheitlichen Struktur sammeln. Der Baseler Ausschuss gibt zu diesem Zweck eine genaue Einteilung der Verlustereignisse vor, die in drei Hierarchieebenen aufgliedert sind (vgl. auch Abb. 5):

1. Ebene: Loss Event Type Category
2. Ebene: Categories
3. Ebene: Activity Examples

Event-Type Category	Categories	Activity Examples
Internal fraud	Unauthorized Activity	Transactions not reported, Trans type unauthorized, Mismarking of position
	Theft and Fraud	Fraud/credit fraud/worthless deposits, Theft/extortion/embezzlement/robbery, Misappropriation of assets, Malicious destruction of assets, ...
External Fraud	Theft and Fraud	Theft/Robbery, Forgery, Check kiting
	Systems Security	Hacking damage, Theft of information
Employment Practices and Workplace Safety	Employee Relations	Compensation/Benefit/Termination issues, Organized labor activity
	Safe Environment	General liability, Employee health & safety rules events, Workers compensation
	Diversity & Discrimination	All discrimination types
Clients, Products & Business Practices	Suitability, Disclosure & Fiduciary	Fiduciary breaches/guideline violations, Suitability/disclosure issues, Retail consumer disclosure violations, Aggressive sales, ...
	Improper Business or Market Practices	Antitrust, Improper trade/market practices, Market manipulation, Insider trading, Unlicensed activity, Money laundering
	Product Flaws	Product defects, Model errors
	Selection, Sponsorship & Exposure	Failure to investigate client per guidelines, Exceeding client exposure limits
	Advisory Activities	Disputes over performance of advisory activities
Damage to Physical Assets	Disasters and other events	Natural disaster losses, Human losses from external sources
Business Disruption and System Failures	Systems	Hardware, Software, Telecommunications, Utility outage/disruptions
Execution, Delivery & Process Management	Transaction Capture, Execution & Maintenance	Miscommunication, Data entry, maintenance or loading error, Missed deadline or responsibility, Model/system misoperation, Accounting error, ...
	Monitoring and Reporting	Failed mandatory reporting obligation, Inaccurate external report
	Customer Intake and Documentation	Client permissions/disclaimers missing, Legal documents missing/incomplete
	Customer/Client Account Management	Unapproved access given to accounts, Incorrect client records, Negligent loss or damage of client assets
	Trade counterparties	Non-client counterparty misperformance, Misc. non-client counterparty disputes
	Vendors & Suppliers	Outsourcing, Vendor disputes

Abb. 5: Verlustkategorisierung nach Basel II
Quelle: Basel Committee, 2001b, S. 21ff.

Die Verlustereignisse werden dabei auf der dritten Ebene erfasst und sind damit automatisch den Ebenen 2 und 1 zugeordnet. Darüber hinaus wird gefordert, dass die Banken die Risiken den vorgegebenen Geschäftsfeldern zuordnen, auch als Mapping bezeichnet. Es entsteht eine Geschäftsfeld/Risikotyp-Matrix.

Unabhängig von diesen Anforderungen ist es aber für eine effektive Risikosteuerung zudem zweckmäßig, die Verlustereignisse detaillierter zu analysieren. Dazu ist es notwendig, das einzelne Verlustereignis in seine Dimensionen zu zerlegen. So hat ein Verlust eine oder mehrere Ursachen (z.B. eine schlecht konfigurierte Firewall und/oder ein fehlerhafter Web-Server), wird durch ein bestimmtes Ereignis (z.B. einen Hackerangriff) ausgelöst, das eine oder mehrere Auswirkungen (z.B. ein direkter monetärer Verlust oder ein Imageschaden) hat (vgl. Abb. 6). Die Erfassung und Analyse dieser Dimensionen kann einen erheblichen Beitrag für ein effektives Risikomanagement leisten. Sie sollten daher auch beim Aufbau der Verlustdatenbank berücksichtigt werden.

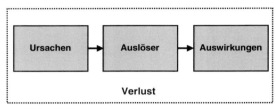

Abb. 6: Kausalbeziehungen eines Verlustes

Eine hinreichende Quantifizierung der operationellen Risiken erfordert auch die Berücksichtigung von sog. Low-Frequency/High-Impact-Ereignissen (LF/HI). Diese treten nur äußerst selten und i.d.R. völlig unregelmäßig auf und sind damit auch nicht vorhersehbar. Aufgrund der extrem hohen Verluste, die sie verursachen, müssen sie jedoch sowohl in die Eigenmittelunterlegung als auch in das ORM einbezogen werden. Beispiele für LF/HI-Ereignisse sind der Ausfall der zentralen DV oder Umweltkatastrophen. Aufgrund des seltenen Auftretens können diese Ereignisse im Regelfall nicht bzw. nicht ausreichend über die internen Daten abgedeckt werden. Infolgedessen müssen diese um externe Daten ergänzt werden, die vorher auf die Größe und das Geschäft des eigenen Institutes zu skalieren sind. Hierfür haben sich bereits Datenkonsortien, wie die ORX (Operational Riskdata eXchange) mit Sitz in Basel, gegründet, in denen die Mitgliedsbanken ihre Verlustdaten sammeln.

Gemäß dieser Anforderungen kann der generische Aufbau einer Verlustdatenbank wie in Abb. 7 beschrieben werden.

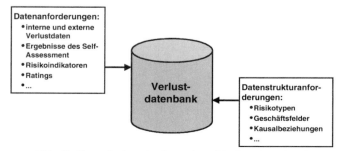

Abb. 7: Generischer Aufbau einer Verlustdatenbank

Wie bereits ausgeführt wurde, ist es zweckmäßig, die quantitativen Analysen um qualitative Einschätzungen zur Verbesserung des Risikomanagements zu erweitern. Aufgrund der Vergangenheitsorientierung der quantitativen Analysen bilden diese besonders nach der Verbesserung von Prozessen und Kontrollen das aktuelle Risikoprofil einer Bank nicht adäquat ab.

Ein wichtiges Verfahren für eine qualitative Ergänzung ist das sog. *Self-Assessment* (vgl. Anders, 2001, S. 445). Dieses bedient sich des Wissens der Experten aus den einzelnen Bereichen, die über die notwendigen Erfahrungen verfügen, um zu einer besseren Beurteilung des Risikoprofils zu gelangen. Das Self-Assessment beruht auf subjektiven Einschätzungen der Experten, die über Fragebögen oder Interviews gewonnen werden.

Ziel ist es, eine strukturierte und systematische Beurteilung der Qualität und Risiken der zu untersuchenden Bereiche, wie z.B. Prozesse, Systeme und Kontrollmechanismen, zu erlangen. Neben dieser qualitativen Risikoeinschätzung können aber auch quantitative Werte in Form der Ermittlung potenzieller Verlusthöhen und Verlusteintrittswahrscheinlichkeiten durch Szenariendefinition über mögliche Risikoeintritte erhoben werden. Die quantitativen Ergebnisse dürfen jedoch nicht über ihren subjektiven Ursprung hinweg täuschen.

Der zentrale Erfolgsfaktor beim Self-Assessment ist die Verwendung der richtigen Fragestellungsmethodik, um sicherzustellen, dass nur verifizierte und qualitativ hochwertige Daten über operationelle Risiken identifiziert werden und in die Bewertung einfließen. Entsprechend muss bei der Erstellung der Fragen exakt abgestimmt werden, wer befragt werden soll, welche Fragen im Hinblick auf die erwünschten Informationen gestellt werden sollen und wie die Fragen sowie die Antwortmöglichkeiten formuliert werden.

Der Fragenkatalog sollte analog zu den Risikokategorien der Verlustdatensammlung eingeteilt werden. Ein Ziel des Fragenbogens sollte dabei die Überführung der Ergebnisse in ein qualitatives Rating für die einzelnen Bereiche sein. Durch Wahl der gleichen Risikokategorien wie in der Verlustdatenbank können deren Ergebnisse damit um ein qualitatives Rating ergänzt werden. Um zu einer möglichst hohen Vereinheitlichung zu gelangen, ist es zweckmäßig, die Antworten aus den Fragebögen in eine Ratingskala zu überführen. Abb. 8 zeigt das Beispiel einer solchen Ratingskala.

1	2	3	4	5	6
Exzellent	Überdurch-schnittlich	Durchschnitt-lich	Moderater Handlungsbe-darf	Hoher Hand-lungsbedarf	Anforderun-gen nicht er-füllt
Die Anforde-rungen sind in jeder Bezie-hung erfüllt, Verbesserun-gen sind nicht mehr möglich. Planung und Umsetzung sind perfekt und insgesamt besser als er-wartet.	Die Anforde-rungen werden den Erwartun-gen entspre-chend erfüllt. Verbesserun-gen sind mög-lich, aber nicht nötig. Planung und Umsetzung sind fehlerfrei.	Die Anforde-rungen sind mit ausreichender Qualität erfüllt. Die Planung und Umsetzung zeigen fast kei-ne Lücken, sind aber verbesse-rungswürdig.	Die minimalen Anforderungen sind erfüllt (ge-setzliche). Pla-nung und Um-setzung weisen Lücken auf, sind aber noch akzeptabel. Es besteht ein moderater Handlungsbe-darf für Ver-besserungen.	Die minimalen Anforderungen sind nicht er-füllt. Fehler in der Planung und Umsetzung sind nicht ak-zeptierbar. Es besteht ein ho-her Handlungs-bedarf für Ver-besserungen.	Die Anforde-rungen werden nicht im Min-desten erfüllt. Es gibt keine Planung und Probleme wer-den nicht be-wältigt. Sofort-maßnahmen müssen einge-leitet werden.

Abb.8: Beispielhafte Ratingklassen im Self-Assessment
Quelle: Jörg, M., 2002, S. 48.

Auf dieser Basis lassen sich die Antworten dann auch über die verschiedenen Aggregationsstufen zusammenfassen, indem z.B. Mittelwerte über die Rating-Scores gebildet werden. Zudem können noch Gewichtungsfaktoren in Abhängigkeit von der Relevanz der jeweiligen Risikokategorie verwendet werden. Darüber hinaus lassen sich die Ergebnisse noch an Benchmarks messen, die von der Bank vorgegeben werden können.

Neben dem Self-Assessment empfiehlt sich auch die Verwendung von sog. *Risikoindikatoren*. Derartige Indikatoren ergänzen einerseits die Ergebnisse des Self-Assessment und können darüber hinaus als Kontrollmechanismen zur Überprüfung der Effektivität des Risikomanagements verwendet werden, indem sie sowohl als Qualitäts- als auch als Frühwarnindikatoren fungieren.

Um die Risikoindikatoren zu bestimmen, müssen zunächst Verlustereignisse identifiziert werden, denen vorangehende Ereignisse zugeordnet werden können. Diese sog. Prior Events sind somit ideale Ansatzpunkte für Risikoindikatoren, da sie Problembereiche reflektieren, die maßgeblich für die Entstehung von Verlusten sind. Es werden somit die Auslöser identifiziert, die sich als Warnsignal eignen, um schon im Vorfeld das Eintreten von operationellen Verlusten zu vermeiden. Die Analyse der Höhe und Häufigkeit der potenziell nachfolgenden Verlustereignisse eignet sich zudem für die Auswahl der wichtigsten Risikoindikatoren. Eine derartige Beschränkung auf die wirklich relevanten Risikoindikatoren kann zu einer erheblichen Begrenzung der Komplexität beitragen.

Zur Verdeutlichung soll die Herleitung von Risikoindikatoren am Beispiel der Verfügbarkeit von IT-Systemen aufgezeigt werden: In vielen der Geschäftsprozesse findet heutzutage die Abwicklung bereits vorwiegend auf elektronischem Wege statt.
Dabei werden einzelne Prozesselemente von unterschiedlichen Systemen abgewickelt, die ihre Daten über Netzwerke austauschen. Fallen einzelne Systeme aus,
können ganze Prozesse unterbrochen werden oder im Falle von redundanten Systemen zumindest ins Stocken geraten. Auslöser, d.h. Prior Events, sind dabei Programmabstürze, Rechnerabstürze oder Netzzusammenbrüche. Hier lassen sich entsprechende Risikoindikatoren ansetzen, wie z.B. Anzahl der Programmabstürze oder
die Netzwerkbelastung. Sind an einzelnen Systemen auch noch manuelle Arbeiten,
z.B. Benutzereingaben, erforderlich, eignet sich u.U. auch die Häufigkeit von Be-
nutzerbeschwerden als Risikoindikator. Für die Risikoindikatoren können nun Toleranzgrenzen festgelegt werden, die im Rahmen eines Frühwarnsystems das Management informieren, falls diese Grenzwerte über- bzw. unterschritten werden. Ein
Beispiel zeigt Abb. 9.

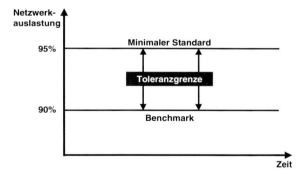

Abb. 9: Festlegung von Toleranzgrenzen für Risikoindikatoren

Innerhalb des Überwachungssystems können die einzelnen Risikoindikatoren in
Form von Ampeln realisiert werden. Grün hieße dann, dass alles in Ordnung ist,
während die Farbe Gelb auf das Erreichen der Toleranzgrenze hinweist und die Farbe Rot das Unterschreiten des Minimalwertes anzeigt. Bei entsprechender Ausgestaltung sind auch Aggregationen der Risikoindikatoren möglich, um die jeweiligen
Managementebenen in dem für sie relevanten Detailliertheitsgrad zu bedienen.

7 Bewertung von operationellen Risiken

Auch wenn die zuvor beschriebenen Analysemethoden bereits wichtige Ansatzpunkte für das Risikomanagement bieten, ist es im Hinblick auf eine Risikosteue-

rung aus Gesamtbanksicht sowie für die Berechnung der Eigenkapitalunterlegung nach Basel II erforderlich, eine Bewertung der Risikoposition der Bank hinsichtlich der operationellen Risiken vorzunehmen. Zur Zeit werden zu diesem Zweck eine Vielzahl von Quantifizierungsansätzen diskutiert.

Es deutet jedoch alles darauf hin, dass sich der statistisch-versicherungsmathematische Ansatz, d.h. ein Value-at-Risk-Ansatz, durchzusetzen wird, auf den im Folgenden eingegangen werden soll. Für die Wahl dieses Ansatzes spricht einerseits die Zweckmäßigkeit einer einheitlichen Steuerungsgröße aus Sicht der Gesamtbanksteuerung. Aufgrund der Dominanz des VaR bei der Bewertung von Markt- und Kreditrisiken liegt es nahe, dieses Risikomaß auch auf operationelle Risiken anzuwenden. Zudem überzeugt der VaR aufgrund seines monetären Charakters und ist somit in der Lage, das Risiko in einer leicht kommunizierbaren Größe auszudrücken. Andererseits bestehen jahrelange Erfahrungen der Versicherungsbranche bei der Vorhersage von potenziellen Verlusten aus bestimmten Risikoklassen (wie z.B. Feuer und Diebstahl). Die eingebrachten Quantifizierungsansätze von Basel II sind aus diesem Grund wohl auch maßgeblich von dem Ansatz aus der Versicherungsbranche beeinflusst worden.

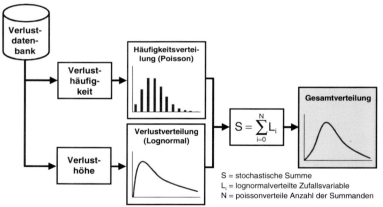

Abb. 10: Berechnung des Value-at-Risk für operationelle Risiken
In Anlehnung an: Acrys Consult, 2002, S. 8.

Allgemein drückt der VaR das Verlustpotenzial in Geldeinheiten aus, das während einer bestimmten Periode mit einer vorher definierten Wahrscheinlichkeit nicht überschritten wird. Die Berechnungsgrundlage bilden die internen und externen Verlustdaten, die in der Verlustdatenbank erfasst sind. Diese Verlustdaten könnten nun prinzipiell direkt in eine gemeinsame Verlustverteilung aufgenommen werden. Der statistisch-versicherungsmathematische Ansatz zieht es jedoch vor, die Verlusthäufigkeit und die Verlusthöhe getrennt voneinander zu modellieren, um diese im Anschluss zu einer Gesamtverlustverteilung zusammenzuführen (vgl. Abb. 10). Die Höhe der Verluste wird dabei als unabhängig von der Anzahl der eingetretenen Verluste betrachtet (vgl. Stocker et al., 2001, S. 684).

Da die Verlusthöhe sowie die Anzahl der Verluste nicht im Vornherein eindeutig bestimmbar, also unsicher sind, können diese beiden Komponenten als Zufallsvariablen modelliert werden. Für die Zufallsvariable Verlusthäufigkeit bietet sich eine diskrete Verlustverteilung an. Hier wird im Allgemeinen die Poissonverteilung verwendet. Der Verlusthöhe ist bei operationellen Risiken zueigen, dass geringe Verluste mit einer hohen Wahrscheinlichkeit eintreten, wohingegen hohe Verluste eher selten eintreten. Aufgrund dieser rechtsschiefen Verteilung wird hier im Allgemeinen die Lognormalverteilung verwendet. Die Gesamtverteilung S ist dann eine stochastische Summe aus unabhängig identisch lognormalverteilten Zufallsvariablen L_i, wobei die Anzahl der Summanden N poissonverteilt ist.

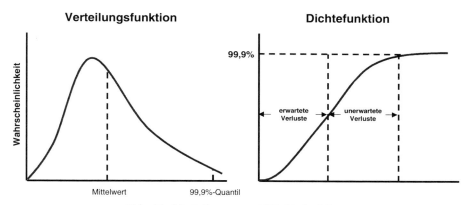

Abb. 11: Verteilungs- und Dichtefunktion

Unter bestimmten Annahmen für die Verteilungen der Verlusthäufigkeit und -höhe kann die Gesamtverteilung auf analytischem Wege bestimmt werden. Eine Alternative zur Ermittlung der Gesamtverteilung, die derartige Verteilungsannahmen nicht erfordert, stellt die Monte-Carlo-Simulation dar. Die Vergehensweise erfolgt dabei in drei Schritten (vgl. Stocker et al., 2001, S. 684): Zunächst wird aus der poissonverteilten Verlusthäufigkeitsverteilung ein N gezogen. Im Anschluss daran erfolgt das N-fache unabhängige Ziehen einer Schadenshöhe aus der entsprechenden Lognormalverteilung. Diese Schadenshöhen werden schließlich addiert. Führt man die drei Schritte mit einer ausreichenden Anzahl an Wiederholungen (z.B. 100.000-fach) durch, so entsteht eine empirische Gesamtverteilung. Deren Dichtefunktion bildet nun die Grundlage für die Berechnung des VaR. Basel II hat das Quantil für operationelle Risiken auf 99,9% festgesetzt (vgl. Abb. 11).

Nach dem beschriebenen Verfahren kann der VaR nun für jede Geschäfts-feld/Risikotyp-Kombination ermittelt werden. Der Gesamt-VaR für die operationel-len Risiken ergibt sich schließlich aus der Addition der Einzel-VaRs (vgl. Frachot et al., 2001, S. 10)

$$VaR = \sum_{i=1}^{8} \sum_{j=1}^{M} VaR_{ij}$$

Diese vom Baseler Ausschuss vorgeschlagene Addition der Einzel-VaRs impliziert die Annahme, dass die unterschiedlichen Risiken vollständig positiv miteinander korreliert sind, was nicht der Realität entspricht (vgl. Frachot et al., 2001, S. 34). In der Praxis dürfte es jedoch schwierig sein, die exakten Korrelationen zwischen den Risikotypen zu ermitteln.

Ein weiterer Diskussionspunkt ist die Frage, ob lediglich die unerwarteten oder auch die erwarteten Verluste in die VaR-Berechnung und somit auch die Eigenkapitalun-terlegung einbezogen werden sollen. Da in der derzeitigen Praxis zumindest größere Teile der erwarteten Verluste nicht in Form von Risikokosten umgelegt werden, ist zu erwarten, dass diese auch in die Kalkulation einbezogen werden müssen (vgl. Ba-sel Committee, 2001a, S. 3).

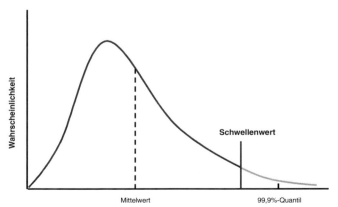

Abb. 12: Einbeziehung der Extremwerttheorie in den Value-at-Risk

Als Schwachstelle des dargestellten VaR-Konzepts wird darüber hinaus häufig noch eingewendet, dass extreme Risiken - also die LF/HI-Ereignisse - nicht in ausrei-chendem Maße berücksichtigt werden. Zur Lösung dieser Problematik wird die Einbeziehung der Extremwerttheorie vorgeschlagen. Die Extremwerttheorie betrachtet sehr seltene, aber keineswegs unwahrscheinliche extreme Ereignisse und kann demzufolge für die Modellierung des extremen Rands der Verteilung oberhalb eines Schwellenwerts für die Verlusthöhe verwendet werden (vgl. Borkovec/Klüppelberg, 2001). Mit Hilfe der Extremwerttheorie lässt sich dabei sowohl der Schwellenwert bestimmen, als auch die Verteilungsfunktion oberhalb dieses Wertes modellieren (vgl. Abb. 12).

Unabhängig von der verwendeten Methodik ist es, wie bereits ausgeführt wurde, aufgrund der Vergangenheitsorientierung der internen und externen Verlustdaten sinnvoll, die durch ein aktives Risikomanagement bewirkten Veränderungen in die Ermittlung der Eigenmittelunterlegung einzubeziehen. Diese Veränderungen drücken sich in den Ergebnissen der qualitativen Analysen aus. Es erscheint somit zweckmäßig, das VaR-Modell um einen qualitativen Faktor zu ergänzen. Ohne eine derartige Ergänzung würde der VaR das Risiko über- bzw. unterzeichnen, je nachdem ob eine Verbesserung oder Verschlechterung eingetreten ist.

Die Überführung der Ergebnisse aus dem Self-Assessment und den Risikoindikatoren in ein qualitatives Rating erweist sich hierfür als große Hilfe. Beide Auswertungsmodule können über Ratingklassen zusammengefasst und gewichtet werden. Die Bank kann nun Regeln aufstellen, die diese qualitativen Aspekte berücksichtigen. Ein mögliches Szenario zeigt Abb. 13.

Ratingklassen	Adjustierungsfaktoren
Ratingklasse 1	VaR - 5%
Ratingklasse 2	VaR - 3%
Ratingklasse 3	VaR +/- 0%
Ratingklasse 4	VaR + 5%
Ratingklasse 5	VaR + 10%
Ratingklasse 6	VaR + 15%

Abb. 13: Adjustierungsfaktoren des Value-at-Risk
Quelle: Jörg, M., 2002, S. 60.

Bei der Wahl von Risikoabschlägen bzw. -aufschlägen ist zu berücksichtigen, dass ein Geschäftsbereich, der bereits ein Rating von 2 erreicht hat, nur mit unverhältnismäßig hohem Aufwand zu einer Verbesserung des Risikoprofils beitragen kann. Die Anreize sind aus Kostengründen demnach geringer zu gestalten als bei schlechteren Ratingklassen (4, 5 oder 6). Bereiche mit einem besonders schlechten Rating müssen demgegenüber mit besonders hohen VaR-Aufschlägen getadelt werden, um Anreize zu setzen.

Sowohl der VaR als auch die Adjustierungsfaktoren müssen ständig mittels eines Backtestings geprüft werden, um abzugleichen, ob die tatsächlich eingetretenen Verluste mit dem vorher ermittelten Risikobetrag korrespondieren. Ist dies nicht der Fall, so ist der Adjustierungsfaktor bzw. das Modell anzupassen. Da die Quantifizierung operationeller Risiken noch am Anfang steht, verfügen die Banken noch nicht über die nötigen Zeitreihen, um die Modelle zu testen. Insbesondere die qualitative Anpassung ist demnach ein Zukunftsszenario, das die Banken noch ausreichend testen müssen. Eine vorschnelle Anwendung kann deshalb nicht gefordert werden. Vielmehr müssen Banken jetzt schon alle relevanten qualitativen Faktoren identifizieren, um sie einem späteren Backtesting unterziehen zu können.

Im Gesamtzusammenhang von Basel II muss zudemnoch beachtet werden, dass keine Doppelanrechnungen auftreten. So ist z.B. zu entscheiden, ob ein Fall wie Schneider als Kreditausfall oder aufgrund eines Fehlers beim Kreditvergabeprozess als operationelles Risiko einzustufen ist. Die Datenhistorien im Kreditbereich müssen demnach um Kreditausfälle, die aufgrund von operationellen Ereignissen eingetreten sind, bereinigt werden. Gleiches muss bei den Modellen für Marktpreisrisiken geschehen. So wären beispielsweise die Kursverluste im Fall Barings unter operationellen Risiken und nicht Marktpreisrisiken einzustufen. Nach Bereinigung der Zeitreihen kann dann der ermittelte Gesamtbank-VaR in die Gesamtbanksteuerung einbezogen werden.

8 Technische Architektur eines Managementsystems für operationelle Risiken

Zur Gewährleistung eines effektiven ORM müssen dessen Komponenten schließlich noch in ein entsprechendes Managementsystem umgesetzt werden. Eine mögliche technische Architektur eines derartigen Managementsystems soll im Folgenden noch kurz vorgestellt werden. Das System sollte im Kern aus zwei Komponenten bestehen: einer Daten- und einer Kalkulationskomponente (vgl. Abb. 14). In der Datenkomponente, die in Form eines Data Warehouse realisiert werden kann, werden die quantitativen Verlustdaten sowie die Ergebnisse der qualitativen Analysen gesammelt und sollten aus Performance-Gründen bereits in den erforderlichen Aggregationsstufen vorgehalten werden. Als Datenquellen fungieren hier sowohl die operativen Systeme der Bank als auch die externe Datenbank sowie die Mitarbeiter, die für die manuelle Erfassung von Verlustinformationen zuständig sind.

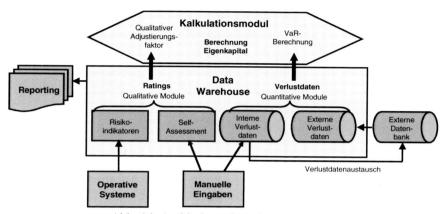

Abb. 14: Architektur eines ORM-Systems
In Anlehnung an: Jörg, M. (2002), S. 56.

Aus diesem Data Warehouse können dann einerseits Reportings, z.B. mittels OLAP-Technologien, andererseits aber auch die für Basel II sowie zur Gesamtbanksteuerung notwendigen Kalkulationen vorgenommen werden.

9 Fazit

Aufgrund der Bedeutung der operationellen Risiken im Hinblick auf das Gesamtrisiko einer Bank ist deren Management aus heutiger Sicht zu einem Muss geworden. Mit Basel II wird entsprechend ein wichtiger Impuls in diese Richtung gegeben. Der konstruktive Dialog der Banken mit dem Baseler Ausschuss im Konsultationsprozess hat eine gute Grundlage geliefert, auf die weiter aufgebaut werden kann. Insgesamt ist ein rundes System entstanden, das jedoch noch einige Schwächen aufweist. So geben insbesondere die einfacheren Berechnungsansätze nur einen indirekten Anreiz zur Etablierung eines ORM, da mit dem Wechsel in die fortgeschritteneren Ansätze Verringerungen der Eigenmittelunterlegung in Aussicht stehen. Es sei an dieser Stelle aber auch noch einmal ausdrücklich erwähnt, dass die Befolgung der aufsichtsrechtlichen Vorgaben alleine nicht genügt, um ein effektives ORM aufzubauen.

Die Komplexität der Neuen Baseler Eigenkapitalvereinbarung wurde zunächst von der Bankbranche wie auch von den Aufsichtsbehörden unterschätzt, was zu einer

Verzögerung der Umsetzung geführt hat. Problematisch ist einerseits die Verlustdatensammlung, die sich als äußerst schwierig und aufwändig erwiesen hat. Hinzu
kommt, dass viele Verlustwahrscheinlichkeiten und -höhen kaum messbar sind, was
die Einbeziehung von externen Datenbanken mit den entsprechenden Übertragungs-
problemen und/oder die Verwendung von subjektiven Schätzungen erfordert.

Andererseits haben auch die Berechnungsansätze noch Schwächen. Bei den einfacheren Ansätzen sind es die nicht-ursachengerechten Bemessungsgrundlagen in
Form der Bruttoerträge, bei den fortgeschritteneren Ansätzen z.B. die ungelöste
Problematik der Korrelationen zwischen den Risiken. Die numerische Berechnung
täuscht hier eine Exaktheit vor, die tatsächlich nicht gegeben ist. Aufgrund der geringen Anzahl an Verlustdaten können die Bemessungsansätze auch derzeit noch
keinem wirklichen Backtesting unterzogen werden, welches dringend für die Vali-
dierung eines internen Risikomodells nötig ist. Es wäre demnach zum heutigen Zeitpunkt fatal, sich ausschließlich auf die Quantifizierung zu stützen. Vielmehr müssen
gerade bei den operationellen Risiken qualitative Elemente berücksichtigt werden.

Literatur

Acrys Consult GmbH (2002): Operational Risks, http://www.acrys.com/en/PDF/
operational_risk.pdf.

Anders, U. (2001): Qualitative Anforderungen an das Management operativer Risiken, in: Die Bank, Heft 6, S. 442-446.

Basel Committee on Banking Supervision (2001a): Operational Risk, Basel.

Basel Committee on Banking Supervision (2001b): Working Paper on the Regula-
tory Treatment of Operational Risk, Basel.

Borkovec, M./Klüppelberg, C. (2001): Extremwerttheorie für Finanzzeitreihen - ein
unverzichtbares Werkzeug im Risikomanagement, in: Rudolph, B./Johanning, L.
(Hrsg.): Handbuch Risikomanagement, Bad Soden, S. 219-244.

Deutsche Bundesbank (2001): Die Baseler Eigenkapitalvereinbarung, in: Deutsche
Bundesbank Monatsbericht, April, S. 15-44.

Frachot, A./ Georges, P./Roncalliy, T. (2001): Loss Distribution Approach for operational risk, Groupe de Recherche Opérationnelle, Crédit Lyonnais, http://
gro.creditlyonnais.fr/content/wp/lda.pdf.

Jörg, M. (2002): Implementierung eines internen Risikomodells zur Steuerung operationeller Risiken unter aufsichtsrechtlichen Anforderungen, Diplomarbeit, Hochschule für Bankwirtschaft, Frankfurt.

Stocker, G./Naumann, M./Buhr, R./Kind, R./Schwertl, M. (2001): Qualitatives und quantitatives Controlling und Management von Operational Risk – Entwicklung eines Betriebsrisikocontrollings in der Bayerischen Landesbank, in: Zeitschrift für das gesamte Kreditwesen, Heft 12, S. 677-687.

van den Brink, G.J. (2001): Operational Risk, Stuttgart.

Wie sichert man eine Internetbank?

Erhard Petzel

Inhalt:

1 Einleitung

Das Online Banking wurde in den letzten Jahren zu einer zentralen Funktion des Internet. Heute führen deutlich über die Hälfte der deutschsprachigen WWW-Nutzer bereits ihre privaten Bankkonten mit Hilfe des Computers über das Internet (vgl. Fittkau & Maaß, 2002). Ende 2000 bezifferte der Bundesverband der Deutschen Banken (BdB) die Gesamtzahl der online geführten Konten in Deutschland mit 15,1 Mio. Somit kann das Online Banking wie die Verwendung von eMails als eine „Killer-Applikation" des Internet bezeichnet werden.

Das Internetbanking bietet für Bankkunden viele Vorteile. Sie können praktisch von allen Orten auf das Internet zugreifen und so zeitsparend ihre Bankgeschäfte tätigen. Jederzeit ist der Online-Kunde über seinen Finanzstatus auf dem Laufenden und kann Zinsvorteile oder Kursgewinne durch schnelles Ordern wahrnehmen. Außerdem bietet die Nutzung des Internets als Infrastruktur Kostenvorteile, die in Form attraktiver Konditionen an die Kunden weitergegeben werden können.

Während die traditionellen Banken das Internet als zusätzlichen Vertriebskanal adaptierten, wurden in den USA und in Europa auch reine Internetbanken gegründet. Seit April 1999 ist mit der NetBank AG aus Hamburg die erste europäische Bank online, die ihre Dienstleistungen nur über das Internet anbietet.

2 Sicherheitsanforderungen aus Sicht der Kunden

Seit Beginn des Internetbankings stehen die Fragen der IT-Sicherheit und der Transaktionsrisiken sowohl für die Kunden als auch für die Institute und die Bankenaufsicht an erster Stelle. Eine bis heute immer wieder bestätigte Studie von Fittkau &
Maaß zeigt, dass bei den Anforderungen an Online-Dienstleister Sicherheitsthemen
zuerst genannt werden (vgl. Abb. 1). Verbraucherschützer fordern schon seit Jahren
die Beweislastumkehr für Online-Bankkunden, falls ein Schaden eintritt. Die starre
Haltung vieler Banken in dieser Frage muss als ein Grund dafür angesehen werden,
weshalb die Entwicklung des Online Banking nicht noch schneller verlaufen ist.

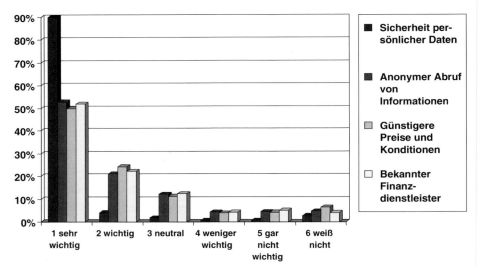

Abb. 1: Was der Kunde will: Anforderungen an Online-Finanzdienstleister
Quelle: Fittkau & Maaß, 1999

3 Anforderungen aus Sicht der Banken

Für Banken, die eine Internetstrategie verfolgen, sind strategische und operationelle
Risiken sowie Rechts- und Reputationsrisiken relevant (Basel Committee, 2000).

3.1 Strategische Risiken

Als strategische Risiken werden die Risiken bezeichnet, die aus geschäftspolitischen
Entscheidungen des Managements resultieren. Um das Internet als Vertriebskanal

für Bankdienstleistungen nutzen zu können, müssen Banken eine eigene Strategie entwickeln und diese erfolgreich umsetzen. Die schnelle IT-Entwicklung, der verschärfte Wettbewerb und die Strategieinhalte selbst können für das Institut zum substanziellen Risiko werden, falls die Planung unzureichend war und die Umsetzung der Strategie fehlschlägt. Das häufig fehlende Know-how von Bankmanagement und Mitarbeitern im Zusammenhang mit eBanking-Risiken sind bei vielen Banken als besonderer Risikofaktor vorhanden (Basel Committee, 2000).

3.2 Operationelle Risiken und Sicherheitsinfrastruktur

Operationelle Risiken ergeben sich aus dem unmittelbaren Geschäftsbetrieb. Um diese Risiken begrenzen zu können, benötigen die Banken eine integrierte, unternehmensweite IT-Infrastruktur, die eine hohe Sicherheit, Interoperabilität und die ständige Verfügbarkeit der Anwendungen gewährleistet. Dies bedeutet für die Banken die Notwendigkeit der Entwicklung und des Betreibens einer komplexen Sicherheitsinfrastruktur mit mehreren Sicherheitssystemen, die logisch aufeinander aufbauen. Die Aufgabe des IT-Sicherheitsmanagements besteht darin, Vorgaben für diese Systeme zu entwickeln und ihre Umsetzung zu kontrollieren. Abb. 2 zeigt ein generisches Modell für eine solche Infrastruktur. Es lassen sich folgende fünf Sicherheitssysteme unterscheiden:

1. Physisches Sicherheitssystem
2. Funktionsbezogenes Sicherheitssystem
3. Logisches Sicherheitssystem
4. Organisatorisches Sicherheitssystem
5. Personelles Sicherheitssystem

Jedes Sicherheitssystem besteht aus organisatorisch und technisch zusammengehörigen Sicherheitsmaßnahmen. Es umfasst es auch die für seinen Betrieb verantwortlichen Personen. Sicherheitsmaßnahmen bestehen wiederum aus Sicherheitsfunktionen und -diensten, die auf bestimmte Sicherheitsmechanismen aufbauen, die durch Hard- und Software implementiert werden. Die Implementation erfolgt wiederum anhand von Sicherheitsverfahren oder -modellen. Sicherheitsprodukte können je nach Umfang aus einzelnen Sicherheitsmechanismen bestehen oder im Extremfall die technische Basis für ein komplettes Sicherheitssystem darstellen.

Die Stärken bzw. Schwächen dieser Sicherheitsmechanismen bestimmen das praktisch erreichbare Sicherheitsniveau. Leider liegt dies oftmals wegen Mängeln in der Implementation erheblich unter dem theoretisch erreichbaren Wert. Dies gilt insbesondere für die Inplementation kryptografischer Verfahren, wie Schneier in der Praxis festgestellt hat (vgl. Schneier, 2001).

Abb. 2: Generisches Modell einer vollständigen Sicherheitsinfrastruktur

Die Sicherheitssysteme stehen unter dem Aspekt der Aufrechterhaltung der IT-Sicherheit in einem bestimmten logischen Wirkungszusammenhang. Das *personelle Sicherheitssystem* hat die Integrität, Verfügbarkeit und Vertrauenswürdigkeit der Mitarbeiter zum Ziel. Es setzt die Existenz mitarbeitergerechter organisatorischer und technischer Sicherheitssysteme voraus.

Das *organisatorische Sicherheitssystem* betrifft in erster Linie Kompetenz-, Ausweich- und Vertretungsregelungen sowie die Notfallorganisation. Im Notfall werden IT-Systeme und damit auch die technischen Sicherheitssysteme teilweise ersetzt. Diese Ausweichmöglichkeit ist als reaktive Komponente des logischen und funktionsbezogenen Sicherheitssystems zu schaffen.

Das *logische Sicherheitssystem* zielt auf die Aufrechterhaltung der Originalität, Authentizität, Integrität, Vertraulichkeit und Verfügbarkeit von Daten- und Softwareobjekten. Es setzt die Funktionsfähigkeit der physikalischen IT-Komponenten und der dazugehörigen Sicherheitskomponenten voraus, deren Aufrechterhaltung das Ziel des *funktionsbezogenen Sicherheitssystems* ist. Die Funktionsfähigkeit basiert wiederum auf unversehrten physischen Komponenten, was das Ziel des *physischen Sicherheitssystems* ist.

Jedes System ist somit durch ein eigenständiges Ziel gekennzeichnet. Zur Zielerfüllung sind generell präventiv, permanent und reaktiv wirkende Funktionen einsetzbar. Für diese Funktionsklassen können unterschiedliche Subsysteme benannt werden, wie Abb. 2 zeigt.

Die Sicherheitsinfrastruktur eines Unternehmens kann einerseits durch mehrere abgegrenzte Bereiche mit einem bestimmten Sicherheitsniveau und damit mehreren Sicherheitssystemen gleicher Funktion, andererseits durch gemeinsam genutzte Sicherheitssysteme (z.B. Zugriffskontrolle) geprägt sein. Der eine Grenzfall ist dadurch gegeben, dass jedes Informationssystem mit einer eigenen Sicherheitsinfrastruktur ausgestattet ist und nur über kontrollierte Schnittstellen mit anderen externen und internen Informationssystemen verbunden wird. Der andere Grenzfall besteht in einer von allen Informationssystemen gemeinsam genutzten Sicherheitsinfrastruktur. In der Praxis lassen sich i.d.R. gewachsene Strukturen vorfinden, die sich sowohl durch teilweise gemeinsam genutzte als auch durch eigenständige Sicherheitssysteme auszeichnen.

Gemeinsam genutzte Sicherheitssysteme legen für das gesamte Unternehmen das Sicherheitsniveau in einer ganz bestimmten Höhe fest. Ein solches System muss daher prinzipiell auch die Erfordernisse der besonders kritischen Informationsprozesse und -objekte erfüllen. Zugleich wird ein solches System zum "single point of failure" bzw. zum zentralen Angriffsobjekt. I.d.R. zeichnet sich ein solches System durch eine hohe Eigenkomplexität und verteilte Komponenten aus und ist daher besonders schwer zu kontrollieren. Die Herstellung und Aufrechterhaltung eines hohen Sicherheitsniveaus eines solchen Systems bedingt daher eine zentrale Kontrolle durch Spezialisten und eine hohe Kontrollintensität. Die damit verbundenen Kosten können die Zentralisierungsvorteile (z.B. durch eine einheitliche Datenverwaltung) zumindest zum Teil kompensieren.

Die o.g. Argumente stellen umgekehrt die Vorteile getrennter Infrastrukturen dar, die an das erforderliche Sicherheitsniveau besser angepasst werden können, weniger komplex sind und in dezentraler Verantwortung betrieben werden können. Das operative Sicherheitsmanagement ist näher am Betriebsgeschehen und kann daher flexibel und schnell auf entsprechende Anforderungen reagieren. Unter dem Verhaltensaspekt erlauben dezentrale Sicherheitsinfrastrukturen auch eine bessere Anpassung an bestimmte Informations- und Sicherheitssubkulturen.

Die hohe Komplexität des Entwickelns und Betreibens einer solchen Sicherheitsinfrastruktur bedingt, dass sich Aufsichtsbehörden wie das Bundesaufsichtsamt für das

Kreditwesen in der Beurteilung und Kontrolle der IT-Sicherheit der Banken als überfordert ansehen und Kontrollmöglichkeiten durch das Bundesamt für Sicherheit in der Informationstechnik (BSI) für notwendig halten. Diese Kontrollmöglichkeit wird auch vom Bundesverband deutscher Banken bejaht (vgl. BdB, 2001). Im Amtshilfeverfahren wird entsprechend seit 1999 die Sicherheit im Online Banking durch das BSI untersucht. Mit diesen Untersuchungen wurde im Rahmen des Gründungsverfahrens der NetBank AG begonnen.

3.3 Reputations- und Rechtsrisiken

Neben strategischen und operationellen Risiken sind Reputations- und Rechtsrisiken von den Banken zu beachten. Das Vertrauen in eine Bank kann im Internet dann erschüttert werden, wenn ein Auftrag gar nicht, verfälscht, unvollständig oder zeitlich verzögert ausgeführt wird. Von Bedeutung ist auch die Verfügbarkeit von Angeboten auf der Website, wie z.B. Marktinformationen oder Produkte, die von Dritten bezogen werden. Nicht funktionierende Links oder unerklärbare Fehlermeldungen wirken ebenfalls negativ auf die Reputation. Auch die zeitlich verzögerte Beantwortung von eMail-Anfragen oder eine Verletzung der Privatsphäre des Kunden können als Reputationsrisiken bezeichnet werden. Rechtsrisiken bestehen, wenn Kundenbeziehungen über das Internet unterhalten werden, für die ausländische Rechtssysteme maßgebend sind, oder wenn man in der Bank nicht mit den Gesetzen zur Gültigkeit und Durchsetzbarkeit elektronisch geschlossener Verträge vertraut ist.

4 Integriertes Vorgehensmodell des IT-Sicherheitsmanagements

Da die Internetanwendung der NetBank AG neu aufgebaut wurde, war die Planung und Umsetzung der zugehörigen Sicherheitsinfrastruktur von Anfang an integraler Bestandteil des Projekts. Sowohl die Struktur der Systemlandschaft als auch die zu beschaffenden Hard- und Softwarekomponenten konnten daher aufgrund von Sicherheitsanforderungen selektiert oder modifiziert werden. Von Anfang an war auch klar, dass die NetBank AG, die nach dem Geschäftsmodell einer virtuellen Bank arbeitet, alle sicherheitskritischen Applikationen im Outsourcing betreiben würde. Dies bedingt die Koordination und Abstimmung mehrerer Partner sowie eine Vertragsgestaltung mit klaren Zuständigkeiten und Service Level Agreements.

Das NetBank-Projekt hatte damit in mehrerer Hinsicht Pilotcharakter, und es war klar, dass eine solch komplexe Aufgabe wie die Erstellung und Umsetzung einer Sicherheitsinfrastruktur für eine Internetbank zu Ihrer Bewältigung die Zusammenarbeit mehrerer, erfahrener Partner bedurfte. Deshalb bekam die Fa. SecoNet AG aus Berlin den Auftrag, das Konzept für die Sicherheitsinfrastruktur zu erstellen und den ausgewählten, zukünftigen IT-Dienstleister der NetBank AG, die Siemens Business Services GmbH & Co OHG aus München, bei der Umsetzung dieses Konzepts zu unterstützen. Weiter war zu beachten, dass ein Banksystem der Revisionspflicht unterliegt und entsprechenden gesetzlichen Anforderungen genügen muss. Deshalb wurde die Wirtschaftsprüfungsgesellschaft C&L Deutsche Revision, Frankfurt/M., in die Entwicklung und Umsetzung des Sicherheitskonzepts von vornherein mit einbezogen.

Allen Partnern war von vornherein klar, dass die Aufgabenstellung der Schaffung einer Sicherheitsinfrastruktur mit mehreren Partnern unter den gegebenen Zeit- und Kostenrestriktionen nur dann gelingen kann, wenn die Projektorganisation nach einem methodisch fundierten Vorgehensmodell ausgerichtet wird, das geeignete Teilziele definiert und zugleich als Grundlage einer zielgerichteten Koordination der Aktivitäten dienen kann. Zugleich sollten mit Projektabschluss auch ein funktionsfähiges Sicherheitsmanagement etabliert sein.

Die Auswertung der Literatur zur IT-Sicherheit bei Projektbeginn sowie die Untersuchung der Beratungsangebote zeigte auf, dass es kein geeignetes Vorgehensmodell gab, das den Anforderungen des Projekts entsprach und für die beteiligten Partner akzeptierbar war. Dies hatte den Grund, dass man i.d.R. von einem gegebenen IT-System ausgeht, dann Sicherheitsmaßnahmen konzipiert und umsetzt, bis das System nach Ansicht der Akteure ausreichend sicher ist. Weder die Vollständigkeit einer Sicherheitsinfrastruktur noch die notwendige Dynamik eines IT-Sicherheitsmanagements werden von solchen Ansätzen abgedeckt, und es fehlten viele praktisch relevante Fragestellungen (wie die Frage der Zusammenarbeit mit der IT-Revision) und methodisch notwendige Schritte (wie die risikoorientierte Systemanalyse).

So war es erforderlich, ein projektspezifisches Vorgehensmodell zu entwerfen, das von der Sicherheitspolitik bis hin zum IT-Sicherheitsmanagement alle Schritte systematisch in Beziehung setzt und damit eine tragfähige Grundlage der Koordination alle Aktivitäten darstellt. Grundlage dieses Modelles eines integrierten IT-Sicherheitsmanagements waren einerseits der vom Bundesamt für Sicherheit in der Informationstechnik (BSI) publizierte IT-Sicherheitsprozess (vgl. BSI, 1999) und andererseits die Vorgehensmodelle, die der Autor für die normative und strategische Dimension eines Managements der Informationssicherheit entworfen hat (vgl. Petzel, 1996). Wie die aktuelle Fassung des IT-Grundschutzhandbuchs (vgl. BSI, 2002) zeigt, wurde der IT-Sicherheitsprozess des BSI mittlerweile durch einige Elemente ergänzt, es fehlt aber immer noch die Einbindung des Restrisikos als zentrale Regelungsgröße sowie die adäquate Berücksichtigung der Funktion der Sicherheitskontrolle.

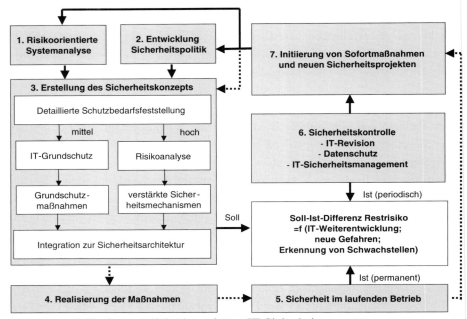

Abb. 3: Modell des integrierten IT-Sicherheitsmanagements

Als zentrale Regelungsgröße wurde in dem Modell das Restrisiko gewählt. Es steht für mögliche Schäden, die durch Gefährdungen verursacht werden können, denen überhaupt nicht oder nur bis zu einem bestimmten Grad durch Maßnahmen entgegen gewirkt wird. Wie groß dieses Restrisiko sein darf (=Soll), ist grundsätzlich aus der Risikoträgfähigkeit des Unternehmens zu bestimmen. Dementsprechend werden von der Bankenaufsicht die operationellen Risiken mit den Risiken gleichbehandelt, die aus Krediten und anderen Bankgeschäften bei den Banken resultieren, und sie müssen in Zukunft von den Finanzinstituten entsprechend der Baseler Beschlüsse ebenfalls durch eine entsprechende Eigenkapitalhinterlegung abgesichert werden. Damit werden die Gläubiger bzw. Kunden der Banken auch gegenüber einer zu hohen Risikobereitschaft des Bankmanagements bezüglich der IT-Anwendung zusätzlich abgesichert.

Man hat erst spät in den 90er-Jahren gelernt, dass es so etwas wie eine absolute IT-Sicherheit nicht gibt, da sie unbezahlbar ist. Will man das Restrisiko verringern, so steht man einem exponentiell steigenden Aufwand gegenüber (vgl. Abb. 4). Das Restrisiko wird in der Praxis aufgrund unzureichender Analysen und fehlenden Kenntnissen über Angriffsmöglichkeiten oft unterschätzt. Verschiedene Vorfälle haben die Existenz solcher Risiken bei Banken aber leider immer wieder bestätigt (vgl. Finanztest, 2001). Durch die zunehmende Automatisierung von Angriffen und die steigende Komplexität der Angriffsmethoden wächst ein einmal erreichtes Restrisiko ständig an, falls das IT-Sicherheitsmanagement nicht permanent dagegen wirkt und das Sicherheitskonzept anpasst.

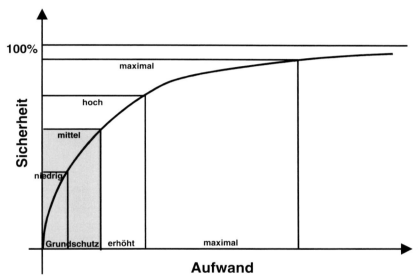

Abb. 4: Sicherheitsniveau und Aufwand
Quelle: BSI, 1999

Das Restrisiko darf nicht als eine kalkulierbare Rechengröße missverstanden werden, sondern es stellt ein Denkkonzept dar, das sich aufgrund einer bestimmten technischen Entwicklung und betrieblichen Praxis herausgebildet hat und als Modell und Leitlinie zur Bestimmung des angestrebten Sicherheitsniveaus in qualitativer Hinsicht dienen kann.

Mit dem Aufbau einer Sicherheitsarchitektur als Gesamtheit der technischen, organisatorischen und personellen Maßnahmen wird also das Ziel verfolgt, das Gesamtrisiko auf ein tragfähiges Restrisiko zu mindern (vgl. Abb. 5). Dieses kann man nun selbst tragen oder versuchen, es auf andere zu überwälzen. Eine Überwälzung kann aber höchstens mit den finanziellen Folgen von sicherheitsrelevanten Ereignissen geschehen (z.B. durch Versicherungen), die direkten Auswirkungen auf den Geschäftsbetrieb und die damit verbundenen Reputationsrisiken betreffen die Banken immer selbst.

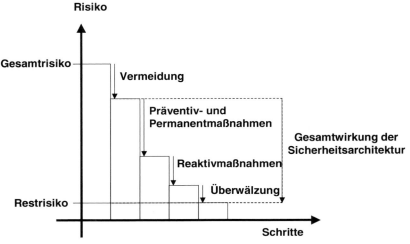

Abb. 5: Gesamtrisiko und Restrisiko

In dem Vorgehensmodell nach Abb. 3 ist ein Konzept des IT-Sicherheitsmanagements eingebettet, dass mit zwei Regelkreisen arbeitet. Der aufwändige und langsame Regelkreis beginnt initial mit dem Schritt 1 und gibt mit Abschluss von Schritt 3 zugleich einen bestimmten Sollwert für das Restrisiko vor. Dieser Sollwert wird durch die Qualität der Sicherheitsarchitektur bzw. ihrer Maßnahmen bestimmt. Er gilt deshalb als der zu überwachende Wert sowohl für die permanente als auch für die periodische Sicherheitskontrolle.

Soll-Ist-Abweichungen werden direkt im laufenden Betrieb oder periodisch durch Prüfungen erfasst. Der schnelle Regelkreis (gepunktete Linien) ermöglicht einen unverzüglichen Eingriff über Sofortmaßnahmen, der langsamere Regelkreis wird periodisch angestoßen und in erster Linie durch Veränderungen in der Systemlandschaft oder dem Auftreten neuer Gefahrenpotentiale initiiert.

Nachdem die zentrale Regelgröße eines integrierten IT-Sicherheitsmanagements mit ihren zwei Regelkreisen betrachtet wurde, soll im Folgenden das Vorgehensmodell in seinen konstituierenden ersten vier Schritten näher beschrieben und die Anwendung der dazugehörigen weiteren Konzepte an Hand des NetBank-Projekts vorgestellt werden.

4.1 Risikoorientierte Systemanalyse (Schritt 1)

Ausgangspunkt ist eine risikoorientierte Systemanalyse, welche die Sicherheits-problematik systematisch strukturiert, mögliche Schäden identifiziert, erste Sicher-heitsanforderungen aufstellt und als Ergebnis einen vollständigen Katalog von not-wendigen Maßnahmen liefert. Ausgangspunkt dieser Analyse ist die Grobstruktur des Gesamtsystems der NetBank-Anwendung, wie in Abb. 6 dargestellt ist.

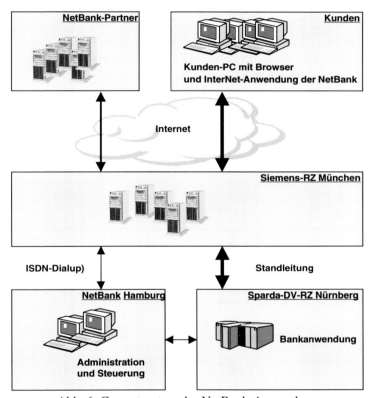

Abb. 6: Gesamtsystem der NetBank-Anwendung

Kern der NetBank-Anwendung ist die Server-Landschaft (NetBank-System) im Siemens-Rechenzentrum im München. Hier steht der Applikationsserver und der Webserver, auf den die Kunden mittels einer Internetanwendung und dem Browser zugreifen. Weiterhin ist die NetBank über das Internet auch mit ihren Partnern ver-bunden, die Informationsinhalte und Zusatzservices für die Kunden bereitstellen. Um Banktransaktionen abwickeln zu können, ist das NetBank-System mit dem Re-chenzentrum der Sparda Datenverarbeitung e.G. in Nürnberg über eine Standleitung an eine moderne, aber zugleich bewährte und ausgereifte Bankanwendung angeschlossen. Die Mitarbeiter der Bank können das NetBank-System mittels eines besonders gesicherten ISDN-Dialups administrieren und steuern und haben auch parallelen Zugriff auf die Bankanwendung über entsprechende Standleitungen.

Jedes der räumlich getrennten Teilsysteme hat sein eigenes physikalisches, funktionsbezogenes und personelles Sicherheitssystem. Das organisatorische Sicherheitssystem besteht aus lokalen und übergreifenden Bestandteilen. Übergreifend sind z.B. die Kommunikationswege im Störungsfall geregelt. Dies gilt auch für das logische Sicherheitssystem. Einerseits muss sichergestellt sein, dass die Vertraulichkeit, Integrität, Authentizität und Verfügbarkeit übergreifend vom Kundenrechner bis zur Bankanwendung wirkt (Ende zu Ende-Sicherheit). Andererseits sind in den IT-Komponenten auch lokale logische Sicherheitsfunktionen angesiedelt.

Um die Sicherheitsproblematik ganzheitlich zu erfassen, ist neben einer Betrachtung aus der Perspektive einer vollständigen Sicherheitsinfrastruktur eine Lebenszyklus-Betrachtung des Gesamtsystems mit den darin auftretenden Gefährdungen notwendig. Diese Gefährdungen konkretisieren sich insbesondere durch Angriffe, die spezifische Angreifer auf ebenso spezifische Objekte des Systems durchführen können. Abb. 7 zeigt die relevanten Phasen auf.

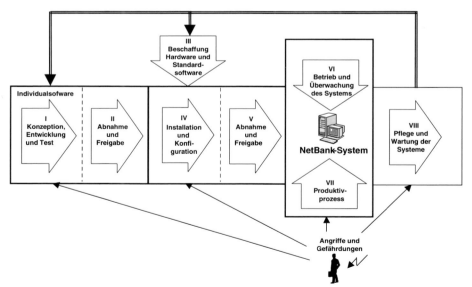

Abb. 7: Zu betrachtende Phasen des Lebenszyklus eines IT-Systems

In den Phasen I bis V gilt es, durch formale Verfahren sicherzustellen, dass ein *initial* sicheres System geschaffen wird, das z.B. von trojanischen Pferden und Viren frei ist. Diese Phasen betreffen insbesondere auch Sicherheitsmechanismen und Sicherheitsmaßnahmen, die innerhalb dieser Phasen zu konzipieren und zu entwickeln, abzunehmen und freizugeben sowie zu installieren sind. Es ist ferner durch formale Regelungen im Rahmen eines Kontrollsystems sicherzustellen, dass sicherheitsrelevante Maßnahmen und Mechanismen beim Betrieb und Überwachung sowie der Pflege und Wartung des NetBank-Systems sachgerecht umgesetzt, genutzt und ihre Wirksamkeit kontrolliert werden, damit die Sicherheit des Produktivprozesses ständig gewährleistet ist.

Dies gilt prinzipiell auch für bereits bestehende Systeme, wie z.B. die Bankanwendung. Da diese jedoch der fortwährenden Kontrolle einer unabhängigen IT-Revision unterliegen, kann man generell davon ausgehen, das dort eine ausreichende Sicherheitsinfrastruktur etabliert ist. Zur Kontrolle auf Schwachstellen sollte man aber zumindest die aktuellen Revisionsberichte überprüfen und evtl. die rechtzeitige Beseitigung von Schwachstellen vereinbaren.

Um die möglichen Angriffe und Gefährdungen eines Systems zu systematisieren, sind die unterschiedlichen Angriffsarten auf bestimmte, im System vorhandene Objekte zu beziehen. Dazu unterscheidet man Angriffe gegen Datenübertragung, Hardware, Software und Daten sowie die Gefährdungskategorien der höheren Gewalt, der menschlichen Fehlhandlungen und technisches Versagen (vgl. Abb. 8). Aus der Gesamtheit der potentiellen Gefährdungen dieser Objekte leiten sich die Sicherheitsanforderungen an ein IT-System ab. Diese wiederum erfordern Sicherheitsdienste und -funktionen, die letztendlich durch die ergriffenen Sicherheitsmechanismen gewährleistet werden sollen. Zielobjekt zur Umsetzung der Mechanismen ist einerseits das zu realisierende informationstechnische System, das danach als technisch gesichert gilt. Organisatorische und personelle Maßnahmen bilden ein Supplement hierzu und definieren Regeln, Verhaltensweisen und Kontrollen beim Betrieb und der Überwachung des IT-Systems. Der Bezug auf eine solche Systematik macht insbesondere für ein frühes Stadium der Entwicklung und Planung von Sicherheitsmaßnahmen Sinn, weil dadurch die Komplexität reduziert wird.

Bei der Betrachtung der Angriffsziele ist zunächst zu beachten, dass Bedrohungen der Vertraulichkeit, Integrität und Authentizität auf vielfältige Art auf dem Weg zwischen Kunde und Bank wirksam werden können. Dies kann durch Abhören, Verändern, Umleiten, Verzögern oder Löschen von Nachrichten erfolgen oder durch Manipulation der Systemkomponenten und der in ihnen gespeicherten Daten (vgl. hierzu den Beitrag von Roßbach in diesem Buch).

Zugleich ist zu beachten, dass das NetBank-System in erster Linie Finanztransaktionen verarbeitet, also Daten, die in hohem Maße sensitiv sind. Die Vertraulichkeit der Transaktionen muss vom Kunden- bis zum Banksystem (RZ-Anwendung) sichergestellt werden, die Integrität der Transaktionen darf nicht beeinträchtigt werden, und die Authentizität von Sender und Absender muss gewährleistet sein. Außerdem müssen alle Aktionen des NetBank-Systems zweifelsfrei einem menschlichen Verursacher zugeordnet werden können.

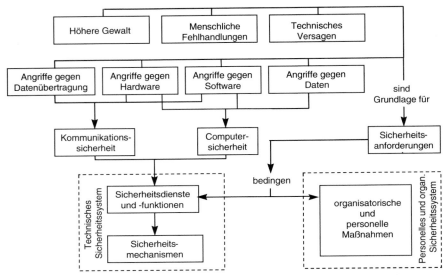

Abb. 8: Systematik von Gefährdungen, Angriffsarten und Sicherheitsmaßnahmen

Zur näheren Bestimmung möglicher Angriffe hat es sich bewährt, unterschiedliche Typen von Angreifern zu unterscheiden. Als potenzielle Angreifer sind fünf Personenkreise zu unterscheiden, die sich auf verschiedene Art und Weise einen Vorteil verschaffen können:

1. Mitarbeiter des Lieferanten der Verschlüsselungssoftware für die Verbindung zum Kunden, die ihre Funktion im Unternehmen ausnutzen und die gelieferte Software manipulieren können.

2. „Kunden" der NetBank, die nicht an einer Abwicklung ihrer Bankgeschäfte interessiert sind, sondern vielmehr nur aus einer entsprechenden Position heraus Angriffe ausführen wollen.

3. Mitarbeiter der beteiligten Rechenzentren, die ihre Funktion im Unternehmen ausnutzen und das NetBank-System angreifen.

4. Mitarbeiter der NetBank, die ihre Funktion im Unternehmen ausnutzen und das NetBank-System angreifen.

5. Angreifer, die weder Kunde noch Mitarbeiter der beteiligten Unternehmen sind und die Prozesse der Internet-Anwendung aus einer externen Position heraus betrachten (z.B. Hacker).

Die potenzielle Gefahr, die von diesen Gruppen ausgeht, ist vom vorhandenen Know-how und den verfügbaren Werkzeugen abhängig. Bei der Risikobetrachtung wurde jeweils ein Angreifer zu Grunde gelegt, der neben seinem unternehmensspezifischen Wissen über das NetBank-System auch über sehr gute Kenntnisse hinsichtlich relevanter Kommunikationsprotokolle, Netzwerkbetriebssysteme und Sicherheitslösungen bzw. Schwachstellen verfügt. Ferner wurde davon ausgegangen, dass der potenzielle Angreifer über marktgängige Werkzeuge, wie Passwort-Cracker, Netzwerkmonitore, Protokollanalysatoren usw. verfügt. Für die Sicherheit des NetBank-Systems sind in Abhängigkeit von den möglichen Bedrohungen durch die Mitarbeiter der beteiligten Firmen v.a. personelle und organisatorische Maßnahmen zu fordern, damit die Risiken begrenzt werden. Die Existenz dieser Maßnahmen können durch Zertifizierungen (z.B. ISO 9003 und ITSEC) nachgewiesen werden, sie können aber auch durch vertragliche Vereinbarungen geregelt werden.

Die Betrachtung potenzieller Angreifer ist v.a. bei verteilten Sicherheitsinfrastrukturen von hoher Bedeutung. Diese Betrachtungsweise ist aber für eine partnerschaftliche Zusammenarbeit mit Lieferanten und Dienstleistern nicht unproblematisch, und es muss bei der Untersuchung dieser Fragen sensibel vorgegangen werden und aktiv für Verständnis geworben werden. Diese Betrachtung ist zugleich sehr früh vorzunehmen, denn sie betrifft sowohl das Kontrollsystem der Partner (wie wird z.B. festgestellt, ob die Software virenfrei ist) als auch die Vertragsinhalte. Falls keine Einigung zu erzielen ist, muss genug Zeit verbleiben, um alternative Partner zu suchen, um nicht das gesamte Projekt zu gefährden.

Aus der Betrachtung der Gefährdungen und gefährdeten Objekte sind im nächsten Schritt Sicherheitsanforderungen abzuleiten. Sicherheitsanforderungen sind immer dahingehend zu spezifizieren, welche Stärke bzw. Wirksamkeit der einzusetzenden Maßnahmen benötigt wird. Dies kann aus dem potenziell zu erwartenden Schaden bei einem erfolgreichen Angriff bzw. bei Eintritt eines technischen Versagens, bei Einwirkung höherer Gewalt oder bei Fehlhandlungen abgeleitet werden. Hilfreich zur Bestimmung der Stärke der einzusetzenden Sicherheitsmaßnahmen ist die Kategorisierung nach dem IT-Grundschutz. Demnach werden drei Schutzbedarfskategorien unterschieden (vgl. Abb. 9).

Können die Schadensauswirkungen durch geeignete Strukturierung und Kontrollmaßnahmen "niedrig bis mittel" gehalten werden, so sind die Maßnahmen des IT-
Grundschutzes im Allgemeinen ausreichend. Die besonderen Gefahren, die mit den
Mitarbeitern der beteiligten Unternehmen verknüpft sind (Innentäter), sind durch zusätzliche Sicherheits- bzw. Kontrollmaßnahmen und/oder durch stärkere Mechanismen zu begegnen. Die Tatsache alleine, dass interne Mitarbeiter Angriffe durchführen können, muss deshalb nicht automatisch zu einer Forderung nach stärkeren Mechanismen führen. Dabei ist auch zu beachten, dass auch starke Mechanismen wiederum von Menschen implementiert, installiert und betrieben werden.

Schutzbedarfskategorien nach dem IT-Grundschutz	
"niedrig bis mittel"	Die Schadensauswirkungen sind begrenzt und überschaubar. Maßnahmen des IT-Grundschutzes reichen im allgemeinen aus.
"hoch"	Die Schadensauswirkungen können beträchtlich sein, IT-Grund-schutzmaßnahmen alleine sind ggf. nicht ausreichend. Die wei-tergehenden Maßnahmen sollten auf Basis einer individuellen Risikoanalyse ermittelt werden.
"sehr hoch"	Die Schadensauswirkungen können ein existentiell bedrohli-ches, katastrophales Ausmaß erreichen. IT-Grundschutzmaß-nahmen alleine reichen i.A. nicht aus. Die erforderlichen Si-cherheitsmaßnahmen müssen individuell auf der Grundlage ei-ner Risikoanalyse ermittelt werden.

Abb. 9: Schutzbedarfskategorien nach dem IT-Grundschutz
Quelle: BSI, 1999, Kapitel 2.2

Als Ergebnis der risikoorientierten Systemanalyse wurde ein Katalog von zwanzig
Szenarien mit möglichen Angriffen und Gefährdungen erstellt. Bei jedem Szenario
wurde zunächst die Gefährdung genau bezeichnet, sowie die Phase und das betroffene Objekt benannt. Ferner wurden der potenzielle Schaden bestimmt und erforderliche Maßnahmen erarbeitet. Der Auszug in Abb. 10 soll beispielhaft einen Eindruck
der erarbeiteten Inhalte vermitteln.

Wesentliches Ziel einer solchen risikoorientierten Systemanalyse ist das Durchden-
ken aller relevanten Gefährdungen und eine gemeinsame Bewertung der potenziellen Schäden. Hierbei sind auch die Bankmitarbeiter und das Bankmanagement gefordert. Es ist zudem wichtig, dass ein solcher Katalog von einem oder sogar mehreren sachverständigen Dritten hinsichtlich der Vollständigkeit überprüft wird.

Bezeichnung	Angriff auf Software: Eine der Softwarekomponenten wird mit einer eingebauten Schadensfunktion versehen.
Phasen	Entwicklung/Produktivprozess
Objekte	Individualsoftware des NetBank-Systems
Schaden	Da den Programmierern ebenso wie den Systemverwaltern ein grundlegendes Vertrauen entgegengebracht werden muss, können Mitarbeiter dies ausnutzen, um sich durch das Einbringen von logischen Bomben oder Hintertüren, in der Zeit des Produktiveinsatzes einen Zugriff auf Bankdaten zu verschaffen oder z.B. Erpressungen durch die Androhung von Systemabstürzen durchführen.
Anforderung	Die Integration von Schadensfunktionen ist zu unterbinden, damit die Unverfälschtheit der Software garantiert werden kann. Dazu müssen technische Maßnahmen sowie organisatorische Regelungen mit klaren Verantwortlichkeiten getroffen werden. Die Maßnahmen sind an einem hohen Schutzbedarf zu orientieren.
Maßnahmen	Zur Gewährleistung der Freiheit von Schadensfunktionen sind im wesentlichen organisatorische Maßnahmen zu ergreifen. Diese betreffen sowohl Entwicklung und Test als auch Abnahme und Freigabe. Schwerpunkt dieser Verfahren sind die Einhaltung bestimmter Vorschriften (z.B. Dokumentation des Source-Codes usw.) und die damit verbundene Klärung der Verantwortlichkeiten für die erstellten Komponenten.

Abb. 10: Auszug aus dem Szenarien-Katalog

4.2 Sicherheitspolitk (Schritt 2)

Zwischen den Bewertungen von Schäden und der Aufstellung von Anforderungen einerseits sowie der Entwicklung einer Sicherheitspolitik andererseits bestehen vielfältige Beziehungen. Die Sicherheitspolitik wird sowohl von der Risikobereitschaft bei der Bank selbst bestimmt, als auch davon, welches Risiko sie auf ihre Kunden abwälzen will. Die gesetzlichen Bestimmungen grenzen zwar diesen Spielraum ein, aber er ist dennoch gegeben, wie aus der jüngsten Entwicklung hin zum Einsatz der Standard-Funktionalität von Browsern zur Verschlüsselung von Banktransaktionen ablesbar ist.

Als ein wesentliches sicherheitspolitisches Ziel der NetBank wurde bereits in einer sehr frühen Projektphase der Wunsch nach der Gewährung einer No-Risk-Garantie (Beweislastumkehr im Schadenfall) gegenüber ihren Kunden formuliert (vgl. Abb. 11). Da ein erfolgversprechender Einzelangriff auf ein Internetkonto zwar sehr aufwändig ist, aber wegen des Restrisikos nicht gänzlich ausgeschlossen werden kann, musste dieses Risiko weiter begrenzt werden. Eine effektive Methode besteht darin, Einzeltransaktionen besonders zu überwachen, die verdächtige Merkmale aufweisen (z.B. bestimmte Betragsgrenzen, bestimmte Zielkonten im Ausland etc.).

Entsprechende Regelwerke lassen sich heute sehr einfach realisieren und basieren auf den Methoden der künstlichen Intelligenz. Im Verdachtsfall kann dann eine nochmalige Autorisierung der Transaktion vom Kunden angefordert werden. Betrügerische Transaktionsaufträge haben zudem sehr viel Ähnlichkeiten mit Geldwäscheaktionen, weshalb solche Systeme auch ein effektives Mittel zur Abwehr dieser Kriminalitätsform sind.

Sonderbedingungen für die Abwicklung von Online-Transaktionen auf der Basis des PIN-/TAN-Verfahrens mit der NetBank AG (im folgenden Bank genannt)

9. Haftung bei mißbräuchlicher Verwendung der PIN und TANs

Die NetBank AG haftet für die von ihr zu vertretenden Schäden, die dem Kunden durch fehlerhafte Leistungserbringung durch die NetBank AG oder von ihr eingeschalteter Dritter entstanden sind, soweit nicht ein Pflichtverstoß des Kunden für den Schaden ursächlich war. Die NetBank AG ist bei einem eingetretenen Schaden von der Verpflichtung zum Schadensersatz befreit, wenn sie den Nachweis erbringt, daß der Schaden durch einen Pflichtverstoß des Kunden entstanden ist und ein Verschulden der NetBank AG oder von ihr eingeschalteter Dritter nicht vorliegt.

Abb. 11: Die Beweislastumkehr bei der NetBank

4.3   Sicherheitskonzepterstellung (Schritt 3)

Mit den Ergebnissen der Systemanalyse und den sicherheitspolitischen Vorgaben sind die Vorarbeiten abgeschlossen, die zur Detailanalyse und zur Erstellung eines Sicherheitskonzepts mit umsetzbaren Maßnahmen notwendig sind. In diesem Schritt ist die grobe Systembeschreibung in einem hohen Maße zu verfeinern.

Hierzu ist ein Einsatz von computergestützten Werkzeugen unabdingbar. Dies gilt zum einen für die komfortable Abbildung und Modellierung des Zielsystems, was eine gemeinsame Kommunikationsbasis für alle Beteiligten herstellt, zum zweiten für die strukturierte Verwaltung der umfangreichen Daten, die in einem solchen Projekt anfallen, und zum dritten für die effiziente Nutzung der umfangreichen Wissensbasis, die durch den IT-Grundschutz gegeben ist.

Zur Zeit des NetBank-Projekts war das SecoNet Grundschutz Tool (SGT), das einzige Werkzeug, das den Entwurf einer Sicherheitsarchitektur ausgehend von den Prozessen (Aufgaben) einer Bank bis hin zu einzelnen IT-Komponenten unterstützte (vgl. SecoNet, 2002). Das im Tool hinterlegte Modell bietet eine Integration von anwendungsorientierter und informationstechnischer Sicht. Die anwendungsorientierte Sicht wird zur Schutzbedarfsfeststellung verwendet, die informationstechnische Sicht zur Generierung des Sicherheitskonzepts.

Das Modell stellt ein Informationssystem dar, das als ein Mensch-Aufgabe-Technik-System verstanden wird. Kennzeichen dieses Informationssystems ist, dass es Gegenstand eines bestimmten Sicherheitsmanagements ist. Damit ziehen die Verantwortungsgrenzen des Sicherheitsmanagements zugleich die Grenzen des Informationssystems. Die Anwendersicht wird durch die Aufbauorganisation - die aus Organisationseinheiten und Personen besteht - Informationen, Fachaufgaben und IT-Anwendungen modelliert. Das Datenmodell verdeutlicht die Zusammenhänge (vgl. Abb. 12). Für Fachaufgaben und IT-Anwendungen zeichnen sich immer bestimmte Personen oder Organisationseinheiten verantwortlich.

Fachaufgaben sind über die Angabe einer maximalen Ausfallzeit nach ihrer Wichtigkeit zu bewerten. Die Erfüllung der Fachaufgaben setzt einerseits bestimmte Informationen voraus, andererseits stehen alle Fachaufgaben durch einen Informationsaustausch miteinander in Beziehung. Diese Beziehung wird durch die Angabe von den weiteren Fachaufgaben hergestellt, die Informationen zur Erfüllung der betrachteten Aufgabe liefern oder die Informationen benötigen, die im Rahmen der Aufgabenerfüllung bereitgestellt werden. Damit kann man den *Aufgabenverbund* eines Unternehmens mittels Informationsbeziehungen modellieren. Es geht hier vornehmlich darum, die Konsistenz in der Bewertung der Wichtigkeit von Fachaufgaben zu unterstützen. Liefert z.B. eine Fachaufgabe Informationen, die zur Erfüllung einer anderen, als kritisch bewerteten Aufgabe notwendig sind, so ist die betrachtete Fachaufgabe ebenfalls als kritisch einzustufen. Solche Bewertungen sind z.B. im Rahmen von Notfallplanungen wichtig. Das Tool bietet weiterhin die Möglichkeit, Informationskategorien hierarchisch aufzubauen und entsprechend den Grundwerten Verfügbarkeit, Vertraulichkeit, Integrität und einer rechtlichen Einstufung zu bewerten.

Fachaufgaben werden ihrerseits durch IT-Anwendungen unterstützt. Dabei kann der Unterstützungsgrad sehr unterschiedlich sein. Das Tool bietet hier die Grade "unabdingbar", "wichtig" und "unterstützend" an. Jede IT-Anwendung kann umgekehrt die Durchführung mehrerer Fachaufgaben unterstützen. Dieser Weg wurde im Tool beschritten, um die in der Praxis existierende Mehrfachzuordnung von IT-Anwendungen zu Fachaufgaben abzubilden.

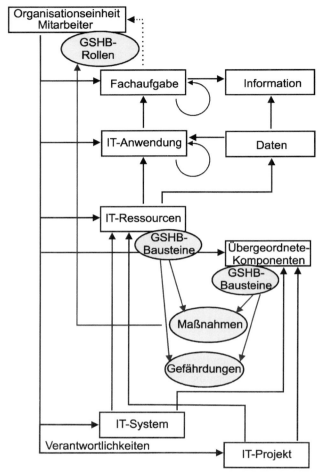

Abb. 12: Strukturmodell des SGT

Entsprechend dem Aufgabenverbund existiert auf der Ebene der IT-Anwendungen ein *Datenverbund*. Damit soll ebenfalls ein Konsistenzproblem in der Bewertung gelöst werden: Liefert z.B. eine Anwendung, die einen hohen Schutzbedarf hat, Daten in die zu bewertende Anwendung, so kann diese potenziell auch einen hohen Schutzbedarf erfordern. Empfangen andere Anwendungen Daten aus der betrachteten Anwendung, so kann das Gleiche der Fall sein. Werden mittels Daten verbundene Anwendungen unterschiedlich bewertet, so wird dies vom Tool erkannt und gemeldet. Damit werden folgende Informationen für die Ermittlung des Schutzbedarfs einer IT-Anwendung vom Tool bereitgestellt:

1. Alle von der IT-Anwendung unterstützten Fachaufgaben mit ihrer Wichtigkeit und dem von der Anwendung her gegebenen Unterstützungsgrad.

2. Alle mit der IT-Anwendung über Datentransfer verbundenen anderen Anwendungen mit ihrem Schutzbedarf.

3. Alle Informationskategorien, welche die Anwendung mittels der Fachaufgaben betreffen, mit ihrer Einstufung.

Es wird somit ein umfassendes Bild der Determinanten des Schutzbedarfs aufgezeigt, so dass eine inhaltlich richtige und begründete Schutzbedarfsfeststellung vorgenommen werden kann. Festzuhalten ist, dass nicht die Daten einer Anwendung
bewertet wurden, sondern dass die Bewertung der Informationskategorien in das
Urteil einfließt, die der Anwendung über die unterstützten Fachaufgaben zugeordnet
wird.

Mit dem Tooleinsatz besteht ein weiterer gravierender Vorteil darin, dass das Modell sukzessive in mehreren Schritten verfeinert werden kann und alle relevanten
Objekte bis zur Ebene der Einzelkomponenten (Gebäude, Räume, Rechner, Organisation, Aufgaben, IT-Anwendungen, Daten) in logischen Gruppen geordnet bzw. als
Teilsysteme darstellbar sind.

Abb. 13 zeigt einen Ausschnitt aus dem modellierten System. Im oberen Teil sind
die Anwendungen dargestellt, im unteren Teil die IT-Systeme samt ihrer räumlichen
Infrastruktur. Die Schlüsselanzahl zeigt an, welcher Schutzbedarf bei unterschiedlichen Komponenten besteht. Dieser Schutzbedarf wurde aus den Sicherheitsanforderungen aufgrund der Systemanalyse sowie aus den sicherheitspolitischen Vorgaben
abgeleitet und entsprechend der logischen Zusammenhänge im NetBank-System auf
die Einzelkomponenten heruntergebrochen. Als Mindestanforderung gilt für alle
Komponenten die Realisierung des IT-Grundschutzes (1 Schlüssel). Mit Toolunter-
stützung konnten damit automatisch komponentenbezogene Maßnahmenkataloge
generiert werden, deren Umsetzung parallel in Angriff genommen wurde.

Ein hoher oder sehr hoher Schutzbedarf (2 Schlüssel) hat prinzipiell zur Konsequenz, dass verstärkte Mechanismen und/oder besondere Maßnahmen zu ergreifen
sind. Als besondere Maßnahmen wurden im NetBank-System u.a. folgendes umgesetzt:

- Sechsstufiges Firewallsystem mit drei demilitarisierten Zonen und fail-safe-
  Funktionalität,

- Einsatz von Intrusion-Detection-Systemen mit vollständigem Integritäts-
  schutz aller Maschinen (Tripwire-Software),

- Einsatz von C2-zertifizierten Betriebssystemen (Sun Solaris) und Datenbanken (Oracle) mit Minimalkonfiguration,

- Ständige Überwachung aller Systeme inkl. der Banking-Funktionalität.

Abb. 13: Ausschnitt aus dem NetBank-Modell

Das NetBank-System wurde physikalisch gedoppelt und damit steht ein vom Produktivsystem völlig getrenntes Testsystem in gleicher Ausstattung zur Weiterentwicklung zur Verfügung.

Zur Entwicklung dieser Maßnahmen hat es sich als sehr effizient erwiesen, ausgehend von den Empfehlungen nach dem IT-Grundschutz eine detaillierte Risikobetrachtung durchzuführen und die durch den Grundschutz nicht abgedeckten Schwachstellen gezielt durch besondere Maßnahmen abzudecken. I.d.R. führt diese Vorgehensweise zum Ersatz von nicht-sicheren Komponenten oder zum Einsatz von zusätzlichen Sicherheitsprodukten bzw. Sicherheitssystemen.

Der letzte, aber sehr wichtige Schritt bei der Erstellung des Sicherheitskonzepts ist die Integration aller Maßnahmen und Systeme zu einer robusten Sicherheitsarchitektur, damit die Sicherheit kein Stückwerk bleibt. Dass dies gelungen ist, zeigt der Kommentar vom BSI zum NetBank-System: „Dies ist das erste, wo wir sagen können, das ist okay, es gibt keine Probleme." (vgl. Godenrath, 1999). Der nun über dreijährige produktive Einsatz des Systems, bei dem nicht ein einziger Schadensfall oder erfolgreicher Angriff zu registrieren war, hat dies bestätigt.

Literatur

Basel Committee for Banking Supervision (2000): Electronic Banking Risk Management Issues for Bank Supervisors, Electronic Banking Group Initiatives and White Papers, Basel.

BSI (1999): IT-Grundschutzhandbuch.

BSI (2002): IT-Grundschutzhandbuch, http://www.bsi.de/gshb/deutsch/b/20.htm.

Bundesverband deutscher Banken (2001): E-Commerce als Bankdienstleistung.

Finanztest (2001): Sicherheitsmängel beim Online-Banking, „Sperrholztür mit Tresorschloss", Meldung vom 19.9.2001.

Fittkau & Maaß GmbH (1999): W3B-Report Finanzdienstleistungen im Internet, Hamburg.

Fittkau & Maaß GmbH (2002): W3B-Report Finanzdienstleistungen im Internet, Hamburg.

Godenrath (1999): Online B@nking Only, in: Euro Magazin, Nr. 7.

SecoNet AG (2002): SecoNet Grundschutz-Tool (SGT). [Das aktuelle Tool kann zu Testzwecken von www.seconet.de heruntergeladen werden.]

Schneier, B (2001).: Secrets & Lies – IT-Sicherheit in einer vernetzten Welt, Heidelberg.

Petzel, E. (1996): Management der Informationssicherheit, Regensburg-Weiden.

Teil B: Technische Aspekte zur Realisierung eines IT-Sicherheitsmanagements

Bedrohungen der IT-Sicherheit aus technischer Sicht

Peter Roßbach

Inhalt:

1 Einleitung

Bankgeschäfte unterliegen aufgrund ihrer finanziellen Dimension seit jeher besonderen Sicherheitserfordernissen. Bedingt durch die zunehmende Öffnung der Bankennetzwerke zur Außenwelt und die steigende Komplexität der Hard- und Softwarearchitekturen im Unternehmen nehmen auch die Bedrohungen der IT-Sicherheit beständig zu. So hat v.a. das Internet als öffentliches Netz zu einer erheblichen Zunahme der Bedeutung der elektronischen Abwicklung von Geschäftsvorgängen geführt. Damit sind aber auch die entsprechenden Zugangsmöglichkeiten zu den nach außen gerichteten Unternehmensressourcen prinzipiell für jedermann erreichbar und bilden somit ein Bedrohungspotenzial. Zudem ist die Manipulation elektronischer Dokumente grundsätzlich einfacher als die ihrer physischen, papiergestützten Konterparts. Hinzu kommt, dass die unternehmensinterne IT-Infrastruktur heutzutage auf komplexen und verteilten Client/Server-Strukturen basiert, die im Gegensatz zur früheren Zentralrechnerwelt zahlreiche Angriffspunkte beinhalten und entsprechend auch komplexere Sicherheitskonzepte erfordern. Demzufolge hat die IT-Sicherheit v.a. bei den Banken einen maßgeblichen Stellenwert, da die korrekte Funktionalität ihrer Systeme einen überlebenswichtigen Faktor darstellt.

Ziel dieses Beitrags ist es, die Bedrohungen der IT-Sicherheit von Banken aus technischer Sicht darzustellen. Dazu werden im folgenden Kapitel zunächst die grundsätzlichen Anforderungen an die IT-Sicherheit charakterisiert. Im Anschluss daran folgt eine Systematisierung der Arten von Bedrohungen. Das vierte Kapitel bildet schließlich den Hauptteil, in dem die technischen Bedrohungen der IT-Sicherheit dargestellt werden. Ein besonderer Fokus liegt dabei auf den externen Bedrohungen, da diese in der jüngeren Zeit vehement zugenommen haben.

2 Anforderungen an die IT-Sicherheit

Die Realisierung eines effektiven Managements der IT-Sicherheit erfordert zunächst die umfassende und vollständige Identifikation ihrer Bedrohungen. Dazu ist es zweckmäßig, in einem vorhergehenden Schritt die Anforderungen an die IT-Sicherheit zu charakterisieren. Grundsätzlich lassen sich dabei folgende allgemeine Anforderungen an die IT-Sicherheit von Banken stellen:

- **Verfügbarkeit** bedeutet, dass sowohl Systeme als auch Dienste jederzeit in der Lage sind, ihre Aufgaben in der erforderlichen Zeitspanne zu verrichten. Dies beinhaltet einerseits die technische Verfügbarkeit der Systeme selbst, andererseits aber auch, dass die zur Verarbeitung benötigten Daten zugänglich sind. Zudem muss gewährleistet werden, dass die Transaktionen in einer angemessenen Zeit abgewickelt werden. Insbesondere bei zeitkritischen Transaktionen, wie z.B. im Devisen- oder Wertpapierhandel, kann eine Nichtverfügbarkeit oder mangelhafte Performance von Systemen zu erheblichen Verlusten bei Banken und Kunden führen und darüber hinaus beträchtliche Imageschäden nach sich ziehen.

- **Integrität** beinhaltet die Gewährleistung der Unversehrtheit von Daten und Programmen. Damit ist v.a. der Schutz vor beabsichtigten oder zufälligen Manipulationen gemeint (vgl. Raepple, 2001, S. 14). Es muss sichergestellt werden, dass Daten weder durch Übertragungsfehler noch durch gezielte Manipulationen verändert werden. Dies betrifft sowohl den bankinternen Bereich als auch die den Kunden verfügbar gemachten Informationen. Letzteres kann z.B. bei manipulierten Kursinformationen auf einer Webseite der Bank zu Fehlentscheidungen des Kunden mit den entsprechenden wirtschaftlichen Folgen führen. Analoges gilt auch für Programme, deren korrekte Funktionalität sichergestellt sein muss. Fehlerhafte Transaktionen können hier ebenfalls zu erheblichen wirtschaftlichen Folgen in Verbindung mit Imageschäden führen.

- Insbesondere personenbezogene Finanzinformationen und -transaktionen bedürfen einer besonderen **Vertraulichkeit**. Somit muss sichergestellt werden, dass derartige Informationen nicht von Unberechtigten eingesehen werden können. Dazu zählen v.a. Konten- und Zahlungsinformationen sowie Zugangsinformationen des Kunden zu den Bankdiensten, wie Benutzernamen und Passwörter.

- Unter **Authentizität** versteht man die eindeutige Identifikation der Kommunikationspartner. Entsprechend muss bei den Kommunikationsvorgängen durch Kontrollmechanismen sichergestellt werden, dass der Kunde tatsächlich derjenige ist, für den er sich ausgibt. Auch für den Kunden muss sichergestellt sein, dass er mit der Bank kommuniziert und nicht mit einem Dritten, der sich für diese ausgibt.

- **Verbindlichkeit** bezieht sich in erster Linie auf die Nicht-Abstreitbarkeit von Transaktionsabschlüssen. So sollte z.B. vermieden werden, dass ein Kunde die Erteilung einer Wertpapierorder im Nachhinein abstreiten kann, wenn diese zu Verlusten führte. Im Gegensatz zur klassischen Auftragserteilung, bei der die Rechtsverbindlichkeit durch die eigenhändige Unterschrift erreicht wird, müssen bei der elektronischen Auftragserteilung Mechanismen verwendet werden, die einen analogen Verbindlichkeitsgrad aufweisen.

Aufbauend auf diese Grundanforderungen an die IT-Sicherheit sollen im Folgenden die relevanten Bedrohungsarten dargestellt werden.

3 Arten von Bedrohungen

3.1 Interne und externe Bedrohungen

Eine häufig vorgenommene Unterscheidung der Bedrohungen der IT-Sicherheit systematisiert nach deren Ausgangspunkt. Danach handelt es sich um interne Bedrohungen, wenn die Quelle innerhalb des Unternehmens liegt, während externe Bedrohungen von außerhalb die IT-Sicherheit des Unternehmens gefährden.

Die Quellen interner Bedrohungen sind dabei natürlicher (z.B. Feuer), technischer (z.B. Hard- und Softwarefehler) und menschlicher Natur. Die menschlichen Bedrohungen lassen sich weiter in unabsichtlich, ignorant und böswillig unterteilen (vgl. Wolf, 2002, S. 8). Während bei der Unabsichtlichkeit zumeist Nachlässigkeit (z.B. bei einer Fehleingabe) oder Unwissen die Ursachen sind, liegt bei der Ignoranz ein wissentliches Handeln vor. Hintergrund des ignoranten Umgangs mit Rechnersystemen ist häufig Bequemlichkeit, z.B. wenn Sicherheitsrichtlinien, wie das Abmelden vom Rechner beim (kurzfristigen) Verlassen des Arbeitsplatzes, nicht beachtet werden. Im Gegensatz zu diesen beiden Kategorien liegen bei einer Böswilligkeit eindeutig schädigende Motive vor. Hier besteht die klare Absicht einer zumeist kriminellen Handlung. Motive für derartige Handlungen können dabei Unzufriedenheit oder Rache, z.B. wenn ein Mitarbeiter bei einer Beförderung übergangen oder entlassen wurde, sowie die Bereicherung, z.B. durch einen Finanzbetrug, den Verkauf von Informationen an Dritte oder Erpressung, sein.

Interne menschliche Bedrohungen entstehen dabei nicht nur durch die eigenen Mitarbeiter. In vielen Bereichen der Banken, v.a. auch im IT-Bereich, werden heutzutage sog. Externe auf Zeit beschäftigt, die als Mitarbeiter von Dienstleistungsunternehmen (z.B. Unternehmensberatungen) oder als Freiberufler Zugriff auf die Unternehmensressourcen haben. Hierzu können als Extremfall auch die Mitarbeiter von externen Reinigungsfirmen gezählt werden. Aufgrund ihrer räumlichen Präsenz innerhalb der Bank können auch sie den internen Bedrohungen zugeordnet werden, da sie im Gegensatz zu den externen Angreifern wesentliche Schutzmechanismen nicht mehr durchdringen müssen.

Auch bei den externen Bedrohungen kann eine Unterscheidung in natürliche (z.B. Naturkatastrophen), technische und menschliche Bedrohungen getroffen werden. Zu den technischen Bedrohungen zählen einerseits die Zuverlässigkeit von Service-Providern, wie z.B. die Internet Service Provider, die einen maßgeblichen Einfluss auf die Verfügbarkeit der Online-Dienste haben, andererseits aber auch die in der jüngeren Zeit häufiger über die Netze in die Banken gelangenden Viren und Würmer mit ihrem direkten Schadenspotenzial.

Bei den externen menschlichen Bedrohungen handelt es sich in erster Linie um Angreifer, die versuchen, von außen in die Systeme der Bank einzudringen. Diese können prinzipiell eingeteilt werden in Angreifer ohne Schädigungsmotive und Angreifer mit Schädigungsmotiven. Angreifer ohne Schädigungsmotive werden oft von Neugier bzw. Eitelkeit getrieben. Sie möchten sich selbst ihre Fähigkeit beweisen. Häufig ist dies gepaart mit dem Wunsch nach Profilierung, indem sie einen Beweis ihres Eindringens, z.B. auf einer Webseite des angegriffenen Systems, hinterlassen oder ihr erfolgreiches Vorgehen in den entsprechenden Kommunikationsorganen der Hacker-Community bekannt geben. Die Mitglieder dieser Personengruppe werden auch als Hacker bezeichnet. Sie verfügen über ein hohes Maß an Expertise im Computerbereich und interessieren sich in erster Linie für Funktionsweisen und Arbeitsabläufen, ohne vorsätzlichen Schaden anrichten zu wollen (vgl. Muffett, 1993). Insbesondere Banken bilden für diese Personengruppe ein attraktives Ziel, da hier aufgrund der hohen Sicherheitsstandards eine besondere Herausforderung besteht. Eine böswillige Absicht besteht jedoch bei den sog. Crackern, deren erklärtes Ziel es ist, Rechnersysteme zu kompromittieren und Schäden zu verursachen (vgl. Anonymous, 2001, S. 110). Ihre Motive können von der reinen Zerstörungswut über Spionage- bzw. Datendiebstahlabsichten bis hin zu Transaktionsabsichten reichen, z.B. unberechtigte Überweisungen oder das nachträgliche Einstellen von Transaktionen mit der Absicht, entsprechende Forderungen an die Bank zu richten. Da die externen menschlichen Angreifer ihre Angriffe i.d.R. auf technischem Wege vollziehen, sollen sie in den folgenden Darstellungen unter dem gemeinsamen Begriff der technischen Bedrohungen geführt werden.

Während in der Literatur und Praxis immer noch häufig die Meinung vertreten wird, dass die überwiegende Mehrzahl der Sicherheitsprobleme von innen hervorgerufen wird - die Zahlen rangieren zwischen 70% zu 30% bzw. 80% zu 20% im Verhältnis zwischen internen und externen Angriffen -, muss dies aufgrund der jüngeren Entwicklungen stark relativiert werden. Neuere Zahlen deuten eher darauf hin, dass die externen Angriffe mittlerweile sogar überwiegen (vgl. z.B. Gerbich, 2001, S. 30 und CSI, 2001, S. 8f). Die Ursache dafür liegt allerdings nicht in einem Rückgang der internen Angriffe, sondern in einer enormen Zunahme der externen Attacken. So wurde allein für das Jahr 2001 eine Verdoppelung der Hackerangriffe verzeichnet (vgl. CERT, 2002). V.a. drei Gründe dürften für diese Entwicklung verantwortlich sein:

1. Mit der zunehmenden Abwicklung der Geschäftstätigkeiten über das Internet erhöht sich gleichzeitig auch die Zahl der potenziellen Angriffspunkte. Zudem ist bei den Geschäftsprozessen eine Durchgängigkeit zu den bankinternen Systemen erforderlich, die somit auch die prinzipielle Gefahr des Eindringens von Angreifern bis in die Kernsysteme beinhaltet.

2. Schwachstellen von Softwaresystemen werden ausgiebig und detailliert im Internet publiziert. Dieser umfangreiche Informationspool beinhaltet für die Systembetreiber den Vorteil, eigene Sicherheitslücken schnell zu entdecken und die entsprechenden Maßnahmen einzuleiten. Aber auch die potenziellen Angreifer können sich über die Schwachstellen informieren und - vorausgesetzt, sie sind schneller - diese für ihre Absichten missbrauchen, zumal auf den einschlägigen Hackerseiten relativ schnell detaillierte Dokumentationen über die Vorgehensweisen für Einbrüche auftauchen.

3. Die Angriffe werden zunehmend durch entsprechende Softwaretools automatisiert. Neben den Dokumentationen stehen im Internet auch zahlreiche Tools zum Download bereit, die sich ohne größere Technikkenntnisse einsetzen lassen. Als Folge sinkt das erforderliche Fähigkeitsniveau für die Durchführung von Angriffen kontinuierlich und führt zu einem rapiden Anwachsen der Zahl der potenziellen Angreifer. Erschwerend kommt hinzu, dass viele der externen Angriffe nur schwer zu entdecken sind.

Aufsehenerregende Wurmattacken, wie *Code Red* und *Nimda*, zeigen zudem, dass die Angriffstechnologien mittlerweile weit genug fortgeschritten sind, um Schädlinge innerhalb weniger Stunden auf breiter Basis im Internet zu verteilen. Es ist auch für die Zukunft zu erwarten, dass die Anzahl der externen Angriffe massiv zunehmen wird und sich die Relationen somit auch immer stärker in diese Richtung verschieben. Unternehmen und v.a. die sicherheitssensiblen Banken müssen dementsprechend ein noch höheres Augenmerk auf diesen Bereich legen.

Somit befinden sich die Banken als Betreiber von extrem sicherheitsbedürftigen Systemen in einem Wettlauf um die Erhaltung der Sicherheit ihrer Systeme, dessen Geschwindigkeit rasant zunimmt. Die ständig auftretenden, neuen Angriffsformen sowie die Anfälligkeit der an Komplexität zunehmenden Systeme zwingen sie dazu, nicht nur ihre Systeme permanent auf dem neusten Stand zu halten, sondern auch immer neue Sicherheitstechnologien zu integrieren. Die Anforderungen an Technik, Menschen und Prozesse sind dabei extrem hoch.

Aufgrund seiner eher technischen Ausrichtung soll in diesem Beitrag die Systematisierung nach internen und externen Bedrohungen nicht weiter explizit verfolgt werden. So können die in Kapitel 4 dargestellten Angriffstechniken sowohl von innen als auch von außen verwendet werden. Der wesentliche Unterschied besteht lediglich darin, dass sich ein interner Angreifer bereits innerhalb des Unternehmensnetzwerks befindet und damit i.d.R. ein leichteres Spiel als ein externer Angreifer hat, der zunächst einige technische Hürden überwinden muss. Entsprechend müssen externe Angreifer auch zu wesentlich dezidierteren Methoden greifen, um erfolgreich zu sein.

3.2 Dimensionen von Bedrohungen

Im Folgenden sollen nun die Bedrohungsarten hinsichtlich ihrer Gefährdungsdimensionen dargestellt werden. Dabei wird eine Unterscheidung zwischen Katastrophen und technische Störungen, Anwenderfehlern, Datendiebstahl und Spionage sowie Manipulation von Daten und Programmen getroffen.

3.2.1 Katastrophen und technische Störungen

Katastrophen und technische Störungen können sowohl einen Datenverlust als auch einen Verlust der Verfügbarkeit, bedingt durch Ausfallzeiten, zur Folge haben. Beides kann insbesondere für eine Bank zu existenzbedrohenden Situationen führen, wenn keine spezifischen Schutzmaßnahmen existieren.

Katastrophen lassen sich dabei in natürliche Bedrohungen, wie Feuer, Wasser, Erdbeben usw., sowie nicht-natürliche Bedrohungen, wie ein Flugzeugabsturz, ein Bombenanschlag oder Sabotage, unterteilen (vgl. Stahlknecht/Hasenkamp, 2001, S. 493). Sie können somit interne, wie auch externe Ursachen haben.

Zu technischen Störungen können Ereignisse, wie Defekte von Hardwarekomponenten, Versagen von Softwarekomponenten oder die Folgen von menschlichen Fehlhandlungen führen. Während defekte Hardwarekomponenten zumeist auf einen altersbedingten Verschleiß, Fabrikationsfehler oder Überhitzung zurückzuführen sind, sind für das Versagen von Softwarekomponenten i.d.R. Softwarefehler verantwortlich. Menschliche Fehlhandlungen können z.B. das unabsichtliche Ziehen eines Netzwerksteckers oder das versehentliche Herunterfahren eines Systems sein. Neben diesen internen können aber auch externe Ursachen zu technischen Störungen führen. Beispiele sind Stromausfall, Probleme beim Internet Service Provider oder Denial-of-Service-Attacken (vgl. hierzu Abschnitt 4.7). Aufgrund der starken informationstechnischen Vernetzung der Geschäftsprozesse können selbst kleine technische Störungen an der entsprechenden Stelle erhebliche Auswirkungen zur Folge haben. Studien zufolge sind v.a. Softwarefehler und menschliches Fehlhandlungen zu über 80% für Systemausfälle verantwortlich, wobei beide Ursachen in etwa gleichverteilt sind (vgl. o.V., 2000, S. 21).

Aufgrund der existenziellen Bedeutung der IT ist die Sicherung der Verfügbarkeit ihrer Systeme eine der größten Herausforderungen für eine Bank. Dazu ist ein sorgfältiges Abwägen zwischen Verfügbarkeit und Kosten erforderlich. Hinsichtlich der Kosten sind v.a. die Kosten für die Gewährleistung der Verfügbarkeit gegen die Kosten im Falle eines Ausfalls voneinander abzuwägen. Studien zufolge bedeutet eine Verfügbarkeit von 99,9999% immer noch eine jährliche Ausfallzeit von 30 Sekunden, während diese bei einer Verfügbarkeit von 99,99% bereits 52 Minuten und bei 99% ca. 88 Stunden beträgt (vgl. o.V., 2000, S. 24).

Zum Schutz gegen Katastrophen und technische Störungen und somit zur Sicherung der Verfügbarkeit müssen sowohl bauliche als auch technische, organisatorische und personelle Maßnahmen ergriffen werden. Die baulichen Maßnahmen umfassen z.B. die Wahl eines geeigneten Standorts des Rechenzentrums, die Beachtung der notwendigen Brandschutzmechanismen, geeignete Zugangsarchitekturen usw.

Bei den technischen Maßnahmen ist eine mehrstufige Lösung erforderlich. Neben einer regelmäßigen Datensicherung, bei der die Sicherungskopien an einem entfernten Ort vorgehalten werden sollten, ist v.a. der Einsatz von fehlertoleranten Technologien erforderlich. Diese reichen vom Einsatz von redundanten Datenspeichertechnologien zum Schutz vor Datenverlust bei defekten Festplatten bis hin zu redundanten Rechnersystemen. Hier können z.B. Backup-Lösungen, bei denen ein Ersatzsystem im Stand-by-Modus stets mit den aktuellen Daten versorgt wird, um beim Ausfall des Primärrechners sofort einzuspringen, oder Load-Balancing-Lösungen, bei denen ständig eine gezielte Lastverteilung auf mehrere Systeme erfolgt, verwendet werden.

Insbesondere im Katastrophenfall sind lokale Ausweichlösungen nicht ausreichend. Aus diesem Grund ist die Unterhaltung eines in angemessener Entfernung stehenden Ausweichrechenzentrums erforderlich, das im Extremfall die notwendigen Aufgaben übernehmen kann und möglichst aktuell mit den dazu notwendigen Daten versorgt werden muss. Diese Ausweichrechenzentren stellen eine enorme Kostenkomponente dar, da sie eine adäquate Leistungsfähigkeit bereitstellen müssen. Aus diesem Grund sollten kleinere Banken abwägen, ob derartige Funktionalitäten mittels Outsourcing darauf spezialisierten Dienstleistern übertragen werden. Beim Betrieb eines eigenen Ausweichrechenzentrums kann dieses aber auch z.B. für umfangreiche analytische Auswertungen oder für den Test neuer Programme genutzt werden.

Zu den technischen Maßnahmen gehört auch die Bereitstellung von Ausweicharbeitsplätzen für besonders kritische Tätigkeiten, wie z.B. dem Wertpapier- und Devisenhandel. Hierzu existieren spezialisierte Dienstleister, die derartige Arbeitsplätze stationär oder in mobilen Notfallcontainern bereitstellen (vgl. Jessen, 2000, S. 19).

Zum Schutz vor extern verursachten Störungen der Verfügbarkeit sind einerseits die qualitative Auswahl der Service Provider sowie eine adäquate Sicherheitsarchitektur zur Vorbeugung vor direkten Angriffen von außen erforderlich.

Zu den organisatorischen Maßnahmen gehört v.a. die Erstellung einer detaillierten Notfallplanung. Diese sollte alle Eventualitäten umfassen und für die Beteiligten exakte Handlungsanweisungen enthalten. Um im Ereignisfall möglichst schnell reagieren zu können, sind darüber hinaus regelmäßige Übungen erforderlich. Auf diesem Weg lassen sich auch Schwachstellen in der Notfallplanung identifizieren. Letztlich sollten die Mitarbeiter im Rahmen der personellen Maßnahmen ständig aktuell über technische Änderungen informiert und regelmäßig geschult werden.

Ein besonderes Augenmerk soll an dieser Stelle noch auf die Problematik der Softwarefehler gelegt werden. Insbesondere bei den Banken wird immer noch zu einem relativ hohen Anteil Individualsoftware eingesetzt. Dabei handelt es sich oft um vergleichsweise alte Programme, die gemäß der Gepflogenheiten aus ihrer Erstellungszeit relativ schlecht dokumentiert sind. Die Systeme laufen zwar zumeist zuverlässig, problematisch sind jedoch Fälle, in denen ein Änderungsbedarf entsteht. Neben großen Ereignissen, wie der Euro- oder der Jahr-2000-Umstellung, kann auch z.B. die Entwicklung neuer Finanzprodukte einen Änderungsbedarf herbeiführen. In derartigen Fällen ist ein intensives Software-Qualitätsmanagement eine unabdingbare Erfordernis. Dieses muss bei einer adäquaten Projektplanung beginnen und bei einem ausgiebigen Testen vor dem Praxiseinsatz enden.

Aber auch der Einsatz neuer Standardsoftware, die zumindest in den ersten Versionen oft noch fehlerträchtig ist, sollte ausgiebig geprüft werden. Hier kann das Warten auf das Erscheinen eines Updates oder der zweiten Version vor dem Praxiseinsatz durchaus sinnvoll sein. Analoges gilt für die Eigenerstellung, wenn neue Technologien zum Einsatz gelangen sollen. Auch hier bestehen oft Probleme, z.B. in der Performance, so dass sowohl das Testen als auch das Sammeln von Erfahrungen vor dem Praxiseinsatz notwendig ist.

3.2.2 Anwenderfehler

Anwenderfehler, die zu einer Bedrohung der IT-Sicherheit führen, können vielfältiger Natur sein. Sie sind i.d.R. auf Unachtsamkeit, Unwissenheit oder Ignoranz zurückzuführen und wurden in Teilen bereits im vorangegangenen Abschnitt behandelt. Aus der Vielfalt der möglichen Anwendungsfehler soll im Folgenden exemplarisch ein Ausschnitt behandelt werden.

Ein Problem, das die Integrität von Daten verletzten kann, sind Fehleingaben, z.B. durch die Eingabe falscher Daten, das Vertauschen von Eingabefeldern oder das versehentliche Löschen von Daten. Um hier ein möglichst hohes Schutzniveau zu erreichen, sollten einerseits die Anwender für das erforderliche Maß an Aufmerksamkeit sensibilisiert und andererseits Kontrollmechanismen in die entsprechenden Systeme eingebaut werden. Letztere können Format-, Gültigkeits-, Vollständigkeits- und Plausibilitätsprüfungen umfassen. Bei der Verwendung moderner Datenbanksysteme, v.a. den relationalen Datenbanksystemen, kann ein Teil der möglichen Fehlerquellen bereits über das Datenbankdesign ausgeschlossen werden.

Gefährdungen der Vertraulichkeit von Informationen entstehen in diesem Zusammenhang, wenn diese versehentlich Unberechtigten verfügbar gemacht werden. Ein mögliches Problem besteht hier bei der Speicherung sensibler Informationen, wie z.B. Textdateien oder Spreadsheets, auf Laufwerken, die auch im Zugriff von Personen liegen, für die diese Daten nicht bestimmt sind. Schutzmaßnahmen sind hier einerseits die Schulung und Aufklärung der Benutzer sowie eine eindeutige Strukturierung der Netzwerklaufwerke in Verbindung mit der Vergabe von klaren Benutzer- und Gruppenrechten.

Eine weitere Gefahrenquelle stellen die eMail-Verteiler dar. Immer mehr Informationen werden über eMails ausgetauscht. Dabei werden häufig die bequemen Verteiler genutzt, um nicht jeden Empfänger einzeln adressieren zu müssen. In diesem Zusammenhang kommt es nicht selten vor, dass die Verteiler noch Adressen von Personen enthalten, die bereits nicht mehr zum Empfängerkreis gehören, z.B. aus Projekten ausgeschiedene Personen. Brisant kann ein solcher Sachverhalt werden, wenn es sich um externe Personen handelt. So sollen beispielsweise Mitarbeiter von Siemens-Nixdorf über Monate hinweg unbewusst Business-Pläne an einen unautorisierten externen Partner gesendet haben, da dieser noch auf dem eMail-Verteiler stand (vgl. Delmare, 2001, S. 171). Um derartige Situationen zu verhindern, ist die Schaffung klarer Verantwortlichkeiten erforderlich, denen dann auch die Aktualität der Verteilerinhalte als Aufgabe obliegt.

Letztlich können auch bei der Verwendung von Office-Programmen Probleme mit der Vertraulichkeit entstehen, wenn die Dokumente weitergereicht werden. So speichert z.B. *Word* sowohl die Dokumenthistorie als auch u.U. den Copy&Paste-Puffer in den Dateien, wenn der Schnellspeicher-Modus aktiviert ist. Diese Informationen lassen sich dann relativ leicht restaurieren. Als aktuelles Beispiel kann hier die Veröffentlichung des Transrapid-Gutachtens im Internet angeführt werden, bei dem die Auswertung der Dokumenthistorie den Verdacht auf Manipulation aufkommen ließ (vgl. Bleich, 2002, S. 24). Entsprechend sollten die Dokumente vor der Weitergabe entweder unter einem anderen Namen gespeichert oder, falls nur ein Lesezugriff notwendig ist, in das PDF-Format umgewandelt werden. Auch beim Kopieren von Teilen einer *Excel*-Tabelle in ein anderes Programm, z.B. *Powerpoint*, wird je nach Kopiermodus die gesamte Tabelle eingebettet und kann mittels eines Doppelklicks aktiviert werden. Um dieser Problematik vorzubeugen, sollten die Inhalte als Grafik eingefügt werden. Die genannten Probleme sind im Regelfall auf die Unwissenheit der Anwender zurückzuführen. Eine gute Aufklärung kann hier das Sicherheitsniveau mit nur geringem Aufwand beträchtlich erhöhen.

3.2.3   Datendiebstahl und Spionage

Insbesondere für Banken als Träger besonders vertrauenswürdiger Daten stellen Datendiebstahl und Spionage eine sehr ernsthafte Bedrohung dar. Gegenstand dieser Bedrohungsform sind alle Informationen, die nur für autorisierte Personen bestimmt sind und in den Händen nicht-autorisierter Personen die Gefahr eines Missbrauchs beinhalten. Dazu gehören z.B. Kundendaten (wie Kontendaten, Kontenzugangsinformationen oder Informationen über bevorstehende Fusionen) und bankinterne Daten (wie Informationen über neue Produkte oder über Systemzugänge).

Prinzipiell bestehen bei einem Datendiebstahl die Möglichkeiten, dass die Person einen berechtigten Zugang zu den Informationen hat oder sich diesen unberechtigterweise verschafft hat (vgl. Wolf, 2002, S. 12). Im ersten Fall gestaltet sich ein angemessener Schutz als schwierig. Er muss bei der Personalauswahl beginnen, indem hier die Vertrauenswürdigkeit als ein wichtiges Kriterium berücksichtigt wird. Stellt dies bereits ein äußerst schwieriges Unterfangen dar, so verschärft sich die Problematik im Falle von externen Mitarbeitern, die vom entsprechenden Dienstleister ausgewählt werden. Hier kann höchstens die Auswahl des Dienstleisters selbst unter Beachtung der Vertrauenswürdigkeit erfolgen. Auch die Sperrung des Diskettenlaufwerks des Mitarbeiterrechners kann lediglich verhindern, dass der Diebstahl nicht über dieses Datenträgermedium erfolgt. Eine Versendung, z.B. über eMail oder ein physischer Transport in Papierform kann kaum überprüft werden, sofern nicht bereits ein konkretes Verdachtsmoment besteht.

Für einen nicht-autorisierten Zugriff kann ein interner Datendieb im einfachsten Fall den Rechner eines berechtigten Mitarbeiters nutzen, wenn dieser sich gerade nicht am Arbeitsplatz befindet und vergessen hat, den Rechner zu sperren bzw. sich abzumelden. Um derartigen Möglichkeiten vorzubeugen, sollte eine intensive Aufklärung der Mitarbeiter über den sicherheitsbewussten Umgang mit Computern erfolgen. Auch die Möglichkeit der Verwendung von leicht zu erratenden Passwörtern, z.B. der Name des Partners, sollte durch entsprechende Aufklärung oder sog. Password Checker, die bei der Wahl des Passworts dessen Erratbarkeit prüfen, verhindert werden. Zudem ist der Zwang zum regelmäßigen Wechsel des Passworts ratsam. Eine Erhöhung der Sicherheit kann hier die Verwendung von Smartcards oder der Einsatz biometrischer Verfahren bewirken (vgl. hierzu den Beitrag von Klische in diesem Buch). Problematisch ist hier insbesondere auch, wenn es einer nicht-autorisierten Person gelingt, Zugriff auf die Passwortdatei eines Rechners zu erhalten. Mittels entsprechender Tools lassen sich dann mit relativ wenig Aufwand selbst Administrator-Passwörter ermitteln oder überschreiben (vgl. hierzu die Ausführungen in Abschnitt 4.3).

Zum Schutz vor Datendiebstahl und Spionage spielt auch die Speicherung der Daten eine wichtige Rolle. So sollten einerseits klare Berechtigungsstrukturen hinsichtlich des Zugriffs von Mitarbeitern auf Datenbestände existieren, z.B. bei der Vergabe von Zugriffsberechtigungen auf Netzlaufwerke und -verzeichnisse oder auf Datenbanken, andererseits ist aber auch die gesonderte Verschlüsselung von schutzbedürftigen Daten zweckmäßig. Insbesondere bei Office-Dokumenten ist die von der Software bereitgestellte Möglichkeit des Schutzes der Dokumente mit Passwörtern nicht ausreichend. Im Internet existieren zahlreiche Tools und Dienste mit deren Hilfe ein derartiger Passwortschutz auf einfachste Weise aufgebrochen werden kann. Die Verwendung von Kryptographie-Tools, mit denen einzelne Dateien oder Verzeichnisse verschlüsselt werden können, kann hier zu einer Erhöhung der Sicherheit beitragen.

Dies gilt umso mehr, wenn die Daten auf lokalen Laufwerken des Benutzerrechners gespeichert sind. Insbesondere unter Windows können die Zugriffskontrollen des Betriebssystems umgangen werden, wenn der Rechner mit einer Bootdiskette gestartet wird. Selbst auf Laufwerke im NTFS-Format kann dann problemlos mit einem entsprechenden, im Internet als Freeware erhältlichen, Treiber zugegriffen werden. Um dies zu verhindern, ist eine Sperrung bzw. Entfernung des Diskettenlauf-

werks sowie das Ausschließen der Möglichkeit des Rechnerstarts über eine bootfä-
hige CD zweckmäßig. Auch von der lokalen Speicherung von Dateien sollte nach
Möglichkeit abgesehen werden.

Einen Problembereich bilden hier die mobilen Rechner, wie Notebooks und PDAs
(z.B. Palm- und Windows-CE-Geräte). Hier ist eine lokale Speicherung von Daten
unabdingbar, da man nicht immer einen Zugriff auf die Netzwerkressourcen hat. In
den vergangenen Jahren ist eine deutliche Zunahme der Diebstähle dieser Geräte zu
verzeichnen (vgl. Safeware, 2001). Dabei enthalten sie neben wichtigen Geschäftsdaten meist auch Zugangsinformationen für das bankinterne Netzwerk. Um diese Informationen vor dem Zugriff Unberechtigter zu schützen, sollten entsprechende
Verschlüsselungstechnologien verwendet werden. Zudem sollte ein Notfallplan
existieren, der beinhaltet, wie im Falle des Verlustes eines Geräts zu verfahren ist.

Auch beim Einsatz von Datenbanksystemen zur Speicherung von Daten können Sicherheitslücken bestehen. Zwar verfügen die Systeme im Allgemeinen über ausge-
feilte Berechtigungsmechanismen, jedoch sind in der Vergangenheit immer wieder
Schwachstellen bekannt geworden, über die auch ein nicht-autorisierter Benutzer auf
die Daten zugreifen kann. Hier sollten die entsprechenden Sicherheitsupdates von
den Herstellern möglichst zeitgleich mit ihrem Erscheinen installiert werden.

Neben den oben genannten Formen lassen sich auch Trojanische Pferde sowie Snif-
fer- oder Spoofing-Technologien für die Datenspionage oder zur Erlangung von Zugangsinformationen einsetzen, die ebenfalls von externen Angreifern verwendet
werden. Für einen externen Angreifer stellt der Datendiebstahl ein vergleichsweise
schwierigeres Unterfangen dar, da er zusätzlich technische Hürden zum Eindringen
in das interne Banknetzwerk überwinden muss. Gelingt es ihm jedoch, die Kontrolle
über einen entsprechenden Rechner zu erlangen, so steht auch ihm eine Bandbreite
an Möglichkeiten zum Datendiebstahl offen. Die dazu relevanten Technologien
werden in Kapitel 4 detaillierter beschrieben.

3.2.4   Manipulation von Daten und Programmen

Die Manipulation von Daten und Programmen geht noch einen Schritt weiter als der
Datendiebstahl. Während letzteres im Allgemeinen passiver Natur ist, d.h. die Daten
in unveränderter Form weiterhin für das Unternehmen verfügbar sind, finden bei der
Manipulation physische Veränderungsvorgänge statt. Entsprechend muss der Angreifer hier nicht nur Lese-, sondern auch Schreibrechte erlangen. Die Motive für

derartige Handlungen können von der Bereicherung über die Schädigung bis hin zur mutwilligen Zerstörung reichen.

Ein mögliches Szenario für ein Bereicherungsmotiv ist z.B. das Transferieren von Geldbeträgen von fremden auf ein eigenes Konto. Während ein interner Mitarbeiter hierfür einen relativ einfachen Zugang zu den notwendigen Informationen hat, muss ein externer Angreifer diese zunächst über einen Einbruch in den entsprechenden Bank- oder Kundenrechner erlangen. Die prinzipielle Möglichkeit eines derartigen Szenarios ist mehrfach dokumentiert worden (vgl. z.B. Vosseberg, 2002, S. 14ff). Eine Alternative für einen Angreifer stellt noch die Veränderung von Daten bei der Kommunikation zwischen Bank- und Kundenrechner dar (vgl. hierzu Abschnitt 4.8).

Die Vorfälle mit einem Bereicherungsmotiv haben noch den Vorteil, dass die Zielperson relativ leicht identifizierbar ist. Schwieriger ist dies bei Schädigungs- oder Zerstörungsmotiven. Hier können Rachsucht, z.B. aufgrund einer Entlassung, oder pure Zerstörungslust die Ursachen sein. Mit Zerstörungen sind i.d.R. Löschvorgänge verbunden. Der Angreifer muss dazu über die entsprechenden Berechtigungen verfügen. Eine besonders gefährliche Art sind hier die sog. logischen Bomben, bei denen ein Programm in das System eingeschleust wird, das im Falle eines bestimmten Ereignisses, z.B. einem Datum, seine Zerstörungskraft entfaltet (vgl. Stiller, 2001). So wurde z.B. bei der Firma Omega Engineering zwei Wochen nach der Entlassung ihres Netzwerkadministrators eine logische Bombe aktiv, die mehr als tausend Programme löschte (vgl. Power, 2001, S. 221f). Ähnliche Wirkungen können auch Viren, Würmer und Trojanische Pferde haben.

4 Technologien zum Angriff auf die IT-Sicherheit

Gegenstand dieses Kapitels soll die Darstellung von Technologien sein, die von Angreifern genutzt werden können, um die IT-Sicherheit einer Bank auf der technischen Ebene zu bedrohen. Der Fokus der Darstellungen liegt dabei auf der Beschreibung der Angrifftechniken, die in erster Linie von externen Angreifern verwendet werden. Gleichwohl lassen sich aber die meisten der Technologien auch von einem internen Angreifer einsetzen. Soweit für den einzelnen Angriffstypus spezifische Schutzmaßnahmen existieren, werden diese noch direkt behandelt. Allgemeine Schutzmaßnahmen, die einen übergreifenden Charakter haben, werden in den nachfolgenden Beiträgen dieses Buches dargestellt.

4.1 Scanning

Zur Vorbereitung des Angriffs auf ein System ist es zunächst notwendig, Informationen über dieses zu sammeln. Hierbei lässt sich generell formulieren: „Je mehr Informationen ein Angreifer über ein System erlangt, desto höher wird die Wahrscheinlichkeit für einen erfolgreichen Angriff!" Die Informationssammlung kann dabei auf verschiedene Arten erfolgen. So kann ein Angreifer z.B. Veröffentlichungen in der Fachpresse oder eigene Angaben des Systembetreibers hinsichtlich der System- und Sicherheitsarchitektur auswerten. Auch die Analyse der HTML-Quelltexte der Webseiten kann zu hilfreichen Informationen führen. In der jüngeren Zeit wird auch zunehmend das sog. Social Engineering als Möglichkeit der Informationsbeschaffung diskutiert (vgl. hierzu den Beitrag von Feil et al. in diesem Buch sowie Vosseberg, 2002, S. 14f).

Zu den technischen Möglichkeiten der Informationsbeschaffung zählt v.a. aber auch das Scanning, über das sich folgende Informationen gewinnen lassen:

- Adressen von verfügbaren Rechnern innerhalb bestimmter Adressbereiche (z.B. 192.168.0.0 bis 192.168.0.255), wobei sich nicht nur die IP-Adressen, sondern auch deren Namen (z.B. www.xy.de) ermitteln lassen.

- Das auf dem jeweiligen Rechner laufende Betriebssystem, das über bestimmte betriebssystemspezifische Verhaltensmuster ermittelt wird, auch als Fingerprinting bezeichnet.

- Die auf dem jeweiligen Rechner verfügbaren Dienste (z.B. Web-, FTP- und Telnetserver), auch als Port-Scanning bezeichnet.

- Welche Software in welcher Version für den jeweiligen Dienst verwendet wird.

- Ob der jeweilige Dienst einen anonymen Login erlaubt oder eine Authentifizierung fordert.

- Suche nach Schwachstellen, z.B. Logins mit Standardbenutzernamen und -passwörtern oder Prüfung auf für die jeweilige Softwareversion bekannte Schwachstellen.

Zur Durchführung derartiger Scan-Vorgänge stehen im Internet zahlreiche Tools zum Download zur Verfügung. Die Grundfunktionalität der meisten Tools besteht dabei in der Identifikation von Rechnern sowie dem Port-Scanning.

Unter einem Port versteht man einen speziellen Kommunikationskanal von TCP/IP, der von TCP verwendet wird, um die Dienste innerhalb des Systems festzustellen, für die die eingehenden Datenpakete bestimmt sind. So läuft z.B. der Dienst HTTP für das WWW i.d.R. über Port 80, während Port 23 für Telnet und Port 25 für SMTP (eMail) reserviert sind. Insgesamt stehen unter TCP/IP 65535 Ports zur Verfügung, die theoretisch für Dienste genutzt werden können.

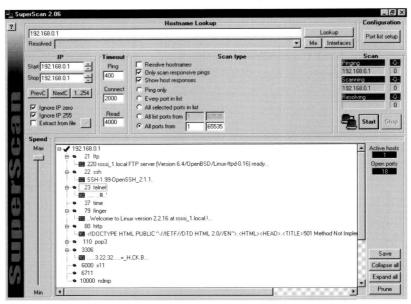

Abb. 1: Beispielhaftes Ergebnis eines Port-Scannings

Um die gewünschten Informationen zu erlangen, nutzen die Port-Scanner die Art und Weise des Verbindungsaufbaus unter TCP/IP aus. Hierbei sendet der Client - in diesem Fall der Port-Scanner - eine Verbindungsanfrage an eine spezielle Portnummer der jeweiligen Rechneradresse. Befindet sich auf dieser Portnummer ein Server-Dienst, wie z.B. ein Webserver, so antwortet dieser mit einer Bestätigung, die wiederum vom Client bestätigt wird. Während des Verbindungsaufbaus werden dabei auch Informationen über die Serversoftware versendet. Indem der Port-Scanner nun alle oder vorher definierte Portnummern eines Rechners auf diese Weise analysiert und die entsprechenden Informationen sammelt, kann er dem Angreifer wertvolle Hinweise auf Angriffsziele geben. Abb. 1 enthält das beispielhafte Ergebnis eines Port-Scannings.

Ein Port-Scanning, das in der oben beschriebenen Weise jeweils einen vollständigen Verbindungsaufbau durchführt, hat für den Angreifer den Nachteil, dass der Vorgang vom jeweiligen Server-Dienst protokolliert wird. Aus diesem Grund beinhalten die modernen Scanning-Tools auch die Möglichkeit zur Durchführung eines sog. Stealth Scans, bei dem die Bestätigung durch den Client entweder überhaupt nicht oder mittels eines expliziten Verbindungsabbruchs (Reset) erfolgt. Insbesondere im ersteren Fall wird der Vorgang nicht in das Serverprotokoll aufgenommen und lediglich die Firewall oder ein Intrusion Detection System (IDS) kann ihn dokumentieren. Neben diesen Methoden existieren noch weitere Varianten, die hier jedoch nicht beschrieben werden sollen (vgl. hierzu z.B. Fyodor, 1997).

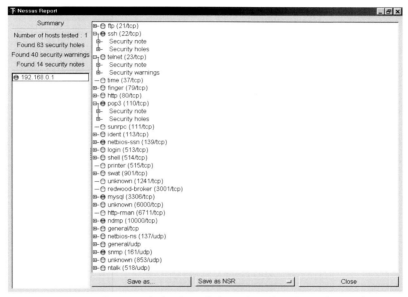

Abb. 2: Beispielhaftes Ergebnis eines Schwachstellen-Scannings mit *Nessus*

Einen Schritt weiter als reine Port-Scanner gehen Tools, die explizit darauf ausgerichtet sind, Schwachstellen von Systemen offenzulegen. Diese sog. Vulnerability-Scanner ermitteln, welche Serverprozesse in welcher Version auf den Zielsystemen laufen und testen auf Basis dieser Informationen auf Schwachstellen (vgl. Bachfeld, 2002, S. 76f). Ein Beispiel für derartige Tools ist das Open-Source-Produkt *Nessus* (www.nessus.org). Grundlage der Überprüfung eines Rechners ist auch hier ein Port-Scan. Für jeden gefundenen Dienst wird dabei ermittelt, welches Programm in welcher Version diesen Dienst anbietet. Anschließend wird der jeweilige Dienst automatisch auf Schwachstellen getestet. Hierbei werden z.B. Tests auf die Möglichkeiten eines anonymen Logins bzw. eines Logins mit Standardbenutzernamen und -passwörtern durchgeführt, die häufig bei der Installation automatisch vergeben und später nicht geändert oder gelöscht wurden. Zudem finden Tests auf sicherheitsbe-

drohende Konfigurationseinstellungen statt, bei denen Einbruchsmöglichkeiten bekannt sind. Schließlich werden auch Tests auf bekannte Schwachstellen mittels si-
mulierter Angriffe durchgeführt, z.B. Buffer-Overflow-Angriffe (vgl. hierzu Abschnitt 4.4) oder Denial-of-Service-Attacken (vgl. hierzu Abschnitt 4.7). *Nessus*
kann dabei über Plug-Ins bzw. eine eigene Skriptsprache ständig um neue Angriffs-
varianten erweitert werden. Die Ergebnisse der Tests werden schließlich in Form einer ausführlichen Dokumentation über die gefundenen Schwachstellen sowie Vor-
schlägen zu deren Behebung aufbereitet. Abb. 2 zeigt das beispielhafte Ergebnis eines Vulnerability-Scannings einer Linux-Standardinstallation. Beispiel eines kommerziellen Produkts ist der *Internet Security Scanner* der Firma ISS.

Für einen Systemadministrator sind die Port- wie auch die Schwachstellen-Scanner
eine wichtige Hilfe, um Sicherheitslücken aufzuspüren. Für einen Angreifer bieten
derartige Tools dagegen eine Informationsbasis, die ihm häufig überhaupt erst ermöglicht, in ein System einzubrechen, da ein 'blinder' Versuch i.d.R. zum Scheitern
verurteilt ist. Aufgrund der umfangreichen Kommunikationsvorgänge, die für derartige Scans notwendig sind, lassen sie sich jedoch relativ leicht erkennen und unterbinden.

Im Prinzip wäre ein Scanning bei einem sicheren System unproblematisch. Die Erfahrungen zeigen jedoch, dass die Existenz eines Systems ohne Schwachstellen un-
realistisch ist. Aus diesem Grund sollten auch die Möglichkeiten eines Scanning
unterbunden werden. So sind moderne Firewallsysteme in der Lage, Scanversuche
zu erkennen und zu blockieren. Insbesondere in Verbindung mit dem Einsatz von
IDS, die in dieser Hinsicht einen ergänzenden Schutzmechanismus bereitstellen (vgl.
hierzu den Beitrag von Hennecke in diesem Buch), kann hier ein hohes Maß an Sicherheit erreicht werden. Damit erübrigt sich jedoch nicht, dass ein System so sicher
wie möglich konfiguriert wird, indem z.B. die nicht benötigten Dienste entfernt
werden. Beachtet werden muss ebenfalls, dass Scanning-Angriffe nicht zwangsläufig von außen kommen müssen. Ein entsprechender Schutz nach innen ist ebenfalls
erforderlich.

4.2 Sniffing

Das Sniffing dient ebenfalls der Informationsbeschaffung und kann für die Vorbereitung von aktiven Angriffen wertvolle Hinweise liefern. Im Gegensatz zum Scanning analysiert es nicht die Rechner selbst, sondern setzt auf der Ebene der Daten-
kommunikation an, indem die über ein Netzwerk laufenden Daten 'abgehört' und

analysiert werden. Während Sniffer für Systembetreiber hilfreiche Tools zur Analyse des Datenverkehrs sowie zur Identifizierung von Gefahrenquellen sind, können sie in den Händen eines Angreifers ein erhebliches Sicherheitsrisiko darstellen.

Die grundlegende Funktionsweise eines Sniffers besteht darin, die durch ein Netzwerk laufenden Datenpakete abzuhören und auszuwerten. Im Normalfall reagiert die Netzwerkkarte eines Rechners nur auf Daten, die an ihre Adresse gesendet werden. Jede Netzwerkkarte besitzt dabei eine eindeutige sog. MAC-Adresse. Alle Datenpakete, die nicht an diese Adresse gerichtet sind, werden ignoriert. Mittels spezieller Tools lässt sich jedoch jede Netzwerkkarte in einen sog. Promiscous Mode versetzen, in dem alle ankommenden Datenpakete, unabhängig von der Zieladresse, aufgenommen werden.

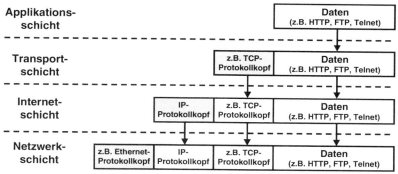

Abb. 3: Schachtelungsprinzip von TCP/IP

Dieser Funktionalität bedienen sich auch die Sniffer. Ein Sniffer ist ein Programm, das die ankommenden Datenpakete abfängt und deren einzelne Protokollebenen auswertet. Die Datenpakete werden in einem vom Netzwerkprotokoll (z.B. Ethernet) abhängigen Format durch das Netzwerk gesendet, wobei jedes Paket die notwendigen Informationen für das höher gelegene Protokoll, z.B. TCP/IP oder IPX, enthält (vgl. auch Abb. 3). Moderne Sniffer sind dabei in der Lage, die unterschiedlichsten Protokolle auf den einzelnen Ebenen auszuwerten und die Informationen benutzergerecht aufzubereiten. Abb. 4 enthält die Ausgabe des Sniffer-Tools *Sniffem* als Beispiel (www.sniff-em.com).

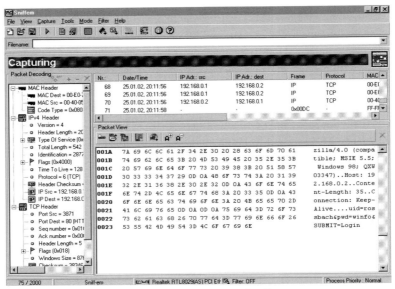

Abb. 4: Screenshot von *Sniffem*

Für einen Angreifer besteht hier zunächst das Problem, dass die für ihn interessanten Datenströme i.d.R. in eine Vielzahl an Paketen zerlegt werden. Diese Fragmente müssten somit mühsam nach den relevanten Informationen durchsucht werden. An dieser Stelle setzen spezialisierte Sniffer an, die die Analyse automatisch vornehmen und dem Benutzer lediglich die gewünschten Ergebnisse mitteilen. So hat in der jüngeren Zeit z.B. das Tool *dsniff* für Furore gesorgt, das darauf spezialisiert ist, Benutzernamen und Passwörter für diverse Protokolle, wie z.B. Telnet, FTP, POP3, Samba und Oracle SQLNet, aus den Datenströmen herauszufiltern (vgl. auch Abb. 5). Daneben kann z.B. auch der eMail-Verkehr oder das Surfen bestimmter Zielpersonen im Web ausspioniert werden.

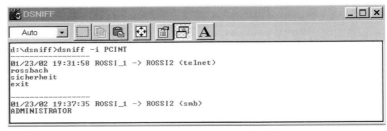

Abb. 5: Screenshot von *dsniff*

Voraussetzung für ein erfolgreiches Sniffing ist, dass die interessierenden Datenpakete an dem Rechner, auf dem der Sniffer installiert ist, auch 'vorbeikommen'.

Hierin besteht für einen externen Angreifer die maßgebliche Hürde. Im Allgemeinen ist es einem normalen Internetnutzer nicht möglich, einen Zugang zu den Netzwerksegmenten zu bekommen, über die der interessierende Datenverkehr abgewickelt wird. Es besteht jedoch die Möglichkeit, einen Sniffer bei einem Einbruch in den Zielrechner, z.B. innerhalb eines Unternehmens oder bei einem Internet Provider, einzuschleusen. Eine weitere Möglichkeit besteht darin, Kommunikationskabel 'anzuzapfen'. In diesem Zusammenhang wird derzeit auch über die Technologie der Wireless-LANs diskutiert, die z.T. noch aus mehreren hundert Metern Entfernung abgehört werden können.

Wesentlich einfacher gestaltet sich das Sniffing jedoch für einen internen Angreifer, der z.B. über seinen Arbeitsplatzrechner oder einen Zugang zu anderen Rechnern innerhalb des Unternehmens eine Zugriffsmöglichkeit auf das Netzwerk hat. U.a. um zu verhindern, dass alle Datenpakete innerhalb eines Netzwerksegments zu jedem Rechner gelangen, werden in modernen Netzwerken sog. Switches eingesetzt, die als zentrale Verteilerstationen die einzelnen Datenpakete nur an die Rechner weiterleiten, für die sie bestimmt sind. Diese Technologie kann jedoch u.U. mittels der entsprechenden Tools ausgehebelt werden. So existieren Tools, die viele der marktgängigen Switches überlisten können, indem sie diese mit einer Vielzahl an MAC-Adressen bombardieren, woraufhin sie dann aufgrund der Überlast die Datenpakete einfach an alle Rechner weiterleiten (vgl. Schwan, 2002, S. 91). Eine weitere Alternative für einen Angreifer besteht in der Vornahme eines sog. ARP-Spoofings, auf das in Abschnitt 4.8 näher eingegangen wird.

Zum Schutz vor Sniffing ist einerseits eine sicherheitsbewusste Netzwerkarchitektur, z.B. in Form einer entsprechenden Segmentierung, erforderlich. Andererseits kann der Datenverkehr im Netzwerk durch eine Verschlüsselung geschützt werden, so dass sich vom Angreifer, auch wenn es ihm gelingt, die Datenpakete abzufangen, diese nicht mehr auswerten lassen.

4.3   Eindringen über Sicherheitslücken

Hat ein Angreifer im Rahmen seiner Informationssammlung Hinweise über Angriffspunkte gefunden, so besteht der nächste Schritt in dem Versuch, über eine der möglichen Sicherheitslücken in das Zielsystem einzudringen. Die Ursachen für Sicherheitslücken können dabei vielfältiger Natur sein. Sie reichen von expliziten Fehlern in der eingesetzten Software über Sicherheitsschwachstellen bis hin zu Konfigurationsmängeln bzw. -fehlern.

Softwarefehler können dazu führen, dass Systeme in bestimmten Situationen in einen Zustand geraten, in dem die Funktionalität nicht mehr korrekt arbeitet und der Angreifer diesen Zustand, wenn er ihn erzwingen kann, durch eine Übernahme des Systems ausnutzt. Desweiteren sind auch schon Fälle bekannt geworden, in denen die Programmierer vergessen haben, verborgene Funktionen oder Zugangsmöglichkeiten, die für den Testbetrieb erforderlich waren, wieder zu entfernen. Der Angreifer kann diese dann nutzen, um ebenfalls die Kontrolle über das System zu erlangen.

Eine weitere, häufig genutzte Form ist das Eindringen über Sicherheitsschwachstellen, die nicht nur auf direkte Softwarefehler, sondern auch auf die Vernachlässigung einer sicherheitsbewussten Programmierung zurückzuführen sind. Diese als Buffer-Overflow-Angriffe bezeichneten Attacken werden aufgrund ihrer Relevanz gesondert im nachfolgenden Abschnitt behandelt. In beiden Fällen ist der Systembetreiber jedoch dem Hersteller der Software ausgeliefert und kann nur auf dessen Qualitätsmanagement vertrauen bzw. hoffen, dass auftretende Sicherheitslücken schnellstmöglich durch sog. Patches oder Updates geschlossen werden.

Mängel bzw. Fehler in der Konfiguration der eingesetzten Software sind dagegen dem Betreiber selbst zuzuschreiben. Softwaresysteme beinhalten heutzutage je nach Einsatzzweck die unterschiedlichsten Einstellungsmöglichkeiten, mit denen i.d.R. auch erhebliche Einflüsse auf die Systemsicherheit verbunden sind. Aufgrund der Komplexität der Systeme sind die Konfigurationsmöglichkeiten dabei oft, insbesondere auch im Hinblick auf ihre Wechselwirkungen, so vielfältig, dass eine intensive Systemkenntnis erforderlich ist, um sie zu beherrschen. Dazu wird Zeit benötigt, die in der Praxis nicht immer in ausreichendem Maße vorhanden ist. Problematisch ist hier zudem, dass die Softwarehersteller die Standardkonfigurationen bei der Installation nicht selten auf ein relativ niedriges Sicherheitsniveau setzen, so dass nachträglich viel Handarbeit erforderlich ist. Wird hier nicht sorgfältig gearbeitet, so sind Sicherheitslücken eine unumgängliche Konsequenz. Abb. 2 zeigte z.B., dass nach einer Standardinstallation eines Linux-Systems immerhin 83 bekannte Sicherheitslücken entdeckt wurden. Eine immer wieder vorkommende Nachlässigkeit ist z.B. auch, wenn der bei der Installation erzeugte Standard-Account, der im Normalfall über Administratorrechte verfügt, nicht gelöscht bzw. geändert wird. Dies wird von Angreifern meist zuerst ausgetestet.

Insbesondere die Webserver, die ständig um neue Skriptsprachen bzw. API-Funktionalitäten (API = Application Programming Interface) erweitert werden, beinhalten ein Sicherheitsrisiko. Durch nach der Installation nicht entfernte Beispieldateien, welche die 'Leistungsfähigkeit' des Systems demonstrieren sollen, oder selbsterstellte, nachlässig programmierte Skripts entstehen oft Sicherheitslücken (sog. Backdoors), die ein Angreifer z.B. für einen Zugriff auf Systemdateien nutzen kann. Bekannt geworden sind in dieser Hinsicht z.B. die Skripts *php.cgi* beim Webserver Apache oder auch *phf* bei einigen UNIX-Versionen. Auch für Microsofts Webserver IIS ist diese Problematik mehrfach publiziert worden (vgl. Bachfeld, 2002, S. 79). In den genannten Fällen entstehen Zugriffsmöglichkeiten auf die Systemressourcen durch die Verwendung von indirekten Pfadangaben in der URL (z.B. .../etc/passwd). Im Internet existieren bereits Tools, die automatisch nach derartigen Skripts suchen.

Als besonders problematisch können sich derartige Lücken erweisen, wenn der Angreifer eine Zugriffsmöglichkeit auf die Passwort-Dateien erhält, z.B. *passwd* oder *shadow* bei UNIX oder die *sam*-Datei bei Windows NT/2000/XP. In diesem Fall kann er die Datei auf seinen Rechner downloaden und mittels eines auf das Knacken von Passwörtern spezialisierten Tools sowohl die Benutzernamen als auch die zugehörigen Passwörter ermitteln. Im UNIX-Bereich ist in dieser Hinsicht das Tool *Jack-the-Ripper* und im Windows-Bereich das Tool *L0phtcrack* bekannt geworden. Da die Passwörter in den Dateien mit einem Einwegalgorithmus verschlüsselt sind und somit nicht entschlüsselt werden können, arbeiten die Tools nach dem Prinzip, dass sie unter Zuhilfenahme des allgemein bekannten Verschlüsselungsmechanismus, entweder anhand von umfangreichen Wörterbüchern oder durch das Ausprobieren von beliebig vielen Zeichenkombinationen (Brute-Force), die selbst vorgenommenen Verschlüsselungen mit den Einträgen in den Passwortdateien auf Übereinstimmung vergleichen. Kann ein Angreifer auf diesem Weg die Login-Informationen erhalten, so besteht eine erhebliche Gefährdung der Sicherheit.

Dies gilt insbesondere, wenn auf dem Zielsystem sicherheitsbedenkliche Dienste aktiviert sind. Hier ist an erster Stelle der TCP/IP-Dienst Telnet zu nennen, über den sich ein Benutzer von einem anderen System aus im Zielsystem anmelden kann und anschließend eine Kommando-Shell erhält. Telnet beinhaltet v.a. auch die Problematik, dass Benutzername und Passwort unverschlüsselt im Klartext übertragen werden und somit über Sniffer-Tools, wie *dsniff* (vgl. Abb. 5), ermittelt werden können. Statt Telnet empfiehlt sich hier die Verwendung des kryptographisch abgesicherten SSH-Protokolls, das aber gerade in der jüngeren Zeit auch mehrfach durch Sicherheitslücken aufgefallen ist (vgl. Integralis, 2002). Die sichersten Alternativen bestehen somit darin, entweder überhaupt kein Remote-Login zuzulassen oder dieses nur über eine Callback-Direktverbindung zu ermöglichen.

Gelingt es einem Angreifer, in ein System einzudringen und dabei zudem Administratorrechte zu erlangen, so verfügt er über eine große Bandbreite an Handlungsmöglichkeiten. Neben dem einmaligen Ausnutzen des Eindringens kann er auch Programme einspielen, die entweder selbständig Informationen für ihn sammeln (z.B. Sniffer) und/oder ihm eine Hintertür (Backdoor) öffnen, über die er jederzeit wieder in das System eindringen kann. Um derartige Aktivitäten vor dem Systembetreiber zu verbergen, sind in der jüngeren Zeit neue Techniken entwickelt worden. Diese sog. Rootkits greifen direkt auf die Betriebssystemebene zu und führen dort Manipulationen durch, so dass die üblichen Werkzeuge zur Entdeckung von Eindringlingen nicht mehr funktionieren (vgl. Mixter, 2002). Dabei werden die entsprechenden Betriebssystemfunktionen, die auch von diesen Werkzeugen verwendet werden, entweder verändert oder ersetzt.

Als Basisschutz der einzelnen Rechner sollte hier v.a. eine sicherheitsbewusste Konfiguration vorgenommen werden. Diese ist für die eingesetzten Systeme detailliert zu dokumentieren, am besten in Verbindung mit einer entsprechenden Checkliste. Zudem sollten die Serversysteme, wie z.B. der Webserver, nicht mit Administratorrechten betrieben und der Dateizugriff auf ausgewählte Verzeichnisbereiche beschränkt werden. Schließlich sollten auf alle sicherheitsbedenklichen Dienste, die nicht zwingend erforderlich sind, sowie den Einsatz von Software, die ständig durch Sicherheitslöcher auffällt, verzichtet werden.

4.4 Buffer-Overflows

Die in den vergangenen 10 Jahren bei Angriffen am häufigsten genutzte Sicherheitslücke ist der sog. Buffer-Overflow, der wohl auch in den nächsten Jahren eines der zentralen Sicherheitsprobleme bilden wird (vgl. o.V., 2001, S. 20). Ein Buffer-Overflow ist eher selten auf einen direkten Programmierfehler zurückzuführen, sondern kann prinzipiell bei beliebigen Programmen erzwungen werden, wenn diese nicht unter Beachtung einer entsprechenden sicherheitsbewussten Programmierung erstellt wurden. Potenziell gefährdet sind dabei Anwendungen, die Zeichenketten (Strings) als Eingaben entgegennehmen, wie z.B. die HTTP-Anfrage bei einem Webserver. Das Prinzip eines Buffer-Overflows besteht darin, eine Zeichenkette an die Anwendung zu senden, deren Länge größer ist als der dazu im Programm vorgesehene Speicherumfang. Sind für diesen Fall im Programm keine entsprechenden Sicherheitsmechanismen vorhanden, so entstehen unerwünschte Reaktionen, die vom Angreifer gesteuert werden können.

Zur Erzeugung eines Buffer-Overflows bedient sich der Angreifer der Architektur von Verarbeitungsvorgängen im Computer. Während des Ablaufs eines Programms werden vom Prozessor bestimmte Informationen, die für die Ausführung relevant sind, in einen sog. Stack als Zwischenspeicher geschrieben. Dazu gehören z.B. bestimmte Teile der Daten, die gerade verarbeitet werden, sowie die Speicheradresse des Programmcodes, der als nächstes verarbeitet werden soll, die sog. Rücksprungadresse. Die Informationen liegen hintereinander im Stack, wobei der erforderliche Speicherumfang (Buffer) für die Daten vom Programmierer festgelegt ist und während der Laufzeit vom Betriebssystem reserviert wird. Übermittelt nun ein Angreifer eine Zeichenkette, die größer als der dafür reservierte Speicherumfang ist, so wird diese, wenn keine entsprechenden Sicherheitsmechanismen existieren, an der vorgesehene Stelle gespeichert, wobei der überlange Teil der Zeichenkette auch den nachfolgenden und eigentlich für andere Zwecke vorgesehenen Speicherplatz überschreibt. Dazu kann auch die Rücksprungadresse auf die nächste Anweisung gehören. Das Speichern von Daten über den für sie vorgesehenen Speicherplatz hinaus wird auch als Buffer-Overflow bezeichnet.

Im Normalfall, d.h. bei einem unabsichtlich erzeugten Buffer-Overflow, reagiert ein Programm mit einem Absturz oder arbeitet mit falschen Daten weiter, da entweder die Rücksprungadresse auf einen zufälligen, unzulässigen Speicherbereich zeigt (Speicherschutzverletzung) oder andere Datenbereiche mit zufälligen Inhalten verändert wurden.

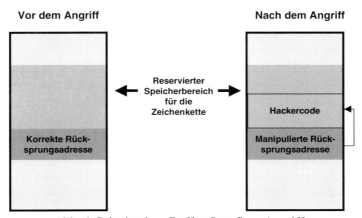

Abb. 6: Prinzip eines Buffer-Overflow-Angriffs

Kennt sich ein Angreifer jedoch mit dem Ziel seiner Attacke aus, so kann er mittels der entsprechenden Tricks derart gezielt die Rücksprungadresse manipulieren, dass diese auf einen Programmcode zeigt, den er selbst wiederum im Zuge des Angriffs, z.B. als Inhalt der von ihm gesendeten Zeichenkette, im Speicher des Rechners platziert hat (vgl. Kallinek et al., 2001, S. 218f). Die angegriffene Anwendung führt die-

sen Code nun aus, ohne dessen Unzulässigkeit zu bemerken (vgl. auch Abb. 6). Da
es sich um einen scheinbar regulären Vorgang handelt, findet i.d.R. auch keine Aufzeichnung in den Protokolldateien der Anwendung statt.

Gelingt es somit einem Angreifer, einen von ihm platzierten Programmcode auszuführen, so stehen ihm vielfältige Möglichkeiten offen. Er kann Dateien lesen bzw.
schreiben oder überschreiben, die Inhalte von Datenbanken über entsprechende
SQL-Anweisungen an den Datenbankserver abfragen oder andere Programme starten. Besonders schwerwiegend können die Folgen sein, wenn es dem Angreifer gelingt, eine System-Shell zu starten, wie z.B. *cmd.exe* unter Windows oder *bin/sh*
unter Unix. In diesem Fall eröffnet sich ihm die Möglichkeit, beliebige Befehle an
den angegriffenen Rechner abzusenden, wobei die Shell sämtliche Rechte der aufru-
fenden Anwendung erbt. Er hat dann Zugriff auf alle Ressourcen innerhalb des
Rechners wie auch des gesamten Netzwerks, auf die die angegriffene Anwendung
auch zugreifen darf. Im Extremfall erhält der Angreifer Administratorrechte und hat
die vollständige Kontrolle über den Rechner.

Während im UNIX-Bereich eine differenzierte Rechtevergabe relativ unproblematisch ist, laufen unter Windows viele Serverprozesse mit 'System Level Access'. Dazu gehört v.a. auch der *Internet Information Server (IIS)* von Microsoft, der unter
den Webservern zu den beliebtesten Angriffszielen gehört (vgl. eEye, 2001).

Buffer-Overflow-Angriffe gehören zu den häufigsten und wirkungsvollsten Angriffsarten im Internet. Für potenzielle Angreifer existieren im Netz reichhaltige Informationen über die angreifbaren Anwendungen und wie die Angriffe ausgeführt
werden können. Auf entsprechenden Hackerseiten stehen auch fertige Tools zum
Download zur Verfügung. Zudem muss der Angreifer auch nicht zwangsläufig
menschlicher Natur sein, sondern kann als Programm automatisiert auf die Reise
durch das Internet geschickt werden. So nutzte z.B. der als *Code Red* bekannt gewordene Wurm eine Buffer-Overflow-Schwachstelle im *IIS* aus, um sich auf den
entsprechenden Rechnern einzunisten und sich von dort aus weiter zu verbreiten.

Die Hersteller der betroffenen Systeme versuchen, beim Bekanntwerden von Sicherheitslücken mit der Erstellung von sog. Patches zu reagieren, um die Lücken
möglichst schnell zu schließen. Dies beinhaltet jedoch die Problematik, dass die Erstellung der Patches Zeit benötigt, innerhalb derer die betroffenen Anwendungen
ungeschützt sind, wenn sie nicht abgeschaltet werden. Zudem müssen die Patches
vom Hersteller bezogen und installiert werden, was sowohl zeit- als auch ressour-
cenaufwendig sein kann. Darüber hinaus besteht die Gefahr, dass mit dem Patch

neue Sicherheitslücken entstehen, da diese oft unter Hochdruck erstellt werden müssen.

Auch wenn die Webserver im Rampenlicht der Öffentlichkeit bei Buffer-Overflow-Attacken stehen, können derartige Attacken beliebige andere Systeme betreffen. So wurden z.B. der Nameserver *BIND* und der FTP-Server *wu-ftp* aus der UNIX-Welt durch erfolgreiche Buffer-Overflow-Attacken berühmt (vgl. Kallinek et al., 2001, S. 216). Auch Firewall-Systeme, die ein Netz eigentlich vor externen Angriffen schützen sollen, konnten bereits durch Buffer-Overflow-Attacken ausgeschaltet werden.

Zum Schutz vor derartigen Angriffen stehen verschiedene Möglichkeiten zur Alternative. An erster Stelle steht hier die Prävention. Der Einsatz von Systemen, bei denen immer wieder Sicherheitslücken aufgedeckt werden, sollte vermieden werden, da sowohl die Wahrscheinlichkeit für die Aufdeckung weiterer Lücken in der Zukunft recht hoch ist, als auch derartige, als angreifbar bekannt gewordene, Systeme für potenzielle Angreifer nachweislich eine besondere Attraktivität aufweisen.

Gefährdet sind v.a. Systeme, die mit den Programmiersprachen C bzw. C++ erstellt wurden. Etliche der Standardfunktionen dieser Sprachen verfügen über keine Speicherbereichskontrollen, so dass deren Verwendung die Möglichkeit zur Erzeugung eines Buffer-Overflows eröffnet, wenn vom Programmierer keine expliziten Prüfroutinen eingebaut wurden. Insbesondere hier ist eine sicherheitsbewusste Programmierung erforderlich, zumal alternative Standardfunktionen existieren, die diese Problematik nicht aufweisen. Leider wird diese häufig aufgrund von Time-to-Market-Aspekten in Verbindung mit einer hohen Komplexität der Software verhindert. Alternative Programmiersprachen, wie z.B. Java, haben gegenüber den C-Sprachen in dieser Hinsicht entscheidende Vorteile. So überwacht der Java-Interpreter während der Laufzeit eines Programms die Grenzen der einzelnen Speicherbereiche und bietet somit eine inhärente Sicherheitsfunktion (vgl. Kallinek et al., 2001, S. 218). Im Gegensatz zu den C-Sprachen laufen Java-Programme jedoch aufgrund des Interpreter-Konzepts erheblich langsamer ab, was letztlich auch der Grund für deren geringe Verbreitung im Bereich der Server-Software ist. Die C-Sprachen bilden hier nach wie vor den Standard.

Die meisten der auf dem Markt erwerbbaren Systeme werden nicht im Quellcode ausgeliefert. Folglich muss der Erwerber dieser Systeme blind auf die Softwarequalität vertrauen, da sich die Gefahr von Buffer-Overflows ohne Einsicht in den Quellcode nur schwer einschätzen lässt. Es bestehen lediglich die Möglichkeiten, die Software äußerst aufwändigen Tests zu unterziehen oder auf entsprechende Informationen von spezialisierten Dienstleistern zuzugreifen. Insbesondere in der jüngeren Zeit ist hier eine heftige Diskussion über die alternative Verwendung von Open-Source-Produkten entbrannt. Bei diesen ist der Quellcode zugänglich und wird entsprechend von einer großen Anzahl an Personen aus der Internet-Gemeinde immer wieder überprüft. Ein klassisches Beispiel ist hier der Webserver *Apache*, der einen enormen Verbreitungsgrad erreichen konnte. Bei derartigen Systemen besteht somit die Möglichkeit, eine Prüfung des Quellcodes selbst vorzunehmen und im Extremfall sogar eventuelle Lücken durch Eigenarbeit zu schließen, was allerdings mit einem erheblichen Aufwand verbunden ist. Die große Anzahl der freiwilligen Tester im Internet hat jedoch in der Vergangenheit für ein relativ hohes Sicherheitsniveau gesorgt. Dennoch sind auch bei Open-Source-Systemen schon erfolgreiche Buffer-Overflow-Attacken bekannt geworden.

Um den Schutz vor Buffer-Overflow-Attacken zu erhöhen, existieren auf dem Markt zahlreiche Sicherheits-Tools. So sind z.B. im UNIX-Bereich sowohl Quellcode- als auch Laufzeitbiliotheken verfügbar, die die gefährdeten C-Funktionen durch sicherere Pendants ersetzen bzw. ergänzen (vgl. Kallinek et al., 2001, S. 220). Auch der neue Compiler von *MS Visual C++ 7* enthält eine Option, während des Programmablaufs der Unversehrtheit der Rücksprungsadresse zu prüfen (vgl. Withopf, 2002, S. 222ff). Darüber hinaus existieren Tools, wie z.B. *SecureStack* für Windows, die die Ausführung von Programmcode auf dem Stack verhindern. Weitere Tools, wie z.B. *AppShield*, setzen sich vor den Webserver und prüfen die HTTP-Anfragen auf ihren Inhalt. Lediglich die plausiblen Anfragen werden durchgelassen (vgl. o.V., 2001, S. 20).

Eine wichtige Maßnahme, um sich vor den Folgen von Buffer-Overflow-Attacken zu schützen, ist zudem die sog. Härtung der Rechner, auf denen die angreifbaren Systeme laufen. Hierbei werden alle nicht benötigten Betriebssystem-Funktionen und -Dienste entfernt, um dem Angreifer denkbar wenig Möglichkeiten zu geben, das geenterte System zu benutzen bzw. zu kontrollieren. (vgl. Hörath, 2001, S. 15). V.a. bei den Windows-Betriebssystemen besteht hier die Problematik, dass aufgrund der Betriebssystem-Architektur nur wenige Dienste eliminiert werden können. Im UNIX-Bereich existieren dagegen bereits spezielle zu diesem Zweck entwickelte Varianten, wie z.B. Argus *Pitbull LX* oder Hewlett-Packards *hp-lx*. Hier hat ein Angreifer auch nach erfolgreichem Eindringen kaum Zugriffsmöglichkeiten auf das System.

4.5 Viren und Würmer

Viren und Würmer haben in den letzten Jahren v.a. durch das große Medieninteresse für erhebliche öffentliche Aufmerksamkeit gesorgt. Im Gegensatz zu dem größten Teil der in diesem Kapitel behandelten Angriffsarten handelt es sich hierbei nicht um gezielte Angriffe auf bestimmte Rechner, sondern ihre Verbreitung erfolgt unkontrolliert und nach dem Zufallsprinzip (vgl. Fordermaier/Stolz, 2001, S. 322).

Ein Virus ist dabei ein Programm, das sich in andere Programme bzw. Dateien einnistet und von dort aus ohne Wissen des Anwenders seine Aktivitäten entfaltet (vgl. Stiller, 2001). Viren sind somit nicht eigenständig, sondern benötigen Wirte. Die gemeinsame Eigenschaft aller Viren ist, dass sie sich eigenständig fortpflanzen, indem sie sich selbst in ihre Zieldateien kopieren (Selbstreplikation). Neben harmlosen Viren, deren Aufgabe lediglich in der Selbstreplikation besteht, sind die schädigenden Viren neben den Replikationsmechanismen noch mit sog. Payloads ausgestattet, welche die eigentlichen Schadensfunktionen enthalten. Diese können von störenden Bildschirmmeldungen bis hin zu zerstörenden Aktivitäten reichen.

Man unterscheidet im Allgemeinen zwischen Bootsektorviren, Programmviren und Makroviren (vgl. Theriault, 1999). Ein Bootsektorvirus verändert den Inhalt des Bootsektorprogramms und entfaltet seine Aktivität beim Start des infizierten Rechners. So verhinderte z.B. der *Parity-Boot-Virus* das Starten des Betriebssystem und zeigt statt dessen eine Speicherfehler-Meldung an. Programmviren hängen sich an ausführbare Dateien, z.B. Exe-Dateien, und werden mit dem Programmstart selbst aktiviert. Das Virus besitzt dabei die gleichen Rechte wie das Programm, da das Betriebssystem ihn als dessen Teil versteht. Makroviren nisten sich in Dateien ein, die wiederum von anderen Programmen verarbeitet werden können. Viele Anwendungsprogramme, wie *Word*, *Excel* oder Webbrowser, sind heutzutage mit sog. Makrosprachen ausgestattet, die es ermöglichen, die Funktionalitäten des jeweiligen Programms zu erweitern. Diese Makrosprachen, wie z.B. Visual Basic for Applications (VBA), Visual Basic Script (VBS) oder JavaScript sind mit umfangreichen Funktionen ausgestattet, die es erlauben, eine Vielzahl an Operationen auf einem Rechner auszuführen. Wenn beim Start eines infizierten Dokuments oder beim Eintreten eines bestimmten Ereignisses das in der jeweiligen Makrosprache programmierte Virus aktiviert wird, kann es somit seine schädlichen Aktivitäten entfalten. Während die Bootsektor- und Programmviren immer seltener werden, nehmen die Makroviren in der jüngeren Zeit rasant zu. Schätzungen gehen davon aus, dass ihr Anteil bereits ca. 90% beträgt (vgl. Barnitzke, 2001a, S. 10), was v.a. daran liegen dürfte, dass sie ohne größeres Expertenwissen und mit relativ geringem Aufwand erstellt werden können.

Während ursprünglich v.a. Disketten und CDs die Infektionsquellen für Viren waren, finden die heutigen Infektionen in erster Linie über Netzwerke statt. Insbesondere das Internet stellt hier eine maßgebliche Bedrohungsquelle dar, da es einerseits die Möglichkeit zum Download von (infizierten) Dateien bietet und andererseits mittels der eMail-Technologie eine nahezu perfekte Möglichkeit zur Ausbreitung von Viren besteht. Bereits heute gehen schätzungsweise 85% aller Infektionen auf verseuchte eMails zurück (vgl. Schmidt, 2001a, S. 100). Eine weitere Gefahrenquelle sind die sogenannten Personal Digital Assistents (PDAs), wie z.B. die Palmoder Windows-CE-Geräte, die sich in den Unternehmen einer zunehmenden Beliebtheit erfreuen. Hier sind bereits erste Viren aufgetaucht, die per Hotsync oder Infrarot in die Unternehmensnetze übertragen werden (vgl. Barnitzke, 2001b, S. 13). Ähnliche Entwicklungen sind auch bei den neuen Generationen von Mobilfunkgeräten zu beobachten.

Im Gegensatz zu Viren sind Würmer eigenständige Programme, die keinen Wirt benötigen (vgl. Anonymous, 2001, S. 797). Auch hier ist die Selbstreplikation die gemeinsame Eigenschaft, die dafür sorgt, dass sich die Würmer selbst über Netzwerke von einem System zum nächsten kopieren. Analog zu den Viren enthalten Würmer i.d.R. ebenfalls Payloads.

Hinsichtlich der Verbreitungsmechanismen unterscheiden sich die Würmer z.T. erheblich voneinander. Während die Mehrzahl analog zu den Viren die eMail-Technologie zur Selbstreplikation verwendet, nutzen andere gezielt Software-Schwachstellen aus, wie z.B. der oben erwähnte Wurm *Code Red*. Einige Würmer beherrschen auch mehrere Verbreitungsmechanismen. Ein Beispiel hierfür ist der Wurm *Nimda*, der sich über 16 Verbreitungswege (z.B. eMail, freigegebene Verzeichnisse in einem Windows-Netzwerk, IIS-Schwachstellen und JavaScript) fortpflanzte. *Nimda* war der erste Wurm, der sich von einem Client auf einen Server und von dort aus wiederum auf einen Client verbreiten konnte (vgl. o.V., 2001a, S. 3).

Aufgrund der vielen Gemeinsamkeiten beider Schädlingsarten sollen Viren und Würmer im Folgenden gemeinsam behandelt werden. Hinzu kommt, dass eine exakte Trennung zwischen beiden Bedrohungsarten nicht möglich ist, da auch die Eigenständigkeit kein scharfes Trennkriterium darstellt. Moderne Schädlinge treten zunehmend in hybrider Form auf. So besteht der Programmvirus *W32/MTX* aus drei Komponenten. Die erste Komponente sorgt dafür, dass nach der Infektion die *wsock32.dll* durch eine eigene Version ausgetauscht wird, um den eMail-Verkehr auszuspionieren. Die zweite Komponente ist ein Wurm, der dafür sorgt, dass im Falle einer ausgehenden eMail eine zweite Mail an den jeweiligen Empfänger mit dem Virus als Anhang gesendet wird. Die dritte Komponente ist schließlich ein Trojanisches Pferd, das auf dem infizierten Rechner installiert wird und als Backdoor fungiert, um weitere Programme aus dem Web herunterzuladen und zu starten (vgl. Ziemann, 2001, S. 118).

Die vielfältigen Arten von Viren und Würmern sowie die in der Vergangenheit von ihnen verursachten Schäden dokumentieren das enorme Bedrohungspotenzial dieser Schädlinge. Schätzungen zufolge existieren über 58.000 verschiedene Viren und Würmer (vgl. Network Associates, 2001). Von diesen sind jedoch lediglich 0,1% im Umlauf, während der Rest sein Dasein in Virensammlungen fristet (vgl. Kaspersky, 1999, S. 23).

Schaut man sich die historische Entwicklung an, so fällt auf, dass die Verbreitungsgeschwindigkeit rasant zugenommen hat. Betrug die Zeitspanne vom ersten Auftauchen eines Virus bis zu seinem höchsten Verbreitungsgrad anfänglich noch mehrere Jahre, so sind es heute nur wenige Stunden. Beispielsweise benötigte der Anfang der Neunziger auftretende *Jerusalem*-Virus ca. 3 Jahre bis zum Erreichen seiner Verbreitungsspitze, während *Loveletter* dies in nur 5 Stunden schaffte (vgl. Danda, 2001, S. 72).

Die Zunahme der Verbreitungsgeschwindigkeit hat mehrere Ursachen. So konnten sich die ersten Virenarten aufgrund des damals nur geringen Einsatzgrades von Netzwerktechnologien hauptsächlich nur über Datenträger, wie Disketten oder CD, verbreiten, was zwangsläufig einen relativ langsamen Diffusionsprozess zur Folge hatte. Mit der Weiterentwicklung und Verbreitung der Netzwerktechnologien, allen voran das Internet, konnten die Viren sich schließlich diesen Weg für eine wesentlich schnellere und effektivere Verbreitung zunutze machen.

Dabei fand die Verbreitung in der ersten Phase noch auf eine passive Weise statt. Nur wenn ein Anwender eine infizierte Datei per eMail als Anhang verschickte und diese Datei vom Empfänger manuell geöffnet wurde, konnte eine Infektion stattfinden. Aufgrund der manuellen Vorgänge war die Verbreitungsgeschwindigkeit in dieser Phase auch noch relativ niedrig und umfasste mehrere Wochen bzw. Monate (vgl. Kaspersky, 1999, S. 24).

Heutige Viren und Würmer nutzen die Netzwerke zunehmend auf aktive Weise, wobei sie entweder selbständig über Sicherheitslöcher in fremde Rechner eindringen oder die eMail-Technologie aktiv für ihre Verbreitung verwenden. Letzteres kann z.B. geschehen, indem sie den ein- und ausgehenden Mail-Verkehr überwachen und sich dann an die entsprechenden Adressen selbständig versenden oder sie greifen direkt auf das Adressbuch des Mailprogramms zu und versenden sich an alle dort verzeichneten Adressen. Als Absender wird dabei die Adresse des Benutzers verwendet, den der Empfänger intuitiv als vertrauenswürdig einschätzt. Durch das Einfügen eines Interesse weckenden Textes, wie z.B. „Das musst du unbedingt sehen!", in das Betreff-Feld, wird dann die Bereitschaft zum Öffnen des Anhangs geweckt. Da Windows in der Standardeinstellung keine Dateiendungen anzeigt, nutzen viele Viren doppelte Dateiendungen, wie z.B. *spass.jpg.exe* oder *fun.avi.vbs*. Der Empfänger sieht nur die erste Dateiendung, interpretiert den Anhang als ungefährliches Bild oder Videoclip und öffnet diesen mit der Folge einer Infektion. Eine weitere Variante besteht darin, der Dateiendung so viele Leerzeichen voranzustellen, dass sie nicht mehr im sichtbaren Teil des Textfeldes angezeigt wird (vgl. Vosseberg, 2002, S. 227).

In den oben beschriebenen Fällen muss das Virus manuell aktiviert werden. In der Vergangenheit sind aber auch Viren aufgetaucht, bei denen eine Infektion durch das reine Öffnen einer eMail stattfinden konnte. Verantwortlich dafür waren in den meisten Fällen Software-Schwachstellen. So nutzte z.B. das Virus *Badtrans* eine Schwachstelle in bestimmten Versionen von *Outlook Express 5*, um die anhängende Datei automatisch auszuführen. Ein anderes Beispiel ist *Nimda*, der sich als Anhang einer HTML-formatierten eMail versendet. Er nutzte eine Schwachstelle des *Internet Explorers* aus, der vom Mailprogramm zur Anzeige des HTML-Inhalts automatisch im Hintergrund gestartet wird und dabei den Anhang ohne Rückfrage ausführt.

Als Hauptschutzmechanismus gegen Viren werden in der Praxis Antiviren-Programme eingesetzt. Diese sind i.d.R. auf dem Arbeitsplatzrechner installiert sowie in die Firewall bzw. den Mailserver eingebunden, um ein- und ausgehende Datenflüsse auf Infektionen zu kontrollieren. Sie verfügen über eine Datenbank, die Informationen über die Viren, sog. Signaturen, enthält. Wird nun in einer Datei eine derartige Signatur entdeckt, so kann mit hoher Wahrscheinlichkeit von einer Infektion ausgegangen werden, und das Antiviren-Programm meldet den Sachverhalt und beseitigt den Virus bzw. setzt die Datei in Quarantäne.

Die aktuellen Erfahrungen zeigen, dass die Antiviren-Programme nur einen begrenzten Schutz bieten können, was v.a. darin begründet ist, dass sie lediglich bekannte Schädlinge zuverlässig erkennen können. Treten dagegen nur geringfügig modifizierte oder noch unbekannte Schädlinge auf, so sind sie häufig machtlos, da die Datenbank die entsprechenden Signaturen noch nicht enthält (vgl. Schmidt, 2001a, S. 99). Zwar verfügen die meisten Antiviren-Programme heutzutage über heuristische Erkennungsmechanismen, mittels derer auch unbekannte Viren identifiziert werden sollen, jedoch haben sich diese bislang als sehr unzuverlässig erwiesen.

Für ein Update der Virendatenbank ist eine bestimmte Zeitspanne erforderlich. Zunächst muss der Hersteller der Antiviren-Software in den Besitz eines Exemplars des Schädlings gelangen. Anschließend muss er ihn analysieren und die Signatur der Datenbank hinzufügen. Dieser Vorgang kann in Abhängigkeit von der Komplexität des Schädlings von einigen Minuten bis zu mehreren Tagen dauern (vgl. Kaspersky, 1999, S. 24f). Die neue Datenbank muss schließlich als Update auf den Kundenrechner gelangen, um einen Schutz zu bieten. Die meisten Hersteller bieten hierzu die Möglichkeit eines automatischen Updates über das Internet, so dass dieser Vorgang quasi ohne Zeitverlust vonstatten gehen kann.

Der Flaschenhals ist somit die Zeitspanne vom Auftreten des Schädlings bis zu seiner Aufnahme in die Datenbank. Dies wissen auch die Programmierer der Schädlinge. Während sie früher großen Aufwand in Mechanismen zum Verbergen der Viren vor den Antiviren-Programmen steckten, werden diese heute kaum noch verwendet. Statt dessen wird das Hauptaugenmerk auf die Entwicklung von Mechanismen für eine möglichst schnelle Verbreitung gelegt (vgl. Ziemann, 2001, S. 116). Damit sind die Hersteller von Antiviren-Programmen weitgehend machtlos, da der Schädling bereits seine Verbreitungsspitze erreicht hat, bevor er überhaupt von den Schutzprogrammen erkannt werden kann. Entsprechend zeigen auch Untersuchungen, dass die Zahl an Infektionen trotz aktiver Antiviren-Programme in der jüngeren Zeit beständig zunimmt (vgl. z.B. CSI, 2001, S. 5 und Schmidt, 2001a, S. 99).

Schlussfolgernd muss somit zunächst festgehalten werden, dass Antiviren-Programme alleine keinen zuverlässigen Schutzmechanismus bieten. Sie müssen um weitere Maßnahmen ergänzt werden.

Eine erste ergänzende Maßnahme sollte das regelmäßige Update nicht nur der Antiviren-, sondern auch der sonstigen sicherheitskritischen Software sein. Insbesondere Software, die Internet-Dienste zur Verfügung stellt oder nutzt (wie Webserver, Webbrowser und eMail-Programme) sowie solche, die Makros ausführen kann (wie z.B. die Microsoft-Office-Programme), sollte regelmäßig durch das Einspielen von aktuellen Updates und Patches auf dem neuesten Stand gehalten werden. Wenn schon Software eingesetzt wird, die durch das permanente Auftreten von Sicherheitslöchern bekannt ist, muss hier für das maximale Maß an Aktualität gesorgt werden, auch wenn der Aufwand dazu außerordentlich hoch sein kann. Dass die Sensitivität in dieser Hinsicht bereits gestiegen ist, belegt die Tatsache, dass die von Viren und Würmern verursachten Schäden in der jüngsten Zeit rückläufig sind. Während die Kosten des *I-love-you-Virus* im Jahre 2000 noch auf 8,75 Mrd. Dollar weltweit geschätzt werden, waren es bei *Code Red* nur noch 2,62 Mrd. Dollar und bei *Nimda* 0,59 Mrd. (vgl. o.V., 2001b, S. 12).

Eine weitere wichtige Maßnahme ist die intensive Aufklärung der Benutzer zum Umgang mit eMail. So erfreut sich nach wie vor der Austausch von Texten, Bildern und Videoclips per eMail-Anhang einer großen Beliebtheit, die zwar z.T. recht erheiternd sein mögen und zu einer Auflockerung des Arbeitsalltags beitragen können, jedoch gleichzeitig ein hohes Gefahrenpotenzial beinhalten. Zudem sollten keine Makros beim Öffnen von Dokumenten, z.B. bei *Word* oder *Excel*, aktiviert werden, ohne sich vorher beim Ersteller über deren Inhalt zu informieren.

Auch das Herausfiltern von eMails mit ausführbaren Anhängen, wie Exe-Dateien oder VBS-Makros, kann die Sicherheit erhöhen, da diese so erst gar nicht zum Empfänger gelangen. Problematisch ist hier der Austausch von verschlüsselten eMails, da in diesen Fällen der Inhalt nicht analysiert werden kann.

Des weiteren ist die Deaktivierung aktiver Komponenten eine wichtige Maßnahme. So sollten z.B. das Anzeigen von Mails in HTML-Format sowie die Ausführung von ActiveX-Controls unterbunden werden, da hier eine unkontrollierte Gefahrenquelle lauert. Im Idealfall sollte dabei eine Software verwendet werden, bei der nur der Administrator die Rechte hat, diese Einstellungen wieder rückgängig zu machen.

Letztlich kann auch das Entfernen oder Verschließen von Disketten- und CD-Laufwerken die Übertragung von Schädlingen auf diesem Weg verhindern. Beim Einsatz von PDAs sollten sowohl die Geräte selbst als auch die Kommunikationsvorgänge mit den Unternehmensrechnern mit einer Virenprüfung ausgestattet sein.

Die genannten Maßnahmen zeigen, dass ein Trade-off zwischen Bequemlichkeit bzw. Funktionalität auf der einen Seite und der Sicherheit auf der anderen Seite besteht. Die Entscheidung, welche von beiden Seiten stärker betont werden soll, muss jedes Unternehmen individuell entscheiden. Abschließend bleibt jedenfalls festzuhalten, dass ein vollkommener Schutz gegen Viren und Würmer nicht ohne Aufgabe der Geschäftätigkeit möglich ist.

4.6 Trojanische Pferde

Eine häufig unterschätzte Bedrohung der IT-Sicherheit stellen auch die Trojanischen Pferde dar. Betroffen sind in erster Linie die Windows-Betriebssysteme, aber auch für UNIX existieren einige Arten. Generell kann ein Trojanisches Pferd als eine Software beschrieben werden, die auf dem angegriffenen Rechner vor dem Benutzer versteckte und von ihm nicht gewünschte Funktionen ausführt. Diese können von der Beschädigung von Computerressourcen über das Ausspionieren von Informationen bis hin zur kompletten Fernsteuerung des Rechners reichen.

Hinsichtlich ihres Auftretens können Trojaner in verschiedenen Varianten vorkommen. So existieren Varianten, bei denen der Code als versteckte Funktionalität in einem scheinbar nützlichen Programm, wie z.B. einem System-Utility oder einem wissenschaftlichen Rechenprogramm, versteckt ist. Der Anwender nutzt hier die Funktionen des Programms, ohne die Aktivitäten des Trojaners im Hintergrund zu bemerken. Handelt es sich dabei um ein manuell zu startendes Programm, so kann der Trojaner auch nur während der Laufzeit aktiv werden. Problematischer sind hier die sog. Companions. Diese sind modifizierte Kopien von meist dem Betriebssystem zugehörigen Programmen, die das Original ersetzen, dessen Funktionalität weiterhin ausüben und zusätzlich ihre Aktivität im Hintergrund entfalten (vgl. Lessig, 1999, S. 16). Ein relativ harmloses Beispiel war *Happy99*, der die *wsock32.dll* ersetzte und sich dann selbst an jede ausgehende Mail hängte.

Häufiger treten Trojaner jedoch als eigenständige Programme auf. Sie können entweder von Angreifer direkt, z.B. bei einem Einbruch in das System, oder indirekt in den Zielrechner eingespielt werden. Bei der indirekten Varianten ist der Trojaner zunächst Bestandteil eines Programms, das mittels CD bzw. Diskette oder häufiger als Download aus dem Internet bzw. als eMail-Anhang über ein Huckepackverfahren auf den Rechner gelangt. Dazu wird vom Angreifer ein normales Programm in Form einer Exe-Datei, z.B. ein selbstausführendes Video oder ein Utility, verwendet und gemeinsam mit dem Trojaner mittels eines sog. ExeJoiner-Tools zu einer neuen Exe-Datei zusammen gebunden (vgl. auch Abbildung 7). Der Benutzer führt nun diese Exe-Datei aus, die dann das erwartete Programm startet. Unbemerkt wird aber im Hintergrund gleichzeitig der Trojaner gestartet, der sich nun so auf dem Rechner installiert, dass er mit jedem Rechnerneustart ebenfalls wieder startet. Die bekanntesten Vertreter dieser Art sind *BackOrifice*, *SubSeven* und *NetBus*. Mittels entsprechender Tricks verbergen sie z.T. ihre Existenz vor Programmen, welche die im Rechner laufenden Prozesse anzeigen. So weist sich *BackOrifice* als Teil einer anderen laufenden Anwendung von Windows NT/2000 aus und ist somit nicht sichtbar.

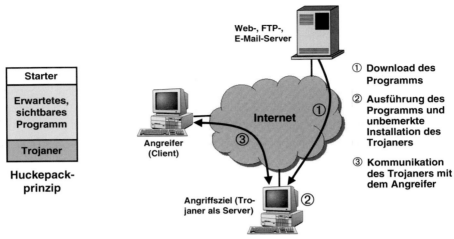

Abb. 7: Arbeitsweise von Trojanern

Hinsichtlich ihrer Aktivität lassen sich Trojaner in zwei Arten einteilen (vgl. Lessig, 1999, S. 15). Eine erste Art entfaltet ihre Aktivität selbständig unmittelbar nach dem Befall des Rechners. Diese Trojaner werden häufig für Spionagezwecke eingesetzt und durchsuchen z.B. das Dateisystem nach interessanten Informationen, wie zwischengespeicherte Passwörter, oder zeichnen Tastatureingaben des Benutzers auf, um auf diesem Weg Zugangsinformationen zu erlangen. Die Ergebnisse können dann vom Angreifer 'abgeholt' werden oder werden vom Trojaner per eMail an diesen gesendet. Prinzipiell können Trojaner dabei auch Angriffe durchführen, die von außen kaum möglich sind, wie z.B. Sniffing oder ARP-Spoofing (vgl. hierzu Abschnitt 4.8).

Eine zweite Art, der sog. Remote-Access-Trojaner, nistet sich in den Zielrechner ein und aktiviert sich in Form eines Serverprozesses. Dabei besteht die Aktivität oft nur in einem Ruhezustand, in dem der Trojaner auf Befehle des Angreifers aus dem Internet wartet. Der Angreifer verfügt über ein entsprechendes Client-Programm, über das er Befehle an den Trojaner absenden kann bzw. Nachrichten von diesem entgegennimmt. Um die IP-Adresse des angegriffenen Rechners herauszufinden, kann er beliebige Adressbereiche auf die Existenz des Trojaners abscannen bzw. erhält die Adresse von diesem in Form einer eMail. Die Kommunikation zwischen Client und Server findet dann über einen vorher festgelegten TCP/IP-Port statt. Da der Server über die gleichen Rechte wie der Benutzer des Rechners verfügt, kann auch der Angreifer im Rahmen dieser Rechte auf dem angegriffenen Rechner aktiv werden.

Die Remote-Access-Trojaner unterscheiden sich hinsichtlich des im Server implementierten Funktionsumfangs. Gängige Funktionen sind:

- Dateioperationen, wie Upload und Download sowie Löschen von Dateien, Erzeugen von Netzwerkfreigaben usw.

- Programmausführung, z.B. Start einer System-Shell, wie *cmd.exe*, die vom Client aus bedient wird, ohne dass der Benutzer des angegriffenen Rechners davon Kenntnis erlangt.

- Spionagefunktionen, z.B. Suche nach Passwörtern oder Dateien, Aufzeichnung von Tastatureingaben, Erzeugung von Screenshots oder laufende Übertragung der Bildschirmausgabe (vgl. Abb. 8).

- Fernsteuerungsfunktionen, z.B. Übernahme von Tastatur und Maus.

- Betriebsfunktionen, z.B. Beendigung von Programmen, Abmelden des Benutzers und Herunterfahren bzw. Neustart des Rechners.

Abb. 2: Beispielhafte Screenshots von NetBus

Damit eröffnen sich dem Angreifer vielfältige Möglichkeiten zur Kontrolle des angegriffenen Rechners. Viele der Funktionen erfordern jedoch eine synchrone Kommunikation zwischen Angreifer und Angriffsziel. Diese kann durch den Einsatz von Firewall-Technologien, z.B. mit der Verwendung interner (innerhalb des LANs) und externer (zum Internet) IP-Adressen sowie dem Schließen von ungenutzten Ports, die vom Trojaner genutzt werden könnten, unterbunden werden, was in sicherheitsbedürftigen Unternehmen, wie Banken, i.d.R. auch geschieht. Aus diesem Grund verlagern sich die Angriffe auch häufig auf deren Kommunikationspartner. Dies können einerseits die Kunden sein, andererseits aber auch die Mitarbeiter, die sich von außen in das Unternehmensnetz einwählen. So konnten z.B. im Jahre 2000 Hacker Zugang zum Firmennetz von Microsoft erlangen, indem einem Mitarbeiter per eMail ein Trojaner auf seinem Heimrechner platziert wurde, der dann die notwendigen Zugangsinformationen ausspähte (vgl. o.V. 2001c, S. 15).

Ein mögliches Gefahrenszenario für den Bankkunden ergibt sich z.B. beim PIN/ TAN-Verfahren im Online Banking. Gelingt es dem Angreifer, einen Trojaner auf den Kundenrechner einzuschleusen und eine Online-Banking-Session - z.B. mittels einer Realtime-Übertragung der Tastatureingaben des Kunden und/oder bei genügender Bandbreite einer Übertragung der Bildschirmausgabe - zu überwachen, so kann er die Online-Banking-Anwendung bzw. den Webbrowser nach der Eingabe, aber vor dem Absenden der einmaligen TAN beenden oder sogar den Rechner herunterfahren. Der Angreifer ist nun im Besitz der PIN und einer aus Sicht der Bank noch ungenutzten TAN, mit der er eine Transaktion durchführen kann. Um die potenzielle Schadenshöhe zu begrenzen, ist hier die Verwendung von Limits, z.B. für Online-Überweisungen, zweckmäßig.

Eine neue Generation von Trojanern kann auch die o.g. Sicherheitsmechanismen aushebeln. Diese kommunizieren nicht mehr direkt mit dem Angreifer, sondern asynchron über eMail, indem sie die Funktionalitäten des Microsoft Message API (MAPI) ausnutzen, das von einem Großteil der heute unter Windows eingesetzten Mailsysteme verwendet wird. MAPI bietet die, für viele Dinge nützliche, Möglichkeit, versteckte Mailordner anzulegen, bei denen man weder Kenntnis über ein- noch über ausgehende Mails erhält (vgl. Gallo, 2001, S. 29f). Durch das Anlegen eines versteckten Ordners erzeugt der Trojaner somit einen unsichtbaren Kommunikationskanal, über den er per eMail seine Befehle erhält und die entsprechenden Ergebnisse versendet. Damit besteht über die o.g. Absicherungsmechanismen keine Möglichkeit, derartige Angriffe zu verhindern, da die eMail mittlerweile zum Standardkommunikationsinstrument eines Unternehmens gehört.

Trojaner können nicht nur in Form von Exe-Dateien auftreten, sondern prinzipiell auch über beliebige Skriptsprachen, wie JavaScript, VBScript oder Makros in Office-Dokumenten, auf den Rechner gelangen. Da der Code jedoch vom Menschen lesbar ist, ist hier auch die Wahrscheinlichkeit einer Entdeckung größer.

Verglichen mit Viren und Würmern müssen die Trojaner als gefährlicher eingestuft werden. So können erstere lediglich die ihnen bei der Erstellung implementierten Fähigkeiten entfalten, wogegen Trojaner den Angreifer mit Informationen über das befallene System versorgen, so dass dieser den Angriff auf das spezifische Umfeld anpassen kann. Darüber hinaus können Trojaner ebenfalls mit Selbstverbreitungsmechanismen ausgestattet sein. Da die Trojaner i.d.R. versteckt operieren und sich dabei zumeist im Ruhezustand befinden, bleibt ihre Existenz auch häufig verborgen, zumal der Angreifer sämtliche Spuren auf dem angegriffenen Rechner durch das Absenden eines Uninstall-Befehls löschen kann.

Als Schutzmaßnahmen vor den Trojanern bietet sich zunächst der Einsatz von Virenscannern an. Diese erweisen sich bei der Erkennung von Trojanern jedoch bei weitem nicht so zuverlässig wie bei den Viren (vgl. Lessig, 1999, S. 19). Ein Grund dafür dürfte wohl sein, dass viele Trojaner im Internet als Fernadministrationstools angeboten werden, wofür sie ja auch hervorragend geeignet sind. Ein Missbrauch muss nicht zwangsläufig erfolgen. Zudem können einige Trojaner, wie *SubSeven*, vom Angreifer mittels eines Konfigurationstools so in ihrer Struktur verändert werden, dass sie von den nach bekannten Signaturen suchenden Virenscannern nicht mehr erkannt werden. Nicht zuletzt aus diesem Grund sind daher präventive Maßnahmen erforderlich, wie sie bereits im Zusammenhang mit den Viren dargestellt wurden.

Darüber hinaus empfiehlt es sich, nach der Installation mittels sog. Integry Checker, wie z.B. *Tripwire*, mindestens für die wichtigsten Systemdateien Prüfsummen zu erstellen, so dass deren Veränderungen durch fortlaufende Neuberechnungen entdeckt werden können. Die Prüfsummen sollten dabei auf nicht-beschreibbaren Datenträgern gespeichert werden, um einer Manipulation durch einen Trojaner vorzubeugen.

4.7 Denial-of-Service-Angriffe

Denial-of-Service-Angriffe (DoS) haben zum Ziel, Internet-Dienste so zu blockieren, dass sie dem eigentlichen Nutzer nicht mehr zur Verfügung stehen. Für besonderes Aufsehen haben in diesem Zusammenhang die groß angelegten Angriffe auf Microsoft, Yahoo, eBay und CNN im Jahre 2000 gesorgt. Auch wenn seit dieser Zeit keine derartigen Angriffe mehr bekannt wurden, ist die Gefahr eines DoS-Angriffs jedoch stets präsent. So wurden allein im Februar 2001 12.805 Attacken auf über 5.000 Rechner in mehr als 2.000 Organisationen registriert (vgl. Moore et al., 2001).

Unter dem Begriff DoS-Angriff werden verschiedene Angriffsformen zusammen gefasst. Die verbreitetsten Angriffsarten sind:

- Angriffe auf der Applikationsebene
  Hier wird ein Anwendungsdienst, wie z.B. ein Webserver, derart mit Anfragen überflutet, dass er unter der Überlast zusammenbricht und dem normalen Nutzer gar nicht mehr oder nur noch mit erheblichen Zeitverzögerungen antworten kann. Diese DoS-Form setzt auf der Applikationsebene von TCP/IP an und hat für den Angreifer den Nachteil, dass ein vollständiger Verbindungsaufbau notwendig ist, womit die Angriffsquelle ermittelt werden kann. Hintergrund sind häufig politische Motive, bei denen das Opfer wissen soll, von wem es attackiert wird, wie z.B. im Israel-Palästinenser-Konflikt (vgl. Schömer, 2001, S. 2). Eine weitere Variante sind die sog. eMail-Bomben, bei denen eine große Anzahl voluminöser eMails an einen Mailserver gesendet werden. Gelingt es dem Angreifer, auf diese Weise die Kapazität der entsprechenden Mailbox oder des Speichersystems des Mailservers auszufüllen, so steht dieser Dienst nicht mehr zur Verfügung. Aufgrund der Spezifikationen von SMTP kann der Angreifer hier problemlos seine Herkunft verbergen. Für eine Bank kann ein derartiger Angriff z.B. problematisch werden, wenn der eMail-Supportdienst das Ziel des Angriffs ist (vgl. Wolf, 2002, S. 41).

- Smurf-Angriffe
  Bei Smurf-Angriffen sendet der Angreifer größere Mengen sog. ICMP-Echo-Anfragen, auch als Ping bezeichnet, die normalerweise zur Prüfung auf die Verfügbarkeit eines Rechners verwendet werden, an die IP-Broadcast-Adressen fremder Rechnernetze, z.B. 192.168.0.*255* (vgl. Klein, 2001, S. 458). Jede dieser Anfragen wird somit an alle Rechner innerhalb des entsprechenden (Teil-)Netzes weitergeleitet, die nun der Absenderadresse antworten. Als Absenderadresse gibt der Angreifer jedoch nicht seine eigene an, sondern setzt statt dessen die Adresse seines eigentlichen Angriffsziels ein (Spoofing, vgl. Abschnitt 4.8). Bedingt durch die große Zahl an eingehenden Antworten wird das Angriffsziel nun so überlastet, dass es im Extremfall zur Bearbeitung von regulären Anfragen nicht mehr fähig ist.

- SYN-Flooding
  Das SYN-Flooding ist die häufigste DoS-Angriffsform und nutzt die spezifische Art des Verbindungsaufbaus von TCP/IP aus. Wie bereits in Abschnitt 4.1 dargestellt, sendet der Client zunächst eine Verbindungsanfrage an den Server, der darauf mit einer Bestätigung antwortet, die schließlich wiederum vom Client bestätigt wird. Gleichzeitig mit dem Absenden der Bestätigung speichert der Server die Daten der - noch halboffenen - Verbindung (Pending Connection). Erhält er nun innerhalb eines bestimmten Zeitraums keine Bestätigung des Clients, werden die Verbindungsdaten wieder gelöscht. In Ab-

hängigkeit vom Betriebssystem existiert dabei eine maximale Obergrenze für die Anzahl der gleichzeitigen Pending Connections. Gelingt es einem Angreifer, diese Obergrenze permanent mit Verbindungsanfragen von gefälschten, nicht real existierenden Client-Adressen, die somit keine Bestätigung versenden können, auszufüllen, so ist das Angriffsziel nicht mehr in der Lage, neue Verbindungsanfragen zu bearbeiten, und es entsteht ein DoS (vgl. Schömer, 2001, S. 3).

- Distributed-Denial-of-Service-Angriffe
  Da der Angreifer i.d.R. nicht über genügend Bandbreite verfügt, um einen größeren Internetserver zu überlasten, wurde der Distributed-Denial-of-Service-Angriff (dDoS) entwickelt, der sich prinzipiell der zuvor genannten Techniken bedienen kann. Hierbei dringt der Angreifer zunächst in einen oder mehrere Rechner ein, die ihm als Kontrollzentren (Master) für seinen Angriff dienen (vgl. Klein, 2001, S. 470). Anschließend dringt er in weitere Rechner (Agents) ein, in denen er die erforderliche Angriffssoftware installiert. Von den Masters aus werden die Agents dann zu einem bestimmten Zeitpunkt zu einem koordinierten, parallelen Angriff auf ein festgelegtes Ziel aktiviert (vgl. auch Abb. 9). Damit steht dem Angreifer die notwendige Bandbreite zur Verfügung, wie die erfolgreichen Angriffe auf Yahoo etc. gezeigt haben. Zur Vorbereitung und Durchführung derartiger dDoS-Attacken stehen im Internet die entsprechenden Tools zur Verfügung, mittels derer der gesamte Prozess automatisiert werden kann. Bekannte Namen sind hier *Trin00*, *Tribe Flood Network* und *Stacheldraht*.

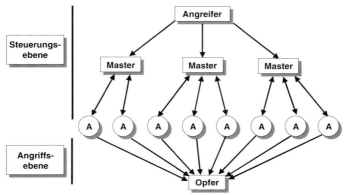

Abb. 9: Prinzip eines dDoS-Angriffs
Quelle: in Anlehnung an Klein, 2001, S. 470

Ein 100%-iger Schutz vor DoS-Angriffen ist nicht möglich. Um dennoch ein möglichst hohes Maß an Sicherheit zu erreichen, sollten die Sicherungsmechanismen auf drei Ebenen ansetzen: Prävention, Überwachung und Reaktion.

Bei der Prävention bieten sich zahlreiche Möglichkeiten, die miteinander kombiniert werden können. Generell sollten die präventiven Maßnahmen sowohl die Netzwerkorganisation als auch die technische Ebene umfassen. Auf der Ebene der Netzwerkorganisation bietet es sich z.B. an, kritische Dienste, wie das Online Banking, redundant auf mehrere Systeme mit unterschiedlichen Zugängen, aber der gleichen Adresse, zu verteilen (vgl. Householder et al. 2001, S. 6). In diesem Fall müssten vom Angreifer alle Zugangsmöglichkeiten ausgeschaltet werden, was ein schwieriges Unterfangen darstellt. Unterstützend muss hier darauf geachtet werden, dass keine Flaschenhälse, wie z.B. Router oder DNS-Server, existieren, die vom Angreifer anstelle des eigentlichen Ziels ausgeschaltet werden können, da in diesem Fall automatisch auch die davon abhängigen Systeme nicht mehr verfügbar wären. So wurden bei dem Angriff auf Microsoft nicht deren Webserver, sondern der Router angegriffen, hinter dem sich das Subnetz der DNS-Server befand (vgl. Schömer, 2001, 2). Dies hatte zur Folge, dass sämtliche Dienste nicht mehr zur Verfügung standen, da die Nameserver u.a. den Domain Namen microsoft.com nicht mehr auflösen konnten. Als weitere Maßnahmen bieten sich z.B. die Aufteilung der Dienste in IP-Subnetze an, so dass bei Ausschaltung eines Subnetzes möglichst viele der anderen Dienste noch verfügbar sind, und/oder die physische Trennung von öffentlichen und kundenspezifischen Diensten, wie z.B. dem allgemeinen Web-Auftritt und dem Online Banking. Auch die bewusste Schaffung von Überkapazitäten kann die Hürde für einen Angriffserfolg heraufsetzen, ist aber unter Wirtschaftlichkeitsaspekten nur begrenzt realisierbar.

Auf der technischen Ebene können Filterregeln einen Schutzmechanismus bieten. Beispiele wären das generelle Verbot von ICMP-Paketen oder das Verbot von Ping-Anfragen (vgl. Barlow/Thrower, 200, S. 17). Zudem können die Router so konfiguriert werden, dass sie TCP/IP-Pakete erst nach einer Überprüfung der Existenz der Absenderadresse weiterleiten (TCP-Interception), so dass Pakete mit gefälschten Adressen abgewiesen werden (vgl. Brauch, 2000, S. 259). Diese Maßnahme kann jedoch schnell zur Überlastung des Routers und somit einem DoS führen.

Durch präventive Maßnahmen lässt sich zwar, je nach deren Ausgestaltung, ein gewisses Schutzniveau erreichen, jedoch kann damit nur die Wahrscheinlichkeit für einen Angriffserfolg reduziert, nicht aber dessen Möglichkeit verhindert werden. Somit ist eine fortlaufende Überwachung auf einen stattfindenden DoS-Angriff notwendig. Mit entsprechenden Regeln lassen sich dabei die Erkennungsmechanismen automatisieren, z.B. wenn die Zahl der Pakete von einem Client zum Server erheblich höher ist als in umgekehrter Richtung, könnte ein SYN-Flooding vorliegen (vgl. Householder et al., 2001, S. 14). Empfehlenswert ist hier v.a. der Einsatz von Intrusion Detection Systemen, die den Netzwerkverkehr nach typischen DoS-Angriffsmustern prüfen können und im Angriffsfall die Firewall zu einer Blockade der Pakete veranlassen (vgl. hierzu den Beitrag von Hennecke in diesem Buch). Allerdings konnten auch Intrusion-Detection-Systeme bereits durch DoS-Angriffe ausgeschaltet werden. Auch moderne Firewall-Systeme sind in der Lage, bestimmte Arten von DoS-Angriffen zu erkennen und zu unterbinden (vgl. hierzu den Beitrag von Engel/Rösch in diesem Buch).

Ist ein Angriff dennoch erfolgreich, sollte ein Notfallplan existieren, um möglichst schnell reagieren zu können. Ziel sollte es dabei sein, den Normalbetrieb schnellstmöglich wieder herzustellen. Der Notfallplan sollte dabei z.B. Ansprechpartner, alternative Kommunikationswege sowie Handlungsanweisungen enthalten (vgl. BSI, 2000). Beachtet werden sollte an dieser Stelle ebenfalls, dass ein DoS-Angriff vom Angreifer auch nur als Ablenkungsmanöver eingesetzt werden kann. Eine ausschließliche Konzentration der Ressourcen auf die Abwehr dieses Angriffs kann dann hilfreich für den Erfolg des eigentlichen Angriffs sein.

Letztlich ist der Schutz vor DoS-Angriffen allein nicht ausreichend. Es sollten zudem Maßnahmen ergriffen werden, die verhindern, dass die eigenen Systeme als Agents für dDoS-Angriffe auf andere Opfer missbraucht werden. Auch hier existieren einige Möglichkeiten. So können z.B. die Router so konfiguriert werden, dass sie keine ICMP-Anfragen auf Broadcast-Adressen annehmen (vgl. Klein, 2001, S. 460) und keine Pakete mit gefälschten Absenderadressen, d.h. deren Adressen nicht dem eigenen Adressbereich entsprechen, nach außen durchlassen (vgl. Barlow/Thrower, 200, S. 17). In Ergänzung sollte eine permanente Überwachung der eigenen Rechner auf das Vorhandensein von dDoS-Angriffssoftware vorgenommen werden.

4.8   Spoofing

Unter Spoofing werden Techniken zur Fälschung von Adressdaten in Netzwerken verstanden. Die Motive für einen Spoofing-Angriff können vielfältig sein. Sie können von einer Verschleierung der Identität des Angreifers bin hin zum Ausspionieren und Modifizieren von Kommunikationsdaten reichen. Spoofing kann dabei auf

verschiedenen Protokollebenen der Netzwerkkommunikation ansetzen. Die rele-
vantesten Techniken sind das IP-Spoofing, das DNS-Spoofing, das WWW-Spoofing
und das ARP-Spoofing, die im Folgenden erläutert werden sollen.

Grundlage des *IP-Spoofings* ist das Erzeugen von Datenpaketen mit gefälschten Absenderadressen. Diese Technik wird häufig bei Denial-of-Service-Angriffen angewendet (vgl. hierzu Abschnitt 4.7) oder um sich den Zugang zu einem privaten, internen Netzwerk zu verschaffen. Im letzteren Fall sendet ein Angreifer aus dem Internet Datenpakete an Rechner innerhalb eines internen Netzwerks, die einen internen IP-Adressbereich haben (vgl. Klein, 2001, S. 252). Dabei ersetzt er seine wahre
IP-Adresse durch die Adresse eines internen Rechners, so dass das Angriffsziel davon ausgeht, dass die Pakete aus dem internen, als vertrauenswürdig eingestuften
Bereich stammen (vgl. Abb. 10). Der Angreifer kann dieses Verfahren nun dazu
nutzen, um unter der Identität eines internen Rechners Transaktionen oder sonstige
Systemeingriffe durchzuführen. Als Gegenmaßnahme bietet es sich an, die Router
so zu konfigurieren, dass von außen keine Pakete mit internen Adressen bzw. von
innen keine Pakete mit einer nicht dem internen Adressbereich entsprechenden Adresse nach außen durchgelassen werden. IP-Spoofing kann darüber hinaus theoretisch auch eingesetzt werden, um Personen bzw. Institutionen zu schaden, indem der
Angreifer z.B. einen offenkundigen Einbruchsversuch mit einer Adresse des Opfers
vornimmt, das dann fälschlicherweise als Täter identifiziert wird.

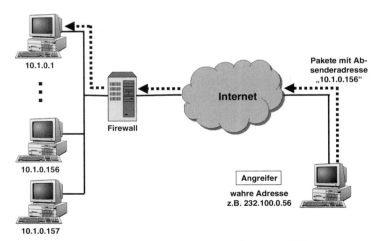

Abb. 10: Prinzip eines IP-Spoofing-Angriffs

Beim *DNS-Spoofing* werden die Zuordnungen von Rechnernamen zu IP-Adressen
gefälscht. Die Kommunikation zwischen Rechnern erfolgt bei TCP/IP grundsätzlich
auf der Basis von IP-Adressen. Um dem Benutzer den Umgang mit den Adressen zu

vereinfachen, wurde darauf aufbauend eine Namensgebung entwickelt, die alternativ für die Adressierung verwendet werden kann. Vor dem eigentlichen Zugriff auf den Zielrechner wird der eingegebene Name, z.B. www.xy.de, zunächst von einem sog. Domain Name Server (DNS) in die entsprechende IP-Adresse umgewandelt. Kennt der nächste DNS diese Adresse nicht, so stellt dieser wiederum eine entsprechende Anfrage an den nächsten DNS usw. Die Kommunikation zwischen den DNS erfolgt dabei ohne Authentifizierung, d.h. erhält ein DNS von einem anderen eine Zuordnungsinformation, so gilt diese stets als korrekt. Für ein DNS-Spoofing existieren nun im Wesentlichen drei Möglichkeiten.

Die erste Möglichkeit besteht darin, dass ein Angreifer direkt in den DNS der jeweiligen Domain eindringt und in dessen Datenbank für einen bestimmten Rechnernamen eine gefälschte IP-Adresse einträgt (vgl. Anonymous, 2001). Der DNS würde dann bei allen Anfragen bezüglich dieses Namens pflichtgemäß mit der gefälschten IP-Adresse antworten. Die Benutzer könnten somit auf einen Rechner geleitet werden, den der Angreifer z.B. für das Ausspionieren von Passwörtern oder Kreditkartendaten präpariert hat, indem er das Original-Layout des eigentlichen Zielrechners verwendet. Diese Form des DNS-Spoofing erweist sich als äußerst schwierig, da die DNS i.d.R. gut geschützt sind und größere Organisationen häufig mehrere DNS verwenden, so dass die Fälschung bei jedem der Rechner vorgenommen werden müsste.

Eine alternative Vorgehensweise beim DNS-Spoofing nutzt die Funktionsweise der DNS aus. Um nicht bei jeder Anfrage, die ein DNS nicht direkt beantworten kann, auf einen weiteren DNS zurückgreifen zu müssen, werden die Ergebnisse früherer Anfragen für einen gewissen Zeitraum in einem sog. Cache zwischengespeichert. Um diesen Cache mit den gewünschten Zuordnungen zu manipulieren, kann ein Angreifer, sofern er die Kontrolle über einen beliebigen anderen DNS hat, eine Anfrage an den Ziel-DNS senden und schickt die gefälschte Antwort direkt hinterher (vgl. Klein, 2001, S. 267f). Diese wird nun als korrekte Zuordnung gespeichert und der angegriffene DNS wird auf zukünftige Anfragen solange mit der gefälschten Zuordnung antworten, bis sie aus seinem Cache gelöscht wird.

Die dritte Möglichkeit besteht darin, die Anfragen eines Rechners nach IP-Adressen direkt auf den Rechner des Angreifers umzuleiten, der dann die Existenz des echten DNS vortäuscht und mit gefälschten Adressen antwortet. Mit einem im Internet verfügbaren Tool namens *dnsspoof* können derartige Angriffe z.B. ohne größere Kenntnisse durchgeführt werden. Im Grunde genommen handelt es sich hierbei jedoch um ein ARP-Spoofing, auf das später noch eingegangen wird.

Maßnahmen gegen ein DNS-Spoofing gestalten sich als schwierig, solange die Kommunikation zwischen den DNS nicht mit Authentifizierungsmechanismen versehen wird. Somit besteht hier auch immer ein entsprechendes Gefahrenpotenzial.

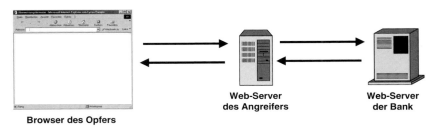

Browser des Opfers

Abb. 11: Prinzip eines WWW-Spoofing-Angriffs

Beim *WWW-Spoofing*, auch als Man-in-the-Middle-Angriff bezeichnet, schaltet sich der Angreifer zwischen den Client (Browser) und den eigentlichen Webserver. Dabei imitiert er den Webserver, so dass der Benutzer des Clients nichts davon merkt und das Gefühl bekommt, mit dem eigentlichen Ziel zu kommunizieren. Der Angreifer nimmt die Anfragen nun auf seinem Server entgegen und leitet sie unverändert oder modifiziert an den Zielserver weiter (vgl. auch Abb. 11). Im letzteren Fall könnte er z.B. einen Überweisungsbetrag oder die Anzahl der Wertpapiere in einer Order verändern. Die Antwort des Bankservers wird dann wiederum entgegen genommen und gegebenenfalls mit den entsprechenden Modifikationen an den Client zurück gesendet, so dass der Benutzer von diesem Vorgang nichts merkt.

Erschwerend kommt bei dieser Angriffsform hinzu, dass sie prinzipiell auch mit verschlüsselten Verbindungen, z.B. über SSL, funktioniert. So baut der Client eine 'sichere' Verbindung zum Webserver des Angreifers auf, der wiederum eine andere 'sichere' Verbindung zum eigentlichen Zielserver initiiert (vgl. Schmidt, 2001b, S. 234). Beide Seiten können somit trotz Verschlüsselung getäuscht werden. Um dieser Problematik vorzubeugen, sollten die Verbindungen mit Zertifikaten geschützt werden, die von Zertifizierungsinstanzen ausgestellt sind und beim Verbindungsaufbau vom jeweiligen Webserver präsentiert werden. Da ein Angreifer im Normalfall nicht über ein signiertes Zertifikat, das auf eine Bank ausgestellt ist, verfügt, wird der Browser des Benutzers in diesem Fall mit einer entsprechenden Warnmeldung reagieren.

Einem WWW-Spoofing ist im Allgemeinen ein DNS-Spoofing vorausgegangen, um den Client auf den Webserver des Angreifers umzulenken. Eine weitere Möglichkeit besteht darin, dass ein Link, der auf den Webserver verweist, entsprechend manipuliert wurde. Dies kann prinzipiell zwar anhand der Verbindungsinformationen, die der Browser anzeigt, erkannt werden, jedoch lassen sich diese Informationen z.B. über den entsprechenden JavaScript-Code ebenfalls fälschen. Hiergegen könnte sich der Benutzer zwar absichern, indem er diese Komponenten im Browser deaktiviert, bedauerlicherweise verwenden jedoch viele Online-Banking-Auftritte derartige Browser-Erweiterungen.

ARP-Spoofing setzt auf der unteren Ebene der Netzwerkkommunikation an und kann nur lokal innerhalb eines Netzwerksegments angewendet werden. Wie bereits in Abschnitt 4.2 dargestellt wurde, wird die Kommunikation zwischen zwei Rechnern im Ethernet auf der Basis der MAC-Adressen der Netzwerkkarten vollzogen. Die Zuordnung von IP- zu MAC-Adressen erfolgt dabei über das sog. Adress Resolution Protocol (ARP). Bevor ein Rechner Daten an einen anderen Rechner innerhalb des Netzes sendet, schickt er zunächst eine Anfrage, in der er den Rechner mit der entsprechenden IP-Adresse auffordert, seine MAC-Adresse zu nennen. Sobald diese eintrifft, kann der Datentransfer vollzogen werden. Damit auch hier nicht vor jedem Transfer eine derartige Anfrage gestellt werden muss, werden die Zuordnungen in einem ARP-Cache für einen bestimmten Zeitraum zwischengespeichert. Beim ARP wird dabei ebenfalls keine Authentifizierung verwendet. Zudem erlaubt ARP auch das ungefragte Zusenden von Adresszuordnungen (vgl. Klein, 2001, S. 269).

Sendet ein Angreifer nun an einen oder mehrere Rechner eine gefälschte Zuordnung, so wird sie in deren ARP-Cache aufgenommen. Auf diese Weise kann sich der Angreifer z.B. als lokales Gateway ausgeben, so dass alle angegriffenen Rechner ihren Datenverkehr nach außen über den Rechner des Angreifers senden, der dann z.B. mittels Sniffing die Pakete ausspioniert, bevor er sie an das wirkliche Gateway weiterleitet. Ebenso kann er sich, wie beim DNS-Spoofing bereits erwähnt, als lokaler DNS-Server ausgeben. Auch für das ARP-Spoofing existieren Tools, wie z.B. *arpspoof* oder *nemesis*, mit denen sich derartige Angriffe relativ leicht durchführen lassen. Als Gegenmaßnahme besteht die Möglichkeit, ARP-Zuordnungen statisch in einer Datei auf jedem Rechner zu hinterlegen. Diese können dann nicht mehr mittels Spoofing überschrieben werden (vgl. Klein, 2001, S. 270), jedoch steigt der Administrationsaufwand, da sämtliche Änderungen jeweils aktualisiert werden müssen.

5 Fazit

Die Ausführungen haben gezeigt, dass vielfältige Bedrohungen der IT-Sicherheit existieren. Inwieweit ein Unternehmen für die einzelnen Bedrohungsarten anfällig ist, hängt davon ab, welche Schutzmaßnahmen ergriffen werden und wie konsequent diese umgesetzt sind.

Ein effektives Sicherheitsmanagement muss dabei sowohl eine organisatorische als auch eine technische Komponente beinhalten. Während der organisatorische Bereich im ersten Teil dieses Buches behandelt wurde, widmen sich die folgenden Beiträge den allgemeinen technischen Schutzmaßnahmen und deren Umsetzung.

Literatur

Anonymous (2001): Der neue Hacker's Guide, München.

Bachfeld, D. (2002): Angriff aufs eigene Netz, in: c't, Heft 2, S. 74-79.

Barlow, J./Thrower, W. (2000): TFN2K - eine Analyse, in: Information Security Bulletin, Heft 2, S.15-18.

Barnitzke, A. (2001a): Restriktive Softwarerechte sollen vor Viren und Trojanern schützen, in: ComputerZeitung, Nr. 3, S. 10.

Barnitzke, A. (2001b): David Palm trickst Sicherheitsgoliath Firewall aus, in: ComputerZeitung, Nr. 7, S. 13.

Bleich, H. (2002): Transrapid-Gutachten manipuliert?, in: c't, Heft 5, S. 24.

Brauch, P. (2000): Alle gegen einen, in: c't, Heft 25, S.256-260.

BSI (2000): Empfehlungen zum Schutz vor verteilten Denial of Service-Angriffen im Internet, Bundesministerium für Sicherheit in der Informationstechnik, Bonn, http://www.bsi.de/taskforce/ddos.htm.

CERT (2002): CERT/CC Statistics 1988-2001,http://www.cert.org/stats/.

CSI Computer Security Institute (2001): 2001 CSI/FBI Computer Crime and Security Survey, http://www.gocsi.com/prelea/000321.html.

Danda, M. (2001): Protect Yourself Online, Redmond.

Delmare, E. (2001): Technische Aspekte, in: PC Intern, Heft 3, S. 171-174.

eEye (2001): Windows 2000 IIS 5.0 Remote buffer overflow vulnerability, http://www.eeye.com/html/Research/Advisories/AD20010501.html.

Fordermaier, M./Stolz, A. (2001): Internet intern, Düsseldorf.

Fyodor (1997): The Art of Port Scanning, http://www.insecure.org/nmap/nmap_doc.html.

Gallo, V. (2001): Der Bunratty-Angriff, in: Information Security Bulletin, Heft 4, S. 29-34.

Gerbich, S. (2001): IT-Security 2001, in: Informationweek, Nr. 18, S. 26-36.

Hörath, I. (2001): Zur Sicherheit wird der Pinguin gehärtet und geteilt, in: Computer Zeitung, Nr. 23, S. 15.

Householder, A./Manion, A./Pesante, L./Weaver, G.M. (2001): Managing the Threat of Denial-of-Service Attacks, CERT® Coordination Center, Carnegie Mellon University, http://www.cert.org/archive/pdf/Managing_DoS.pdf.

Integralis (2002): Im Internet erhältliches Tool gefährdet verbreitete Sicherheitslösungen, http://www.integralis.de/press/pre_70.php.

Jessen, D. (2000): Ausweichrechenzentren machen Banken sicher, in: Computer-Zeitung, Nr. 8, S. 19.

Kallnik, S./Pape, D./Schröter, D./Strobel, S. (2001): Das Sicherheitsloch - Buffer-Overflows und wie man sich davor schützt, in: c't, Heft 23, S. 216-220.

Kaspersky, E. (1999): Computerviren - Die heutige Situation sowie Zukunftstrends, Fragen und Probleme, in: Information Security Bulletin, Heft , S. 23-32.

Klein, T. (2001): Linux-Sicherheit, Heidelberg.

Lessig, A. G. (1999): Vom Umgang mit Trojanern, in: Information Security Bulletin, Heft 1, S. 15-22.

Mixter (2002): Tarnkappen für Einbrecher, in: : c't, Heft 4, S. 196-198.

Moore, D./Voelker, G.M./Savage, S. (2001): Inferring Internet Denial-of-Service Activity, Cooperative Association for Internet Data Analysis (CAIDA), University of California, San Diego, http://www.caida.org/outreach/papers/2001/BackScatter/usenixsecurity01.pdf.

Muffett, A. (1993): FAQ, Computer Security Frequently Asked Questions, Dezember 1993, http://www.users.dircon.co.uk/~crypto/download/security-faq.2.2.txt.gz.

Network Associates, Inc. (2001): Virus Information Library, Dezember 2001, http://vil.nai.com/vil/default.asp.

o.V. (2000): Millionengrab Hochverfügbarkeit, in: InformationWeek, Nr. 23, S. 21-24.

o.V. (2001): Spezieller Web-Server-Schutz ergänzt die Firewalls, in: Computer Zeitung, Nr. 49, S. 20.

o.V. (2001a): Nimda-Wurm bringt keinen GAU, in: ComputerZeitung, Nr. 39, S. 3.

o.V. (2001b): Viren-Schlamper bekommen nun die Rechnung präsentiert, in: ComputerZeitung, Nr. 49, S. 12.

o.V. (2001c): Windows lässt Trojanern zu viel freien Lauf, in: ComputerZeitung, Nr. 26, S. 15.

Power, R. (2001): Attacken im Web: Fälscher, Hacker, Datenklauer – Die Schattenseiten des Cyberspace, München.

Raepple, M. (2001): Sicherheitskonzepte für das Internet: Grundlagen, Technologien und Lösungskonzepte für die kommerzielle Nutzung, Heidelberg.

Safeware Inc. (2001): 2000 Loss Statistics Charts, http://www.safeware.com/losscharts.htm.

Schmidt, J. (2001a): Schädlingsbekämpfung, in: c't, Heft 2, S. 98-101.

Schmidt, J. (2001b): Spionage am Arbeitsplatz, in: c't, Heft 12, S. 232-235.

Schömer, C. (2001): Tracing Denial of Service Attacks, http://www.net.uni-sb.de/~anja/lehre/qos00/DoS-Arbeit.ps.

Schwan, B. (2002): Schnüffelwerkzeug, in: iX, Heft 1, S. 90-93.

Stahlknecht, P./Hasenkamp, U. (2001): Einführung in die Wirtschaftsinformatik, 10. Auflage, Berlin u.a.

Stiller, W. (2001): Introduction to Viruses, http://www.stiller.com/vintro.htm.

Theriault, C. (1999): Eine Einführung in Computerviren, http://www.sophos.de/ virusinfo/whitepapers/videmys.html.
Vosseberg, T. (2002): hackerz book, Poing.

Withopf, M. (2002): Innere Sicherheit, in: c't, Heft 10, S. 222-224.

Wolf, C. (2002): IT-Sicherheitsstrategien im Inter-/Intra- und Extranet-Bereich von Banken, Diplomarbeit, Hochschule für Bankwirtschaft, Frankfurt.

Ziemann, F. (2001): Bei Anruf Update - Techniken moderner Malware, in: c't, Heft 2, S. 116-119.

Technisches Risikomanagement: Erkennung und Abwehr von Angriffen auf IT-Systeme

Alexander Behnke, Michael Maus, Markus Schäffter

Inhalt:

1 Einleitung

Systemadministratoren und IT-Sicherheitsverantwortliche sehen sich mit einer zunehmend heterogenen IT-Systemlandschaft konfrontiert, eBusiness- und Workflow-Systeme kommunizieren über Unternehmensgrenzen hinweg. In dieser immer enger vernetzten IT-Welt werden Programmsegmente und Datenobjekte frei ausgetauscht; die klassische „Gewaltenteilung" zwischen Applikationen und Daten entfällt zusehends. Hinzu kommt die steigende Komplexität der Software, die ein steigendes Risiko von Sicherheitsschwachstellen mit sich bringt.

Dies alles macht es klassischen Firewalls unmöglich, das interne Netzwerk mit den dort beheimateten Applikationen und verarbeiteten Daten in ausreichender Weise gegen Angriffsrisiken zu schützen. In Konsequenz ist heutzutage davon auszugehen, dass (erfolgreiche) Angriffe auf die internen Systeme nicht nur prinzipiell denkbar, sondern sogar als wahrscheinlich anzunehmen sind.

Um den neuen Gefährdungen Rechnung zu tragen, ist eine Echtzeitüberwachung von Servern, Applikationen und Netzwerk erforderlich. Erste Lösungsansätze wie Visualisierungskomponenten, Intrusion-Detection- und Alarmierungssysteme sind auf dem Markt verfügbar. Dieser Beitrag gibt einen Überblick über die Möglichkeiten, welche die neuen Techniken den Systemadministratoren und Sicherheitsverantwortlichen bieten.

2 Risiko- und Gefährdungsanalyse

Um ein Überwachungssystem optimal an die Bedürfnisse des Unternehmens anpassen zu können, ist zunächst eine allgemeine Risikoanalyse durchzuführen, die Risiken und Chancen ins Verhältnis setzt und eine Strategie zum Risikomanagement entwirft. Hierzu bieten sich Verfahren zur Risikoanalyse an (vgl. die Beiträge von Stelzer und Bräuhäuser et al. in diesem Buch).

Aus technischer Sicht ergeben sich folgende Hauptrisiken in heterogenen IT-Landschaften:

- Schwachstellen in IT-Systemen, wie z.B. unsichere Dienste (TFTP, Telnet) und Software-Bugs.
- Unzureichende Netzwerksegmentierung, z.B. zwischen Bürokommunikation und Personalabteilung oder Applikationsdatenbanken und dem Internet.
- Übergänge zwischen den Sicherheitsmechanismen der einzelnen IT-Systeme, z.B. zwischen UNIX/Windows/Host.
- Inhomogene Rechtevergabe, fehlendes zentrales Account-Management zur Koordination von Zugriffsberechtigungen.
- Schwache, kompromittierbare Verfahren zur Authentisierung von IT-Systemen und Nutzern.
- Schadensstiftende Software, die mittlerweile auch Server betrifft.

Verschärft werden diese Risiken durch die zunehmende Komplexität der Software. Dies erhöht nicht nur das Risiko unerkannter Sicherheitslücken im Source-Code, etwa durch das regelwidrige Ansprechen von Services (Buffer Overflow, Malicious Input Sequences), sondern auch die Gefahr von Fehlkonfigurationen durch die Systemadministration. Hieraus ergibt sich ein Gesamtbild bezogen auf die gesamte IT-Architektur (vgl. Abb. 1).

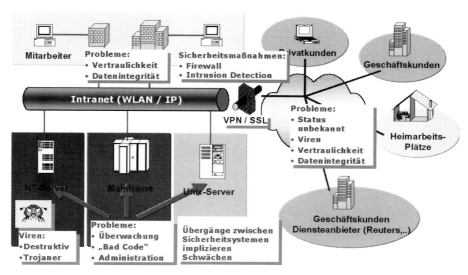

Abb. 1: Gefährdungslage und Handlungsbedarf

3 Umsetzung von Schutzmaßnahmen

Aufbauend auf der Risikoanalyse ergibt sich ein dedizierter Schutzbedarf für jedes einzelne IT-System. Um den Überblick zu behalten, sind Sicherheitsniveaus zu definieren und die IT-Systeme gemäß ihres Schutzbedarfs entsprechend zu gruppieren.

Zur Erfüllung des Schutzbedarfs der einzelnen Sicherheitsniveaus sind abgestimmte Schutzmaßnahmen festzulegen und durch geeignete Systeme und Maßnahmen technisch und organisatorisch umzusetzen:

- *Steuerung des Datenflusses* durch den Einsatz von Firewallsystemen.

- *Kontrolle des Datenflusses* durch Content Filtering auf Gateways, die den Datenfluss auf Applikationsebene nach schadenstiftenden Inhalten durchsuchen.

- *Überwachung des Regelbetriebs* durch Systemmanagementsysteme (SMS), Visualisierungs- und Alarmierungskomponenten (Leitstand) sowie Intrusion-Detection-Systeme und Incident-Response-Verfahren.

- Vermeidung von Schwachstellen durch die *Härtung von IT-Systemen* durch Einschränkung der zur Verfügung gestellten Services und Konfigurationseinstellungen auf das für den Regelbetrieb erforderliche Minimum, insbesondere bei Webservern, Applikationsservern, Datenbankservern etc.

- Verwendung *starker Verfahren zur Authentisierung* durch den Einsatz von kryptographischer Authentisierung auf Applikationsebene, z.B. mittels IP-Sec/VPN, SSL, Web-Signing.

- Aufbau einer *zentralen Authentisierungsinstanz*, z.B. über Public Key Infrastrukturen (PKI), Kerberos-Authentisierung oder ein Single Sign On System, das „Passworte" von Systemen mit lediglich schwacher Authentisierung verwaltet.

- Aufbau eines *zentralen Account-Managements*, das Zugriffsberechtigungen koordiniert und z.B. „Account-Leichen" im Nutzermanagement der Teilsysteme verhindert.

- Zielgesteuerter Einsatz von *kryptographischer Verschlüsselung*. Bei der Ende-zu-Ende-Verschlüsselung über Firewallsysteme hinweg entstehen hierbei jedoch neue Risiken, da ein Content Filtering unmöglich ist.

- Implementierung eines *turnusmäßigen Sicherheitsaudits* im Rahmen des *Security Lifecycles*. Insbesondere Durchführung regelmäßiger *Systemscans* zur Überprüfung der IT-Systeme auf eventuelle Sicherheitsschwachstellen.

- *Source Code Reviews* der selbst erstellten Software hinsichtlich relevanter Sicherheitsschwachstellen.

- Aufbau und Test von Backup&Recovery-Systemen, speziell *Disaster-Recovery*.

- *Katastrophenfall-Szenario*, d.h. Planung eines koordinierten Vorgehens im Katastrophenfall.

4 Technische Sicherheitssysteme

Technisch lassen sich die im vorangegangenen Abschnitt postulierten Schutzmaßnahmen durch folgende Sicherheitssysteme abbilden:

- *Gehärtete Betriebssysteme* stellen nur die unbedingt erforderlichen Dienste zur Verfügung. Häufig genügt jedoch schon die umsichtige Konfiguration der standardmäßigen Betriebssysteme.

- *Firewallsysteme* ermöglichen die Segmentierung von Netzwerken. Damit kann der Zugriff auf IT-Systeme unabhängig von den einzelnen Servern und Applikationen auf übergeordneter Ebene kontrolliert und gesteuert werden.

- *Public-Key-Infrastrukturen* versehen Nutzer und IT-Systeme mit „digitalen Identitäten" auf Basis asymmetrischer kryptographischer Verfahren und ermöglichen es, Daten verschlüsselt und damit vertraulich zu übertragen, die Herkunft von Informationen über eine digitale Signatur revisionssicher zu dokumentieren und die Authentisierung von Personen und IT-Systemen bei der Systemanmeldung auf eine kryptographische Basis zu stellen.

- *Zugriffskontrollsysteme* überprüfen die Identität und Authentisierung von Nutzern und IT-Systemen und ermöglichen es so, Zugriffsrechte selektiv zu vergeben (Rollenkonzept). Da das Rollenkonzept sich stark an das jeweilige IT-System anlehnen muss, ist ein zentrales Account-Management erforderlich, um die lokal vergebenen Zugriffsberechtigungen zu koordinieren.

- *Active Content Filtering*: „Virenschutz" der zweiten Generation ist in der Lage, unterschiedliche Arten von aktiven Inhalten wie Java, JavaScript, ActiveX und VisualBasic auf schadenstiftende Anteile hin zu untersuchen. Dabei wird oft das klassische Pattern-Matching um Verfahren zu „Anti-Morphing" und „Sandboxing" ergänzt.

- *Einsatz von Systemscannern*, um Sicherheitsschwachstellen noch vor einem Angriff erkennen und beseitigen zu können. Dieses Vorgehen bleibt jedoch auf Schwachstellen beschränkt, die bereits bekannt und publik gemacht sind. Um neuen, noch unbekannten Gefährdungen begegnen zu können, sind Intrusion Detection Systeme erforderlich (s.u.).

- *Logdaten-Auswertung*: Alle IT-Systeme dokumentieren den Regelbetrieb in Form von Logdaten oder Nachrichten an ein Systemmanagementsystem. Diese Logdaten sind schon wegen ihrer großen Anzahl nur noch auf automatische Art und Weise vernünftig zu handhaben.

- *Intrusion-Detection-Systeme* ergänzen die vorhandenen IT-Systeme um „Sensoren" auf Netzwerk- und Systemebene, die das jeweilige IT-System oder ein Netzwerksegment während des Betriebs überwachen und Unregelmäßigkeiten melden.

- *Incident-Response-Verfahren* definieren das Vorgehen beim Auftreten von Sicherheitsvorfällen. Diese können durch technische Systeme unterstützt werden.

5 Zielsetzung des Technischen Risikomanagements

Auf dem Markt steht eine Vielzahl unterschiedlicher technischer Sicherheitssysteme zur Verfügung. Zusätzlich enthalten alle gängigen Betriebssysteme und IT-Applikationen Sicherheitsmechanismen, wie Zugriffskontrolle, Rollenkonzept, Eventgeneratoren etc. Die einzelnen Komponenten spielen sehr eng zusammen.

Aus übergeordneter Sichtweise ergeben sich zwei Hauptziele des technischen Risikomanagements:

- *IT-Grundschutz*: Die Gefahr von Angriffen durch den Ausschluss von Schwachstellen zu minimieren (pro-aktives Vorgehen).

- *Incident Response*: Aktuelle Angriffe frühzeitig zu erkennen und durch adäquate Gegenmaßnahmen abzuwehren (re-aktives Vorgehen).

Wichtig ist festzustellen, dass sich beide Ansätze hervorragend ergänzen. Das pro-aktive Vorgehen ist erforderlich, um ein ausreichend hohes Sicherheitsniveau zu erreichen, das es den reaktiven Techniken erst ermöglicht, potenzielle Angriffe aus dem alltäglichen „Grundrauschen" herauszufiltern.

Daher muss es Ziel des technischen Risikomanagements sein, zunächst einen *IT-Grundschutz* auf breiter Basis herzustellen und diesen dann durch eine Echtzeitüberwachung der relevanten IT-Systeme und Netzwerkkomponenten zu ergänzen.

6 Pro-Aktives Vorgehen

Die Ziele eines IT-Grundschutzes sind von Unternehmen zu Unternehmen unterschiedlich und auch nicht zwangsläufig für alle IT-Systeme gleich. Um unnötige Kosten bei der Umsetzung zu vermeiden, ist eine, auf die Gefährdungsanalyse abgestimmte, Schutzzieldefinition erforderlich.

Der IT-Grundschutz beinhaltet die bereits aufgeführten klassischen technischen Sicherheitssysteme, wie gehärtete Betriebssysteme, Netzwerksegmentierung, Public-Key-Infrastrukturen, Zugriffskontrollsysteme und die Einrichtung eines zentralen Account-Managements sowie eine Filterung des Datenflusses auf schadenstiftende Inhalte.

Das Erreichen des IT-Grundschutzes kann durch regelmäßige Audits überprüft werden. Ein vollständiges Sicherheitsaudit, etwa gemäß BS 7799-2:1999 oder nach BSI IT-Grundschutz, beginnt mit der Durchführung bzw. Aktualisierung der Gefährdungsanalyse sowie einer eventuellen Anpassung der Schutzzielbestimmung. Nur so ist sichergestellt, dass aktuelle Änderungen in der Gefährdungslage, etwa durch

neue, z.B. verteilte, Angriffsszenarien oder durch extremistisch motivierte Anschlä-
ge wie am 11. September 2001, zeitnah Berücksichtigung finden.

Ein an den Bedürfnissen des jeweiligen Unternehmens angepasster IT-Grundschutz
ist eine unabdingbare Voraussetzung für den zweiten Schritt: das zeitnahe Erkennen
und die sofortige Abwehr von Angriffen im Regelbetrieb.

7 Reaktives Technisches Risikomanagement

Zur Erkennung von Angriffen sind die klassischen Intrusion-Detection-Systeme
(IDS) wie ISS Real Secure, Network Flight Recorder (NFR) oder Snort nur die erste
Stufe eines umfassenden technischen Risikomanagements, denn IDS sammeln In-
formationen nur an einzelnen Stellen des Netzwerks und können die gewonnenen
Daten nur bedingt korrelieren.

Sinnvoll ist nur die Zusammenführung aller Daten, die von unterschiedlichen Sicherheitssystemen erzeugt werden. Dies ist jedoch ein kompliziertes Unterfangen, da
in Großunternehmen nicht selten bis zu 20 Millionen sicherheitsrelevante Log-
Einträge pro Tag anfallen. Erschwerend kommt hinzu, dass die Log-Einträge verschiedener Systeme erst durch eine Normalisierung vergleichbar gemacht werden
müssen. Weiter ist durch den Einsatz einer geeigneten Logik und Filterung die Rate
von Fehlalarmen (false positives) zu minimieren, ohne jedoch tatsächliche Angriffe
auszufiltern (false negatives) (vgl. hierzu den Beitrag von Hennecke in diesem
Buch).

Um eine ausreichend hohe Qualität von Alarmmeldungen zu erhalten, ist eine systematische Vorauswertung vor der eigentlichen Datenkorrelation erforderlich. Dabei
sind die Erfahrungswerte in Großunternehmen durchaus vergleichbar (vgl. z.B.
Schneier, 2002). Abb. 2 zeigt ein typisches Beispiel für die erforderliche Verarbei-
tungsqualität einer Logdaten-Auswertung. Ausgehend von 15 Mio. Log-Einträgen in
den unterschiedlichsten Formaten ist zunächst eine Vorauswertung und Vereinheitlichung der Systemmeldungen erforderlich. So erzeugt ein Webserver prinzipiell andere Daten als ein Applikationsserver, eine Datenbank oder eine Firewall. Diese
Vorauswertung kann nur durch einen speziell auf das jeweilige IT-System angepassten Filter erfolgen.

Frei programmierbare Filter ermöglichen die Anpassung der Log-Auswertung an
spezifische Anwendungen, wie Home-Banking oder Online-Shopping. Von den 15

Millionen Log-Einträgen werden ca. 4000 relevante Einträge an den Filter zur Verarbeitung weitergegeben. Die Filter generieren aus diesen Daten ca. 50 Alarme pro Tag. Diese stammen von den einzelnen sicherheitsrelevanten Komponenten des Systems. Jeder dieser Alarme generiert einen Incident der vom 24x7-Operating bearbeitet wird.

Diese 50 generierten Alarme können jetzt automatisiert mit einem frei definierbaren „Korrelations-Regelwerk" untersucht werden. Dabei kann z.B. ein längerer Zeitraum untersucht werden. Aus der Korrelation ergeben sich neue Alarme. So kann z.B. aus 5 niedrig priorisierten Alarmen („Bearbeitung am nächsten Werktag") ein hoch priorisierter Alarm („Einleitung von Gegenmaßnahmen innerhalb von 15 Minuten") erzeugt werden.

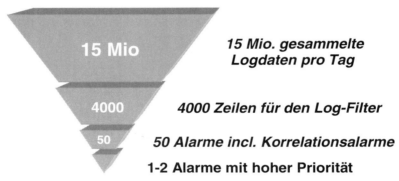

Abb. 2: Erforderliche Reduktion der Flut an Logdaten

Ziel dieses Vorgehens ist es, den Verdacht auf einen Angriff durch Datenkorrelation soweit zu konkretisieren, dass eine 24x7-Systemüberwachung durch das vorhandene IT-Operating durchgeführt werden kann. Für Fragen zur IT-Sicherheit kann bei Bedarf auf ein Computer Emergency Response Team (CERT) oder die entsprechenden Produktverantwortlichen des Unternehmens zurückgegriffen werden.

8 Systemüberwachung in Echtzeit

Die eigentliche Herausforderung besteht darin, eine wirkungsvolle Systemüberwachung von Sicherheitskomponenten zu installieren. Dazu stehen eine Vielzahl an unterschiedlichen Software-Werkzeugen zur Verfügung, angefangen von Systemmanagementsytemen wie IBM Tivoli, CA TNG, HP Openview oder Microsoft SMS bis hin zu spezialisierten Systemen wie e-Security, Net-Saint/Nagios oder @dminsfriend von Siemens.

Generell ist zwischen Systemmanagement- und Security-Managementsystemen zu unterscheiden. Ersteres nimmt *jede* verfügbare Information auf und leitet sie meist an ein zentrales Konsolensystem weiter, das dann alle Informationen speichert und auswertet - sei es das Erreichen der Festplattenkapazität, die Auslastung der CPU, ein erfolgreiches Anmelden an einem System etc. Hier liegt der Focus auf der Verfügbarkeit eines Systems und der Aufnahme großer Mengen von Events. Weniger wichtig ist die gesicherte, echtzeitnahe Kommunikation vom Ursprung des Events bis zur finalen Auswertung.

Die Aufgaben einer Echtzeit-Sicherheitssystemüberwachung lassen sich hingegen wie folgt beschreiben:

- Sammeln von konzentrierten Events, sog. „Log-Essenzen" auf gesichertem Weg in Echtzeit.
- Normalisierung der unterschiedlichen Datenformate.
- Echtzeitige Information der Systemverantwortlichen über System-Stati, etwa durch die Visualisierung über Ampelfarben.
- Auswertung der Log-Essenzen durch Daten-Konzentration und anschließender Korrelation.
- Dokumentation und Langzeitarchivierung des „Konzentrats".
- Statistische Langzeit-„Threat-Analyse".
- Unterstützung einer forensischen Incident-Response-Analyse.

Hier verstehen sich Systemmanagement und Security-Management sowohl als Konkurrenz- als auch als Komplement-System.

Bei internationalen Netzwerken mit Bandbreitenengpässen ist es sinnvoll, die Konzentration der Logs netzwerktechnisch in der Nähe der Logquelle durchzuführen. Eine flexible Architektur der Überwachungsapplikation ermöglicht eine Anpassung auf neu entstehende Anforderungen.

Abb. 3 zeigt die prinzipielle Architektur eines Echtzeit-Überwachungssystems. Der hierarchische Aufbau sorgt dafür, dass die relevanten Eventdaten schrittweise verdichtet und vom Umfang her reduziert werden.

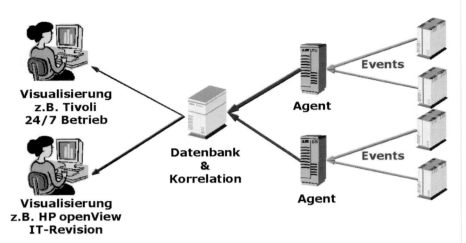

Abb. 3: Hierarchische Log-Auswertung

9 Individuelle Anpassung

Unsere praktischen Erfahrungen haben gezeigt, dass eine individuelle Anpassung der vorgefertigten Agenten an das Daten liefernde System unbedingt erforderlich ist. Beispielsweise hängen Firewall-Events sehr stark von den jeweiligen Firewallregeln und den zu überwachenden Interfaces ab. So ist z.B. abhängig davon, an welchem Interface die Verletzung einer Firewallregel auftritt, unterschiedlich zu reagieren.

Der Grad der individuellen Anpassung entscheidet letztlich über die Qualität der erhobenen Daten und somit über die Qualität der visualisierten Darstellung und mithin über die Akzeptanz des Überwachungssystems durch das Operating.

Von ganz entscheidender Bedeutung ist dabei, die Alarmierungsrate für Alarme der Priorität „hoch" der angeschlossenen Systeme auf nahe Null zu drücken, d.h. die Systeme in der Visualisierungskomponente *„in den grünen Bereich"* zu bekommen. Dies erfordert fast immer massive Nacharbeiten an dem Regelwerk der bestehenden Firewalls sowie das Finetuning an IT-Systemen sowie von Werkzeugen zur automatischen Systemüberwachung (z.B. Tripwire). Die Echtzeitüberwachung greift in viele Prozesse, wie z.B. in das Change-Management, ein. Während eines Changes an einem überwachtem System muss das Alarming zuvor abgeschaltet werden, um Fehlalarme während des Changes zu verhindern.

Neben der Reduktion der Alarme ist es von ganz entscheidender Bedeutung, alle auftretenden Alarme über einen *Incident-Response-Plan* mit entsprechenden Maß-nahmen zu verknüpfen. Im Idealfall ist ein Verweis auf den Incident-Response-Plan mit nur einem Mausklick von der Visualisierungskomponente aus ansprechbar. Abb. 4 zeigt eine mögliche Visualisierung. Dabei kann es sinnvoll sein, unterschiedliche Werkzeuge zur Visualisierung anzubinden, ebenso wie den Zugriff auf Events und System-Stati maßgeschneidert zu vergeben. So interessiert sich ein Leitstand mit 24x7-Stunden Betrieb für andere IT-Systeme und Dringlichkeitsstufen (severities) als etwa die IT-Revision oder der Chief Security Officer. Ziel muss es sein, auch unterschiedliche Anforderungen zu erfüllen. Das hierzu gebotene Rollenkonzept ist jedoch noch nicht im wünschenswerten Umfang am Markt verfügbar.

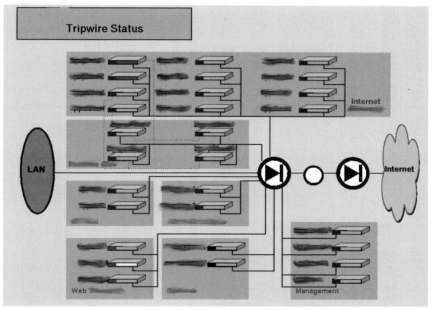

Abb. 4: Visualisierung von Events (anonymisiert)

Lediglich eine Visualisierung von Events garantiert jedoch nicht, dass die Sicher-heitsverantwortlichen eine kritische Information erhalten - man denke an Rund-um-die-Uhr-Überwachung. Dazu muss die Schnittstelle zwischen dem Überwachungs-system und den Incident-Response-Plänen durch Hinzuschalten von aktiven Alar-mierungssystemen perfektioniert werden. Solche Systeme, z.B. Automation Point von Computer Accosiates oder AlarmPoint von Invoq, nehmen die kritische Infor-mation vom Überwachungssystem auf und leiten diese an die zuständigen Personen, z.B. per Telefon, weiter. Selbstverständlich dürfen auch hier die Regeln der IT-

Sicherheit nicht zu kurz kommen, wie z.B. sichere Übertragung des Events vom Überwachungssystem zum Alarmierungssystem, Authentisierung der angerufenen Person, Zusicherung, dass eine Nachricht angekommen ist und verstanden wurde, automatische oder manuelle Eskalierung zu anderen Personen. Nur so kann gewährleistet werden, dass ein sicherheitsrelevantes Ereignis vom Auftreten bis zum entsprechenden Handeln gemäß Incident-Response-Plan umgesetzt wird.

10 Zukunftsaussichten

Heute schaffen Sicherheits-Überwachungssysteme die grundlegende Möglichkeit, die Masse von sicherheitsrelevanten Daten in (fast) Echtzeit auswerten zu können. So werden durch bloßes Sammeln, Normalisieren und Filtern aus Daten letztlich Informationen. Das Ziel ist es dann, diese Informationen durch Korrelierung und Konsolidierung in echtes Wissen zu übersetzten.

Durch rechtliche Vorgaben, wie KontraG oder Richtlinien wie Basel II, werden Unternehmen zunehmend gezwungen, die operationellen Risiken des IT-Betriebs in das unternehmensweite Risikomanagement mit einzubinden.

Hierzu ist es notwendig, ein durchgängiges Alarmierunggssystem, wie beschrieben, zu etablieren. Ein solches System wird in Zukunft dokumentieren, wie ein Unternehmen z.B. auf Incidents reagiert und liefert natürlich die Anzahl der Incidents, die bearbeitet wurden.

Ebenso kann eine Änderung der Bedrohungslage festgestellt werden, indem in einer Langzeitanalyse Veränderungen der Intensität von Incidents oder eine Verlagerung erkannt werden können. Diese Erkenntnisse können dann Ausgangspunkt für die Anpassung von Sicherungsmaßnahmen sein.

Literatur

Aberdeen Group (2001): Electronic Risk Management - An Executive White Paper, http://www.aberdeen.com/ab_abstracts/2001/12/12012740.htm.

BSI (2000): IT-Grundschutzhandbuch und IT-Grundschutz-Zertifizierung, http://www.bsi.de/gshb/index.htm.

Radwan, I. (2002): Hilfe gegen Hacker und Spione, in: Network World, Heft 8, S. 32f.

Schneier, B. (2002): Counterpane and Managed Security Monitoring, Talk at IMA Workshop on Digital Asset Management, February, http://www.ima.umn.edu/talks /workshops/2-12-16.2001/schneier/DigitalRights.pdf.

Schultz, E.E./Shumway, R. (2001): Incident Response, New Riders.

Firewall-Techniken

Klaus Engel, Andreas Rösch

Inhalt:

1 Einleitung

In den Anfängen des Internets wurden Rechnersysteme ohne Berücksichtigung von Sicherheitsaspekten weltweit zusammengeschaltet. In dieser Anfangsphase erfolgte die Kommunikation zwischen den angeschlossenen Institutionen und Unternehmen auf der Basis gegenseitigen Vertrauens. Mit der immer schneller wachsenden Komplexität des Internets, der standardisierten und kommerziellen Nutzung der Internet-Dienste und insbesondere der erweiterten Vernetzung von an das Internet angebundenen Unternehmen ist der Schutz interner Unternehmensdaten vor unautorisiertem Zugriff jedoch unabdingbar geworden. Rechtliche Aspekte wie der Schutz personenbezogener Daten verstärken diesen Bedarf zusätzlich. Für manche Benutzerkreise im Internet ist es heute zu einer Herausforderung geworden, gezielt fremde Netzwerke zu analysieren und - sofern möglich - dort durch Missbrauch Schaden anzurichten. Die Formen des Missbrauchs lassen sich dabei systematisieren in:

- Datenbezogener Missbrauch
    - Lesen von schutzwürdigen Daten (z.B. personenbezogene Daten oder kommerzielle Informationen).
    - Modifikation bzw. Löschung von schutzwürdigen Daten (zum Nutzen Anderer oder aus zerstörerischem Vorsatz).

- Dienstbezogener Missbrauch
  - Gezielte Beeinträchtigung von Diensten zum Schaden des Unternehmens (z.B. Abschaltung eines Fileservers, Kommunikations-Gateways oder Mail-Dienstes).
  - Unautorisierte Nutzung von Diensten (z.B. Nutzung eines Mail- oder Faxservers).

- Identitätsbezogener Missbrauch
  Übernahme der Identität des geschädigten Unternehmens im Rahmen der Kommunikation mit Partner-Unternehmen. Von Interesse sind hierbei insbesondere Zugänge bei Partner-Unternehmen, die aufgrund eines Vertrauensverhältnisses zwischen den Partnern - nicht aber für das Internet - freigeschaltet worden sind.

Zum Schutz vor derartigen Bedrohungen bildet der Einsatz von Firewall-Systemen ein wesentliches Sicherheitselement. Gegenstand dieses Beitrags ist die Darstellung der verschiedenen Firewall-Techniken und deren Einsatz im Unternehmen.

2   Schutz durch Firewalls

Allgemein ist eine Firewall ein System, das netzwerkbasierte System-Ressourcen vor unautorisiertem Zugriff, Nutzung oder Veränderung bewahrt. Traditionell geschieht dies durch einen gesonderten Computer oder Router, der den Datenverkehr zwischen zwei Netzwerken auf der Basis von IP-basierten Protokoll-Headern und Protokoll-Inhalten prüft. Die Firewall-Technik sollte jedoch nicht das einzige Verfahren zur Überwachung der Sicherheit eines Unternehmensnetzwerks sein. Weitere Komponenten wie Datenverschlüsselung, Viren-Scanner, und Netzwerk-Sicherheits-Scanner werden ebenfalls benötigt.

Eine Firewall dient zur Abwehr von Eindringlingen zwischen einem ungesicherten (untrusted) und einem gesicherten (trusted) Netzwerk. Der Datenverkehr zwischen dem trusted und dem untrusted Netzwerk wird hierbei von der Firewall weitestgehend eingeschränkt, um z.B. die Zugriffsrechte von Mitarbeitern einzuschränken und ungewünschte Kommunikation von Applikationen mit externen Diensten zu verhindern. Darüber hinaus nimmt eine Firewall die Aufgabenstellung eines Routers wahr. Sie besitzt somit mindestens zwei Netzwerk-Anschlüsse (jeweils einen Anschluss für das trusted und das untrusted Netzwerk). Abb. 1 zeigt eine typische Konfiguration.

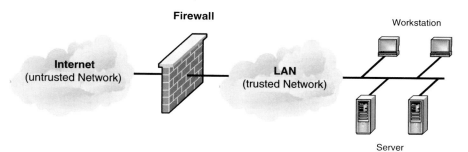

Abb. 1: Firewall zwischen einem trusted und einem untrusted Netzwerk

In den Firewall-Konfigurationen mittlerer und größerer Unternehmen werden i.d.R. zwei Firewall-Systeme für die Einrichtung verschiedener Sicherheitsstufen bzw. -zonen eingesetzt. Typischerweise werden ausgewählte Server eines Unternehmens für Web-Zugriffe aus dem Internet (WWW) sowie für einige weitere Dienste (z.B. eMail) geöffnet. Andere sicherheitsbedürftigere Rechner werden durch eine hinter der ersten Firewall positionierte zweite Firewall zusätzlich abgesichert. Die zweite Firewall sichert dabei das Unternehmensnetzwerk gegen Folgen eines Einbruchs in einen vom Internet zugänglichen Server (z.B. dem Webserver) ab. Das lokale Netzwerk hinter der ersten Firewall, d.h. zwischen dem untrusted und trusted Netzwerk wird in der Literatur als Demilitarisierte Zone (DMZ) bezeichnet.

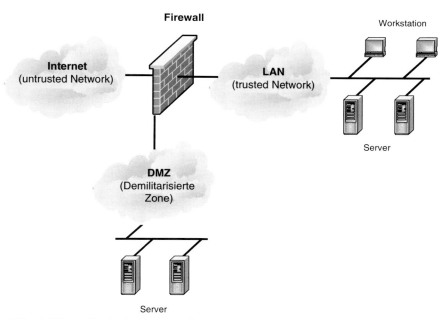

Abb. 2: Firewall mit einem zusätzlichen Interface für eine Demilitarisierte Zone

In letzter Zeit setzen sich am Markt Firewall-Produkte durch, die auf einem System beide Firewall-Funktionalitäten gleichzeitig unterstützen. Ein derartiges System besitzt mindestens drei Netzwerk-Anschlüsse, je ein Anschluss für das trusted Netzwerk, das untrusted Netzwerk und die Demilitarisierte Zone (vgl. Abb. 2).

3 Aufgaben einer Firewall

In Abhängigkeit von dem zu schützenden Netzsegment adressiert eine Firewall folgende Aufgabenstellungen:

- Internet (Schutz vor externen Angriffen aus dem Internet)
  Eine Umgehung der Firewall, beispielsweise durch temporäre Modemverbindungen, wird als risikobehaftet angesehen.

- Intranet (Schutz vor internen Angriffen)
  In größeren Unternehmen ist es ebenso wahrscheinlich, dass ein erfolgreicher Angriff durch das Intranet erfolgt. Interne Firewalls bzw. gesonderte Zugangssoftware sollten sicherheitsrelevante Server (z.B. Buchhaltung) im internen Netzwerk schützen.

- Extranet und Virtual Private Networks (Schutz der Daten, die zwischen unterschiedlichen Standorten über das Internet übertragen werden)
  Firewalls selbst schützen zunächst nicht vor dem Ausspionieren der übertragenen Daten. Einige Firewalls verfügen jedoch über gesonderte Verschlüsselungsmodule, die die Kommunikation über das Internet abhörsicher machen. Man kann mit diesen Modulen somit VPNs (Virtual Private Networks) aufbauen.

Zur Bereitstellung der benötigten Sicherheitsmerkmale werden von einer Firewall bestimmte Funktionalitäten als Pflichtbestandteile gefordert. Diese sind insbesondere:

- **Basis-Schutz**, d.h. Schutz gegen IP Spoofing, Source Routing, TCP SYN-Flooding, Ping of Death und ähnliche Angriffe, die sich nicht auf Authentifizierung von Verbindungen beziehen. Derartige Angriffsarten können durch Packet-Level-Filter abgewehrt werden. Neben diesen Angriffen auf den Netzwerk-Layer von ausgewählten Maschinen wird für einen Basis-Schutz aber auch die Verhinderung von Angriffen auf Applikationen benötigt. Ein Beispiel hierfür ist der Angriff auf SMTP-Server (eMail) mit zu großen Mail-Headern oder auch illegalen Mail Kommandos. Ein weiteres Beispiel ist die Filterung von JAVA- oder ActiveX-Anteilen in HTTP-Datenströmen. Angriffe auf Applikationen können nur über Firewalls mit Application-Level-Filter abgewehrt werden. Daher verwenden die meisten Packet-Level Firewalls zusätzliche Module (Application Proxies) zur Erkennung dieser Angriffe.

- **Autorisierung**, d.h. die Möglichkeit für besondere Systeme, Daten durch die Firewall von einem Netzwerk in ein anderes zu transportieren. Diese Autorisierung erfolgt im Normalfall auf Basis von Kennungen wie Quell- oder Zieladresse bzw. Quell- oder Zieldienste (z.B. TELNET, FTP, HTTP). Kriterien wie Tageszeit und/oder der Wochentag sind zur weiteren Einschränkung ebenfalls nützlich.

- **Authentifizierung**, d.h. die Möglichkeit, bei einem Verbindungswunsch den Benutzer zu erkennen (z.B. durch gesonderte Anmeldung) und entsprechend der Benutzerrechte gegebenenfalls einen Verbindungswunsch zuzulassen.

- **Aufzeichnung**, d.h. die Speicherung der Verbindungsinformation durch die Firewall. Von besonderem Interesse ist hier die Analyse dieser Informationen (z.B. fehlgeschlagener Angriffe) zur Ableitung von geeigneten Gegenmaßnahmen. Im Fall eines erfolgreichen Angriffs können diese Aufzeichnungen weitere Information zur Herkunft und Vorgehensweise des Angreifers liefern. Darüber hinaus dienen sie auch zur Analyse des Kommunikationsverhaltens in einem Unternehmen.

- **Alarmierung**, d.h. Benachrichtigung des Administrators im Problemfall. Dies erfolgt normalerweise über eMail, Pager, SMS oder durch besondere visuelle Darstellungen (z.B. Alarmfarbe in der Administrationsoberfläche). Eine Alarmierung erfolgt im Normalfall, wenn die Firewall besondere Umstände erkennt, die einen Angriff annehmen lassen.

4 Arbeitsweise von Firewall-Systemen

Effektiver Schutz von Unternehmensnetzen erfordert eine ständige Kontrolle des Kommunikationsflusses zwischen Internet und internen Netzen. Eine Firewall muss hierzu Steuerungsentscheidungen treffen, etwa um TCP/IP-Pakete zu verwerfen, passieren zu lassen oder aufzuzeichnen. Die hierzu erforderlichen Informationen, können aus unterschiedlichen Ebenen des OSI-Referenzmodells abgeleitet werden. In Abhängigkeit der untersuchten Protokollschichten und der grundsätzlichen Arbeitsweise kann man Firewallsysteme verschiedenen Ansätzen zuordnen: Application-Level-Filterung, Packet-Level-Filterung und Stateful Inspection.

4.1   Application-Level-Filterung

Bei der Application-Level-Filterung arbeitet die Firewall oberhalb der Transport-
ebene. Sie autorisiert Verbindungen und untersucht den verbindungsbezogenen Da-
tenstrom über intelligente verbindungstypspezifische Applikationen (z.B. HTTP,
FTP, SMTP). Ein Benutzer, der aus einem unsicheren Netz kommend ein geschütz-
tes System erreichen möchte, baut zunächst eine Verbindung zu einem Stellvertreter
auf (vgl. Abb. 3).

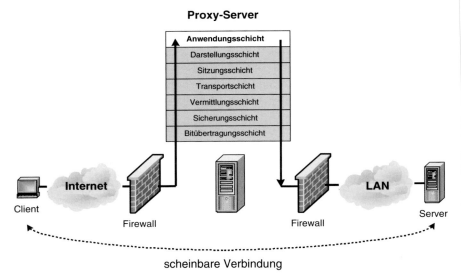

Abb. 3: Application-Level Filterung mit Proxy Server

Dieser Stellvertreter bzw. Proxy baut seinerseits eine Verbindung mit dem Zielsystem auf. Der Benutzer kommuniziert daher nicht unmittelbar mit dem Zielsystem.
Vielmehr übernimmt diese Aufgabe der Proxy, der nun mit dienstabhängigen Kriterien Steuerungsentscheidungen treffen kann.

Für jeden Dienst können spezifische Sicherheitsmechanismen verwendet werden.
Aufgrund des ausschließlich mittelbaren Zugriffs eines externen Benutzers auf einen
internen Dienst und die Einbeziehung von Information aus der Applikationsebene
lassen sich wirksame Sicherheitsmechanismen erstellen. Für jeden Dienst, der mit
Application-Level-Filterung versehen werden soll, ist ein entsprechender Proxy erforderlich. Während für Standarddienste Proxies zur Verfügung stehen, müssen für
spezielle Dienste zum Teil die benötigten Proxies aufwendig erstellt werden.

4.2   Packet-Level-Filterung

Die Paket-Filterung kann im Gegensatz dazu keine applikationsspezifischen Informationen auswerten. Übertragen auf das OSI-Referenzmodell leitet sie Steuerungskriterien aus der Vermittlungsschicht und der Transportschicht ab. Jedes Paket besitzt eine Reihe von Headern, die Informationen für den Paketfilter enthalten, wie z.B. Pakettyp (z.B. ICMP, UDP, TCP), IP-Quelladresse, IP-Zieladresse, Quellport, Zielport und Paketgröße.

Um zu entscheiden, ob ein Paket den Filter passieren darf, wird eine Liste von Regeln analysiert, die im Paketfilter hinterlegt ist. Die Auswertung von Informationen aus dem Paket-Header ist vergleichsweise einfach und kann mit relativ wenig Aufwand betrieben werden. Zudem ist ein Paketfilter wesentlich flexibler als eine Application-Level-Filterung. Die Freischaltung oder das Sperren von Diensten, Adressen oder Pakettypen kann durch Bearbeitung der Regeln erfolgen. Die Header-Informationen sind jedoch durch einen potenziellen Angreifer manipulierbar. Ohne die Auswertung kontextbezogener Information ist der Einsatz eines reinen Paketfilters zum Schutze von Unternehmensnetzen daher i.d.R. nicht ausreichend.

4.3   Stateful Inspection

Ein dritter und in der Praxis ständig an Bedeutung gewinnender Ansatz besteht in der sog. Stateful Inspection. Im Gegensatz zu einem Paketfilter werden bei der Stateful Inspection neben der Header-Information zusätzlich Dateninhalte untersucht. Die Kriterien zur Bildung von Steuerungsinformation werden daher auch aus den oberen Protokollschichten abgeleitet. Zusätzlich werden Informationen über die Historie, d.h. den Status einer Verbindung ausgewertet. Die Betrachtung der Historie erfolgt dabei über Zustandstabellen, die innerhalb eines Stateful-Inspection-Moduls geführt werden. Im einfachsten Fall wird über eine Zustandtabelle überprüft, ob ein ankommendes Paket als Antwort auf eine Anfrage erwartet wird. Ist dies der Fall, kann das Paket passieren, anderenfalls wird es abgewiesen. Die Stateful Inspection bietet eine ähnliche Flexibilität wie die Paketfilter-Technologie. Durch die Analyse der Historie in Form von Zuständen eines Automatenmodells und die Einbeziehung von Dateninhalten wird ein deutlicher Zugewinn an Sicherheit im Vergleich zum Paketfilter erreicht.

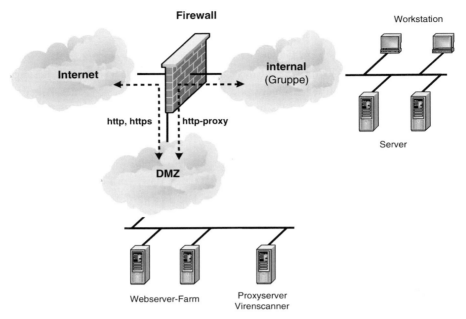

Abb. 4: Beispiel einer Firewall-Konfiguration mit Proxy

5 Firewall-Systeme in der Anwendung

In der Praxis werden Firewall-Systeme häufig aus einer Mischform bestehend aus
Stateful Inspection und Application-Level-Filterung konstruiert. Im Folgenden wird
die prinzipielle Wirkungsweise eines solchen Firewall-Systems auf der Basis einer
Stateful Inspection und dem Einsatz von Proxyservern näher betrachtet. Die Aufgabenstellung besteht darin, Benutzern aus dem Internet die Möglichkeit einzuräumen,
über das HTTP- bzw. HTTPS-Protokoll auf Webserver eines Unternehmens zuzugreifen. Gleichzeitig muss das interne Netz des Unternehmens wirksam vor
Zugriffen aus dem Internet geschützt werden.

Die Abb. 4 zeigt eine Firewall-Konfiguration mit Grenznetz. Innerhalb des Grenznetzes sind die Webserver platziert, die von außen, d.h. aus dem Internet erreichbar
sind. Ein Proxyserver, der ebenfalls innerhalb des Grenznetzes aufgestellt ist, ermöglicht den indirekten Zugriff auf Webserver, die im Internet außerhalb des Unternehmensnetzwerks stehen. D.h. auch interne Benutzer können nicht direkt aus dem
Unternehmensnetz Verbindungen ohne Nutzung des Proxyservers aufbauen. Mit
dieser Grundkonfiguration wird folgendes erreicht:

1. Es existiert keine direkte Verbindung zwischen dem Internet und dem internen Unternehmensnetz. Keine Pakete verlassen das interne Netz in Richtung Internet. Keine Pakete erreichen das interne Netz aus dem Internet.

2. Der Zugriff auf Webserver im Internet kann durch die Proxykonfiguration begrenzt werden. Hierbei können inhaltliche Überprüfungen durchgeführt werden. Typischerweise stattet man den Proxyserver mit einem Virenscanner aus, der die über das HTTP-Protokoll aus dem Internet geladenen Dateien analysiert und somit das Unternehmensnetz vor einem Virenbefall schützt.

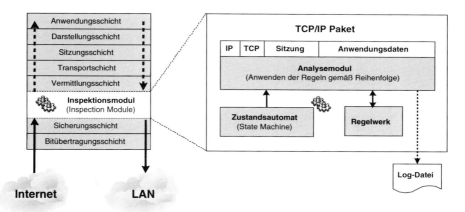

Abb. 5: Elemente eines Inspektionsmoduls

Eine Firewall mit Stateful-Inspection-Modul (vgl. auch Abb. 5) wird innerhalb eines Protokoll-Stacks positioniert. Dieses Modul hat sowohl Zugriff auf Header-Informationen, als auch auf Dateninhalte eines Pakets. Darüber hinaus werden Zustandsinformationen geführt, analysiert und im Inspektionsmodul zur Auswertung herangezogen. Die Entscheidung, welche Informationen die Firewallgrenzen passieren dürfen, wird anhand von Regeldefinitionen getroffen. Abb. 6 zeigt einen Regelsatz, wie er für die beschriebene Aufgabenstellung verwendet werden könnte.

No.	Source	Destination	Service	Action	Track	Install On	Time	Comment
1	Any	WebServer	http https	accept	Long	Gateways	Any	erlaube Zugriff auf Webserver
2	internal	Proxy	http-proxy	accept	Long	Gateways	Any	erlaube Zugriff auf Proxy von intern
3	Proxy	internal	http https	accept	Long	Gateways	Any	Proxy darf mit http und https nach aussen
4	Any	Any	Any	drop	Long	Gateways	Any	Drop falls keine Regel zutrifft

Abb. 6: Darstellung eines Regelsatzes in der Administrationsoberfläche
einer Firewall (Check Point Firewall-1)

Die Regeln werden dabei in definierter Reihenfolge, beginnend mit der Regel Nr. 1 von oben nach unten abgearbeitet. Sobald eine Überprüfung zutrifft und ein Paket passieren lässt, ist die Bearbeitung der Regeln abgeschlossen.

In dem gezeigten Beispiel erlaubt Regel Nr. 1 Benutzern mit beliebiger Quelladresse, eine Verbindung zu den Webservern im Grenznetz über ein HTTP- bzw. HTTPS-Protokoll aufzubauen. Internetbenutzer können somit auf die Webserver des Unternehmens zugreifen. Regel Nr. 2 gestattet Benutzern im internen Unternehmensnetz den Verbindungsaufbau zu einem Proxyserver im Grenznetz. Der Proxyserver kann seinerseits nach Regel Nr. 3 Webserver im gesamten Adressraum mit Ausnahme des internen Netzes erreichen. Regel Nr. 4 sperrt alle Pakete, die bis dahin von vorangegangenen Regeln nicht akzeptiert wurden.

Beispielhaft wird im Folgenden die Wirkungsweise eines SYN-Defender-Gateways, wie es typischerweise in einer Firewall implementiert ist, zur Abwehr einer SYN-Flooding-Attacke beschrieben. Die SYN-Flooding-Attacke ist ein sog. DoS-Angriff (Denial of Service), bei dem durch Verknappung von Ressourcen ein Server blockiert wird (vgl. auch den Beitrag von Roßbach in diesem Buch). Während eines Verbindungsaufbaus sendet eine Station ein TCP-Paket in dem das sog. SYN-Bit gesetzt ist und fragt damit den Server an, ob er über Ressourcen für den Aufbau einer Verbindung verfügt. Der Server bestätigt diese Anfrage, indem ein Paket mit gesetztem SYN- und ACK-Bit zurückgesendet wird. Im Normalfall wird nun von der sendenden Station ein Paket an den Server geschickt, in dem wiederum das ACK-Bit gesetzt ist. Hierbei kann es zu einer Verknappung von Ressourcen kommen, wenn ein Angreifer zwar einen Verbindungsaufbau anfordert, jedoch auf eine SYN/ACK-Antwort des Servers keine Antwort mehr gibt. Die entstehenden offenen Verbindungsanfragen müssen dann für die maximale Zeit in einer Queue des Servers eingetragen bleiben. Dies kann im Extremfall dazu führen, das keine weiteren Verbindungsanfragen bearbeitet werden können.

Die Arbeitsweise eines SYN-Defender-Gateways ist in Abb. 7 illustriert. Die Firewall reicht eine SYN-Anfrage an den Zielserver weiter. Im Gegenzug wird die SYN/ACK-Antwort des Servers über die Firewall an den Sender weitergeleitet. Erfolgt nun die ACK-Antwort vom Sender an den Server, kann die Verbindung wie gewünscht aufgebaut werden. Antwortet ein Angreifer nicht, erfolgt nach einer kurzen Zeit ein Reset, dass vom SYN-Defender-Gateway an den Server geschickt wird. Hierdurch wird ein übermäßiges Auffüllen der Queue verhindert. Ist ein SYN-Defender-Gatway auf einem Firewall-System aktiviert, muss nur an einer zentralen

Stelle ein Timeout-Parameter eingestellt werden, um Server vor SYN-Flooding-Attacken zu schützen.

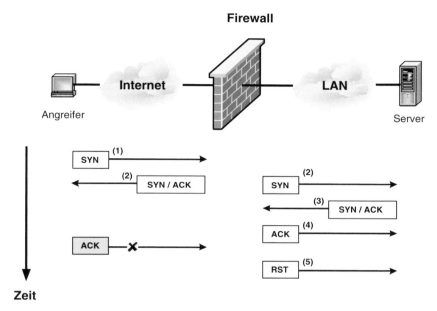

Abb. 7: Funktionsweise eines SYN-Defender-Gateways

6 Architektur von Firewall-Systemen

Ein in der Praxis häufig angewendetes Prinzip zum Aufbau einer sicheren Architektur für den Betrieb von Anwendungssystemen stellt die sogenannte Zwiebelschalen-Architektur dar. Diese basiert auf der Schachtelung mehrerer in sich geschlossener Sicherheitszonen, ähnlich den Verteidigungswällen einer mittelalterlichen Burg. Entsprechend dem Sicherheitsbedürfnis der jeweiligen Teilsysteme einer Anwendung sieht die Architektur eine Aufteilung des Gesamtsystems in verschiedenen Zonen vor.

Die wertvollsten Informationen, wie beispielsweise die Kundendaten eines Customer-Relationship-Management-Systems, werden in der innersten und am besten abgesicherten Zone platziert. Teilsysteme mit denen der Anwender direkt kommunizieren muss, die jedoch i.d.R. weniger wertvolle Informationen beinhalten, wie beispielsweise ein Webserver, liegen in der äußersten Zone. Eine allgemeine Schalenarchitektur gliedert sich dabei in folgende Zonen (vgl. auch Abb. 8):

- **Web-Zone**: Die Webzone ist direkt über eine Firewall mit dem Internet verbunden und stellt die unbedingt erforderlichen Dienste für Internet-Benutzer zur Verfügung. Hierzu zählen z.B. Webserver, Mailserver und DNS-Dienste.

- **Anwendungs-Zone**: In dieser Zone befinden sich die Applikationsserver, die sensible Daten aus den Datenbankservern der Datenbank-Zone dem Webserver bereitstellen. Der Durchgriff auf Daten muss in jedem Fall durch eine Applikation hindurch erfolgen. Der direkte Kommunikationspfad zwischen Webserver und Datenbankserver wird über die Firewallsysteme ausgeschlossen.

- **Datenbank-Zone**: Die besonders gut gesicherte Datenbank-Zone beherbergt schließlich die Daten, die keinesfalls in die Hände eines Angreifers fallen dürfen. Hierzu zählen insbesondere personenbezogene Daten bzw. aus Transaktionen abgeleitete Bewegungsdaten.

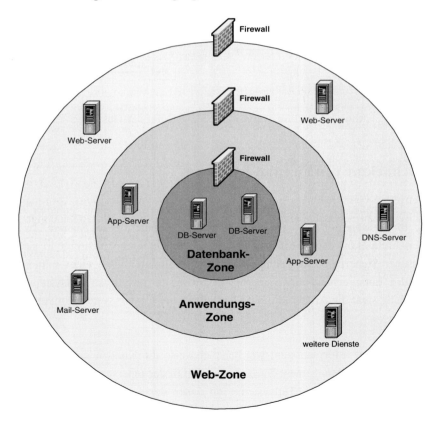

Abb. 8: Prinzip geschachtelter Sicherheitszonen

Die in verschiedene Schalen aufgeteilte Gesamtarchitektur vereinigt zwei wesentliche Prinzipien zur Absicherung von Netzstrukturen, nämlich „Perimeter Defence" und „Defence in Depth". Im Falle der Perimeter Defence werden die zu schützenden Systeme über einen äußeren Verteidigungsring mit einer im Idealfall einzigen zentralen Zugangskontrolle abgesichert. Dies erlaubt insbesondere eine zentrale Administration zur Umsetzung der Sicherheitsrichtlinien eines Unternehmens. Allerdings würde ein erfolgreicher Angriff bereits den innersten Kern mit den wertvollsten Informationen offen legen. Defence in Depth hingegen basiert auf einer Vielzahl von unterschiedlichen Verteidigungssystemen. Ein Angreifer müsste mehrfach erfolgreich sein, damit schützenswerte Informationen zugänglich würden. D.h. er müsste eine Vielzahl von Verteidigungsanlagen penetrieren, bevor er Zugriff auf die wertvollen Datenbestände eines Unternehmens erhalten kann. Die Wahrscheinlichkeit einer Entdeckung nimmt dabei unter der Voraussetzung geeigneter Maßnahmen (z.B. beim Einsatz von Intrusion-Detection-Systemen) mit zunehmender Anzahl der zu überwindenden Verteidigungseinrichtungen zu. Die gewonnene Sicherheit wird allerdings mit einem wesentlich höheren Administrationsaufwand für die Umsetzung einer unternehmensweiten Sicherheitspolitik erkauft.

Die Kombination der beiden Prinzipien durch geschachtelte Sicherheitszonen mit zentralen Übergängen erlaubt es, die Vorteile der beiden Prinzipien gleichermaßen zu nutzen. Der Übergang von einer Schale bzw. Sicherheitszone zu der nächsten weiter innen liegenden Schale findet hier ausschließlich über streng kontrollierte Übergänge, die jeweils durch eigenständige Firewalls realisiert werden, statt. Diese stellen den einzigen Übergangspunkt zwischen den Schalen dar und können dadurch mit vertretbarem Aufwand administriert und überwacht werden. Die Kommunikation zwischen zwei benachbarten Zonen wird somit über jeweils unabhängige Firewalls geregelt. Hingegen ist eine direkte Kommunikationsbeziehung über mehrere Zonen hinweg nicht möglich. Beispielsweise kann ein Webserver niemals direkt mit dem in der innersten Zone liegenden Datenbankserver kommunizieren. Dazwischen ist immer ein Applikationsserver zur Bereitstellung der Daten aus dem Datenbankserver geschaltet und fungiert quasi als Proxy im Sinne eines Applikations-Gateways.

Literatur

Goncalves M./Brown, S. (2000): Check Point FireWall-1 Administration Guide, New York u.a.

Pohlmann, N. (2001): Firewall-Systeme, 4. Auflage, Bonn.

Ullmann, U. (2001): Check Point FireWall-1/VPN-1, 1. Auflage, Bonn.

Zwicky, E.D./Cooper, S./Chapman, D.B. (2001): Einrichten von Internet Firewalls, 2. Auflage, Köln.

Intrusion Detection Systems

Michael Hennecke

Inhalt:

1 Einleitung

Die Abbildung von Geschäftsprozessen durch eCommerce-Anwendungen hat sich in den letzten Jahren kontinuierlich beschleunigt und ihr Ende ist noch nicht absehbar. Mit dieser Entwicklung ist ein zunehmenden Bedarf an erweiterten IT-Sicherheitslösungen verbunden, mit denen Integrität, Verfügbarkeit und Vertraulichkeit derartiger Geschäftsprozesse sichergestellt werden kann. Einen dieser Lösungsansätze stellen die Intrusion Detection Systems (IDS) dar, die vom Financial IT-Dienstleister WestLB Systems bei der Westdeutschen Landesbank (WestLB) im Rahmen eines globalen Projekts eingeführt wurden.

Im vorliegenden Beitrag werden die Projekterfahrungen zusammengefasst, wobei zunächst die Einordnung von IDS in ein Sicherheitsgesamtkonzept und die Grundlagen von IDS beschrieben werden.

1.1   Einordnung von IDS im Rahmen eines erweiterten Sicherheitsmodells

IDS stellen einen Baustein zur Erzeugung und Erhöhung der IT-Sicherheit im Rahmen eines Gesamtmodells dar (vgl. Abb. 1).

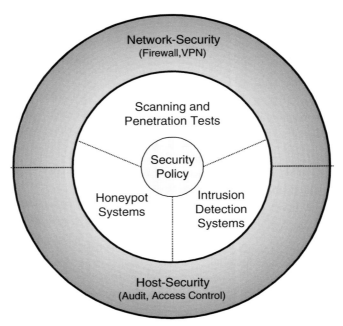

Abb. 1: Erweitertes Sicherheitsmodell

Während die Security Policy die strategischen Ziele einer Sicherheitspolitik definiert, verfolgen die im äußeren Kreisring angeordneten primären technischen Maßnahmen die Umsetzung dieser Sicherheitspolitik. Dazu zählen Sicherheitslösungen zur Erhöhung der Netzwerksicherheit (Firewalls, VPN, etc.) und der Hostsicherheit (Zugriffskontrolle, Authentisierungsverfahren, etc.). Diese primären Sicherheitsmaßnahmen werden zunehmend durch „neuartige" Sicherheitsmaßnahmen ergänzt. Hierzu zählen die Scanning- und Penetrationstests, die Systeme auf Schwachstellen hin analysieren. Daneben werden Honeypot-Systeme eingesetzt, die ein interessantes Angriffsziel für einen Hacker simulieren. Auf diese Weise lenken sie von den wichtigen Systemen ab und lösen im Falle eines Angriffs Alarm aus.

Intrusion Detection Systems (IDS) sind von ihrer Funktionsweise her vergleichbar mit einer Videoüberwachung oder einem Virenscanner. Sie können annähernd in Echtzeit Angriffe gegen Netzwerke oder einzelne Hosts (z.B. Server, Workstation, etc.) automatisch erkennen und Gegenmaßnahmen einleiten.

1.2   Einsatzszenarien für IDS

Im Grundsatz existieren vier Einsatzszenarien für IDS, wodurch die IT-Sicherheit wirkungsvoll erhöht werden kann:

1. Überwachung von Netzwerkübergängen (z.B. Internet-Anbindung)
2. Überwachung interner Netze (z.B. Backbone, einzelne Abteilungsnetze)
3. Überwachung dedizierter Serversysteme (z.B. Webserver, Datenbankserver)
4. eBanking-Szenarien (z.B. Absicherung von proprietären Anwendungsprotokollen)

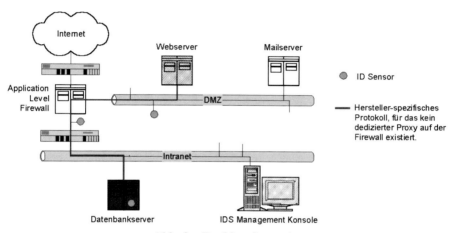

Abb. 2: eBanking-Szenario

Abb. 2 zeigt eine beispielhafte eBanking-Anwendung, die aus zwei Komponenten besteht. Eine Komponente ist der Webserver in der Demilitarisierten Zone (DMZ), die andere der Datenbankserver im internen Netz (Intranet). Beide kommunizieren über ein hersteller-spezifisches Anwendungsprotokoll, für das auf der Application Level Firewall kein dedizierter Proxy existiert. Damit verliert die Firewall einen wesentlichen Teil ihrer Schutzfunktion und ein Angreifer könnte, wenn er den Webserver gehackt hat, bis zum Datenbankserver im internen Netz vordringen. Diesen würde er als Brückenkopf für weitere Angriffe gegen Systeme im internen Netz missbrauchen können.

Dieses Bedrohungspotenzial kann gemindert werden, indem Intrusion-Detection-Sensoren (ID-Sensoren) an gefährdeten Stellen positioniert werden. Insbesondere der Sensor auf dem internen Datenbankserver ist in der Lage, das oben beschriebene Angriffsszenario zuerkennen und rechtzeitig Alarm auszulösen. Gemanagt werden die Sensoren durch eine Konsole im internen Netz.

2 Technische Grundlagen von IDS

Als „intrusion" wird jegliche Handlung bezeichnet, welche die Integrität, Vertraulichkeit und Verfügbarkeit von Ressourcen gefährdet (vgl. Heady et al., 1990). Die
Aufgabe eines IDS besteht darin, entsprechende Handlungen zu erkennen und ggf.
Maßnahmen zu deren Unterbindung einzuleiten. Der dazu nötige Prozess lässt sich
in drei Schritte unterteilen: Rohdatenerfassung, Analyse der Rohdaten und Reaktion
auf einen erkannten Angriff.

2.1 Rohdatenerfassung

Für die Rohdatenerfassung existieren zwei Verfahren: netzwerkbasierte und hostbasierte IDS. In zunehmendem Maße werden hybride IDS eingesetzt, die eine Kombination der beiden oben genannten Verfahren darstellen.

Netzwerkbasierende IDS gewinnen ihre Rohdaten durch das Abhören des Datenverkehrs in einem Netz (Sniffer-Prinzip). Der Einsatz von netzwerkbasierenden IDS an
strategischen Stellen des Netzes (z.B. hinter einer Firewall oder in eBanking-Umgebungen) erlaubt, die existierenden Protokolle und Verbindungen im Netz in Echtzeit
zu kontrollieren. Fazit: Netzwerkbasierende IDS erhöhen die Netzwerksicherheit des
überwachten Netzes.

Hostbasierte IDS sind als Softwareagenten auf den zu überwachenden Rechnern installiert und werten die in den Logfiles anlaufenden Informationen aus. Sie eigenen
sich besonders gut, um Angriffe zu erkennen, die spezifische Schwachstellen von
Betriebssystemen ausnutzen oder die Integrität der Daten auf einem Rechner verlet-
zen (z.B. Austausch von Programmen durch manipulierte Versionen, sog. „trojanische Pferde"). Fazit: Hostbasierte IDS erhöhen die Hostsicherheit der überwachten
Rechner. Damit eignen sie sich besonders für den Einsatz auf potenziell gefährdeten
Systemen, wie z.B. Datenbank- und Webserver.

Hybride IDS werden analog zu hostbasierten IDS als Softwareagenten auf einzelnen
Systemen installiert. Zusätzlich überwachen Sie das Netzwerk-Interface dieses
Systems und können somit auch netzwerkspezifische Angriffe erkennen. Fazit: Hyb-
ridbasierte IDS vereinen die Vorteile von netzwerk- und hostbasierten IDS und werden langfristig die hostbasierten IDS ersetzen.

2.2   Analyse der Rohdaten

Der komplizierteste und aufwendigste Schritt bei einem IDS ist das Erkennen von Angriffen durch die Auswertung vorliegender Rohinformationen. Um eine Angriffs-erkennung in annähernder Echtzeit erzielen zu können, müssen die anfallenden Da-ten schnell genug ausgewertet werden. Dies stellt hohe Performanceanforderungen an die verwendete Hard- und Software, die um so größer werden, je mehr Rohdaten pro Zeiteinheit auszuwerten sind.

Grundsätzlich existieren zwei Verfahren um die Datenanalyse durchzuführen: sig-naturbasierende- und statistische Verfahren.

Signaturbasierte Verfahren untersuchen die Rohdaten auf bekannte Angriffsmuster. Diese Vorgehensweise ist vergleichbar mit dem Funktionsprinzip von Virenscan-nern, die in Dateien nach charakteristischen Signaturen von Viren suchen. IDS auf der Basis signaturbasierender Verfahren sind relativ zuverlässig und werden in den meisten kommerziellen Versionen eingesetzt.

Statistische Verfahren stellen einen Angriff als einen anomalen Zustand dar, der vom Normalzustand eines Systems abweicht. Loggt sich beispielsweise ein Angrei-fer in der Nacht in ein System ein, auf dem um diese Zeit üblicherweise niemand ar-beitet, wertet das IDS dies als anomalen Zustand. Prinzipiell sind IDS auf der Basis statistischer Verfahren in der Lage, unbekannte Angriffsformen zu erkennen. Aller-dings produzieren Sie eine hohe Fehlalarmquote in dynamischen Umgebungen und werden daher in kommerziellen Produkten kaum eingesetzt (auch wenn das Pro-duktmarketing dies oft suggeriert).

2.3   Reaktion auf einen erkannten Angriff

Hat ein IDS nach der Auswertung der Rohdaten einen Angriff erkannt, leitet es Ge-genmaßnahmen ein. Eine Übersicht möglicher Reaktionen zeigt die folgende Liste:

- Logging des Angriffs (Zeitstempel, IP-Adressen/Portnummer des Angreifers und des Opfers, verwendetes Protokoll)
- Speicherung des gesamten Vorganges für eine spätere Analyse (Speicherung aller an einem Angriff beteiligten IP-Pakete bei einem netzwerkbasierenden IDS)

- Senden von Alarmmeldungen
  - an die IDS-Management-Konsole
  - via eMail
  - via SMS
  - über den Windows NT Messenger Service (SMB-Protokoll)
  - an ein Netzwerkmanagementsystem (OpenView, Tivoli, etc.)
- Starten von benutzerdefinierten Programmen
- Unterbrechung der TCP-Verbindung (TCP FIN)
- „On the fly"-Rekonfiguration von aktiven Komponenten (z.B. Routern, Firewalls), um Sicherheitslücken zu schließen oder Netzbereiche abzutrennen.

3 „Lessons Learned" - Erfahrungen aus der Einführung von IDS
3.1 Produktauswahl

Die Einführung eines Intrusion Detection Systems bei der WestLB erfolgte im Rahmen eines globalen Projekts. Damit konnte eine umfassende Sichtweise erzielt und regionale Besonderheiten bei der Erstellung des Anforderungskatalogs berücksichtigt werden. Beispielsweise wurden nur solche Anbieter von IDS-Produkten in Betracht gezogen, die einen weltweiten Support bieten können. Weitere Kriterien waren die Marktstellung, die Kombination von Host- und Netzwerksensoren in einem Produkt sowie deren Verfügbarkeit auf Unix und NT Betriebssystemen.

Vor diesem Hintergrund wurden letztendlich die drei kommerziellen IDS-Produkte
- Intruder Alert/NetProwler von Axent/Symantec,
- NetRanger von Cisco und
- RealSecure von Internet Security Systems (ISS)

für detaillierte Tests ausgewählt.

Zusätzlich testeten Mitarbeiter der WestLB Systems in einem parallel verlaufenen IDS-Projekt des Informatikzentrums der Sparkassen Organisation (SIZ) BlackICE Sentry von NetworkICE (nur netzwerkbasiertes IDS für NT) und verglichen dieses Produkt mit ISS RealSecure.

3.2   Testergebnisse

Grundsätzlich erkennen alle getesteten IDS-Produkte „Standard-Angriffsformen" wie Port-Scans (z.B. mit NMAP) oder Vulnerability-Scans (z.B. mit NAI Cyber-Cop), ohne dass ein vorheriges Finetuning des IDS notwendig ist. Für den effizienten Einsatz im Betrieb ist ein solches Finetuning jedoch unerlässlich, um das IDS an die jeweilige IT-Umgebung anzupassen und damit die Fehlalarmquote (sog. False Positives) sowie die Anzahl der nicht erkannten Angriffe zu minimieren.

Die Anzahl der erkannten Angriffe hängt bei netzwerkbasierten IDS stark vom Datendurchsatz ab. Während BlackICE Sentry auch bei hohen Datendurchsätzen (bis 100Mbit) eine gute Erkennungsrate liefert, erreichen andere Produkte nur eine Quote von ca. 60% oder benötigen zusätzliche Ressourcen.

Daneben spielt bei hostbasierten IDS der Ressourcenverbrauch und die Verträglichkeit mit dem Host eine große Rolle. Durch den zunehmenden Trend zu stark geswitchten Netzwerkumgebungen sind netzwerkbasierte IDS nur begrenzt einsetzbar. Vor diesem Hintergrund ist die Verwendung des Server-Sensors ein Lösungsansatz. Der Server-Sensor wertet nicht nur die Audit-Trails des Hosts aus, sondern überwacht auch deren Netzwerk-Interfaces (vgl. hybride IDS). Die größere Sicherheit geht jedoch mit einem stärkeren Eingriff in das Betriebssystem einher. In diesem Fall werden Teile des IP-Stacks verändert. Während der Tests lief der Server-Sensor auf NT-Systemen stabil, unter SUN Solaris kam es aber zu schweren Abstürzen, die nur durch einen Hardware-Reset des Systems behoben werden konnten. Bei neueren Versionen des Server-Sensors tritt dieses Problem nicht mehr auf.

Ein weiterer wichtiger Aspekt sind die dem IDS eigenen Schutzmaßnahmen. Analog zu einer Alarmanlage wird ein Einbrecher zuerst versuchen, diese außer Kraft zu setzen. So existieren eine Reihe von Denial-of-Service-Attacks gegen IDS, die bei ungepatchten Versionen zum Absturz führen können. Bei entsprechenden Tests mussten wir feststellen, dass ein Produkt abstürzte, wenn beim Vulnerability Scanner alle „Analyseoptionen" aktiviert waren.

Automatische Gegenmaßnahmen (Intrusion Response) der IDS-Produkte sind zum gegenwärtigen Zeitpunkt keine wirkliche Option, da Angreifer sie gezielt erzeugen können und die Fehlalarmquote zu hoch ist.

Die Produktempfehlung fiel letztendlich zugunsten ISS RealSecure, u.a. weil die Marktstellung (Marktanteil, Referenzkunden im Finanzsektor, etc.) ein wichtiges

Kriterium war. In einem sehr dynamischen Markt, wie dem der IDS-Produkte, kann ISS noch am ehesten für eine Produktweiterentwicklung garantieren. Diese Entscheidung hat sich als richtig erwiesen, zumal NetworkICE inzwischen von ISS aufgekauft und deren Technologie integriert wurde.

3.3 Organisatorische Einbettung

Bei der Einführung von IDS ist die organisatorische Einbettung von zentraler Bedeutung. Insbesondere bedeutet dies eine 7x24-Stunden-Überwachung der IDS-Alarmmeldungen sowie deren Verifikation und Klassifikation.

Allgemein ist ein IDS in ein Organisationsmodell einzubetten, das die zeitnahe Behandlung von Vorfällen bzw. Angriffen ermöglicht (Incident Handling). Einen Überblick über die grundlegenden Prozessabschnitte eines solchen Modells zeigt Abb. 3.

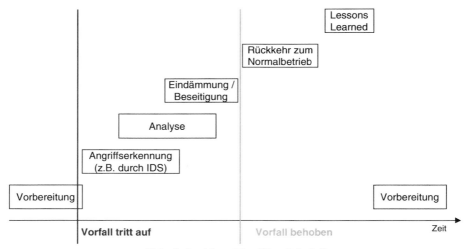

Abb. 3: Incident-Handling-Modell

Die Realisierung eines solchen Modells ist bei großen Organisationen relativ komplex, da viele Organisationseinheiten mit einzubeziehen sind. IDS stellen dann nur einen vergleichsweise geringen Teil im Rahmen der Angriffserkennung dar.

Neben der Angriffserkennung spielen vor allem technische Organisationseinheiten zur Beseitigung von IT-Sicherheitsvorfällen (Incidents) eine wichtige Rolle. Untergliedert in mehre Eskalationsstufen (z.B. 1st Level = Help Desk, 2nd Level = IT-

Betrieb, 3rd Level = technische Fachabteilungen) wird versucht, das Problem in einer möglichst frühen Stufe durch technische Maßnahmen zu lösen (z.B. durch Filtereinstellungen auf Routern oder Firewalls).

Desweiteren sollte eine zentrale Koordinierungsstelle (ein sog. Incident Handling Core Team) existieren, welche einen Überblick über alle Aktivitäten hat, diese auswertet („Lessons Learned") und die Kommunikation zu allen Beteiligten aufrecht erhält. Betroffene Geschäftsbereiche sind in den Entscheidungsprozess mit einzubeziehen, wenn die technischen Maßnahmen zur Beseitigung des IT-Sicherheitsvorfalls versagt haben und als letztes Mittel nur noch die Abschaltung der eBanking Anwendung bleibt. Daneben gibt es weitere Organisationseinheiten (Revision, Public Relations, Business Continuous Planning, etc.), die je nach Schwere des Vorfalls ebenfalls involviert sind.

Damit die beteiligten Organisationseinheiten das oben dargestellte Incident-Handling-Modell abbilden können, sind Rollen, Verantwortlichkeiten, Schnittstellen, Eskalationspfade und Handlungsanweisungen (Kontaktmatrix, Checklisten, Presseerklärungsvorlagen, etc.) zu definieren. Im Vorfeld muss zudem eine Klassifizierung der Angriffskategorien hinsichtlich ihrer Häufigkeit und Schadenshöhe (Business Impact) erfolgen. Diese Sicherheitsanalyse dient später als Ermessensgrundlage, wie und in welchem Ausmaß auf Angriffe zu reagieren ist.

Erfahrungsgemäß sind die Realisierung des Organisationsmodells und die damit verbundenen Abstimmungen sehr zeitaufwändig. Hinzu kommen hohe Kosten, will man den Idealfall einer 7x24-Stunden-Überwachung von IDS realisieren. Verursacht wird dies durch die hohen Zuschläge für Nacht- und Wochentagsarbeit sowie durch Vertreterregelungen, um die arbeitsrechtlich geforderten Pausenzeiten einhalten zu können.

3.4 Kostenbeispiel

Insgesamt wird deutlich, dass der technische und organisatorische Betrieb von IDS mit hohen Kosten verbunden ist. Abb. 4 stellt eine Übersicht dar, welche die relative Kostenverteilung am Beispiel des eingangs beschriebenen eBanking-Szenarios (zwei Netzwerksensoren, ein Serversensor) abbildet. Es wird dabei unterschieden zwischen Investitionskosten, laufenden fixen Kosten und laufenden variablen Kosten.

Kostenkategorie	Beschreibung	Anzahl	Relative Kostenverteilung
Investitionskosten (einmalig)	Hardware für Netzsensor (z.B. SUN Netra T1)	2	9,3 %
	IDS Software: Server-Sensor	1	0,4 %
	IDS Software: Netzwerksensor	2	9,3 %
	Initiales Finetuning	3	1 %
Laufende Fixkosten (pro Monat)	IDS Produktion (Einspielen neuer Patches, Betrieb der Sensoren)	3	25 %
	7x24-Stunden-Überwachung des IDS durch externen Managed Security Monitoring Provider (MSMP)	3	55 %
Laufende variable Kosten (pro Monat)	Verifizierung und Klassifizierung der IDS-Alarmmeldungen	-	Nach Aufwand
	Angriffseingrenzung und Beseitigung	-	

Abb. 4: IDS-Kostenbeispiel für das eBanking-Szenario

4 Zusammenfassung und Ausblick

Der Einsatz von IDS in einem Gesamtkonzept, wie es das erweiterte Sicherheitsmodell in Abb. 1 darstellt, erlaubt Bedrohungsszenarien differenzierter und wirkungsvoller zu begegnen. IDS sind nicht als Ersatz für herkömmliche Sicherheitslösungen anzusehen, sondern als ergänzende Maßnahme, mit der die Wirkungsweise der primären Sicherheitslösungen kontrolliert und speziellen Bedrohungsszenarien, welche die primären Sicherheitslösungen aufgrund ihrer Konzeption nicht abdecken können, begegnet wird. Somit stellen IDS einen wichtigen Baustein in einem IT-Sicherheits-Gesamtkonzept dar.

Praktische Erfahrungen haben gezeigt, dass heutige kommerzielle IDS-Produkte bekannte und standardisierte Angriffe erkennen können. Allerdings ist ein Finetuning des IDS notwendig, um die Fehlalarmrate zu reduzieren.

Entscheidend für den effizienten Einsatz von IDS ist die organisatorische Einbettung. Der Einsatz von IDS ist sinnlos, wenn nicht zugleich sichergestellt wird, dass auf einen Angriff zeitnah reagiert wird. Für diesen Zweck müssen Eskalations- und

Incident-Handling-Prozeduren existieren. Hierzu sind in einem großen Konzern Prozessmodellierungen erforderlich, da es zahlreiche beteiligte Stellen gibt, die bei einem Sicherheitsvorfall nicht unbedingt reibungslos zusammenarbeiten. Damit das Incident-Handling-Modell gelebt wird, sind regelmäßige Übungen (z.B. im Rahmen von Penetrationstests) empfehlenswert.

Insgesamt ist der technische und organisatorische Betrieb mit relativ hohen Kosten verbunden. Es ist daher empfehlenswert, IDS in begrenzten Szenarien mit einem hohen Risikopotenzial einzuführen. Dazu gehören beispielsweise Netzwerkübergänge zum Internet oder eBanking-Umgebungen. Aufgrund der teilweise immer noch auftretenden Unverträglichkeiten im Hostumfeld sollte der Schwerpunkt auf netzwerkbasierten Sensoren liegen. Das Produkt sollte aber generell beide Sensorformen unterstützen.

Ob IDS letztendlich einen wirkungsvollen Beitrag zur IT-Sicherheit leisten, hängt entschieden davon ab, ob die ganze Prozesskette aus technischen und organisatorischen Elementen zur Erkennung, Analyse und Reaktion auf einen Angriff realisiert wurde.

In Zukunft ist mit einer zunehmenden Bedeutung von IDS zu rechnen. IDS-Funktionalität wird im zunehmenden Maße auch bei anderen Produkten (z.B. Betriebsystemen, Firewalls, etc.) implementiert. Es ist zu erwarten, dass gegenwärtige Probleme bzgl. Unverträglichkeit und reduzierter Analysefähigkeit bei hohen Datendurchsätzen gelöst werden. Es existieren heute schon erste Sensoren die einen Datendurchsatz von 1Gbit/s beherrschen.

Auch was die Fehlalarmquote betrifft, ist mit Verbesserung zu rechnen. Allerdings wird man keine 100%-igen Ergebnisse erreichen; dies ist schon aus technischen Gründen nicht möglich. Daneben wollen IDS-Hersteller natürlich auch ihre Consulting und Managed Security Services (MSS) verkaufen.

Bei den Kosten ist mit keiner deutlichen Entlastung zu rechnen. Deshalb werden reine IDS inkl. ihrer organisatorischen Einbettung kurz- und mittelfristig nicht zur „Standard Security" gehören. Langfristig wird der Einsatz von IDS und der damit verbundene Auf- bzw. Ausbau von Incident-Handling-Prozessen aber realisiert werden. Nicht zuletzt deshalb, weil mit dieser Technologie zum ersten Mal Angriffe zeitnah erkannt werden können und organisatorische Maßnahmen zur IT-Sicherheits-Vorfallsbehandlung immer wichtiger werden.

Literatur

Heady, R./Luger, G./Maccabe A./Servilla M.: The Architecture of a Network Level Intrusion Detection System; University of New Mexico, Computer Science Department, August 1990.

Nicht-technische Bedrohungen und Angriffe auf die IT-Sicherheit

Stephan Feil, Peter Biltzinger, Marcus Bräuhäuser

Inhalt:

1 Einleitung

Die Praxis der IT-Sicherheitsberatung zeigt, dass es sich zur Zeit bei der überwiegenden Anzahl derjenigen Angriffe auf die IT-Sicherheit, die ihren Ursprung außerhalb des Unternehmens haben, um Internet-basierte Angriffe handelt, die primär gegen IT-Systeme selbst und nur sekundär gegen Unternehmen gerichtet sind. Diese Angriffe zielen häufig nicht direkt auf geschäftsrelevante Unternehmensdaten, sondern vielmehr aus rein technischem Interesse des Angreifers auf die IT-Systeme an sich. Eine Absicht, unternehmensrelevante Informationen auszuspionieren oder zu beschädigen, ist oft gar nicht vorhanden.

In zunehmendem Maße muss jedoch mit zielgerichteten Angriffen gegen spezifische Unternehmen gerechnet werden – Angriffe mit der Absicht, ein bestimmtes Unternehmen wirtschaftlich zu schädigen. Ein Angreifer, der diese Zielsetzung verfolgt, wird den Einsatz aller ihm zur Verfügung stehenden Mittel prüfen und sich für diejenigen entscheiden, die einerseits mit geringen Risiken für ihn selbst verbunden sind und andererseits eine hohe Erfolgswahrscheinlichkeit aufweisen. Gerade diese Kombination zeichnet nicht-technische Angriffe auf die IT-Sicherheit aus und macht sie für Angreifer sehr attraktiv und für Unternehmen mit vielen Computer-Arbeitsplätzen und nicht sensibilisiertem Personal außerordentlich gefährlich.

Im Bankenumfeld stellen nicht-technische Angriffe eine besondere Herausforderung dar, da zum einen viele Computer-Arbeitsplätze anzutreffen sind und zum anderen die Inhaber dieser Arbeitsplätze in der Regel selbst keine IT-Fachkräfte sind. Dies bedeutet, dass das Verständnis für IT-Systeme auf das tägliche Benutzen von Anwendungen und Systemen beschränkt ist, der Missbrauch dieser Systeme aber zu beträchtlichen Schäden führen kann. Dieses Spannungsfeld, in dem sich der Mitarbeiter bewegt, macht ihn als Ziel für nicht-technische Angriffe außerordentlich attraktiv.

Die Angriffsform der nicht-technischen Angriffe auf die IT-Sicherheit ist in Fachkreisen spätestens seit einem entsprechenden Hinweis des Computer Emergency Response Teams (CERT) der Carnegie Mellon University (USA) im Jahre 1991 (vgl. CERT, 1991) bekannt. Seit dem haben sich Berichte über Angriffe dieser Art zwar immer mehr gehäuft, außerhalb von Fachkreisen werden die Schäden, die aus dieser Angriffsform resultieren können, jedoch weiterhin unterschätzt.

Aus diesem Grunde ist es das Ziel dieses Beitrages, typische Vorgehensweisen, wie sie bei der Durchführung nicht-technischer Angriffe auftreten, zu beschreiben und Maßnahmen zur Abwehr nicht-technischer Angriffe aufzuzeigen. Mit Hilfe dieses Wissens sollte jeder IT-Verantwortliche in der Lage sein, die Bedrohungen in gegebenen Situationen besser einschätzen zu können.

2 Begriffsbestimmungen

Im Folgenden werden alle Angriffe, die sich nur auf die Kommunikation zwischen natürlichen Personen stützen, sich innerhalb dieser aber ausschließlich auf IT-Komponenten oder IT-Fragestellungen beziehen, als *nicht-technische Angriffe auf die IT-Sicherheit* bezeichnet.

Im englischsprachigen Kontext wird diese Methode auch als *Social Engineering* bezeichnet, wobei in dem Begriff die verschiedenen Formen dieser Angriffe auf "social" verkürzt werden. Der Terminus beinhaltet i.d.R. auch Angriffe, die sich nicht (nur) auf die Kommunikation in natürlicher Sprache stützen, sondern auch anhand anderer Interaktionen zwischen Personen ablaufen (wie z.B. das Aufhalten einer Tür). Solche Angriffe werden im vorliegenden Beitrag nicht betrachtet, da sie nicht im ursächlichen Zusammenhang mit IT-Systemen stehen.

Personen, die sich dieser Angriffsform bedienen, werden im Folgenden als Angreifer bezeichnet. Personen, die sich einem solchen Angriff ausgesetzt sehen, werden als Opfer bezeichnet.

Die Form der nicht-technischen Angriffe umfasst ein sehr breites Spektrum möglicher Angriffsformen. Unterschieden werden können Attacken, die auf natürliche, kulturelle oder lokale Normen bzw. Reflexe (Hilfsbereitschaft, Höflichkeit usw.) hoffen. Solche, die für die Durchführung der gewünschten Aktivität eine Belohnung in Aussicht stellen („ich würde mich Ihnen gegenüber dafür erkenntlich zeigen" oder „ich bin der neue Assistent des Vorstandes") und solche, die in einer beabsichtigten Art und Weise auf das Opfer Druck ausüben („ich werde mich mit Ihrem Vorgesetzten unterhalten" oder ebenfalls „ich bin der neue Assistent des Vorstandes").

Die Formen des Drucks umfassen alle Androhungen von Nicht-Erfüllensfolgen (schlechte Beleumundung, Beschwerde, Entlassung, seelische und körperliche Gewalt). Diese schwerwiegenden Beeinflussungsformen provozieren beim Opfer in erhöhtem Maße Gegenreaktionen und machen den Versuch der Beeinflussung aus Sicht des Opfers auch besser erkennbar, weshalb sie mit einem weitaus größeren Risiko für den Angreifer verbunden sind. Alle Formen von Bestechung sind ebenfalls in ihrer Form nicht neu und Gegenreaktionen durch das Opfer sind besser eingeübt. Anhand der Signalwirkung können Opfer diese Angriffsformen erkennen. Insofern sind die Opfer mit Angriffen, die mit Bestechungen oder Bedrohungen verbunden sind, aufgrund ihrer allgemeinen Sozialisierung vertraut, so dass diese im Kontext der IT-Sicherheit nicht gesondert untersucht werden müssen.

Im Folgenden wird aus diesem Grunde ausschließlich auf Angriffe eingegangen, die nicht mit einer offensichtlichen Bestechung oder Bedrohung einhergehen.

3 Psychologie des Überzeugens

Ein Anruf bei einem Mitarbeiter mit der Bitte, umgehend zwanzig Euro auf ein bestimmtes Konto zu überweisen, wird in der überwiegenden Zahl der Fälle scheitern. Wieso ist es aber möglich, ihn zur Herausgabe eines Passwortes zu bewegen? Diese Frage stellt eine der größten Herausforderungen für die Durchsetzung der IT-Sicherheit in einem Unternehmen dar. Die zugrunde liegenden Motivationen und Ursachen für den Erfolg eines entsprechenden Angriffs sind hauptsächlich auf der emotionalen Ebene verankert und daher dem Vernunftbegriff nicht ohne Weiteres zugänglich. Grundsätzlich ist zu beobachten, dass der Schlüssel im Abwehren solcher Angriffe primär damit verbunden ist, den Angriff als solchen zu erkennen. Es ist also zu klären, welche Faktoren die Wahrnehmung des Opfers beeinflussen und es ihm erschweren, einen Angriff zu erkennen.

Wichtige Ursachen für den Erfolg von Angriffen stellen das mangelnde Sicherheitsbewusstsein im Zusammenhang mit IT-Komponenten im Allgemeinen sowie die Unkenntnis solcher Angriffsformen im Speziellen dar. Hat ein Opfer sich die Möglichkeit eines solchen Angriffs nie bewusst gemacht, stehen ihm vertraute Gegenreaktionen, wie im Fall der offensichtlichen, beabsichtigten Bestechung, nicht zur Verfügung.

Um dem Angriff angemessen begegnen zu können, ist es notwendig, diesen zumindest ansatzweise zu durchschauen. Dafür stehen zwei Möglichkeiten offen: Entweder das Opfer kann den Angriff als solchen wiedererkennen (aus zuvor Erlebtem oder Berichtetem) oder es ist dazu gezwungen, das Konzept eines solchen Angriffs ad hoc selbst zu entwickeln und die Absicht des Angreifers ein Stück weit zu durchschauen. Das Entwickeln des Konzepts ist nur möglich, wenn das Opfer versteht, dass ein derartiger Angriff überhaupt Sinn macht - d.h. dass ein Angriff auf die IT-Sicherheit für den Angreifer lukrativ sein kann und somit wirklich eine Bedrohung darstellt. Ohne ein entsprechendes Sicherheitsbewusstsein ist dies kaum wahrscheinlich.

Um zu verstehen, welche Methoden von einem Angreifer eingesetzt werden, um sein Opfer zu einem beabsichtigten Verhalten zu verleiten, ist zu untersuchen, welche Methoden grundsätzlich zur Verfügung stehen. In der Psychologie des Überzeugens werden sechs Hauptkomplexe identifiziert, die das Beeinflussen von Personen ermöglichen und beispielsweise in der Werbung erfolgreich eingesetzt werden (vgl. Cialdini, 2002 und 2001). Um festzustellen, welche Methoden bei nicht-technischen Angriffen zum Einsatz kommen, werden diese sechs Hauptkomplexe im Folgenden vorgestellt.

Ein trickreicher Ansatz ist die *Reziprozität*. Dabei geht es darum, die Selbstverpflichtung einer Person zu Gegenleistungen auszunutzen. Infolge eines kleinen Geschenks fühlt sich eine Person moralisch verpflichtet, dem Schenker eine Gegenleistung zu erbringen. Ein anderer Ansatz besteht darin, die Person aufgrund einer zuvor selbst getätigten Aussage zu einer Handlung zu bewegen, was als *Konsistenz* bezeichnet wird. Trägt sie sich beispielsweise in einer Unterschriftenliste gegen das Waldsterben ein, so ist sie i.d.R. in der Folge auch eher bereit, eine entsprechende Spende zu leisten. Ein anderes Phänomen ist die *soziale Gültigkeit*, die die Neigung beschreibt, den sozialen und ökonomischen Normen zu folgen. Spenden beispielsweise alle Nachbarn, so wächst die Neigung einer Person, ebenfalls zu spenden. Das *Ausnutzen von Zuneigung* ist ebenfalls eine beliebte Methode. Der sympathische Verkäufer wird auch in vielen Fernsehwerbungen als Überzeugungselement eingesetzt. Ein weiterer sehr erfolgreicher Ansatz ist es, mit Autorität zu überzeugen (z.B. Ärzte, Anwälte etc.). Dieses Phänomen wird als *Autoritätsgläubigkeit* bezeichnet. Schließlich ist eine weitere Tatsache die der menschlichen *Wertschätzung von Knappheit*. Daher kann auch mit der Knappheit eines Gutes geworben ("nur noch diese Woche") oder als Argument zur Überzeugung gebraucht werden.

Von den genannten Motiven tritt häufig die Autoritätsgläubigkeit im Zusammenhang mit IT-Systemen gepaart mit dem oft begrenzten eigenen IT-Wissen in den Vordergrund. Denn je weniger ein Mitarbeiter von einem System versteht, desto leichter wird er der Vorspiegelung falscher Tatsachen unterliegen ("Das System hat einen Fehler. Wir müssen es reparieren und benötigen dazu Ihr Passwort"). Ebenso kann Unsicherheit (oder Angst) im Umgang mit technischen Systemen dazu führen, dass ein Opfer dazu bewegt wird, sich zu offenbaren - etwa einer Person, die seine Probleme versteht und Hilfe anbietet ("Diese Abstürze hatte ich auch oft. Wenn Sie mir kurz Ihr Passwort geben, dann stelle ich das für Sie um, und Sie sind das Problem los"). Unsicherheit und Unkenntnis führen dazu, dass das Opfer auf technischer Ebene leichter überzeugt werden kann. Liefert der Angreifer nur genügend viele Begriffe aus dem Fach-Jargon, hat er die technische Autorität erlangt und kann sich damit beim Opfer legitimieren. Dem Opfer erscheint der Angriff als legitime Aktivität - es erkennt den Angriff nicht.

Auch andere Formen der Pseudo-Legitimation können erfolgreich sein. Beispielsweise kann eine eMail mit einem entsprechenden Absendernamen das Opfer dazu verleiten, die Legitimation des Senders als berechtigt einzuschätzen und deshalb dem Angriff zu erliegen (vgl. z.B. Heise News-Ticker, 2001). Ähnliches wurde bereits 1996 in einer Untersuchung von Greening in erschreckender Weise erfolgreich durchgeführt (vgl. Greening, 1996). Obwohl die in diesen beiden Szenarien Betroffene nicht mit den typischen, im Finanzbereich tätigen Mitarbeitern verglichen werden können, ist jedoch beiden Personenkreisen die mangelnde Sensibilisierung für nicht-technische Angriffe gemeinsam. Hieraus ergibt sich, dass ähnliche Angriffe auch im Bankensektor erfolgreich sein können.

Darüber hinaus können verschiedene begleitende Faktoren identifiziert werden. Die dem Menschen vielfach innewohnende Eigenschaft, Auseinandersetzungen soweit möglich aus dem Wege zu gehen, kann sich im Gespräch mit einem Anrufer, der das Opfer zu einer vermeintlich unkritischen Aktivität bewegen will, als verhängnisvoll erweisen. Ursachen für diese Eigenschaft können sehr tief in der Person des Opfers verwurzelt sein (Hang zur Höflichkeit, Feigheit, Faulheit, Friedfertigkeit usw.) und sind insofern kaum zu verändern. Auch Stress, Zeitdruck, körperliche Beschwerden oder andere wahrnehmungsbeschränkende Zustände beim Opfer können im Zusammenspiel mit anderen Faktoren den Erfolg eines Angriffs begünstigen.

Obwohl wahrscheinlich diejenigen nicht-technischen Angriffe, die auf der Ausnutzung der Autoritätsgläubigkeit beruhen, in der Praxis die wichtigste Gruppe darstellen dürften, soll im Folgenden auf eine mögliche Personengruppe hingewiesen werden, die auf den ersten Blick nicht typischerweise als anfällig gegen nicht-technische Angriffe bewertet würde und letztendlich der Ausnutzung von Hilfsbereitschaft sowie der Angst vor Kundenbeschwerden zum Opfer fallen kann.

Im Rahmen von Internet-Portalen (z.B. Portale für Privatkunden, Geschäftskunden oder institutionelle Kunden, Home-Banking- oder Investment-Anwendungen), wie sie mittlerweile schon von zahlreichen Banken eingeführt worden sind, werden erhebliche Werte über das Medium Internet verwaltet und entsprechende Transaktionen initiiert. Hieraus ergibt sich ein entsprechend hohes Schutzbedürfnis hinsichtlich der Datensicherheit und des Schutzes personenbezogener Daten. Diesem Schutzbedürfnis wird seitens der technischen IT-Sicherheit zum einen mit Hilfe entsprechender Verschlüsselungstechniken und zum anderen mit entsprechenden Authentifizierungsverfahren (z.B. dem sog. PIN-TAN Verfahren oder der Verwendung von Digitalen Zertifikaten und Digitalen Signaturen) in ausreichendem Maße Rechnung getragen.

Internet-Portale im Finanzsektor weisen jedoch unabhängig von den im Einzelnen angebotenen Dienstleistungen die Besonderheit auf, dass jeweils zweierlei Arten von telefonischen Service Lines dem Benutzer des Portals zur Verfügung stehen: (1) Eine Service Line bankfachlicher Natur, beispielsweise Telefon-Banking oder telephonische Beratung hinsichtlich der im Portal angebotenen Produkte, und (2) eine technische Hotline, die dem Kunden bei allen Fragen und Problemen technischer Natur hinsichtlich der Nutzung des Internet-Portals zur Verfügung steht. Der Zugang zur bankfachlichen Service Line erfordert in der Regel die gleichen Authentifizierungs- und Legitimierungsmechanismen wie der Zugang zum Internet-Portal, so dass hier ein Angriff nicht-technischer Natur schwierig ist – immerhin muss der Angreifer sich vollständig authentifizieren, was nur gelingt, wenn er im Besitz aller Zugangsdaten ist (sollte er im Besitz dieser Daten sein, so wäre entweder ein nicht-technischer Angriff gegen den Besitzer dieser Daten vorausgegangen oder dieser hätte die Zugangsdaten nicht vertragsgemäß verwahrt. Beide Aspekte sollen in diesem Beispiel außer Acht gelassen werden).

Die technische Hotline hingegen bietet die notwendige Unterstützung, dem Benutzer im Falle technischer Probleme zu helfen. Um die Fragen und Probleme der Kunden in jeder Situation überhaupt verstehen und dann beheben zu können, sind Mitarbeiter der technischen Hotline mit erheblichen Leserechten und zum Teil auch mit Schreibrechten ausgestattet. Meist ist der Zugang zur technischen Hotline ohne aufwändige Authentifizierungsverfahren möglich – Depotnummer und Name genügen hier häufig, Informationen die sich jeder leicht beschaffen kann. Hintergrund hierfür ist, dass dem Benutzer ein Weg zur Verfügung gestellt werden muss, der ihm ohne große Mühe den Zugang zur technischen Hotline ermöglicht bzw. der ihm auch im Falle von Authentifizierungsschwierigkeiten offen steht.

Ein Angreifer kann z.B. unter Ausnutzung der Hilfsbereitschaft des Mitarbeiters der technischen Hotline oder seiner Angst vor Kundenbeschwerden an Informationen über einen bestimmten Teilnehmer des Internet-Portals gelangen, etwa mit Hilfe der unspezifischen Angabe, es habe ein Problem mit einer Transaktionen gegeben. Als Folge kann er beispielsweise erfahren, dass eine Transaktionen in einem bestimmten Zeitraum vollzogen worden ist, ohne dass der Mitarbeiter Höhe und Details benennt. Aber bereits diese Information kann für einen Angreifer wertvoll sein. Ein solcher Angriff stellt eine ausgesprochen zielgerichtete Aktion z.B. gegen einen bestimmten Kunden eines Unternehmens dar.

4   Abwehr nicht-technischer Angriffe

Aufgrund des großen Risikopotenzials nicht-technischer Angriffe muss im Folgenden untersucht werden, wie man diesen entgegentreten kann. In den vorangegangenen Abschnitten wurde deutlich, dass sowohl das Gesamtbewusstsein für IT-Sicherheit gestärkt, als auch über Angriffe dieser Art und deren Erscheinungsformen aufgeklärt werden muss. Dazu ist es notwendig, die gesamte Organisation hinsichtlich IT-Sicherheit auszubilden. Dies muss damit beginnen, IT-Sicherheit als wesentlichen Bestandteil des Geschäfts zu begreifen – im Bankenumfeld sollte dies ohnehin angestrebt werden. Dann ist es konsequenterweise notwendig, ein vollständiges Informationssicherheitsprogramm durchzuführen – beginnend mit der Definition von Sicherheitsgrundsätzen, Richtlinien und Aufbau organisatorischer und technischer Sicherheitssysteme. Entscheidend für die Abwehr nicht-technischer Angriffe ist aber die Sensibilisierung der in Frage kommenden Mitarbeiter und die Aufklärung über nicht-technische Angriffe. Dies sollte nicht nur im Rahmen einer Einmalaktivität, sondern mit regelmäßigen Wiederholungen und besonderer Einweisung neu eingestellter Personen erfolgen.

In Praxis zeigt sich, dass eine ansprechende Gestaltung dieser Seminare die Grundlage für den Erfolg der Sensibilisierung ist, um eine oft vorhandene, ablehnende Grundhaltung der Teilnehmer gegen ein Thema zu überwinden, das ihnen implizit Fehlverhalten unterstellen könnte. Dies kann z.B. anhand von Rollenspielen oder anderen interaktiven Elementen, mit deren Hilfe der Teilnehmer seine Grenzen und Unachtsamkeiten selbst erkennen kann, geschehen. Ferner heben auch aktuelle Beispiele von Vorfällen in anderen Organisationen den Wert einer solchen Veranstaltung. Es ist aber zu beachten, dass die Anwesenden dabei nicht den Eindruck gewinnen, man wolle sie vor "völlig trivialen und banalen" Angriffen bewahren – also sie vor ihrer eigenen Naivität beschützen. Ein solcher Effekt kann bei den Zuhörern zumindest unterbewusst eine negative Einstellung gegenüber der Veranstaltung verursachen oder verstärken und damit insgesamt kontraproduktiv wirken.

Begleitend sollten den Mitarbeitern erinnerungsunterstützende Gegenstände für deren Arbeitsplätze mitgegeben werden, um auf diese Weise eine dauerhafte Sensibilisierung gegenüber nicht-technischen Angriffen zu gewährleisten (z.B. mit Hilfe von Mouse-Pads oder Tassen mit einer entsprechenden Botschaft).

Leider hat sich in vielen Projekten gezeigt, dass technische und andere organisatorische Maßnahmen gegenüber der Mitarbeiterschulung stark dominieren. Es ist aufgrund der klareren Ergebnisbewertung viel einfacher, den Kauf von Firewalls und sonstiger technischer Systeme durchzusetzen, als eine jährliche Schulung aller Mitarbeiter durchzuführen.

Da der Erfolg von Schulungsmaßnahmen nicht unmittelbar messbar ist, muss als Voraussetzung einer entsprechenden Entscheidungsgrundlage zu ihrer Durchführung das höhere Management hinsichtlich des Themas nicht-technische Angriffe sensibilisiert werden. Insofern beginnt der Sensibilisierungsprozess im Management eines Unternehmens und erst nach diesem Schritt kann eine durchgängige Umsetzung im Unternehmen erfolgen.

Ein weiterer Aspekt ist mit der Frage der vorliegenden Berechtigungen verbunden. Wird beispielsweise ein Zugang mit geringen Rechten missbraucht, ist dies i.d.R. weniger folgenreich als der Zugang eines Vorstandsmitglieds. Es ist also darauf zu achten, dass Positionen im Unternehmen, die mit umfangreichen Berechtigungen verknüpft sind, mit Personen besetzt werden, die aufgrund ihrer Persönlichkeitsstruktur (Belastbarkeit, Streitbarkeit usw.) den hier diskutierten Angriffen standhalten können.

Um die Wichtigkeit des Schutzes der Daten zumindest auf den dem Mitarbeiter zugeordneten Endsystemen besser verständlich zu machen, kann auch eine andere Strategie zum Einsatz kommen, um das Verantwortungsgefühl für die zu sichernden Systeme zu stärken: Ziel ist es, ihm für die Unternehmensinformationen das gleiche Verantwortungsbewusstsein zu vermitteln, das er für seine privaten Daten empfindet. Ein denkbarer Weg ist beispielsweise das Ermöglichen der privaten Nutzung der Arbeitsplatzrechner. Damit wird die emotionale Bindung des Mitarbeiters an die Sicherheit des Systems stark zunehmen. Dieser Vorteil muss allerdings gegen die möglichen Nachteile abgewogen werden.

5 Fazit

Die Erfolgsaussichten nicht-technischer Angriffe gegenüber nicht sensibilisierten Mitarbeitern sind vergleichsweise gut - gepaart mit einem geringen Risiko für den Angreifer und hohen möglichen Schäden für das angegriffene Unternehmen.

Da die Ursachen teilweise sehr tief in der Persönlichkeit des Mitarbeiters verankert sind, muss ein Unternehmen alle ihm zu Gebote stehenden Mittel einsetzen, um ein eventuell daraus resultierendes Risiko zu minimieren. Dies bedarf zum einen einer gut geplanten und überwachten Sicherheitsorganisation, wie es ohnehin im Finanzsektor der Fall sein sollte. Besonders wichtig ist jedoch die Komplementierung dieser Aktivität durch Schulungs- und Sensibilisierungsmaßnahmen der Mitarbeiter.

Ohne eine umfangreiche Sensibilisierung der Mitarbeiter gegen nicht-technische Angriffe auf die IT-Sicherheit muss befürchtet werden, dass trotz hoher Investitionen in technische Maßnahmen zur Erhöhung der IT-Sicherheit das Risiko von Schäden in beachtlichem Umfang - verursacht durch nicht-technische Angriffe - weiterhin hoch bleibt.

Literatur

Cialdini, R. B. (2002): Die Psychologie des Überzeugens, H. Huber, Göttingen.

Cialdini, R. B. (2001): Die Kunst, Menschen zu beeinflussen, in: Spektrum der Wissenschaft, Heft 8.

CERT® Carnegie Mellon University (1991, aktualisiert 1997): CERT® Advisory CA-1991-04 Social Engineering, http://www.cert.org/advisories/CA-1991-04.html.

Greening, T. (1996): Ask and Ye Shall Receive: A Study in 'Social Engineering', in: ACM SIG Security, Audit & Control Review, Vol. 14, Nr. 2, S. 8-14.

Heise News-Ticker (2001) "Social-Engineering"-Attacke auf GMX-Kunden, Meldung vom 27.02.2001, http://www.heise-online.de/newsticker.

Muksch, H./Holthuis, J./Reiser, M. (1996): Das Data Warehouse-Konzept – ein Überblick, in: Wirtschaftsinformatik, Heft 4, S. 421-433.

Palass, B. (1997): Der Schatz in den Köpfen, in: Managermagazin, Heft 1, S. 112-121.

Biometrische Verfahren im Bankenumfeld

Marcus Klische

Inhalt:

1 Einleitung

Spätestens seit dem 11. September 2001 und den damit verbundenen Anschlägen auf das World Trade Center in New York, das Pentagon in Washington und weitere Ziele in den USA, wurde das Thema Biometrie in den verschiedensten Medien und auch in der breiten Öffentlichkeit diskutiert. Vorher hatte sich nur eine kleine Gruppe von Menschen mit der Thematik der Erkennung von Personen anhand körpereigener Merkmale beschäftigt. Dies waren vor allem die Wissenschaftler der Mustererkennung, denn jeder biometrische Vergleich ist ein klassischer Mustererkennungsprozess. Weiterhin beschäftigten sich mit dieser Thematik die Kriminologen, die Täter überführen und anhand von hinterlassenen Spuren verfolgen und identifizieren wollen, die Behörden, deren Interesse in der eindeutigen Feststellung der vorgegebenen Identität der eigenen Bürger und der Bürger fremder Staaten, die in die Bundesrepublik einreisen, begründet ist und letztlich auch die Verantwortlichen in der Privatwirtschaft, die zunehmend das Interesse entwickelten, dass schützenswerte Einrichtungen und Daten nur einem selektiven Personenkreis zugänglich gemacht werden.

Es gibt wohl kaum einen zweiten Bereich, der täglich solche Massen von schützenswerten Daten und Einrichtungen transferiert und speichert wie der Finanzdienstleistungssektor. Die eindeutige Authentizität eines Bankangestellten für jeglichen auszuführenden Prozess sowie die festgestellte und überprüfbare Identität beim Kunden scheinen das höchste Ziel aller Verantwortlichen zu sein.

Das nachfolgende Kapitel wird eine Einführung in die verschiedenen biometrischen Verfahren geben. Anschließend werden unterschiedliche Szenarien hinsichtlich des Einsatzes biometrischer Sicherheitslösungen analysiert und eine Hilfe für die Evaluation gegeben.

2 Biometrie

2.1 Einführung

Etymologisch stammt der Begriff "Biometrie" aus dem Altgriechischen "Bio=Leben" und "Metric=Bemaßung" und bedeutet soviel wie "Die Lehre der Anwendung mathematischer und statischer Methoden auf die Mess- und Zahlenverhältnisse der Lebewesen und ihrer Einzelteile". Im engeren, auf die Informatikwelt bezogenen Sinn, ist Biometrie ein Synonym für den Identitätsnachweis von Personen unter Verwendung Ihrer individuellen körperlichen Merkmale.

Warum spielt die Überprüfbarkeit einer Personenidentität eine so große Rolle in der heutigen Gesellschaft? Für nahezu alle Vorgänge des täglichen Leben ist eine Authentifizierung notwendig. Wenn jemand eine Wohnung bezieht, so werden dem neuen Mieter oder Besitzer ein oder mehrere Schlüssel ausgehändigt. Diese Schlüssel authentifizieren den Benutzer, das zugehörige Schloss zu öffnen. Möchte der Mieter diese Rechte auf andere Personen erweitern, so werden Schlüssel nachbestellt und damit das Recht zum Zutritt übertragen. Es wird jedoch nicht das Recht auf den Schlüssel übertragen, sondern der Besitzer des Schlüssels bekommt die Berechtigung zugewiesen. Geht dieser Schlüssel verloren, so ist die damit verbundene Berechtigung nicht automatisch ungültig. Der Schlüssel wird weiterhin die Tür öffnen, unabhängig von der Person, die diesen in das Schloss steckt. Die Berechtigung wird demnach einem Hilfsmittel (Token) übertragen. Der aktuelle Benutzer wird berechtigt, einen Zugang oder Zugriff zu erlangen.

In der IT-Infrastruktur berechtigen Benutzernamen und die dazugehörigen Passwörter zum Datenzugriff, beim Geldausgabeautomaten sind es die EC- bzw. Kredit-/Cashkarten mit der dazugehörigen Persönlichen Identifikationsnummer (PIN). Diese Authentifizierungstechniken basieren alle auf dem Prinzip von Besitz und Wissen. Der Besitz einer Karte oder eines Token sowie ein dazugehöriges Geheimnis, welches den Token aktiviert, ist die gängige Authentifizierungstechnik. Mit dem Wissen allein oder dem Besitz ohne Wissen, ist die Berechtigung nicht positiv zu beantworten. Ob die PIN unsicher ist oder nicht, ob das dazugehörige Verfahren zu überlisten ist, wird hier nicht beurteilt. Übertragbar ist die PIN auf jeden Fall, sei es die bewusste Weitergabe der Karte an Familienangehörige, um zum Beispiel an einem Geldausgabeautomaten Beträge abzuheben, oder die unbewusste Weitergabe durch Diebstahl und unsachgemäße Aufbewahrung von PIN und Karte.

Ideal wäre es, die Berechtigung direkt an die Person zu binden. Dazu muss eine Person erkannt werden. Diese Form der Erkennung bezeichnet man als Biometrische

Erkennung. Erkennen kann man einen Menschen an den verschiedensten Merkmalen. In den nachfolgenden Texten werden nur Merkmale beschrieben, für deren Erkennung bereits Produkte auf dem freien Markt verfügbar sind. Es existieren noch
viele weitere Verfahren, die sich noch in der wissenschaftlichen Grundlagenfor-
schung bewegen und daher für die praxisbezogene Ausrichtung dieses Beitrags keine Relevanz haben.

2.2 Der Fingerabdruck

Der Fingerabdruck ist zweifelsohne das bekannteste Merkmal zur Anwendung bio-
metrischer Verfahren. Schon seit Jahrzehnten wird diese Methode benutzt, um die
Identität von Personen in der Kriminalitätsbekämpfung festzustellen. Fingerprint-
Systeme basieren auf der Wissenschaft der Daktyloskopie, d.h. dem Verfahren zur
Identifizierung eines Menschen durch den Fingerabdruck. Hauptcharakteristika des
Fingerabdrucks beinhaltet das "Minutien-Verfahren", in dem eine bestimmte Anzahl
Merkmale des Fingerabdrucks verglichen und analysiert werden. Das Minutien-
Verfahren beruht hauptsächlich auf den Merkmalen "ridge endings", ein Merkmal
bei dem die Fingerrillen aufhören, und "bifurcation", ein Merkmal bei dem die Fin-
gerrillen sich verzweigen (vgl. Abb. 1 und Abb. 2).

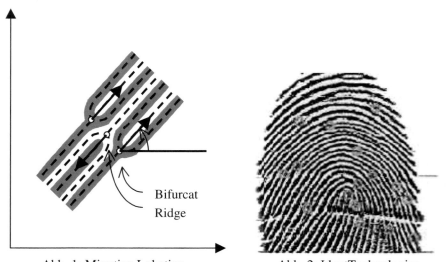

Abb. 1: Minutien Lokation   Abb. 2: IdentTechnologies
Quelle: NCITS B10.8, AAMVA DL/ID-2000, USA Appendix C, 2001, S. 40

Bei diesem optischen Verfahren werden die Fingerabdrücke mit Hilfe einer Kamera aufgenommen und aus dem resultierenden Muster der Positionsvergleich der Merkmale vorgenommen.

Daneben existiert das Verfahren der kapazitiven Sensorik. Dieses misst die elektronischen Werte der Hautoberfläche, die ein kapazitives Feld mit einem Chip erzeugen, auf den der Finger aufgelegt wird. Vorteile dieses Verfahrens der Fingerbilderkennung sind der kleine Referenzdatensatz, die langjährige Erfahrung aus dem Bereich der Forensik und Kriminalistik, die verschiedenen Sensortypen, eine große Anzahl von Herstellern und der minimale Platzbedarf. Nachteilig hingegen wirkt sich der Kontaktzwang zwischen Sensor und Finger aus, so dass Personen, die mit Handschuhen arbeiten oder verschmutzte Finger haben, vom Erkennungsprozess nicht identifiziert werden können. Ebenso sind bei den optischen Lesern die Verschmutzung bei häufiger Benutzung sowie die Temperaturabhängigkeiten bei der kapazitiven Chiptechnologie ein Problem.

2.3   Gesichtserkennung

In der natürlichen Umgebung des Menschen wird ein Großteil der Wahrnehmung über eine visuelle Mustererkennung gelenkt. Das Auge nimmt kontinuierlich optische Informationen auf und sendet diese Daten zum Gehirn. Das menschliche neuronale Netzwerk vergleicht diese Daten mit vorhandenen bekannten Mustern und klassifiziert bzw. identifiziert Gegenstände und Lebewesen und vieles mehr. Wir selbst erkennen Personen zum Großteil an deren Gesichtern. Diese täglich angewandte Technik faszinierte seit jeher die Wissenschaft zur automatisierten Nachahmung. Die heutigen Technologien nehmen ein optisches Bild mittels regulärer Webcams oder auch mittels hochsensibler Kameras mit Infrarotfiltern auf und suchen innerhalb des Bildes nach einem Gesicht. Dieser Vorgang der Gesichtsfindung (Face Detection) ist komplett anders geartet als die nachfolgende Gesichtserkennung (Face Recognition), wird aber oftmals übersehen.

Da für eine Gesichtserkennung nur das Gesicht relevant ist, werden aus dem Bild die Gesichter extrahiert (vgl. Abb. 3). Je genauer die Face Detection ein Gesicht findet, desto besser sind die nachfolgenden Ergebnisse der Gesichtserkennung.

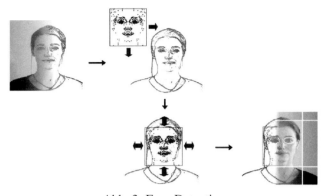

Abb. 3: Face Detection
Quelle: BioID, 2001

Das extrahierte Gesicht wird nun den Algorithmen entsprechend vorverarbeitet (vgl.
Abb. 4). Die bekanntesten Verfahren sind Template Matching, Eigenface oder met-
rische Gesichtserkennung. Jeder Hersteller hat einen eigenen spezifischen Algorithmus und untersucht die verschiedensten Regionen des Gesichtes. Der große Vorteil
der Gesichtserkennung liegt in der Nutzung von allgemein verfügbaren Sensoren.
Jede Kamera kann für die Gesichtserkennung benutzt werden, womit der Preis der
Hardware unabhängig ist von der exklusiven Benutzung der biometrischen Erkennung. Ebenso liegt in der berührungslosen Erkennung ein Vorteil, der jedoch auch
datenschutzrechtliche Risiken mit sich bringt (siehe Kapitel 5).

Abb. 4: Extrahierte, normierte Gesichter
Quelle: BioID, 2000

2.4 Handgeometrie

Obwohl die Handgeometrie nicht den Bekanntheitsgrad aufweist wie der Fingerabdruck, ist sie doch ein lang erprobtes biometrisches Merkmal. Geschäftsreisende, die
regelmäßig in die USA fliegen, können sich beim INSPASS System anmelden. Auf
einigen großen Flughäfen (z.B. Toronto, Vancouver, New York und Washington)
stehen neben den Einreise-Behörden auch automatisierte Terminals. Der Besucher
wird mittels der Handgeometrie verifiziert und kann dadurch sehr schnell einreisen.
Die gleiche Technik wird inzwischen (Stand Ende 2000) von 15% aller Reisenden

auf dem israelischen Flughafen Ben Gurion in Tel Aviv benutzt. Hier konnten bereits eine Million Erkennungen bei 95.000 eingelernten Personen durchgeführt werden.

Für die Identifikation gibt es sowohl Verfahren, die die Maße eines einzelnen Fingers, eines Fingerpaares als auch der gesamten Hand vergleichen. Hierzu wird eine Aufnahme der Merkmale erstellt und Länge, Breite, Struktur und Maßverhältnisse analysiert (vgl. Abb. 5). Vorteil ist die relativ leichte Handhabung. Nachteilig sind die große Kontaktfläche, die benötigt wird, und die hygienischen Probleme. Die Sensorik ist verglichen zu anderen Verfahren sehr groß und entsprechend schwierig zu integrieren.

Abb. 5: Handgeometrieleser
Quelle: INSPASS, 1998

2.5 Retina

Bereits 1935 wurde die Einzigartigkeit der Adernverläufe in der Retina durch eine Publikation von Dr. Carleton Simon und Dr. Isodore Goldstein nachgewiesen. Die Retina ist die Netzhaut des Auges. Sie bildet zusammen mit der äußeren Pigmentschicht (pars pigmentosa) die innere Augenhaut (Tunica interna bulbi) und ist für die Informationsumwandlung einfallender optischer Reize in Nervenströme des Sehnervs verantwortlich. In der mittleren Augenhaut (Tunica vasculosa bulbi) befindet sich die Adernhaut (Chorioidea, vgl. Abb. 6), der Ziliarkörper (corpus ciliare) und die Regenbogenhaut (Iris). Für die sog. Retinaerkennung wird jedoch nur die Chorioidea bzw. das damit verbundene optische Muster der Adern zur Erkennung herangezogen.

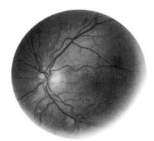

Abb. 6: Adernhaut (Chorioidea)
Quelle: Pschyrembel, 1986

Ein gebündelter Lichtstrahl mit einer Wellenlänge von 890 Nanometern (Infrarotbereich) durchdringt die Retina, und das reflektierende Bild der Chorioidea wird von einem Scanner aufgenommen und verarbeitet. Die Vorteile dieses Verfahrens sind die nachgewiesene Eindeutigkeit der Adernverläufe und die guten Unterscheidungsmöglichkeiten zwischen natürlichen und künstlichen Augen. Ein Nachteil ist jedoch die Akzeptanz, da es keine medizinischen Langzeitstudien über die Verträglichkeit des Auges gegenüber dauerhafter Durchdringung Infrarotlicht-basierender gebündelter Lichtstrahlen gibt. Weiterhin muss der Benutzer sehr nah an einen fest stationierten Retina-Scanner herankommen, damit die optischen Reflexionen nicht durch natürliche Lichtquellen verfälscht werden.

2.6   Augeniris

Gegenüber der Retina befindet sich die Regenbogenhaut (Iris) im sichtbaren Teil des Auges. Sie besteht aus zwei Muskelgruppen, dem Schließ- und Öffnungsmuskel (Musculus sphincter und Musculus dilatator pupillae), und hat mehrere Schichten, von denen die Epithelium posterius entscheidend zum Irismuster beiträgt. Ein Hauptmerkmal der Iris-Erkennung ist das Trabekelmaschenwerk - bei einem Fötus ab dem 8. Monat nach Schwangerschaftsbeginn ausgebildet -, ein Gewebe das die Unterscheidung der Iris in ihrer Radialfunktion wiedergibt. Andere sichtbare und vertraute Charakteristika beinhalten Ringe, Rillen, Flecken und die Krone der Iris, um nur einige zu nennen. Eine sehr hochauflösende Kamera nimmt ca. 266 markante Punkte der Iris auf, um so einen sehr hohen Genauigkeitsgrad zu erreichen (vgl. Abb. 7). Der Vorteil liegt auch hier in der Eindeutigkeit. Weitere Vorteile sind die kontaktlose Benutzbarkeit und die einfache Handhabung. Nachteilig wirkt sich aus, dass Laien diese Technologie häufig mit dem Retina Scan verwechseln, wodurch die Benutzerakzeptanz noch nicht ausreichend ist. Ein weiterer Nachteil liegt in der kostenintensiven Anschaffung entsprechender, qualitativ hochwertiger Kameras. Umstritten ist der Irisscan auch aus datenschutzrechtlichen Gründen, da anhand der Irisstruktur Krankheiten nachweisbar sind. Dadurch haben Datenschützer Bedenken, ob Aufnahmen zur Identifikation nicht auch zweckentfremdet werden könnten.

Abb. 7: Handgerät Irisleser
Quelle: Irisscan

2.7   Stimmenerkennung

Bei der Stimmenerkennung soll zunächst zwischen Sprach- und Sprechererkennung unterschieden werden. Die Spracherkennung erlaubt die Identifikation des gesprochenen Wortes ohne Relevanz wer das Wort gesprochen hat, während die Sprechererkennung die Person identifiziert. Mit einem Standardmikrofon wird ein Wort oder ein ganzer Satz aufgenommen. Es werden dann die Grundfrequenzen, Resonanzmerkmale sowie das Frequenzspektrum zur Klassifikation herangezogen.

Vorteile sind die kontaktlose und einfache Handhabung. Ebenso ist ein Mikrophon ein sehr preisgünstiger Standardsensor. Die Sprechererkennung ist jedoch stark umgebungsabhängig. In einer großen Werkhalle, in der laute Maschinen arbeiten, ist eine Sprechererkennung nahezu unmöglich. Weiterhin ist die Sprechererkennung durch eine einfache Tonbandaufnahme leicht zu täuschen.

2.8   Unterschriftenerkennung

Die handgeschriebene Unterschrift ist ebenfalls als biometrisches Merkmal zu werten. Der Benutzer unterschreibt auf einem Graphik-Tablett oder mit speziellen Stiften auf einer normalen Unterlage (vgl. Abb. 8). Dabei werden sowohl die Schriftverläufe als auch Druckverteilung und Zeitabhängigkeit untersucht. Die einfache Handhabung und das bekannte Verfahren einer Unterschrift sind die großen Vorteile der Signatur. Jedoch unterliegt die Unterschrift sehr starken Schwankungen. Nur durch sehr komplexe Algorithmen, was gleichbedeutend ist mit hohem Rechenaufwand als auch sehr sensitiver Hardware, ist dieses Problem zu bewältigen.

Abb. 8: Tablett für Unterschrifterkennung
Quelle: BioID

2.9   Lippenbewegung

Der gesamte Bewegungsapparat des Menschen ist ein einzigartiges Geflecht aus Sehnen, Muskeln und Gelenken. Demzufolge sind die Bewegungen eines Menschen ebenso einzigartig. Die Bewegung an sich ist immer bewusst, deren exakte Ausführung jedoch im allgemeinen nicht steuerbar. Jeder Mensch kann bewusst seinen Arme bewegen, um etwas hochzuheben. Der exakte Weg jedoch, den der Arm zurücklegt, ist individuell. Das Gleiche gilt sowohl für die Beine als auch die Lippen. Beim Sprechen bewegen wir automatisch die Lippen, um Töne zu erzeugen. Wie die Sprache ist auch die Lippenbewegung ein einzigartiges Merkmal, da mehr als 60 Muskulaturpunkte unterschiedlich gereizt werden müssen, um mit dem Mundraum und Kehlkopf den Resonanzkörper zu bilden, der für die Frequenzbildung notwendig ist.

3 Einführungstrategien

Es existiert kein biometrisches Verfahren, das alle Anforderungen erfüllen kann. So ist ein Fingerabdruckleser in Reinlufträumen, bei denen Handschuhe getragen werden müssen, ebenso nicht nutzbar, wie ein Gesichterkennungsverfahren ohne spezielle Kameras in totaler Dunkelheit oder eine Sprechererkennung in einer Formel-1-Garage, nachdem die Motoren gestartet wurden. Um eine grobe Unterscheidung treffen zu können, werden die Verfahren und die Erkennung in verschiedene Gruppen unterteilt.

3.1 Technischer Ablauf

Der technische Ablauf ist bei allen biometrischen Erkennungsverfahren weitestgehend identisch. Bevor eine Person erkannt werden kann, muss das System diese Person bzw. deren biometrische Einzigartigkeit kennenlernen. Der daraufhin erzeugte Referenzdatensatz wird auch Template genannt. Danach kann ein Erkennungsvorgang gestartet werden. Als erstes werden biometrische Daten über einen Sensor aufgenommen. Diese Daten sind grundsätzlich analoge Daten. Der Sensor ist nur verantwortlich für die Bereitstellung der geforderten Daten, die für den weiteren Prozess benötigt werden. Grundsätzlich stellt der Sensor mehr Daten zur Verfügung als tatsächlich benötigt werden. Damit ist sichergestellt, dass die minimal benötigten Daten, die für eine qualitative Mindestgenauigkeit vorhanden sein müssen, auch zur Verfügung stehen. Bei der Vorverarbeitung werden die nicht-relevanten Daten von den zur Erkennung notwendigen Daten getrennt. Die extrahierten Merkmale werden anschließend dem Klassifikator übergeben, der nun die Abstandswerte von dem aufgenommenen Muster zu den bekannten Referenzwerten ermittelt und eine Klasse (Prototype) erstellt.

3.2 Verifikation oder Identifikation

Für die Klassifikation eines biometrischen Musters existieren zwei Technologien, die Verifikation und die Identifikation.

3.2.1 Verifikation

Die Verifikation vergleicht ein eingehendes Muster, mit nur einem Referenzmuster. Dem System muss natürlich bekannt sein, welches Muster zum Vergleich herangezogen werden soll. Dazu ist eine Hilfs-ID notwendig. Dies kann eine SmartCard sein, die einer Person zugeordnet ist, oder ein Benutzername. Ein Beamter bei der Grenze führt ausschließlich eine Verifikation durch. Er vergleicht die Person mit dem dazugehörigen Ausweis. Der Pass mit dem Foto enthält dann die vorgegebene Identität.

3.2.2 Identifikation

Bei der Identifikation wird ein eingehender Datensatz mit allen bekannten Daten in der Datenbank verglichen und mit einem Näherungsverfahren festgestellt, welche Person zutrifft oder nicht. Die Identifikation braucht keine weiteren Hilfsmittel, um eine Person zu erkennen. Wir Menschen benutzen die Identifikation immer mit uns bekannten Personen (z.B. Familie, Freunde, Bekannte). Wir haben die biometrischen Daten dieser Personen in unserem Gehirn (Datenbank). Wenn uns eine Person gegenüber steht, vergleichen wir die Daten mit unseren gespeicherten Personen und erkennen die Familie ohne Hilfsmittel wie ID, Pass oder ähnliches. Vorteil ist eine Erkennung ohne Hilfsmittel. Nachteilig wirkt sich jedoch der steigende Zeitbedarf bei Vergrößerung der Datenbank aus.

3.3 Templatevarianten

Hinsichtlich der Bewertungsfunktionalität eines biometrischen Verfahrens kann zwischen statischen und dynamischen Templates unterschieden werden.

3.3.1 Statische Templates

Die statischen biometrischen Datensätze werden aus einer Momentaufnahme erstellt. Statische Merkmale sind zum Beispiel Finger, Retina, Iris, Hand und Gesicht.

Der eigentliche Vorteil, dass sich diese Daten über das gesamte Leben kaum verändern, ist jedoch auch ein entscheidender Nachteil. Im Vergleich zu einem Passwort wird das sehr deutlich. Wird ein Passwort gestohlen oder ausspioniert, so ist die

erste Maßnahme, dieses Passwort zu ändern. Statt „Hund" ist das neue Passwort beispielsweise „Katze" und der Dieb kann mit der gestohlenen Information nichts mehr
anfangen. Was tun Sie aber, wenn jemand Ihren biometrischen Datensatz stiehlt?
Das digitalisierte Passwort Ihres Körpers? Sie können ohne erheblichen Aufwand
nicht Ihre Biometrie ändern! Statische Merkmale haben eine limitierte Anzahl von
biometrischen Templates: Zehn Fingerabdrücke, eine Hand (rechte und linke Hand
sind symmetrisch, nur spiegelverkehrt), zwei Augen und ein Gesicht.

3.3.2   Dynamische Templates

Die Lösung bilden dynamische Templates. Als dynamische Templates gelten z.B.
Signatur, Stimme und Lippenbewegung. Diese Merkmale werden über eine bestimmte Zeit aufgenommen (z.B. Sprache und Lippenbewegung) und sind nur für
das Wort, das Sie sprechen gültig. Wenn beispielsweise das Passwort bei einem der
Verfahren „Hund" ist, wird der biometrische Datensatz aus den Frequenzen für das
Wort „Hund (Spracherkennung), dem Schreibverhalten des Wortes (Unterschriftver-
fahren) oder der Lippenbewegung berechnet. Wird dieser Datensatz gestohlen, än-
dert man das gesprochene Wort zu „Katze". Damit ändern sich meine Stimmenfre-
quenzen, mein Schriftbild und meine Lippenbewegung, aber es ist dennoch biometrisch einmalig, da jede andere Person eine differente Lippenbewegung und Schreib-
dynamik besitzt sowie andere Sprachfrequenzen verwendet.

Die dynamischen Templates kombinieren die Flexibilität von Passwörtern mit der
Sicherheit der Biometrie. Es entsteht aber gleichzeitig noch ein weiterer Vorteil. Für
verschiedene Anwendungen kann man unterschiedliche Templates erstellen. Bei der
Passkontrolle wird etwa der Vorname gesprochen, beim Online Banking der Nach-
name und für den Internetzugang wird das Wort „Katze" als biometrisches Template
benutzt. Damit können die verschiedenen Referenzdaten nicht einfach zwischen Institutionen ausgetauscht werden. Wer möchte schon, dass der Fingerabdruck, der zur
Benutzung des Geldautomaten herangezogen wird, sofort an das FBI weitergereicht
werden kann?

Als letztes spielt noch der „Big Brother"-Effekt eine Rolle. Jedes dynamische Verfahren erfordert eine Interaktion des Benutzers. Damit kann der Benutzer nur identifiziert werden, wenn er kooperiert und mit seiner Identifikation einverstanden ist.
Dieser datenschutzrechtliche Aspekt spielt eine herausragende Rolle für die Akzeptanz der biometrischen Verfahren in Europa.

3.4   Qualität und Genauigkeit biometrischer Verfahren

Trotz aller Euphorie kann die Biometrie "nur" eine Wahrscheinlichkeit für die Identifikation des Körperteils ermitteln. Der Grund liegt in der Natur des Menschen wie trockene oder verschmutzte Finger und die biologische Veränderung (z.B. der Prozess der Alterung).

3.4.1   FAR, FRR, EER, FTE

Zur Beurteilung der biometrischen Verfahren existieren einige Kriterien, die eine Quantifizierung der „Güte" dieser Verfahren erlauben. Diese Quantifizierungen beruhen auf empirischen Daten, die etwa durch Test gewonnen werden können, und sind somit nur vergleichbar, wenn diese Test unter gleichen Rahmenbedingungen durchgeführt werden. Dennoch liefern sie einen wesentlichen Beitrag zu einer objektiveren Beurteilung der einzelnen Verfahren.

Die Fehlerraten eines Systems geben Aufschluss darüber, wie viele Personen fälschlich abgewiesen werden bzw. wie viele Personen fälschlich akzeptiert werden. Dazu definiert man die "False Acception Rate (FAR)", d.h. den Anteil fälschlich erkannter Personen, gemäß

$$FAR = \frac{NFA}{NIA} * 100,$$

wobei NFA = Number of False Acceptances (Anzahl der fälschlicherweise akzeptierten Personen) und NIA = Number of Imposter Attempts (Anzahl der Zutrittsversuche nicht autorisierter Personen).

Die "False Rejection Rate (FRR)", d.h. der Anteil fälschlich abgewiesener Personen, wird definiert gemäß

$$FRR = \frac{NFR}{NEA} * 100,$$

wobei NFR = Number of False Rejections (Anzahl der fälschlicherweise zurückgewiesenen Personen) und NEA = Number of Enroll Attempts (Anzahl der Zutrittsversuche berechtigter Personen).

Die FAR und die FRR sind voneinander abhängig. Wird der Schwellenwert für die Zulassungstoleranz erhöht, so steigt die FRR und die FAR sinkt. Bei einer Verringerung des Schwellenwerts sinkt die FRR, die FAR steigt dagegen an. Häufig wird deshalb als Schwellenwert diejenige Zulassungstoleranz angegeben, bei der die sog. EER (Equal Error Rate), die Differenz von FAR und FRR, gleich Null ist, d.h. bei der FAR und FRR gleich sind. Eine Visualisierung liefert Abb. 9. Die Festlegung des Schwellenwerts ist aber abhängig vom Anwendungsbereich der biometrischen Verfahren. In einem Hochsicherheitsbereich beispielsweise wird der Schwellenwert sehr hoch gelegt, damit eine möglichst geringe FAR erreicht wird. Man nimmt dort eine höhere Rate fehlerhafter Zurückweisungen in Kauf.

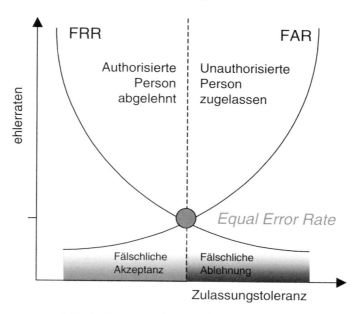

Abb. 9: Zusammenhang zwischen FRR und FAR
Quelle: Wirtz, Infineon

Ebenso große Relevanz hat auch die Anzahl der Personen, die in einem biometrischen System nicht eingelernt werden können. Z.B. kann eine stumme Person nicht bei der Sprechererkennung partizipieren und ein Mensch, der durch einen Unfall beide Hände verloren hat, weder an der Fingerprint- noch an der Handgeometrieerkennung teilnehmen. Aber auch naturgegebene, ethnische Merkmalsunterschiede führen dazu, dass ein benötigtes biometrisches Merkmal nicht in ausreichender Qualität zur automatisierten Erkennung zur Verfügung steht (Haut zu dünn, Minutien zu schwach ausgeprägt, etc). Diese Fehlerrate wird als FTE (Failure to Enroll) beschrieben. Die FTE bei einem Fingerprint wird auf 3%-5% der Weltpopulation geschätzt. Dies bedeutet, dass von 100 Personen 3 bis 5 Personen nicht biometrisch vom System erkannt werden können. FAR, FRR und EER werden immer nur nach eingelernten Personengruppen berechnet. Ein System mit einer EER von 0,01% und einer FTE von 50% wird qualitativ bei großen Personengruppen im Gesamtsystem schlechter abschneiden als ein System mit einer EER von 1% und einer FTE von 0,1%.

3.4.2 Steigerung der Genauigkeit

Um die biometrischen Systeme in Ihrer Genauigkeit zu erhöhen, werden immer mehr biometrische Merkmale miteinander kombiniert. Auch diese Idee hat einen natürlichen Ursprung und wird täglich von uns Menschen praktiziert. Hören wir eine Stimme, ohne den Menschen zu sehen, so können Verwechslungen auftreten und wir haben eine größere Fehlerwahrscheinlichkeit. Benutzen wir aber die optische Gesichtserkennung zusätzlich zur akustischen, so ist unsere Treffergenauigkeit um ein Vielfaches höher. Diese Zusammenführung erhöht die Toleranzbereiche sowie die Erkennungsraten. Wichtig ist, dass die biometrischen Merkmale statistisch unabhängig voneinander sind. Bei den Systemen mit mehreren biometrischen Merkmalen unterscheidet man von zwischen Multilayered und Multimodalen Systemen.

3.4.2.1 Multilayered

Bei dieser Form werden verschiedene biometrische Merkmale seriell kombiniert. Wenn ein solches System z.B. Finger, Stimme und Gesicht zur Erkennung heranzieht, wird im ersten Schritt der Fingerprint aufgenommen und verarbeitet, danach die Sprache und zum Schluss das Gesicht. Zur Steigerung der Genauigkeit ist dieses System gut geeignet, jedoch wird der Aufwand für den Benutzer um einiges höher, da er zunächst seinen Finger auf einen Sensor legen, danach in ein Mikrophon sprechen und abschließend noch in die Kamera schauen muss.

3.4.2.2 Multimodal

Bei den multimodalen Verfahren werden alle benötigten biometrischen Merkmale in einem einzigen Prozess aufgenommen und parallel verarbeitet. Das Produkt BioID ist ein Beispiel dafür, da es die verwendeten drei biometrischen Merkmale (Stimme, Lippenbewegung und Gesicht) gleichzeitig in einem Video aufnehmen kann. Der Benutzer spricht nur seinen Namen in eine Kamera und alle drei biometrischen Merkmale werden gleichzeitig in einem Einsekunden-langen Video gespeichert, extrahiert und den unabhängigen Klassifikatoren zur Verfügung gestellt.

3.4.3 Genauigkeitsanalyse

Es gilt jedoch zu beachten, dass die oben beschriebenen Werte statistisch hochgerechnet sind. Jeder biometrische Algorithmus bzw. dessen Genauigkeit wird anhand von Testdatensätzen ermittelt. Eine Aussage, dass der Fingerleser A mit einer EER von 2% schlechter ist als der Fingerleser B mit 0,3 %, kann nur dann bewiesen werden, wenn sowohl das Testszenario als auch die Test-Datenbanken verglichen werden. Leider gibt es nur wenige Normdatensätze, die einen objektiven Vergleich zulassen. Bei der Gesichtserkennung wird die FERET Datenbank als Test angeboten und in der Sprechererkennung eine Datensammlung des NIST zur Referenz herangezogen.

Diese Datensätze repräsentieren jedoch nicht alle Anwendungsanforderungen, sondern geben eher nur einen ersten Eindruck über die Technologie wieder. In jeder Anwendung, in verschiedensten Orten gibt es unterschiedliche Benutzergruppen und damit auch andere Anforderungen an Referenzdatensätze. Nur reale Ergebnisse aus Pilotprojekten mit einer repräsentativen Auswahl von den zu erwartenden Benutzern ermöglichen einen Eindruck der zu erwartenden Erkennungsgenauigkeit.

3.4.4 Zeitliche Abhängigkeit

Weiterhin sind die zeitlichen Variablen von entscheidender Bedeutung bei der Evaluation der geeigneten biometrischen Systeme. Es gibt zwei verschiedene Zeitabhängigkeiten, die Einlernzeit und die Erkennungszeit.

3.4.4.1 Einlernzeit (Time to Enroll)

Als Einlernzeit bezeichnet man den Zeitaufwand, der benötigt wird, um einen funktionsfähigen Referenzdatensatz einer Person zu erzeugen. Dabei sollte der Erklärungsbedarf nicht übersehen werden. Bedarf es eines speziellen Verhaltenskodexes für ein biometrisches System, so muss der Benutzer darauf hingewiesen werden. Je weiter dieser Kodex vom natürlichen Verhalten abweicht, desto aufwändiger ist die Einweisung. Ein biometrisches System wird kaum mit einer einzelnen Referenzaufnahme zum Klassifizieren betrieben werden können. Da ein mathematischer Absolutvergleich nicht stattfindet, muss auch der Referenzdatensatz in einem Spektrum der Aufnahmemöglichkeiten erstellt werden. In einem Büro sollten zumindest im natürlichen Tageslicht und bei künstlichem Deckenlicht jeweils ein Referenzdatensatz erzeugt werden, da nur so eine gleichbleibende Qualität bei der Erkennung möglich ist. Nach dem Einlernvorgang ist ein Testlauf für die Qualitätsbewertung notwendig. All diese Kriterien ergeben einen Überblick über den Zeitaufwand.

Gibt nun ein Hersteller für die Aufnahme des Referenzdatensatzes 20 Sekunden an, und bei einem praktischen Test „vor Ort" hat sich herausgestellt, dass mindestens 5 Datensätze aufgenommen werden müssen, die Technologie erklärungsbedürftig ist (10 Min) und der Erkennungsprozess ca. 30 Sekunden dauert, dann hat man bei einem Mitarbeiter einen minimalen Zeitaufwand von 12 Minuten und 10 Sekunden. Bei einem Mitarbeiterstamm von 1.000 Personen sind das 202 Stunden, 46 Minuten und 40 Sekunden. Natürlich ist dieser Zeitaufwand bei einem festen Personenkreis nur einmalig notwendig, aber relevant wird dies dann, wenn große Besucherströme eingelernt werden müssen. Als zusätzlicher Zeitaufwand fallen noch die Speicherungszeiten und die Pausen zwischen den einzelnen Aufnahmen an. Betreibt eine Institution aber parallel zwei oder mehr Enrollment-Stationen, so verringert sich der zeitliche Aufwand.

Eine objektive Beurteilung verlangt jedoch eine Betrachung lediglich der zeitlichen Differenz zwischen den verwendeten biometrischen Verfahren und dem bis praktizierten Vorgehen. Benötigt das Erstellen eines Betriebsausweises bereits heute 8 Minuten, so fällt bei dem o.g. Beispiel nur die Differenz von 4 Minuten 20 Sekunden ins Gewicht. Weiterhin muss die Erkennungszeit im täglichen Arbeitsprozess dem gegengerechnet werden.

3.4.4.2 Erkennungszeit

Die Erkennungszeit besteht aus der Dauer der Aufnahme, des Vorverarbeitungsprozesses, der Klassifikation und der Rückmeldung. Ein System, das mit einer Erkennung von 1 Sekunde wirbt, sollte zumindest auf die dazu benötigte Aufnahmedauer und Rückmeldung überprüft werden. Wenn beides ebenfalls eine Sekunde beträgt, so sind das bereits 3 Sekunden. Dies erscheint zunächst relativ wenig, bedeutet in der betrieblichen Praxis jedoch bereits eine Verdreifachung der benötigten Zeit. Relevant werden solche Daten z.B. bei der Hochrechnung eines Schichtbetriebs. Eine Schicht aus 500 Mitarbeitern wird in einem Zeitfenster von 10 Minuten erwartet. Bei einer Erkennungszeit von 1 Sekunde ergeben sich 500 Sekunden für die Erkennung, d.h. 8 Minuten 20 Sekunden. Ein Terminal erscheint auf den ersten Blick ausreichend. Rechnet man die Aufnahmedauer, Rückantwort und die Minimalzeit zwischen den einzelnen Erkennungsvorgängen hinzu (jeweils 1 Sekunde), so ergibt sich ein Gesamtaufwand von 2000 Sekunden. Berücksichtigt man nun eine FRR von 5%, dann sind 25 Zweitversuche (100 Sekunden) und mindestens ein dritter Versuch von 4 Sekunden notwendig. Dies ergibt zusammen einen Aufwand von 2104 Sekunden (35 Minuten und 4 Sekunden). Damit müssten mindestens 4 Terminals angeschafft werden, um sicherzustellen, dass 500 Mitarbeiter innerhalb von 10 Minuten erkannt werden. Dies stellt einen signifikanten Unterschied in der Kalkulation dar.

3.4.5 Zusammenfassung

Grundsätzlich ist es nicht das Verfahren alleine, das eine Qualitätsaussage zulässt. Die Gesamtimplementation des Systems sowie die Berücksichtigung der Benutzergruppen wirken sich grundlegend auf die Effizienz eines biometrischen Systems aus.

4 Einsatzbeispiele bei Banken

Für Banken ergibt sich ein sehr großes Spektrum von Einsatzszenarien, die jedes für sich ein eigenständiges Anforderungsprofil haben. Zunächst soll unterschieden werden zwischen den beiden Hauptnutzergruppen: intern (Angestellte) und extern (Kunden) sowie der Schutzfunktion beider Gruppen.

4.1 Interner Benutzerkreis (Angestellte)

Für den Kreis der Angestellten ergeben sich zwei Hauptkategorien der Authentifizierung: Zum einen der logische Zugriff, das sind Daten innerhalb einer IT-Landschaft, und zum anderen der physikalische Zugriff zu Räumen, Gebäuden und Einrichtungen. Bei beiden Varianten muss aber eine Backup-Strategie vorhanden sein, die Verletzungen und Veränderungen des Merkmals tolerieren, ohne das Sicherheitskonzept zu unterlaufen.

4.1.1 Logischer Zugriff

Nahezu jeder Mitarbeiter innerhalb einer Bank hat einen PC an seinem Arbeitsplatz und muss sich beim Netzwerk mit Hilfe des Benutzernamens und Passwortes authentifizieren. Der Einsatz von Biometrie, um den Missbrauch von Zugriffsrechten zu eliminieren und auch das Password-Sharing zu unterbinden, erscheint plausibel.

Ebenso würden vergessene Passwörter der Vergangenheit angehören, da die biometrischen Merkmale immer vorhanden wären. Ist der administrative Aufwand für die Biometrie höher als der bisherige Supportaufwand, so wird dieses Argument zunächst hinfällig. Nahezu für alle Verfahren existieren bereits Applikationen, die das Login abdecken, jedoch sind die Handgeometrie und der Retina Scan aufgrund der Sensorik noch nicht praktisch einsetzbar.

Sind nur Destop-PCs zu schützen, so ist es relativ einfach, ein Verfahren zu selektieren. Fällt innerhalb der Benutzergruppe keine Person in die FTE, so wird der Entscheidungsfaktor der wirtschaftliche Aspekt (Anschaffungskosten, Wartungskosten) sein. Sind ein Teil der Rechner mobile Notebooks, so gibt es nur noch eine begrenzte Anzahl von Systemen, die benutzbar sind. Eine Stimmerkennung im Flugzeug wird schwieriger zu benutzen sein als ein integrierter Fingerabdruckleser. Nachteilig wirkt sich aus, dass die meisten vorhandenen Geräte die benötigte Sensorik nicht besitzen. Ebenso problematisch ist das Vorgehen im Falle eines Defektes der Sensorik und die Frage, ob die Software alle Applikationen oder nur das Login des Betriebssystems abdeckt. Sicher ist bei jedem System, dass die Biometrie nur als Frontend-Hilfsmittel funktioniert. Innerhalb des Betriebssystems sowie der Applikationen werden weiterhin nur UserIDs verwendet. Das biometrische System weist einer ID lediglich ein Template zu. Dadurch sollte auch die interne Architektur des Produktes überprüft werden. Was nützt ein ausgefeiltes Erkennungssystem, wenn die Daten im Netzwerk ohne Verschlüsselung transportiert werden und mit jedem Netzwerksniffer ausgelesen werden können.

4.1.2   Physikalischer Zugriff

Eine Bank ist das Gebäude des Vertrauens, sei es nun der Hochsicherheitstrakt der Zentrale, in dem die gesamten Finanzdaten in riesigen Rechenzentren zusammen laufen, oder die kleine Filiale auf dem Lande mit 20 Schließfächern. Viele Dinge von Wert sind in den verschiedensten Gebäuden und Räumen einer Bank sicher aufbewahrt. Der Zutritt ist nur bestimmten Personen gestattet, teils auch nach dem Vieraugenprinzip. Eine Tür zur Filiale hat aber ganz andere Anforderungen als ein Tresorraum im Keller des gleichen Gebäudes. Bei der Außentür muss die Sensorik gegen Vandalismus geschützt werden und gegenüber veränderten Umgebungsvariablen (Sonne, Dunkelheit, Regen, Straßengeräusche) tolerant sein. An der Tresortür können diese Variablen fester eingrenzt werden, z.B. konstante Beleuchtung, Schallabsorbierung etc.

4.2   Externer Benutzerkreis (Kunden)

Bei den externen Benutzern werden nur die Kunden betrachtet. Besucher und Zulieferer sollten Mitarbeitern gleichgestellt werden mit dem einzigen Unterschied, dass deren Authentifizierungsgültigkeit nur temporär und begrenzt ist. Kunden authentifizieren sich bei verschiedenen Bankvorgängen, auf die im Folgenden näher eingegangen werden soll.

4.2.1   Bankschalter

Einzahlungen, Auszahlungen, Barabhebungen etc. verlangen heute von vielen Kunden den Personalausweis, sofern der Kunde nicht in der Bank persönlich bekannt ist. Da alle Formulare einer Unterschrift bedürfen, wäre eine biometrische Erkennung mittels Unterschrift kein erweiteter Aufwand und sicherlich sinnvoll. Spracherkennung würde sich im gleichen Umfeld nicht anbieten, da es in einer Zone der Diskretion eher unangebracht scheint, laut seinen Namen zu nennen.

4.2.2   Geldausgabeautomat

Der Geldausgabeautomat bietet sich in vielen Beispielen als der sinnvollste Bereich der biometrischen Erkennung im Bankenwesen an. Aber eine ganze Reihe von Argumenten sprechen gegen diese These. Kann ein einzelnes Verfahren diese Anforderungen erfüllen? Welche Kombinationen sind möglich? Selbst wenn die Technologie die Gesamtanforderungen der Qualität (siehe Kapitel 3) erfüllen könnte, ist ein großer Vorteil des jetzigen unbequemeren PIN-Verfahrens die überregionale Nutzung der Geldausgabeautomaten. Heute kann jeder mit seiner Kreditkarte oder EC-Karte in fast allen Ländern der Welt Geld abheben. Sollte ein biometrisches Verfahren eingesetzt werden, so müsste jede Bank das gleiche Verfahren einsetzen und somit jeder GAA in dieser Welt über die gleiche Sensorik verfügen. Das wird, wenn nicht unmöglich, jedoch noch sehr lange dauern.

4.2.3   Online Banking

Beim Online Banking kann jede Bank für sich eine Lösung finden. Bank A kann zum Beispiel die Gesichtserkennung einsetzen und die benötigte Webcam als Marketingzugabe mit ausliefern, während Bank B den Fingerabdruck favorisiert. Auch hier ist zu berücksichtigen, dass der Remote-PC in einer nicht gesicherten und undefinierten Umgebung steht. Ebenfalls ist eine erhöhte Sicherung der Daten bei Internetverbindungen vorzunehmen. Die interne Sicherheitsarchitektur muss durchgängig ein hohes Maß von Angriffen abwehren.

4.3 Allgemeine Sicherheit

Kameras, die einen Bankräuber automatisch identifizieren und sofort Alarm schlagen, sind zwar noch nicht im Einsatz, aber auf Flughäfen in den USA sowie beim Endspiel der National Football League „Superbowl" 2001 in Tampa Florida wurden bereits öffentliche Bereiche auf „bekannte Kriminelle" getestet. Kameras werden auf einen Bereich gerichtet, die Gesichter der Personen werden aus den Bildern extrahiert und mit einer Datenbank verglichen. Die Erkennungsgenauigkeiten der heutigen Systeme sind sehr zurückhaltend, da die zu erfassende Person nicht bewusst kooperiert und damit das Gesicht nicht in der idealen Frontansicht dem Klassifikator zur Verfügung gestellt werden kann. Solche Einsatzszenarien sind sehr umstritten.

5 Datenschutzrechtliche Aspekte

Biometrische Daten unterliegen den einschlägigen Datenschutzgesetzen und sind wegen ihrer dauerhaften Personengebundenheit besonders schutzwürdig. Für eine dauerhafte datenschutzgerechte Umsetzung ist eine dezentrale Speicherung der Referenzdaten notwendig, die sich ebenfalls in der Kontrolle des Benutzers befinden sollten (z.B. SmartCards). Beim Einsatz eines biometrischen Verfahrens in einem Mitarbeiterkreis (geschlossene Benutzergruppe) sollte immer eine aktive Handlung die Erkennung auslösen. Damit ist eine passive Erkennung und die damit verbundene Überwachung nicht möglich.

Unabhängig von Verfahren und Einsatzbereich sollten Datenschutzbeauftragte und Betriebsräte bzw. Personalvertreter in das Projekt von Anfang an mit eingebunden sein. Die Sicherung der Unternehmensdaten vor Missbrauch und Diebstahl ist im Interesse der gesamten Belegschaft, da dadurch auch das Unternehmen an sich und somit jeder Arbeitsplatz sicherer wird. Weiterhin kann der Missbrauch biometrischer Daten ebenso durch die Biometrie abgesichert werden, und ein Vertreter des Betriebsrates kann sicher sein, dass die Daten und Protokolle nur geöffnet werden, wenn er selbst biometrisch erkannt wurde.

Literatur

David, H. (1987): Wörterbuch der Medizin, Band 1, 13. Auflage, Berlin.

Jain, K./Bolle, R./Pankanti, S. (1999): Biometrics, Personal Identification in Network Society, Kluwer Academic Publishers.

Klische, M. (2000): Tutorial for Biometric Evaluation, Tagungsband zur CONNECT 2000, Doha, Qatar.

Klische, M. (2000): Biometric in Financial Enviroment, Tagungsband ElCash 2000, Electronic Payment, München.

Klische, M. (2001): Biometric Anywhere? Kann man Biometrie anwenden und trotzdem den Datenschutz gewährleisten?, Tagungsband zur DAFTA 2001 in Köln.

Klische, M. (2001): Requirements for Biometric in the field of mobile devices, CommVerge 2001, Santa Clara, USA.

Nolde, V./Leger, L. (2002): Biometrische Verfahren, Fachverlag Deutscher Wirtschaftsdienst.

Pschyrembel (1986): Klinisches Wörterbuch, 255. Auflage, Walter de Gruyter.

Simon, C./Goldstein, I. (1935): „A New Scientific Metdentification", in: New York State Journal of Medicine, Vol. 35, No. 18, S. 901-906.

Troy, D. (2001): Practical Strategies for Managing the Biometrics Business Cycle, Tagungsband, Succesfull Strategies for Rolling Out Biometric Technologies, New York, USA.

Konzernweites Zertifikatsmanagement
- Fallstudie einer deutschen Großbank

Frank Losemann, Armin Ratz

Inhalt:

1 Einleitung

Große Unternehmen sind häufig international aufgestellt. Damit einher geht eine große Heterogenität der IT-Arbeitsplätze, die z.B. durch landesspezifische Besonderheiten oder historische Entwicklungen von verschiedenen Teilen des Unternehmens geprägt sind. Die Implementierung eines Single Sign-On (SSO) in einer solchen Umgebung erfordert deshalb ein sehr universelles Verfahren. Handelt es sich bei dem Großunternehmen um eine Bank, so werden zudem extrem hohe Sicherheitsanforderungen an das Verfahren gestellt. In der hier beschriebenen Fallstudie wurden Zertifikate und ein klassischer Betriebsausweis kombiniert, um für 40.000 Mitarbeitern in einer Bank und ihren Tochtergesellschaften ein sicheres SSO für Webanwendungen zu ermöglichen. Das für diese Lösung eingesetzte Zertifikatsmanagementsystem stellt Zertifikate für alle Mitarbeiter des Unternehmens zentral zur Verfügung. Da die Zertifikate zur Authentisierung von Mitarbeitern dienen, muss zu jeder Zeit klar sein, wer wann welches Zertifikat aufgrund welcher Überprüfungen erhalten hat. Dabei sind die im Bankumfeld üblichen hohen Sicherheitsanforderungen an Prozesse, wie beispielsweise das Vier-Augenprinzip bei der Nutzeradministration, zu erfüllen.

An der Komplexität von Technologie, Einbettung in die Ablauforganisation und den häufig unterschätzten Investitionsvolumina sind ähnlich gelagerte Projekte in anderen Unternehmen leider oft gescheitert. Wir beschreiben hier die Konzepte sowie die Erfolgsfaktoren, die unserer Ansicht nach zu einem funktionierenden produktiven Einsatz geführt haben.

1.1 Das Bankumfeld und die Zielvorgaben

Vor der Beschreibung der Eigenschaften des Zertifikatsmanagement-Systems soll zunächst ein Einblick in das Umfeld einer Bank gegeben werden. In diesem Umfeld wurde 1998 die noch junge Technologie Public Key Infrastruktur (PKI) integriert. Der primäre Einsatz für diese PKI war die Authentisierung an Web-Anwendungen. Die über diese einfache Anforderung nach „Nutzeranmeldung" hinausgehenden Zielsetzungen werden dann in Abschnitt 1.2 erläutert.

Es folgt eine kurze Darstellung der Ausgangslage 1997: Ein klassischer Betriebsausweis dient zum Berechtigungsnachweis bei der Zutrittskontrolle zu Gebäuden, Parkplätzen und ggf. zu Abrechnungszwecken bei Kopierern oder in der Kantine. Betriebsausweise sind i.d.R. maschinenlesbar, d.h. entsprechende Magnetstreifen- oder Chipkartenlesegeräte ermöglichen die Prüfung z.B. beim Gebäudezutritt. Die Ausweise enthalten Merkmale, die Zutrittsrechte räumlich oder zeitlich einschränken bzw. erweitern. Die Zuordnung zum rechtmäßigen Besitzer eines Ausweises ist entweder durch Fotos oder Namen als Beschriftung für Menschen direkt überprüfbar oder sie tragen nur eine Ausweisnummer, wobei die zugehörigen Informationen in einer Datenbank abgelegt sind. Im letzteren Fall benötigt man zur Überprüfung des Ausweises einen Zugriff auf die Datenbank.

Steckt ein Mitarbeiter eine nur mit einer Nummer versehene Chipkarte in einen Ausweisleser, so kann ein dahinterliegendes Authentisierungsmodul beispielsweise den Datensatz eines der Kartennummer zugeordneten IT-Kontos abrufen. Bis hierhin funktioniert die Karte nicht anders als ein herkömmlicher Schlüssel. Allerdings kann man die Karte im Gegensatz zu herkömmlichen Schlüsseln bei vernetzten Systemen von zentraler Stelle aus deaktivieren. Das wird beispielsweise notwendig, wenn ein Ausweis verloren geht. Um die Folgen eines Ausweisverlustes gering zu halten, kann neben dem Besitz der Karte auch noch Wissen abgefragt werden, etwa ein Passwort, bevor man die Identitätsfeststellung als erfolgreich betrachtet. Dieser Vorgang der Identitätsfeststellung mit technischen Mitteln wird auch als *Authentisierung* bezeichnet. In diesem Fall handelt es sich um eine Zwei-Faktoren-Authentisierung bestehend aus den Faktoren Besitz und Wissen. Die Authentisierung bezieht sich nur auf die Sicherstellung einer Identität. Sie ist von der *Autorisierung* zu unterscheiden, welche die einer Identität zugewiesenen Rechte festlegt, etwa welche Räume betreten oder welche Anwendungen von einem Mitarbeiter verwendet werden dürfen.

Das dritte relevante Konzept ist das *Auditing*. Es muss später möglich sein, alle relevanten Aktionen im IT-System der Organisation nachzuvollziehen und den Handelnden zuzuordnen. Dazu werden die relevanten Handlungen aufgezeichnet und „revisionssicher" aufbewahrt. Um die Wirksamkeit des Auditings zu erhalten, darf kein Benutzer diese Aufzeichnungen löschen oder manipulieren können. Um für einen eventuellen Streitfall die Zurechenbarkeit von technischen Aufzeichnungen, wer mit welchem Benutzerkonto welche fragliche Aktion durchgeführt hat, zu gewährleisten, sind Benutzer zur Nichtweitergabe Ihrer Benutzerzugangsinformationen (Passwörter) verpflichtet. Die konkreten Anforderungen legt eine IT-Sicherheitsrichtlinie fest, welche die gesetzlichen und organisatorischen Vorgaben umsetzt.

1.2 Zielsetzung für den Aufbau eines Zertifikatsmanagements
1.2.1 Motivation für die Zertifikatslösung

Unter dem neuen Anwendungsparadigma des „Netcentric Computing" wurden Ende der 90er Jahre neben klassischen Client/Server-Anwendungen zunehmend sog. webbasierte Anwendungen implementiert. Diese neuen Anwendungen benötigten ein Sicherheitssystem, das den hohen Anforderungen aus den Sicherheitsrichtlinien entsprach. Mit webbasierten Anwendungen versuchten große Organisationen ihre Anwendungsentwicklungskosten zu dämpfen, indem neue, dreischichtige Anwendungsarchitekturen die Benutzerschnittstellen-Entwicklung vereinheitlichen. Ein

Standard-Webbrowser als Benutzerinterface sollte die Schulungskosten für die Einführung neuer Anwendungen reduzieren. Die Bedienung von Fachanwendungen sollte so einfach werden, wie das Surfen im Internet. An Standards orientierte Entwicklung sollte den Einarbeitungsaufwand auch auf der Entwicklerseite reduzieren und die Wiederverwendbarkeit steigern.

1.2.2 Einheitliches Sicherheitssystem für Webanwendungen

Ziel war es, den Anwendungsentwicklern aus der Fachabteilung die Anbindung an das unternehmensweite Autorisierungssystem so weit wie möglich zu vereinfachen. Durch die Vorgabe einer einheitlichen Schnittstelle müssen damit Änderungen am Rechtesystem nur einmal implementiert werden und stehen dann allen teilnehmenden Anwendungen unmittelbar zur Verfügung. Die zugrunde liegende Architektur entspricht grundsätzlich der von Netscape 1997 in die Suitespot-Produktreihe (vgl. Netscape, 1997) eingeführten Architektur: Benutzer identifizieren sich mit Zertifikaten gegenüber den Webservern. Diese greifen auf einen Verzeichnisdienst zu, um das Zertifikat des Benutzers nachzuschlagen und lesen eventuell Rechte und andere Profil-/Benutzerinformationen, wie eMail-Adresse und Abteilungszugehörigkeit, aus dem Verzeichnisdienst aus. Diese Standardlösung, die auch wegen der Standardkonformität und Vollständigkeit der Produktpalette ausgewählt wurde, musste jedoch erweitert werden, um die Leistungsfähigkeit der bestehenden Host-basierten Autorisierungslösung abbilden zu können.

Die Rollen und Rechte für Benutzer aus der Host-Anwendungswelt wurden in einen Directory-Server gespiegelt und damit für auf Webservern laufende Anwendungen gemäß dem LDAP-Standard verfügbar gemacht. Damit nicht jede einfache Web-Anwendung ihre eigene Anbindung an das Autorisierungssystem entwickeln musste, wurden Bibliotheken bereitgestellt, welche die Kommunikation mit dem Autorisierungssystem übernehmen und feststellen, ob ein Benutzer ein benötigtes Recht hat oder nicht. Dazu wird das von der Anwendung geforderte Rechteprofil mit einem Benutzerprofil im LDAP-Server verglichen. Dies ist bei jedem Aufruf notwendig, um die Autorisierungsentscheidung zu treffen. Programmiertechnisch reduziert sich damit für Anwendungsentwickler die Anbindung des Autorisierungssystems auf das Einbinden einer Bibliothek und das Parametrisieren eines Funktionsaufrufs aus dieser Bibliothek. Im Vergleich zu den bis dato üblichen proprietären Client/Server-Anwendungen, die auch noch die Kommunikation mit den Autorisierungsservern selbst implementieren mussten, ergab sich so ein wesentlicher Fortschritt.

Die Schnittstelle der Anwendung zum Sicherheitssystem konnte auf die Spezifikation der benötigten Benutzerrechte für eine Anwendung beschränkt werden. Diese Rechte wurden dann von einer Fachabteilung in das unternehmensweite Rechteverwaltungssystem eingegeben und standen damit auch für die web-basierten Anwendungen zur Verfügung. Dies ist insbesondere interessant, wenn man bestehende host-basierte Anwendungen durch web-basierte Lösungen ablösen möchte, wobei deren existierendes Rechtesystem übernommen und wiederverwendet werden kann.

1.2.3   Web-basiertes Single Sign-On

Es war absehbar, das eine größere Anzahl von Anwendungen auf diese Weise modernisiert werden sollte, womit auch eine grundsätzlichere Lösung mit den entsprechenden Aufwänden für dieses Problem möglich wurde. Derzeit sind ca. 30 web-basierte Anwendungen an das SSO-System angeschlossen. Der Nutzen durch sicheres Single Sign-On wird zwar für die Benutzer erst bei Zugriff auf mehrere Anwendungen erreicht, aber die durch Zwei-Faktoren-Authentisierung gesteigerte Sicherheit und die entfallende Notwendigkeit, beim Anwendungswechsel eine neue Authentisierung mit Username und Passwort durchzuführen, überzeugt.

2   Szenarien zum Single Sign-On im Intranet

Im Folgenden werden drei Szenarien vorgestellt, wie Single Sign-On mittels verschiedener Chipkarten und Zertifikaten kombiniert werden kann. Entsprechend den Gegebenheiten der vorhandenen IT-Infrastruktur können unterschiedliche Szenarien angemessen sein und auch parallel in einem Intranet von mehreren Konzernteilen zum Einsatz gelangen.

2.1   Szenario 1: Single Sign-On nur mit Chipkarte

Eine Zwei-Faktoren-Chipkartenauthentisierung kann man in einem Standard-Webbrowser durch Zusatzmodule (sog. Plugins), die speziellen Schnittstellen-Spezifikationen genügen, integrieren. Statt den Benutzer beim Zugriff auf eine geschützte Ressource – beispielsweise eine Seite mit Geschäftsinformationen auf einem internen Webserver – zur Passworteingabe aufzufordern, ist es benutzerfreundlicher, wenn der Browser bzw. das Plugin feststellt, welche Chipkarte im Rechner steckt und den dazugehörigen Benutzer direkt ohne wiederholte (Passwort-) Abfrage beim

Benutzer anmeldet. Anmelden heißt in diesem Fall, das Plugin teilt dem entfernten Rechner erstens mit, wessen Karte sich im Chipkartenleser befindet, und zweitens, dass der Benutzer bei Sitzungsbeginn einmal das richtige Passwort eingeben hat. Diese Form der Authentisierung benötigt auch auf der Serverseite Zusatzkomponenten, die die Mitteilungen des Browser-Plugins verarbeiten können und dem Webserver die Identität des entfernten Benutzers bestätigen. Zum effizienten Transport der Nachrichten wird ein bereits in Browser integrierter Standardmechanismus (die sog. Cookies) benutzt. Die übertragenen Informationen können als Tickets betrachtet werden, die aber nicht wie sonst üblich vom Webserver, sondern in diesem Spezialfall von einer Browser-Erweiterung ausgestellt werden. Das Ticket kann als Bestätigung von einer vertrauenswürdigen Softwarekomponente auf Clientseite gesehen werden. Daher kommt der Integrität der Clientumgebung und der revisionssicheren Administration bei einem solchen Szenario eine besondere Bedeutung zu.

2.2   Szenario 2: Single Sign-On nur mit Zertifikat

Die gleichen Ansprüche an Authentisierung und Nachvollziehbarkeit kann man mit weniger Aufwand und besser auf der Basis von Zertifikaten realisieren. Dabei werden außerdem die Einflussmöglichkeiten der Administratoren eingeschränkt, was die Manipulationsmöglichkeiten von innen weiter reduziert und die Nicht-Abstreitbarkeit stärkt. Mit Zertifikaten können sich Benutzer gegenüber einem IT-System auf eine Art ausweisen, die selbst von Administratoren nur deutlich schwieriger – und damit leichter zu entdecken – manipuliert werden kann.

2.2.1   Vorbereitung: Zertifikatsverteilung an Benutzer

Benutzer besuchen einmal jährlich (je nach Zertifikatsgültigkeitszeitraum auch kürzer oder länger) eine Website, auf der Sie ein Zertifikat beantragen können. Technisch wird der Standard-Webbrowser dazu veranlasst, ein Schlüsselpaar zu erzeugen, ein Passwort vom Benutzer abzufragen und den privaten Schlüssel mit dem Passwort verschlüsselt zu speichern. Der zum privaten Schlüssel gehörende öffentliche Schlüssel wird zusammen mit den Benutzerdaten an den Webserver gesendet, um die Zertifizierung zu beantragen. Nach erfolgten Prüfungen signiert die Zertifizierungsstelle die den Benutzer beschreibenden Daten zusammen mit dem automatisch eingereichten öffentlichen Schlüssel und erstellt so ein Zertifikat. Durch die Signatur mit dem privaten Schlüssel der Zertifizierungsstelle werden die Benutzerdaten und der öffentliche Schlüssel des Benutzers so verbunden, dass man den Daten ansieht, dass Sie von der Zertifizierungsstelle mit dem öffentlichen Schlüssel zusammengefügt und damit bestätigt wurden. Die Zertifizierungsstelle hat zuvor in einer Policy erklärt, dass sie eingereichte öffentliche Schlüssel nur signiert (bestätigt), wenn bestimmte Prüfungen, z.B. ob der öffentliche Schlüssel wirklich vom beschriebenen Benutzer eingereicht wurde, erfolgreich verlaufen sind.

Damit entsteht ein Netz aus überprüften verteilten Geheimnissen in Form von Zuordnungen von Benutzern zu Schlüsselpaaren. Diese verteilten Geheimnisse ermöglichen grundsätzlich Anwendungen wie

- die digitale Signatur,

- nicht abstreitbare, zurechenbare Kommunikation, aber auch

- verbesserte Vertraulichkeit geschäftlicher Dokumente und Kommunikation.

Mit Zertifikaten kann auf vielfältigste Weise umgegangen werden. Nicht alle Verwendungsarten und Erweiterungen sind für eine große heterogene Umgebung sinnvoll, da jede spezielle Erweiterung eventuell die allgemeine Verwendbarkeit der Zertifikate durch Interoperabilitätsprobleme einschränkt. Damit nur wenige Zertifikate pro Benutzer benötigt werden, sollte man sich auf Standarderweiterungen der Zertifikate beschränken, auch wenn jedes Anwendungsprojekt im Einzelfall die für sie nützliche Erweiterung als unbedingt notwendig ansieht.

Welche Anwendungen mit den ausgegebenen Zertifikaten technisch möglich und organisatorisch freigegeben sind, bestimmen die bei der Registrierung (Antragstellung) bekanntzugebenden Dokumente (organisatorisch) und in das Zertifikat eventuell eingefügte Erweiterungen (technisch). Die Erweiterungen (Extensions nach X.509v3) können die Einschränkung auf bestimmte Anwendungen, z.B. Authentisierung, technisch erzwingen.

2.2.2 Verwendung der Zertifikate zur Authentisierung der Benutzer

Die Zertifikate können nur dann zur Authentisierung ihrer rechtmäßigen Besitzer dienen, wenn nur diese die Möglichkeit haben, sich mit Ihnen auszuweisen. Zum Ausweisen mit einem Zertifikat benötigt man den zu genau diesem Zertifikat gehörenden privaten Schlüssel. Dieser ist im Gegensatz zum Zertifikat geheim zu halten. Gängige Webbrowser (in ihrer Funktion als PKI-Clients) speichern die privaten Schlüssel i.d.R. durch ein Passwort geschützt.

Ruft ein Benutzer nun eine geschützte Ressource im internen Netz auf, so signalisiert der Webserver, dass er eine Zertifikatsauthentisierung des Benutzers erwartet. Darauf reagiert der Browser mit einem Zertifikatsauswahldialog. Hat der Benutzer das notwendige Passwort einmal pro Sitzung eingegeben, so kann ihn sein Webbrowser gegenüber dem Webserver authentifizieren, ohne das Passwort über das Netz zu übertragen. Der Webserver überprüft nun, ob der Benutzer den zum Zertifikats gehörenden, privaten Schlüssel besitzt, indem er zu dem bekannten Zertifikat eine mathematische Frage stellt, die nur bei Kenntnis des privaten Schlüssels zu beantworten ist. Darüber hinaus prüft der Webserver, ob die Zertifizierungsstelle, die das zu prüfende Zertifikat ausgegeben hat, auf seiner Liste akzeptabler Zertifizierungsstellen steht und ob der Gültigkeitszeitraum im Zertifikat nicht überschritten ist. Zentrale Kontrolle über die Menge der gültigen Zertifikate erreicht man durch eine Prüfung, ob das Zertifikat im organisationseigenen Directory-Service vorhanden ist. Es handelt sich dann dabei um eine „weiße Liste", in der alle gültigen Zertifikate verzeichnet sind. Basierend auf dieser Authentisierung trifft der Webserver dann in einem weiteren Schritt die Autorisierungsentscheidung, ob die nachgefragte Ressource für den Benutzer freigegeben ist.

Die beschriebene Zertifikatsauthentisierung ist bereits in gängigen aktuellen Webbrowsern integriert, so dass man ohne Zusatzprogramme auskommen kann, um Zertifikate zur Authentisierung zu verwenden. Damit ist diese Lösung ideal, um Sie in einem heterogenen, dezentral administrierten Intranet zwischen verschiedenen Konzerneinheiten und Tochtergesellschaften einzusetzen. Allerdings setzt eine Authentisierung mit Zertifikaten die Verteilung eben dieser Zertifikate an die Benutzer voraus. Angepasste Kryptographie-Module (bspw. CSPs) für Betriebssysteme oder Webbrowser können die Kontrolle der Besitzer über Ihre privaten Schlüssel an organisatorische Vorgaben anpassen, etwa die Benutzer zwingen, Passwortregeln einzuhalten oder den Bildschirm zu sperren, sobald die Chipkarte aus dem Rechner gezogen wird.

Der Einsatz von Zertifikaten stellt sicher, dass es nur durch massive Manipulation am Benutzerarbeitsplatz etwa durch Installation von „Trojanern" (vgl. Cremers et al., 2001) oder Tastatur-Sniffern möglich ist, eine Authentifizierung zu fälschen. Die als Online-Ergänzung des Betriebsausweises eingeführten Zertifikate sichern eine stärkere Zurechenbarkeit und Vertraulichkeit von Zugriffen und Aktionen in IT-Systemen. Für Benutzer wird das Sicherheitssystem transparenter, sie müssen ihre Zertifikate nur noch einmal pro Sitzung durch Passworteingabe aktivieren und brauchen sich danach nicht mehr um die Authentisierung im Intranet kümmern. Die dargestellte Authentisierung mit Chipkarte, ist dennoch nur so sicher, wie alle am Authentisierungsprozess beteiligten Module gegen Manipulation geschützt sind.

2.3   Szenario 3: Single Sign-On mit Zertifikat auf Chipkarte

Die Speicherung des privaten Schlüssels auf einer Chipkarte oder sog. Smartcard, ermöglicht einen besseren Schutz des privaten Schlüssels vor unberechtigter Verwendung und unbemerkter Kopie, als der softwarebasierte Passwortschutz. Kann durch organisatorische Maßnahmen bzw. Zugriffskonfigurationen nicht wirksam sichergestellt werden, dass andere Benutzer Zugriff auf die privaten Schlüssel anderer Benutzer erlangen können, so hilft der Einsatz von Smartcards, die so programmiert sind, dass der private Schlüssel die Smartcard nicht verlassen muss, um eine Signatur zu erstellen.

Die Integration der Zertifikate mit dem Betriebsausweis erspart das zusätzliche Verteilen der Zertifikate, wenn sie direkt auf dem Betriebsausweis abgelegt ausgegeben werden. Leider muss man feststellen, dass weniger die Richtlinien Mitarbeiter davon abhalten, ihre Smartcard samt Passwort „im Notfall" an Kollegen weiterzugeben, sondern eher die auf der Karte befindliche Bezahlfunktion für die Kantine. Gegen Zertifikate auf Smartcards sprechen die Kosten und die notwendige Installation von zusätzlicher Hard- und Software auf Clientseite.

Das Zertifikatsspeichermedium hat also starken Einfluss auf den Umgang der Benutzer mit Zertifikaten, die Hardwareanforderungen, aber v.a. auf die Durchsetzbarkeit von Nichtabstreitbarkeit. Smartcards, die als Hardware-Token den privaten Schlüssel eines Zertifikats schützen, können die Kontrolle des Zertifizierten über sein Zertifikat technisch erzwingen und damit rechtlich durchsetzbar machen. Entgegen aller Planung hat sich die Verwendung von Softwarezertifikaten jedoch in einigen Konzernteilen bis heute gehalten.

2.4   Beispielanwendung BINGO

Als erfolgreiche Beispielanwendung von besonderer Bedeutung und mit vielen Nutzern in der Dresdner Bank kann die Anwendung Bingo (Business Information Goes Online) genannt werden. Diese Anwendung verteilt wichtige Geschäftsinformationen täglich und aktuell an mehr als 20.000 Mitarbeiter weltweit. Die Anwendung ist web-basiert und lässt sich daher über einen normalen Browser aufrufen. X.509 Zertifikate für die Mitarbeiter identifizieren diese gegenüber dem System und ermöglichen so die personalisierte Ausgabe der relevanten Informationen. Durch die Zertifikate wird dabei ein Intranet-weites sicheres Single Sign-On ermöglicht, wobei das Zertifikat einmal durch Passworteingabe aktiviert, seinen Benutzer automatisch im Hintergrund ausweist und ihm so viele lästige Passworteingaben erspart.

3 Zertifikatsmanagement-System

3.1 Aufbau

Das Zertifikatsmanagement-System besteht im Wesentlichen aus folgenden Komponenten:

- Einem Intranetportal mit maßgeschneiderten Informationen für Entwickler, Administratoren, Anwender und Benutzer. Damit erfüllt die organisationseigene Zertifizierungsstelle die Funktion eines Kompetenz-Zentrums für alle Fragen des Zertifikatseinsatzes.

- Web-basierte Antragsprozesse für Benutzer-, Server- und Code-Signing-Zertifikate, auch von externen Zertifizierungsstellen - letzteres hauptsächlich für Internet-sichtbare Server und Zertifikate mit Außenwirkung.

- Ein Suchinterface, das die einer Kennung zugeordneten Zertifikate mit deren aktuellem Gültigkeits-Status anzeigen lassen kann.

- Ein Genehmigungsinterface für Administratoren, mit dem die Antragsdaten gemäß Vier-Augenprinzip bestätigt werden müssen.

- Schnittstellen zu verschiedenen führenden Datenquellen, die Benutzerinformationen, Kostenstellendaten, etc. bereitstellen.

- Eine Schnittstelle zu einem PIN-Briefdruckdienst.

- Eine Schnittstelle zum internen Directory-Server, der die gültigen Zertifikate der Zertifizierungsstellen für einzelne Benutzer vorhält und deren Rollen und Rechte für Webanwendungen im Intranet verfügbar macht.

- Eine Datenbank für alle Antrags- und Zertifizierungsdaten.

- Backup-/Archivsysteme, die Daten für einen etwaigen Wiederanlauf bzw. Logfiles zu Auditingzwecken manipulationssicher auch „offsite" vorhalten.

- Gegebenfalls eine Schnittstelle zu einem extern sichtbaren Server, der die Listen zurückgezogener und gesperrter Zertifikate (CRLs) veröffentlicht.

- Ein vom Praxissystem völlig unabhängiges Testsystem, in dem neue Anwendungen, Versionen und Konfigurationsänderungen systematisch auf Funktionalität und Interoperabilität mit den bestehenden Anwendungen getestet werden können.

3.2   Funktionen

Die Kernfunktion eines Zertifikatsmanagement-Systems ist die Abwicklung der Benutzeranträge für neue Zertifikate sowie Verlängerungs-, Änderungs- und Sperranträge. Dabei müssen die funktionalen Ziele Verteilen, Aktualisieren oder Nachschlagen von Zertifikaten unter Einhaltung der Sicherheitsziele, insbesondere Korrektheit und Nachvollziehbarkeit, erreicht werden. *Korrektheit* bedeutet, jeder Antragsteller bekommt genau das Zertifikat, das er bekommen soll. Es muss ihn organisationsweit eindeutig beschreiben und darf nicht fälschlicherweise an Kollegen ausgegeben werden, die dann im IT-System unter seinem (einem fremden) Namen handeln könnten. *Nachvollziehbarkeit* garantiert, dass jede Zertifikatsvergabe auf den Vergebenden zurückgeführt werden kann und feststellbar ist, welche Zertifikate für einen Benutzer zu einem bestimmten Zeitpunkt gültig waren. Zusammen mit dem Vier-Augen-Prinzip wird so erreicht, dass Zertifikate nur nach eingehender Prüfung durch mehrere Mitarbeiter erstellt werden können. Eine weitere Randbedingung ist die effektive und effiziente Gestaltung der Arbeitsabläufe.

Die Funktionen des Zertifikatsmanagementsystems lassen sich in Benutzer-, Administrator- und Entwicklerfunktionen einteilen.

3.2.1   Benutzerfunktionen

Für Benutzer stehen die Funktionen Neuantrag, Wiederholungsantrag, Verlängerungsantrag, Zertifikatssuche und Zertifikatsdownload zur Verfügung. Sie werden durch Ausfüllen von Online-Formularen mit dem Webbrowser angestoßen und enthalten gegebenenfalls einen Offline-Identifikationsanteil durch PIN-Briefversendung. Das Ausfüllen der Formulare wird dabei auf möglichst wenige Benutzereingaben beschränkt, um den Prozess so einfach, fehlervermeidend und schnell wie möglich zu gestalten. Benutzer müssen nur ihren Namen und ihre Personalnummer angeben, alle anderen Parameter werden aus Datenbanken ermittelt.

Zur Aktualitätssicherung werden die Daten den Antragstellern allerdings zur Korrektur angezeigt, falls sich Telefonnummer oder Kostenstelle geändert haben. In großen heterogenen Infrastrukturen entscheidet der Integrationsgrad eines Tochter-/

Partnerunternehmens über die Aktualität und Qualität der Daten in Verzeichnissen aller Art. Daher ist es wichtig, die führenden Datenquellen zu ermitteln und anzubinden, um die verbindlichen Daten so aktuell wie möglich zu bekommen. Damit werden manuelle Korrekturmaßnahmen bei der Zertifikatsvergabe so weit wie möglich eingespart.

3.2.2 Administratorfunktionen

Das Zertifikatsmanagement-System greift auf das bestehende Benutzermanagement zu. Damit entfällt das manuelle Anlegen und Löschen von Benutzerdaten. Das Prüfen der Zertifikatsanträge, Genehmigen der Zertifikatsanträge nach dem Vier-Augenprinzip, Sperren von Zertifikaten mit möglicherweise kompromittiertem privaten Schlüssel, Kontrolle der Logfiles, Betrieb der Serverinfrastruktur, Erneuerung der Zertifizierungsstellen-Zertifikate, Anpassen der Policy und Certification Practice Statements und Level III Support sind die Hauptaufgaben der Administratoren im Zertifikatsmanagement.

Die zeitlich aufwändigste Aufgabe beim PKI-Betrieb ist der Vorgang der Zertifikatsvergabe. Daher haben wir diese Aktivitäten weitgehenst durch Software unterstützt. Das System ist als Intranetanwendung realisiert und authentisiert die Administratoren anhand Ihres Zertifikats. Es ermittelt automatisch die, durch den aktuell angemeldeten Administrator entscheidbaren Anträge und präsentiert ihm diese auf einer HTML-Seite im Browser. Die Entscheidungsunterstützung in Form von automatischen Prüfungen beschleunigt dabei die Entscheidungsprozesse.

Automatische Prüfungen stellen durch Datenbankabgleiche beispielsweise sicher, dass eMail-Adresse, Name und Personalnummer im Einklang stehen. Wenn die automatische Prüfung nicht eindeutig möglich ist, wie etwa bei unterschiedlicher Schreibweise eines Namens (Sonderzeichen, Umlaute oder Adelstitel), so weisen gelbe Warnsymbole die Administratoren auf die möglichen Probleme hin. Liegt sicher ein Problem vor, wie etwa eine falsches, nicht zur Personalnummer passendes oder gelöschtes eMail-Konto, so wird dies durch ein rotes Warnsymbol angezeigt. Das System erzwingt dann eine Änderung der fehlerhaften Daten, bevor eine Genehmigung möglich wird.

3.3 Entwicklerfunktionen

Anwendungen, die Zertifikate verarbeiten, entwickeln sich derzeit noch ständig weiter. Damit die Auswirkungen von Versions- oder Konfigurationsänderungen an Zertifizierungs- und Anwendungsprogrammen sorgfältig und ohne Risiko für Praxissysteme getestet werden kann, ist eine gesonderte Integrationsumgebung unerlässlich. Für Entwicklungszwecke können so völlig unproblematisch Test-Zertifikate ausgestellt werden, die nur in der Testumgebung funktionieren.

Testen ist ein immer wieder vernachlässigter Gesichtspunkt, der die Kosten stark beeinflusst. Seit der Inbetriebnahme der PKI 1998 hat sich die durch die Server und Clients bereitgestellte Zertifikatsfunktionalität grundlegend verändert. Zwar ist sie meist erweitert worden, doch gibt es Browser-Versionen, mit denen bestimmte Zertifikats-Operationen unerwarteterweise nicht funktionieren. Nur konsequentes Testen aller Funktionalitäten mit den aktuellen Referenzbrowsern *vor* einem Update und ein entsprechendes Freigabe-Management der Softwareversionen kann kostenträchtige Störungen und Ausfälle vermeiden. Durch die Ausführung von geschäftskritischen Anwendungen ist ein Browser eben nicht mehr nur ein Internetbetrachter, sondern ein Arbeitsmittel, das meist mehrmals am Tag benötigt wird. Dieser Bedeutung muss beim Konfigurationsaufwand dieser Software Rechnung getragen werden.

3.4 Technische Gestaltungsparameter

Der Betrieb einer unternehmensinternen PKI erfordert die Festlegung vieler Parameter. Im Literaturverzeichnis findet sich eine Auswahl der zugrundeliegenden Standard-Dokumente und Informationsquellen. Als Grundlage für die Auswahl der konkreten PKI/Zertifikatskonfigurationen dienten die ITU-T Empfehlung X.509v4 und ihre Vorläufer, die auch als Standard ISO/IEC 9594-8 veröffentlicht wurde (X.509,2000). Ferner wurden die einschlägigen IETF RFCs (z.B. 2459), die mögliche Alternativen im Hinblick auf offene PKIs betrachten, und last but not least die Dokumentationen der jeweiligen Software-Hersteller herangezogen.

Zwar ist mit der Festlegung auf X.509-Zertifikate schon eine Menge entschieden, doch großer Spielraum besteht im Bezug auf den Inhalt der Zertifikate, etwa die Aufnahme von Abteilungskürzeln in die Benutzer-Zertifikate, welche Attribute als eindeutig betrachtet werden sollen, ob z.B. die Personalnummer oder ein davon abgeleiteter Wert ins Zertifikat aufgenommen werden soll, ob und welche Zertifikatserweiterungen zum Einsatz kommen. Mit Zertifikatserweiterungen kann man Zusatzinformationen zum Verwendungszweck von Zertifikaten, Einschränkungen auf bestimmte Anwendungen etc. festlegen und durch entsprechende Markierung als verbindlich durchsetzen. Standarderweiterungen erlauben allgemeine Verwendungszwecke wie Verschlüsselung oder digitale Signatur. Neue Erweiterungen für X.509v3 Zertifikate können von Organisationen eingefügt werden, um besondere Anwendungen oder Einschränkungen in den Zertifikaten technisch zu ermöglichen bzw. zu erzwingen. Alle Entscheidungen wirken sich dabei direkt auf die Interoperabilität, Hard- und Softwarevoraussetzungen und damit die Kosten der PKI aus.

4 Fazit

Das vorgestellte Zertifikatsmanagementsystem bildet den Kern einer internen PKI und ermöglicht einen sicheren, webbasierten Single Sign-On im konzernweiten Intranet. Neben dieser Hauptanwendung sollen Zertifikate auch für andere Anwendungen, z.B. Object Signing, verwendet werden.

Eines der wesentlichen Konzepte ist die *administrationsarme Zertifizierung*. Das heißt weitestgehende Vermeidung manueller Tätigkeiten. Alles was automatisierbar oder aus anderen Systemen ableitbar ist, wird aus diesen bezogen. Dadurch werden Einsparungen beim Betrieb der Infrastruktur erreicht. Das bedingt allerdings eine enge Integration der Registrierungsprozesse mit bestehenden organisatorischen Abläufen. Dies birgt ohne klare Schnittstellen und bei zu häufigen Änderungen der Verfahren in führenden Systemen das Risiko teurer Änderungsaufwände auch für das Zertifikatsmanagement. Vermeidung von duplizierten Funktionalitäten und Verfahren durch Wiederverwendung wiegt diesen möglichen Nachteil allerdings mehr als auf, wenn sich Änderungen durch Einhaltung der Schnittstellen nicht auf die eigenen Prozesse auswirken. Wird beispielsweise zum Datensatz der Kostenstellendatenbank ein Feld hinzugefügt, ohne die Semantik der vorhandenen Felder zu ändern, so schützt die klare Schnittstellendefinition vor dem zusätzlichen Wartungsaufwand, der so nur in einem Modul anfällt, für welches das führende System zuständig ist.

Das zweitwichtigste Konzept ist die *Reduktion des Supportaufwandes*. Das kann durch zielgruppenspezifische Information erreicht werden. Zunächst gliedert man die Informationen entsprechend den Benutzergruppen mit Ihren spezifischen Fragen und verfeinert diese dann empirisch. Dabei sind alle Abläufe so einfach und transparent wie möglich zu halten, damit die Anwender idealerweise völlig selbständig die

Zertifikate beantragen und einsetzen. Um ein besseres Skalieren der Supportkapazi-tät zu erreichen, muss ein Call-Center eingesetzt werden, dass die einfachen Sup-portfragen abfängt und den 3rd Level Support für die Bearbeitung von technischen Störungen und Verbesserungen freihält.

Mit dem Begriff *Politik der kleinen Schritte* kann die verfolgte Strategie zusammen-gefasst werden. Lieber schnell eine leicht wartungsaufwändigere Zwischenlösung online zu bringen, die sofort einen Mehrwert für die Anwender bringt, als Vorteile für den Nutzer durch zu große Entwicklungsschritte unnötig zu verzögern. Die Zwi-schenlösung kann dann später verfeinert werden, wobei erste praktische Erfahrungen aus der Zwischenlösung berücksichtigt werden können. Unbedingt einzuholen ist in diesem Zusammenhang das Feedback der Benutzer.

Das Konzept *Flexibilität vor Anzahl der Funktionen* reduziert die Komplexität, da zunächst ein Kernnutzen realisiert wird. Flexibilität wird durch defensive und die Interoperabilität fördernde Konfigurationen ermöglicht, die später einen Ausbau auf andere Funktionen gestatten. Dabei kann man sich dann auf neuere Versionen der Standards und Produkte abstützen, deren weiter verfeinerte Anforderungen dann aktueller bekannt sind.

Ein weiterer wichtiger Aspekt der Flexibilität wird erreicht, indem man weniger In-formationen in das Zertifikat einträgt und statt dessen für sich potenziell ändernde Daten einen Verzeichnisdienst benutzt. Das Zertifikat muss dann beispielsweise bei geänderter Abteilungszugehörigkeit nicht neu ausgestellt werden. Auch zusätzliche Daten neuer Anwendungen (z.B. Autorisierungsdaten) über den User kann man im Directory anlegen, ohne die im Zertifikat vorhandenen Attribute ändern zu müssen. Um die Flexibilität einer internen Zertifizierungsstelle zu erhöhen, kann man Anfra-gen nach Spezialzertifikaten auch zunächst outsourcen. Bis klar ist, ob eine nachge-fragte Zertifikatsvariante wichtig genug ist, um sie selbst anzubieten und welche An-forderungen dabei zu beachten sind, werden so keine Ressourcen vergeudet. Das traf z.B. Zertifikate zum Signieren von Programmen, die über das Intranet zur Verfü-gung gestellt werden zu (Object-Signing-Zertifikate), deren genaue Verwendung erst geregelt werden musste, bevor man sie intern freigeben konnte.

Die Realisierung der PKI wurde durch folgende Erfolgsfaktoren begünstigt: *Kon-zentration* auf zunächst eine Anwendung, nämlich die Authentifizierung für das web-basierte Single Sign-On. Die interne Finanzierung wurde durch den *positiven Business Case*, ein Sicherheitssystem für mehrere existierende Fachanwendungen bereitzustellen, gesichert. Der Aufbau des *neuen Intranets mit webbasierten Appli-*

kationen war der richtige Zeitpunkt zur Einführung der PKI, da so ausreichend Zeit war, erst mit wenigen Entwicklern und Technikern die Erfahrungen zu sammeln, die den späteren Betrieb mit vielen, technisch weniger versierten Anwendern erleichterten. Das Aufsetzen der Entwicklungen auf einem existierenden, funktionsfähigen Produkt ermöglichte einen schnellen Start der Pilotumgebung, die als Testumgebung für die Anwendungsentwicklung benötigt wurde. Sie ermöglichte die frühe Integration der Sicherheitsmodule in die neugestalteten Fachanwendungen, wodurch deren volle Funktionalität sofort getestet und auch durch Feedback der Anwender verbessert wurde. Den entscheidenden Erfolgsfaktor sehen wir in *der Einbettung in vorhandene organisationseigene Prozesse*. Das bedeutet technisch das Profitieren von Software-Engineering-Vorgaben, Betriebsvorgaben wie Backup, Archivierung und Maßnahmen zur Verfügbarkeit, aber auch das Vorhandensein von Nachbarsystemen wie einem Verzeichnisdienst, PIN-Brief-Drucksystemen und dem Autorisationssystem. Organisatorische Prozesse, die klaren Bezug zur Gestaltung der internen PKI haben, sind das zentrale Benutzermanagement der Sicherheitsabteilung und die Integration in das Personalwirtschaftssystem.

Literatur

American Bar Association (1995): Digital signature guidelines: Legal infrastructure for certification authorities and electronic commerce.

Adams, C./Farrell, S. (1999): RFC 2510: Internet X.509 Public Key Infrastructure Certificate Management Protocols, March, Status: PROPOSED STANDARD.

Lee, A. (2001): Certificate issuing and management components family of protection profiles draft version 1.0, http://csrc.ncsl.nist.gov/pki.

BridgeCA (2001): BridgeCA Fakten, http://www.bridge-ca.org/deutsch/pdf/bridgeca_broschuere.pdf.

Netscape (1997): Planning and deploying a single sign-on solution, http://www.netscape.com.

Cremers, A.B./Spalka, A./Langweg, H. (2001): Vermeidung und Abwehr vom Angriffen trojanischer Pferd Programme auf digitale Signaturen, in: BSI (Hrsg.): Deutscher IT-Sicherheitskongress des BSI 2001, Tagungsband 7, Ingelheim, S. 113-125.

Esslinger, B./Fox, D. (1999): Public Key Infrastructures in Banks - Enterprise-wide PKIs, in: Rannenberg, K./ Müller, G./Pfitzmann, A. (Hrsg.): Multilateral Security in Communications, München, S. 283-300.

Kohnfelder, L.M. (1978): Towards a practical public-key cryptosystem, MIT, Boston.

ITU-T (1997): Recommendation X.509. (Information Technology - Open Systems interconnection - The Directory: Authentication Framework) (Equivalent to ISO/IEC 9594-8, 1997).

ITU-T (2000): Recommendation X.509. (Information Technology - Open Systems interconnection - The Directory: Authentication Framework) (Equivalent to ISO/IEC 9594-8, 2000).

Danksagung

Die Autoren danken der Dresdner Bank für die freundliche Genehmigung, den Beitrag in dieser Form zu veröffentlichen.

IT-Sicherheitsmanagement beim Outsourcing im Bankenumfeld

Stefan Keller

Inhalt:

1   Warum Outsourcing?

Für wohl kaum eine andere Branche ist der Outsourcing-Gedanke so bedeutsam wie für die Kredit- und Finanzdienstleistungsinstitute. Seit Jahren lagern Banken Teile ihres Geschäftes an andere Institute und Dienstleistungsunternehmen aus oder kaufen dort die Erbringung spezieller Services ein. So sind z.B. im Bereich der Sparkassen und Genossenschaftsbanken große Rechenzentren entstanden, die ihre Leistungen Hunderten von kleinen Instituten zur Verfügung stellen. Die von Dienstleistungspartnern angebotenen Services reichen von der vollständigen Abwicklung des Wertpapiergeschäfts, über die Bereitstellung und den Betrieb von Host-Anwendungen bis zur Pflege und Betreuung der lokalen Netzwerke in den Bankfilialen.

Über das Outsourcing können verschiedene Ziele verfolgt werden:

- Durch den **Zukauf neuer Leistungen** (wie z.B. Brokerage-Services) kann das Angebotsspektrum des Unternehmens abgerundet und ergänzt werden. Dabei können durch die Einbindung bereits bestehender Plattformen die mit

Eigenentwicklungen verbundenen Entwicklungszeiten und Risiken vermieden oder zumindest minimiert werden.

- Beim **Outsourcing bestehender IT-Infrastrukturen** steht oftmals der Wille der Bank zur Konzentration auf ihr eigentliches Kerngeschäft im Vordergrund. Das Budget der IT-Abteilung ist in der internen Finanzplanung ein im Vorfeld oft schwer zu kalkulierender Kostenfaktor. Outsourcing-Anbieter versprechen feste jährliche Kosten und die Einhaltung klar definierter Service Level.

Durch die Nutzung von Synergie-Effekten ist es den großen Anbietern möglich, aus Sicht von Preis und Leistung sehr attraktive Angebote zu entwickeln. Für die Kredit- und Finanzdienstleistungsinstitute ergeben sich weitreichende Kostensenkungspotenziale, die von ihnen gerne in Anspruch genommen werden. Nicht zuletzt wird es ihnen dadurch ermöglicht, ihre Unternehmensfunktionen und -prozesse zu optimieren und ihre Wettbewerbsfähigkeit zu stärken.

Die Entscheidung für das Outsourcing zumindest von Teilbereichen ist daher in vielen Banken bereits vor Jahren gefällt worden. Der Outsourcing-Partner ist nicht immer ein fremdes Unternehmen. Vor allem im Bereich der Großunternehmen wurden interne IT-Abteilungen zu selbstständigen IT-Service-Providern umgewandelt, die nun auf eigene Rechnung intern und extern ihre Dienste anbieten.

Die Rahmenbedingungen für die Auslagerung von Bereichen auf ein anderes Unternehmen gemäß § 25a Abs. 2 KWG wurden durch das Bundesaufsichtsamt für das Kreditwesen (BAKred) in seinem Rundschreiben 11/2001 klar definiert. Durch diese Vorschrift sollen die Steuerungs- und Kontrollmöglichkeiten der Geschäftsleitung auch bei der Auslagerung von aufsichtlich sensiblen Bereichen auf Dritte sichergestellt werden. Gleichzeitig möchte das Bundesaufsichtsamt einer möglichen Auflockerung der aufsichtlichen Einwirkungsmöglichkeiten entgegenwirken. Bei einer Auslagerung von Bereichen ist die Geschäftsleitung des auslagernden Instituts gegenüber dem Bundesaufsichtsamt in vollem Umfang für diese Bereiche verantwortlich. Dabei muss sie sicherstellen, dass in den ausgelagerten Bereichen die gleichen Leistungs- und Qualitätsstandards gelten wie bei einer Erbringung der Leistungen durch das Institut selbst.

2 IT-Sicherheitsmanagement – gestern und heute

Outsourcing und IT-Sicherheitsmanagement – das mag für viele auf den ersten Blick widersprüchlich erscheinen. IT-Sicherheitsmanagement wird oft mit der Vorstellung einer starken zentralen Kontrollorganisation verbunden, die alle erforderlichen Funktionen in sich vereint. In Wirklichkeit werden im modernen IT-Sicherheitsmanagement die Teams sehr offen aufgebaut und Mitarbeiter anderer Organisationsteile und externe Partner in ihre Arbeit mit einbezogen. In einer Outsourcing-Partnerschaft müssen zusätzlich Schnittstellen zum Service-Provider geschaffen werden. In einer modernen Organisation ist dies jedoch in den meisten Fällen ein vergleichsweise kleiner Schritt.

2.1 Der veraltete universelle Anspruch des IT-Sicherheitsmanagements

Vor zehn Jahren hätte mancher IT-Sicherheitsmanager auf die Frage nach der Aufgabe seines Teams geantwortet: „Das IT-Sicherheitsmanagement trägt die alleinige Verantwortung für die Sicherheit der Komponenten und die Umsetzung der Sicherheitsmaßnahmen." Hinter einem solchen Selbstverständnis stand der Anspruch, in allen IT-Sicherheitsfragen ein kompetenter Experte zu sein und alle anfallenden Arbeiten selbst abdecken zu können.

Das IT-Sicherheitsmanagement musste dafür Expertenwissen und Ressourcen in vielen verschiedenen technischen Bereichen vorhalten. Mit der Ausweitung des IT-Einsatzes war für das IT-Sicherheitsmanagement ein starker Anstieg des benötigten Personals und ein starkes Wachstum des erforderlichen Budgets verbunden. Es war dadurch der Gefahr von Budgetstreichungen besonders stark ausgesetzt. Eine erfolgreiche Arbeit konnte sich leider durchaus negativ für das Team auswirken, da die Anzahl der Schadensfälle sank und damit auch die Notwendigkeit für die IT-Sicherheitsausgaben scheinbar abnahm. Doch auch leistungsschwache Teams waren gefährdet, da es in diesem Fall offensichtlich keinen Sinn machte, eine große ineffektive Organisationseinheit zu unterhalten.

In jedem Fall lief ein zentrales, umfangreiches und in sich geschlossenes Team Gefahr, innerhalb des Unternehmens zu wenig in andere „produktive" Unternehmensbereiche eingebunden und als „unproduktiver Wasserkopf" wahrgenommen zu werden.

2.2   Modernes IT-Sicherheitsmanagement in einer Matrix-Organisation

Heute versteht sich das IT-Sicherheitsmanagement sehr viel stärker als Koordinie-
rungs-, Steuer- und Kontrollstelle innerhalb einer Matrix-Organisation. Das IT-
Sicherheitsmanagement-Team wird dabei zu einem „virtuellen" Team, das Mitarbeiter in den verschiedenen Unternehmensbereichen und externe Partner einbezieht.
Das beim IT-Sicherheitsmanager angesiedelte eigentliche Kernteam bleibt dabei
klein und überschaubar. Im Bedarfsfall kann das Kernteam zusätzlich mit externen
Mitarbeitern verstärkt werden.

Zu den Aufgaben des Teams zählt u.a. die gemeinsame Erarbeitung von Sicherheitsstandards für die einzelnen Umgebungen und der Grundlagen für regelmäßige Sicherheitsaudits und -reviews. Das Team profitiert dabei von der Einbeziehung der
Kräfte in den Linienorganisationen.

Einen großen Stellenwert innerhalb des erweiterten Teams besitzen die vielmals
unterschätzten Systemadministratoren in den einzelnen Einheiten. Sie haben ein be-
gründetes eigenes Interesse an der Sicherheit der von ihnen betreuten Infrastrukturen
und sind oft die eigentlichen Experten auf ihren Systemen. Fehlende Einflussmöglichkeiten und unklare Leitlinien können bei ihnen jedoch zu einem abnehmenden
Engagement, Unsicherheiten und Missverständnissen führen.

Die Verantwortung für die Sicherheit der Systeme wird auf die mit der Betreuung
beauftragten Mitarbeiter der verschiedenen Bereiche übertragen und mit einer Kontrolle und Überwachung ihrer Tätigkeiten kombiniert. Das IT-Sicherheitsmanagement ist damit in der Lage, die im Betrieb vorhandenen Kräfte für seine Zwecke einzubinden. Es wird dadurch nicht mehr mit Details der betrieblichen Umsetzung belastet und kann sich auf übergeordnete Aufgaben und die Begleitung der Einführung
neuer Produkte, Verfahren und Systeme konzentrieren.

Das Kernteam sollte klein, aber fein sein. Aufgrund des hohen Kommunikations-
und Koordinierungsbedarfs müssen seine Mitglieder sehr gut mit den Mitarbeitern in
anderen Bereichen und externen Partnern kommunizieren können. Gleichzeitig müssen sie in der Lage sein, Vorgaben und Ziele zu entwickeln und schnell auf neue
Situationen zu reagieren. Eine wichtige Aufgabe des Kernteams ist der Wissensaus-
tausch und die Zusammenarbeit mit vergleichbaren Teams anderer Unternehmen.

Für spezielle Fragestellungen lohnt es sich oft, für einen begrenzten Zeitraum externe Mitarbeiter in das Team einzubinden. Es empfiehlt sich, den teuren Einsatz ex-

terner Ressourcen auf bestimmte Projekte und die Erstellung von Kerndokumenten zu fokussieren. Die Verstärkung des Kernteams durch externe Mitarbeiter ist auf den ersten Blick teuer. Diese Kosten müssen jedoch mit den vollen Kosten für vergleichbare interne Mitarbeiter (inkl. Schulungen und evtl. später entstehende Wartezeiten und Weiterbildungen) verglichen werden. Das IT-Sicherheitsmanagement sollte einen großen Wert auf die Qualität der externen Mitarbeiter legen. Bei der im Vorfeld notwendigen Schätzung des Arbeitsaufwands sollte ein gewisser finanzieller Spielraum zum Auffangen von Erweiterungen und Verzögerungen eingeplant werden.

2.3   Nachteile des "virtuellen" IT-Sicherheitsmanagement-Teams

Ein virtuelles Team ist auch mit Nachteilen verbunden. Die Mitarbeiter in der Linienorganisationen werden zu "Dienern zweier Herren". Ihr Einsatz und ihr Engagement für die Interessen des IT-Sicherheitsmanagements müssen gewonnen und gestützt werden. In diesem Zusammenhang ist die Unterstützung durch das Linien-Management und Senior-Management von großer Bedeutung.

Durch Zeitkonflikte der Linien-Mitarbeiter kann sich die Dauer von Projekten erhöhen. Zusätzliche Verzögerungen können jederzeit durch unvorhergesehene Ereignisse in der Produktion eintreten. Daher sollten die Mitarbeiter gezielt mit einbezogen und darüber hinaus bei der Projektplanung ausreichende Zeitpuffer vorgesehen werden.

Der IT-Sicherheitsmanager wird in der Regel versuchen, den Einsatz der Linien-Mitarbeiter aus den Bugdets der Linienorganisationen finanzieren zu lassen und dabei politisch über den indirekten Nutzen für die Linie argumentieren. Wenn jedoch absehbar ist, dass der Mitarbeiter einen maßgeblichen Teil seiner Arbeit für das IT-Sicherheitsmanagement arbeitet, sollte er in das Kernteam übernommen werden.

3   Die Einbeziehung externer Mitarbeiter als erster Schritt in Richtung Outsourcing

In der heutigen Zeit werden in einem verstärkten Umfang externe Mitarbeiter in den Unternehmen eingesetzt. Dabei reicht die Bandbreite von hochbezahlten Beratern bis hin zu Mitarbeitern von Zeitarbeitsfirmen. Über den Einsatz externer Mitarbeiter versprechen sich Unternehmen die kurzfristige Einbindung von ausgewählten, klar

definierten Skills für einen befristeten Zeitraum. Oft sollen durch ihren Einsatz kurzfristig Personallücken geschlossen werden. Zum Teil können dadurch für das Unternehmen auch Mitarbeiter auf Zeit gewonnen werden, die auf dem freien Arbeits-
markt nur schwer zu finden sind oder nach dem Abschluss eines Projekts nicht mehr
benötigt werden.

Dem gegenüber steht die Gefahr des schleichenden Know-how-Verlusts, falls das
Unternehmen die Einbindung der eigenen Mitarbeiter zugunsten externer Kräfte
vernachlässigt. Unter Umständen kann es so zu einem Abhängigkeitsverhältnis zu
externen Mitarbeitern kommen. Weitere Probleme können durch die oft nicht kon-
trollierbare Personaleinsatzplanung externer Dienstleistungsunternehmen entstehen.
Die Kontinuität der erbrachten Leistungen kann durch das Auswechseln und den
Weggang von externen Mitarbeitern stark beeinträchtigt werden. Auch die Gefahr
der Konkurrenzspionage sollte nicht unterschätzt werden. Für einen Angreifer bieten
sich durch das gezielte Einschleusen externer Mitarbeiter in ein Unternehmen sehr
gute Möglichkeiten, um Zugang zu Informationen zu gewinnen.

Das Unternehmen sollte sich der Risiken durch externe Mitarbeiter bewusst sein und
diese in seinem IT-Sicherheitsmanagement angemessen berücksichtigen. Externe
Kräfte können meist ohne großen Aufwand in die internen Sicherheitsmaßnahmen
einbezogen werden. Von grundlegender Bedeutung ist dabei die Abgabe von Non-
Disclosure- und Vertraulichkeitserklärungen, die über die Dauer des Einsatzes hinaus reichen. Eine Selbstverständlichkeit sollte aber auch die Einführung der externen
Mitarbeiter in die geltenden Sicherheitsvorschriften und die vertragliche Verpflichtung ihrer Einhaltung sein. Unter Umständen empfiehlt es sich, die Mitarbeiter in
einzelnen Bereichen verstärkt zu betreuen und ggf. Kontrollen durchzuführen. Nach
der Beendigung der Tätigkeit für das Unternehmen sollte das IT-Sicherheitsmanagement sicherstellen, dass alle überlassenen unternehmenseigenen Daten und Unterlagen zurückgegeben bzw. vernichtet und alle Zugangsrechte entzogen werden.

Die erforderliche Kontinuität und die Verfügbarkeit eines ausreichenden Pools an
Ersatzpersonal kann durch den Aufbau einer dauerhaften Beziehung mit einem Be-
ratungs- oder Dienstleistungsunternehmen unterstützt werden. Bei der Auswahl des
Partners sollten dabei nicht nur der Preis, sondern auch die Chancen auf eine lang-
fristige Partnerschaft und die Breite des angebotenen verfügbaren Wissens berücksichtigt werden.

4 IT-Sicherheitsmanagement im Outsourcing-Umfeld

Das Spektrum des Outsourcings reicht vom Zukauf externer Dienstleistungen bis zur Auslagerung eigener Infrastrukturen an externe Dienstleistungsunternehmen. Oft verfügt der Outsourcing-Partner über ein eigenes IT-Sicherheitsmanagement, das mit dem IT-Sicherheitsmanagement der Bank verbunden werden muss.

4.1 IT-Sicherheitsmanagement-Prozess im Outsourcing

Von entscheidender Bedeutung ist das zwischen Kunde und IT-Service-Provider vereinbarte *Service Level Agreement* (SLA). In ihm werden die vereinbarten Leistungen, ihr Niveau und die Rahmenbedingungen für ihre Erbringung festgelegt. Es bildet eine verbindliche Grundlage für das Zusammenwirken von Kunde und IT-Service-Provider.

Für die Beschreibung des Zusammenspiels zwischen dem Kundenunternehmen und dem IT-Service-Provider verfügen die großen Outsourcing-Anbieter über eigene Prozess-Modelle, die fortlaufend verfeinert und weiterentwickelt werden. Die öffentlich zugängliche *IT Infrastructure Library* (ITIL, http://www.itil.org.uk/) ist eine sehr gute Sammlung von Best Practices im Outsourcing-Umfeld und stellt einen allgemein akzeptierten gemeinsamen Bezugspunkt dar.

ITIL betrachtet das IT-Sicherheitsmanagement als einen geschlossenen Kreislaufprozess mit starken Beziehungen zu den folgenden Prozessen:
- Service Level Management
- Availability Management
- Performance und Capacity Management
- Business Continuity Planning
- Financial Management und Costing
- Configuration und Asset Management
- Incident Control / Helpdesk
- Problem Management
- Change Management
- Release Management

Jeder dieser Prozesse trägt auf seine Art zur Herstellung und Erhaltung des angestrebten Sicherheitsniveaus bei. Viele der sicherheitsrelevanten Abläufe befinden sich dabei außerhalb des eigentlichen IT-Sicherheitsmanagement-Prozesses. Dadurch wird in ITIL dem Querschnittscharakter des Themas IT-Sicherheit Rechnung getragen.

Der IT-Sicherheitsmanagement-Prozess ist vereinfacht in Abb. 1 dargestellt. Im Mittelpunkt steht der vertraute IT-Sicherheitskreislauf aus Planung, Umsetzung, Betrieb/Betreuung und Bewertung. Im Falle einer Outsourcing-Beziehung wird dieser Kreislauf vom IT-Service-Provider umgesetzt. Der Kunde bringt seine Anforderungen über das Service Level Agreement (SLA) ein und wird vom IT-Service-Provider durch Berichte über die Einhaltung des SLA informiert.

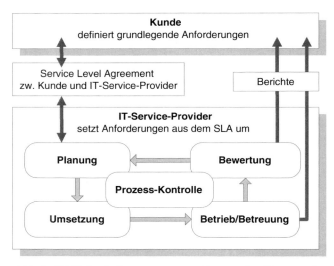

Abb.1: IT-Sicherheitsmanagement-Prozess im Outsourcing

Der IT-Service-Provider verfolgt über das IT-Sicherheitsmanagement zwei Ziele. Zum einen muss er den externen Sicherheitsanforderungen gerecht werden, die über das SLA durch den Kunden oder aufgrund rechtlicher, vertraglicher oder anderer Rahmenbedingungen entstehen. Zum anderen muss er seine eigenen internen Sicherheitsanforderungen erfüllen, die als seine Basis für einen sicheren und verlässlichen Betrieb die Grundlage für die Erbringung der vereinbarten Leistungen bilden.

Unabhängig von den spezifischen Anforderungen einzelner Kunden, liegt es im Interesse des IT-Service-Providers, über bewährte technische und organisatorische Maßnahmen einen gewissen Basisschutz, die sog. „*Standard Security Baseline*", anzubieten. Der Outsourcing-Anbieter kann über sie einen Teil der für ihn gefährlichen

Betriebsrisiken minimieren. Gleichzeitig bietet sie ihm die Möglichkeit, die für verschiedene Kunden betriebenen Lösungen zu standardisieren und darüber Synergie-Effekte zu erzielen. Die standardisierten Maßnahmen finden Eingang in den *Service Catalog* des IT-Service-Providers, in dem sein Standard-Leistungsangebot beschrieben wird. Für den Kunden hat dies den Vorteil, dass er mit dem Service Catalog eine kostengünstig kalkulierte Sammlung bewährter Leistungen erhält.

Der Sicherheitsabschnitt des Service Level Agreements kann z.B. die folgenden Punkte umfassen:

- Die Sicherheitsanforderungen des Kunden.

- Die Beschreibung des im Service Catalog des IT-Service-Providers enthaltenen Sicherheitsniveaus mit individuellen Erweiterungen und Änderungen für den Kunden.

- Verweise auf weitere Verträge mit Dritten und den darin enthaltenen Leistungen und Anforderungen, deren Erfüllung außerhalb des Einflusses des IT-Service-Providers steht. Diese Verträge werden auch als „Underpinning Contracts" (UC) bezeichnet (z.B. Verträge über Standleitungen oder Wartungsverträge).

- Die Beschreibung der vorgesehenen Umsetzung.

- Die Aufteilung der Verantwortung für Umsetzung, Management und Kontrolle der Maßnahmen zwischen Kunden, IT-Service-Provider und ggf. weiteren Partnern.

Nicht alle sicherheitsrelevanten Umstände und Bereiche können durch den IT-Service-Provider beeinflusst werden. Ein Beispiel ist das korrekte Verhalten der Endbenutzer (keine Weitergabe von Passwörtern etc.), das - obwohl sehr wichtig für die Sicherheit der Umgebung - i.d.R. nicht vom IT-Service-Provider gesteuert werden kann. Deshalb ist es sehr wichtig, im Service Level Agreement die Verantwortlichkeiten und Zuständigkeiten für die einzelne Bereiche genau festzulegen und abzugrenzen.

Der IT-Service-Provider stellt einen *Security Manager*, der auf der Seite des Dienstleistungsunternehmens die Verantwortung für den IT-Sicherheitsmanagement-Prozess trägt. Er ist u.a. verantwortlich für die Erfüllung der im SLA definierten Sicherheitsanforderungen, die Durchführung von Risikoanalysen, die Definition von Maßnahmen und die Ausarbeitung und Umsetzung von Sicherheitsplänen. Er nimmt eine aktive Rolle im Change-Management-Prozess ein und wird bei besonderen Sicherheitsvorfällen und –problemen im Rahmen des Incident und Problem Ma-

nagements hinzugezogen. Die Erstellung von Berichten an den Kunden zählt ebenfalls zu seinen Aufgaben.

Auf der Seite des Kunden stehen dem Security Manager in der Regel ein oder mehrere *IT-Sicherheitsbeauftragte* gegenüber. Sie sind das Bindeglied zwischen Kunde
und IT-Service-Provider. Sie helfen bei der Interpretation der Sicherheitsrichtlinien
und Anforderungen des Kunden, koordinieren u.a. die Umsetzung von Sicherheitsmaßnahmen im Verantwortungsbereich des Kunden (z.B. „Clean Desk" Policy) und
spielen im Rahmen der Eskalation von Problemen eine wichtige Rolle.

Das Zusammenspiel zwischen Security Manager und IT-Sicherheitsbeauftragten -
und damit die Koordination zwischen den beiden Partnern - ist für den langfristigen
Erfolg des IT-Sicherheitsmanagements in der Outsourcing-Partnerschaft entscheidend.

4.2   Risiken

Der Schutzbedarf der betriebenen Anwendungen ist unabhängig davon, ob die mit
ihnen verbundenen Leistungen durch die Bank selbst oder von einem IT-Service-
Provider erbracht werden. Durch die veränderten Rahmenbedingungen beim Outsourcing können sich jedoch neue Bedrohungen und erhöhte Risiken ergeben.

Zu den Risikofaktoren zählen u.a.:

- **schleichender Verlust von Know-how**
  Durch den Übergang der Leistungserbringung geht zumindest ein Teil des
  mit ihr verbundenen Wissens beim Unternehmen verloren.

- **Probleme bei der gleichzeitigen Betreuung von mehreren Kunden**
  Der IT-Service-Provider betreut in der Regel mehrere Kunden gleichzeitig.
  Es ist dabei in seinem Interesse die vorhandenen Optimierungsmöglichkeiten
  auszunutzen und Synergie-Effekte zu schaffen. In vielen Fällen werden daher
  einzelne Komponenten durch verschiedene Kundenunternehmen gemeinsam
  genutzt. Bei einer Mehrfachnutzung sind u.a. die gegenseitige Abgrenzung
  der Kundenbereiche und die Priorisierung der einzelnen Kunden bei auftretenden Problemen von großer Bedeutung.

- **Schwächen durch mangelnde Abstimmung und Zusammenarbeit**
  Durch Unklarheiten bei der Zuweisung von Verantwortlichkeiten, Missver-
  ständnisse, fehlende Absprachen und mangelnde gegenseitige Zusammenar-

beit zwischen auslagerndem Institut und IT-Service-Provider können Schwächen und Lücken im IT-Sicherheitsbereich auftreten.

- **Probleme innerhalb der Umstellungsphase**
  Durch die Outsourcing-Einführung werden oftmals bestehende Strukturen aufgebrochen und existierende Abläufe gestört. Die damit verbundenen Änderungen können zu Widerständen im Unternehmen führen. Auch das gegenseitige Zusammenspiel zwischen Kunde und IT-Service-Provider verläuft i.d.R. zu Anfang nicht ganz störungsfrei.

4.3   Vorteile

In vielen Fällen entstehen dem Unternehmen Vorteile:

- **Verbesserte Prozesse**
  Die Einführung des Outsourcings ist ein Einschnitt, der das Unternehmen zwingt, seine existierenden Prozesse anzupassen. Im Zusammenspiel mit dem Partner können dabei gewachsene Abläufe und Strukturen neu überdacht und optimiert werden.

- **Verbesserte Bewertung und Vergleichbarkeit der Leistungsfähigkeit**
  Der IT-Service-Provider wird i.d.R. in den übernommenen Bereichen standardisierte Prozesse und Best Practices einführen. Dadurch werden die Prozesse, Schnittstellen und zu erbringenden Leistungen klar definiert. Ihre Leistungsfähigkeit kann über Indikatoren und Metriken besser bewertet und verglichen werden.

- **Besseres Risikomanagement**
  In seinem eigenen Interesse nutzt der IT-Service-Provider die Möglichkeiten der von ihm verwendeten Standard-Prozesse zur Erkennung und Minimierung von Risiken. Dazu zählen u.a. Trendanalysen im Bereich des Incident Control/Help Desks und die Suche nach zugrundeliegenden Problemen („Root Cause Analysis") im Problem Management.

- **Einbindung in Informations- und Wissensnetze**
  Durch die Einbettung in vorhandene Knowledge-Management-Systeme des IT-Service-Providers können erweiterte Informations- und Wissensnetze erschlossen werden. Dabei kann der Kunde von den dort vorhandenen Best Practices und Erfahrungen profitieren.

5 Besondere Anforderungen des BAKred beim Outsourcing im Bankenumfeld

In seinem Rundschreiben 11/2001 formulierte das Bundesaufsichtsamt für das Kreditwesen (BAKred) besondere Anforderungen an die Kredit- und Finanzdienstleistungsinstitute für die Auslagerung von Bereichen auf andere Unternehmen. Durch die Auslagerung dürfen demnach weder die Ordnungsmäßigkeit der betriebenen Bankgeschäfte oder Finanzdienstleistungen, noch die Steuer- und Kontrollmöglichkeiten der Geschäftsführung, noch die Prüfungs- und Kontrollmöglichkeiten durch das Bundesaufsichtsamt beeinträchtigt werden.

Die Forderungen des BAKred sollten in Outsourcing-Verträgen bzw. in den Service Level Agreements berücksichtigt werden. In seinem umfassenden Schreiben geht das Bundesaufsichtsamt auf eine Vielzahl von Punkten ein und formuliert eine ganze Reihe von detaillierten Anforderungen sowie viele Ausnahmen, die hier nicht umfassend wiedergegeben werden können.

Zu den wesentlichen Punkten zählen u.a.:

- **Die Definition des auszulagernden Bereichs**

- **Die Auswahl des Auslagerungsunternehmens**

- **Die Festlegung und Abgrenzung der Verantwortlichkeiten und Zuständigkeiten zwischen Institut und Auslagerungsunternehmen**

- **Die Einhaltung sämtlicher gesetzlicher und vertraglicher Pflichten**
  Sie darf durch die Auslagerung nicht beeinträchtigt bzw. muss auch durch das Auslagerungsunternehmen gewährleistet werden.

- **Die laufende Überwachung und Beurteilung der Leistungserbringung des Auslagerungsunternehmens**
  Sie muss durch das auslagernde Institut umgesetzt werden, das dazu intern eine verantwortliche Stelle bestimmen muss. Es muss zudem möglich sein, notwendige Korrekturmaßnahmen sofort zu ergreifen.

- **Die Integration des ausgelagerten Bereichs in das interne Kontrollsystem des auslagernden Instituts**
  Dazu zählen u.a. laufende interne Kontrollen durch das Auslagerungsunternehmen mit regelmäßigen Berichten und unverzüglichen Fehlermeldungen an das auslagernde Institut.

- **Weitgehende Auskunfts-, Einsichts-, Zutritts- und Zugangsrechte**

  Das auslagernde Institut muss gegenüber dem Auslagerungsunternehmen über die zur Wahrnehmung seiner Überwachungsfunktionen notwendigen Rechte verfügen.

- **Weisungs- und Kontrollrechte**

  Das auslagernde Institut muss gegenüber dem Auslagerungsunternehmen die erforderlichen Rechte besitzen, um die ordnungsgemäße Durchführung der ausgelagerten Leistungen sicherstellen zu können. Dabei muss es seine Weisungsrechte unmittelbar und unabhängig von konkurrierenden Weisungsrechten durchsetzen können.

- **Flexible Kündigungsrechte für das auslagernde Institut**

  Das auslagernde Institut sollte u.a. in der Lage sein, sich bei Problemen mit dem Auslagerungsunternehmen von diesem zu trennen und seine Leistungen einem anderen Partner zu übertragen. Auf der anderen Seite muss gewährleistet sein, dass eine Kündigung durch das Auslagerungsunternehmens die Erbringung der ausgelagerten Leistungen nicht gefährdet – dem Institut z.B. noch genügend Zeit für ihre Übertragung auf einen neuen Partner bleibt.

- **Der Zustimmungsvorbehalt des auslagernden Instituts bei der Weiterverlagerung von Leistungen an Dritte**

  Für den Fall der Weiterverlagerung ausgelagerte Tätigkeiten und Funktionen an Dritte ist u.a. ein Zustimmungsvorbehalt des auslagernden Instituts vorzusehen.

- **Die Möglichkeit der Einsicht und Prüfung**

  Das auslagernde Institut, seine Interne Revision, Prüfer, die aufgrund gesetzlicher Vorschriften tätig werden, und das BAKred müssen über die Möglichkeit zur jederzeitigen, vollumfänglichen, ungehinderten Einsicht und Prüfung verfügen.

- **Die vertragliche Festlegung der Sicherheitsanforderungen und laufende Überwachung ihrer Einhaltung**

  Die durch das Auslagerungsunternehmen zu erfüllenden Sicherheitsanforderungen sind zu bestimmen und vertraglich festzuhalten. Durch das auslagernde Institut erfolgt eine laufende Überwachung ihrer Einhaltung.

- **Die Ausweitung des Geschäfts- und ggf. Bankgeheimnisses**

  Das Geschäftsgeheimnis und, falls Kundendaten bekannt sind, das Bankgeheimnis des auslagernden Instituts sind auf das Auslagerungsunternehmen auszuweiten.

- **Die Sicherstellung der Vertraulichkeit der Daten zwischen ggf. verschiedenen auslagernden Instituten**
  Falls das Auslagerungsunternehmen Dienstleistungen für verschiedene Institute erbringt, muss die Vertraulichkeit der Daten auch zwischen den unterschiedlichen Instituten sichergestellt werden.

Diese kurze Auflistung umfasst bei weitem nicht alle von dem BAKred geforderten Punkte und ersetzt nicht eine Lektüre des sehr lesenswerten Rundschreibens (vgl. http://www.bakred.de/texte/rundsch/rs11_01.htm).

6 Outsourcing aus Sicht der Revision

Das Thema Outsourcing ist für viele Revisoren ein heißes Eisen. Auch die Information Systems Audit and Control Association (ISACA), ein internationaler Zusammenschluss von EDV-Revisoren, hat sich mit dem Outsourcing in Unternehmen beschäftigt. Die Vertretung der ISACA in der Schweiz hat dazu eine Reihe von Checklisten erarbeitet und stellt diese im Internet zu Verfügung (vgl. http://www.isaca.ch/html/arbeitsgruppen.html). Diese können vor allem im Vorfeld der Vertragsverhandlung von Nutzen sein.

7 Fazit

Im Bankenumfeld ist Outsourcing bereits seit Jahren verbreitet. Vom Bundesaufsichtsamt für das Kreditwesen (BAKred) existieren Vorgaben an die Kreditinstitute und Finanzdienstleistungsinstitute in der Bundesrepublik Deutschland, die strenge Forderungen an das IT-Sicherheitsmanagement stellen.

Die Outsourcing-Anbieter versprechen eine Vielzahl von Vorteilen - u.a. durch die Einführung von standardisierten und verbesserten Prozessen. Es ist jedoch im Vorfeld kritisch zu prüfen, ob die vorhandenen Anforderungen und Erwartungen auch tatsächlich erfüllt werden können.

Das Rundschreiben 11/2001 des BAKred, die Checklisten der ISACA und die IT Infrastructure Library (ITIL) bilden zusammen eine gute Arbeitsbasis für die Gestaltung des IT-Sicherheitsmanagements in einer Outsourcing-Partnerschaft.

IT-Sicherheit – definitiv mehr als nur Technik

Konstantin Petruch

Inhalt:

1   Die Bedeutung von IT-Sicherheit für den Unternehmenserfolg

Die Bedeutung der Informations- und Kommunikationstechnik für den Unternehmenserfolg sowie die Art und Weise, in welcher Unternehmen diese Technologien einsetzen, haben sich über die letzten Jahre massiv gewandelt. Dies klingt zunächst nach einer Binsenweisheit: Die Wandlung der Informationstechnik (IT) von einem simplen „Business Enabler" hin zu einem zentralen Produktions- und Wettbewerbsfaktor, einem „Business Driver", ist eine allgemein anerkannte Tatsache. Ebenfalls Realität ist es jedoch, dass dieser Tatsache im Umgang mit IT-Sicherheit sehr ungenügend Rechnung getragen wird: Den wesentlichen Eigenschaften von Daten - nämlich Integrität, Vertraulichkeit und Verfügbarkeit - wird nicht die adäquate Signifikanz zugeschrieben (vgl. Gerbich, 2001, S. 66). Das zeigt nicht nur ein immer noch mangelhaftes Sicherheitsbewusstsein der Unternehmen, sondern auch, dass viele Unternehmen ihre Abhängigkeit von der Informationstechnologie massiv unterschätzen.

Die fortschreitende globale Vernetzung in Verbindung mit der Konvergenz der Daten- und Sprachnetzwerke eröffnet den Unternehmen neue Geschäftsmodelle sowie zahlreiche Möglichkeiten, ihre Prozesse effizienter und kundenfreundlicher zu gestalten. Gleichzeitig führen diese Entwicklungen aber auch dazu, dass die IT von Unternehmen, öffentlichen Einrichtungen und Behörden oder auch Privatpersonen anfälliger für Angriffe oder Systemausfälle ist als je zuvor.

Gerade Unternehmen der Finanzdienstleistungsbranche stehen vor der Herausforderung, dass die IT schon lange absolut unentbehrlich für die erfolgreiche Geschäftstätigkeit ist: Die Nichtverfügbarkeit der eingesetzten IT bzw. der Daten würde bei den meisten Instituten sehr kurzfristig zur Insolvenz führen. Auch bei den aktuellsten Entwicklungen stehen Bank-Institute wieder an der vordersten Front. Datamonitor geht beispielsweise davon aus, dass bis 2005 in Europa ca. 10% der Kunden „Mobile Banking" nutzen werden.

Untersuchungen zeigen immer wieder, dass gerade Finanzdienstleister sehr beliebte Ziele von Cyber-Attacken, also Angriffen im sog. Cyber Space, sind. Mehr als 10% aller Cyber-Attacken richten sich momentan gegen Finanzdienstleister (vgl. Belcher, 2002, S. 5). Hinzu kommt, dass Banken spätestens seit dem Siegeszug des Electronic Banking bezüglich der Sicherheit ihrer elektronischen Vertriebswege im Rampenlicht stehen. Die Erfahrungen im anglo-amerikanischen Raum zeigen, dass Online-Sicherheit ein wichtiges Entscheidungskriterium bei der Wahl der Bank darstellt (vgl. Alms, 2001, S. B7).

Die schadenverursachenden Ereignisse, gegen die sich ein Unternehmen schützen muss, können in sechs Kategorien eingeteilt werden (vgl. auch den Beitrag von Roßbach in diesem Buch):

- Viren
  IT-Systeme werden durch Zugriff auf verseuchte Daten aus dem Internet (z.B. eMail, FTP, HTTP) oder durch Einspielen verseuchter Daten von externen Datenträgern durch Viren verseucht.

- Penetration von extern

  Außentäter führen Angriffe auf ein Unternehmensnetzwerk und dessen IT-Systeme durch.

- Penetration von intern

  Verglichen mit den Angriffen durch einen Außentäter nutzt ein Innentäter seine Vertrauensstellung, die er gegenüber dem Unternehmen besitzt, aus, um dem Unternehmen Schaden zuzufügen. Je nach Rang und Position des Innentäters im Unternehmen kann dies sehr weit reichende Folgen haben. Angriffe reichen dabei von Datendiebstahl bis hin zur Beeinträchtigung der Verfügbarkeit von IT-Systemen.

- Ausfall zentraler IT-Komponenten

  Zu den wichtigen Komponenten einer IT-Landschaft zählen insbesondere
    - zentrale Zugangs- und Vermittlungsknoten (z.B. Router, Switch, Firewall),
    - Serversysteme (z.B. Applikationsserver, Informationsserver),
    - Datenbanksysteme und
    - Datensicherungssysteme.

  Ausfälle resultieren aus technischen Defekten, aus Versorgungsengpässen und -ausfällen (Stromausfall, geringe Netzkapazität), Fehlkonfigurationen oder Hackerangriffen.

- Datenverlust

  Gespeicherte Daten können durch technisches Versagen, versehentliches Löschen oder durch Manipulation unbrauchbar werden oder verloren gehen.

- Infrastruktur

  Die Infrastruktur unterteilt sich in die Einheiten Gebäude, Verkabelung, Büroraum, Serverraum, Datenträgerarchiv und Räume für technische Infrastruktur. Die Einheiten sind unterschiedlichen Gefährdungen (z.B. durch höhere Gewalt wie Blitzschlag, Feuer, Wasser, Erdbeben) ausgesetzt, die zu einer Beeinträchtigung oder zu einem Ausfall der jeweiligen Infrastruktur führen.

Zwei der genannten Kategorien sind sehr pressewirksam und stehen daher immer wieder im Rampenlicht: „Viren" und „Penetration von extern" oder einfach Hacker-Attacken. Jeder hat hiervon schon gehört und gelesen, viele waren auch schon persönlich Opfer solcher Angriffe. Vor diesem Hintergrund ist es nicht verwunderlich, dass sich Studien, Zeitungsartikel und Vorträge zum Thema „IT-Sicherheit" gerne mit diesen Themen befassen. Und für viele Unternehmen stehen beim aktiven Umgang mit der IT-Sicherheit diese Themen wiederum im Vordergrund.

„Viren" und „Penetration von extern" haben jedoch noch eine zweite Eigenschaft gemeinsam: Die „Bösen" sind nicht im eigenen Unternehmen zu suchen, Schuld sind „Andere". Kriminalexperten gehen jedoch davon aus, dass gerade in Deutschland die Gefahrenquelle „Mitarbeiter" deutlich unterschätzt wird. Die Bedrohung durch einen Innentäter wird deutlich, wenn man betrachtet, wodurch er sich im Wesentlichen von einem Außentäter unterscheidet:

- Innentäter verfügen über einen Informationsvorsprung. Ihnen stehen in der Regel mehr Informationen über das Angriffsziel zur Verfügung als einem Außentäter.

- Innentäter sind in die IT-Netzwerkumgebung eingebunden. Sie verfügen über einen legalen Netzzugang zum internen Netzwerk und sind somit als Angreifer schwerer erkennbar.

Diese Fehleinschätzung der Unternehmen schlägt sich deutlich in den Maßnahmen nieder, die zur Sicherstellung von IT-Sicherheit ergriffen werden. Die meisten Unternehmen haben Anti-Viren-Software und Firewall-Lösungen im Einsatz, also Maßnahmen, die gegen Angriffe von extern schützen. Nur wenige deutsche Unternehmen haben ein eigenes IT-Sicherheitskonzept definiert und eingeführt, das auch die internen Risiken adressiert. Wirklich gelebt werden diese nur bei einem Bruchteil dieser Unternehmen.

2 Ganzheitliches IT-Sicherheitskonzept – Menschen, Prozesse, Technologie

Das IT-Sicherheitskonzept beschreibt alle Anforderungen an Systeme und Anwendungen zum Erhalt der drei Grundwerte der IT-Sicherheit:
- Vertraulichkeit,
- Verfügbarkeit und
- Integrität.

IT-Sicherheit befasst sich mit der Sicherheit von Informationstechnik. Vermeintlich folgerichtig versuchen viele Unternehmen, diese Herausforderung mittels Einsatzes von noch mehr oder besserer, sprich vermeintlich sichererer Informationstechnik zu bewältigen. Die Verantwortung liegt dementsprechend bei dem Leiter der Unternehmens-IT bzw. bei der IT-Abteilung.

2.1 Rolle und Potenziale von Sicherheits-Technologie

Der technik-fokussierte Ansatz zur IT-Sicherheit stützt sich faktisch auf drei Annahmen, die man sich allerdings meistens nicht bewusst macht:

1. Die eingesetzte Technik ist sicher bzw. arbeitet fehlerfrei.
2. Die Mitarbeiter, welche die Technik sicher implementieren oder einsetzen
   sollen, haben das hierfür notwendige Wissen und arbeiten fehlerfrei.
3. Die Vorgaben, nach denen die Technik implementiert oder eingesetzt wird,
   funktionieren und entsprechen den aktuellen Geschäftszielen.

Schon die erste Annahme trifft augenscheinlich nicht zu. Gerade in den letzten Jahren beispielsweise haben Viren und Würmer, wie die „Code Red"-Familie und
„Nimda", sehr deutlich gezeigt, dass man sich nicht nur auf Produkte verlassen darf.
Vielmehr haben sich die Urheber dieser Cyber-Attacken die Fehler in vermeintlich
sicheren Produkten namhafter Hersteller zunutze gemacht.

Auch die zweite Annahme ist nicht haltbar. Abgesehen davon, dass Irren menschlich
ist, setzt diese Annahme voraus, dass sich Mitarbeiter sowohl der Bedeutung der IT-
Sicherheit bewusst sind, als auch das notwendige Wissen haben, sich adäquat zu
verhalten.

Die dritte Annahme muss ebenfalls als nicht zutreffend abgetan werden. In der
Mehrzahl der Unternehmen sind keine Vorgaben definiert bzw. die vorhandenen
Vorgaben sind nicht auf die Geschäftsziele des Unternehmens abgestimmt.

Die singuläre Betrachtung der Thematik aus technologischer Sicht ist daher i.d.R.
nicht zielführend. Neben der Technik, die zweifelsohne eine wichtige Rolle ein-
nimmt, sind in einem anforderungsgerechten und wirksamen IT-Sicherheitskonzept
die Mitarbeiter und Prozesse des Unternehmens zu berücksichtigen.

2.2 Sicherheitsfaktor "Mitarbeiter"

Eine entscheidende Voraussetzung für die erfolgreiche Erstellung des IT-Sicherheitskonzepts ist daher die aktive Einbeziehung von Management und Fachabteilungen, den Entscheidern und Anwendern. IT-Sicherheit ist ein Thema, das Auswirkungen auf praktisch alle Geschäftsprozesse haben kann. Es muss daher auch entsprechend behandelt werden.

2.2.1   Engagement der Unternehmensführung

Eine aktive Beteiligung der kompletten Unternehmensführung ist nicht nur sinnvoll, um zu gewährleisten, dass die benötigten Ressourcen für die Projektdurchführung bereitgestellt werden und Ansprechpartner in den Anwenderbereichen zur Verfügung stehen. Langfristig ist insbesondere wichtig, dass sämtliche Entscheider und Führungskräfte IT-Sicherheit als Teil des eigenen Aufgabenbereichs begreifen und nicht als alleinige Verantwortung der IT-Abteilung abtun.

Die richtige Anwendung der IT-Systeme und -Anwendungen, wie die Handhabung von Passwörtern, ist ein entscheidender Beitrag zur Herstellung von IT-Sicherheit, und viele wichtige Entscheidungen müssen durch die Fachbereiche getroffen werden. Beispielsweise kann nur hier beurteilt werden, welche Mitarbeiter Zugriff auf welche Anwendungen und Informationen haben müssen.

Eine weitere Prämisse ist die Selbstverpflichtung des Managements auf die Einhaltung der definierten Regeln und der klare Verzicht auf Sonderwünsche. Vorgesetzten kommt hier eine wichtige Vorbildfunktion vor.

2.2.2   Mitarbeiter ist nicht gleich Mitarbeiter

Wenn man davon spricht, dass die Mitarbeiter das größte Risiko für die IT-Sicherheit im Unternehmen darstellen, wird nicht unterstellt, dass alle diese Mitarbeiter kriminelle Ziele verfolgen oder dem Unternehmen schaden wollen. Das Problem ist vielmehr, dass der einzelne Mitarbeiter sich zum einen der Gefahren nicht bewusst ist, die aus einem unter Aspekten der IT-Sicherheit falschen Umgang mit der Unternehmens-IT entstehen können, und zum anderen auch nicht die notwendigen Kenntnisse hat, wie er den Umgang sicherer gestalten könnte.

Aus Sicht der IT-Sicherheit kann man drei Typen von Mitarbeitern unterscheiden. Jede Gruppe gefährdet die IT-Sicherheit auf ihre eigene Art und Weise. Die definierten Maßnahmen zur Sicherstellung der IT-Sicherheit müssen alle drei Typen berücksichtigen.

2.2.2.1   Der „Naive"

Bei den Gründen für Schadensereignisse steht der Missbrauch von Benutzerrechten mit großem Abstand an erster Stelle (vgl. META Group, 2000, S. 66). Viele Mitarbeiter verfügen nicht über das notwendige Wissen, um überhaupt die Bedeutung der IT-Sicherheit zu verstehen. Diese erste und bei weitem größte Gruppe gibt nicht nur Passwörter und Keys weiter (eMail, Newsgroups, Umfragen, Telefon), ohne die Konsequenzen zu ahnen, sondern teilt Dritten auch andere unternehmensinterne Daten mit.

Dieses Problem lässt sich im wesentlichen nur durch Aufklärung der Benutzer in den Griff bekommen. „Naive" Mitarbeiter müssen in erster Linie inhaltlich geschult werden. Es ist notwendig, ihnen die fehlenden IT-Kenntnisse sowie das grundsätzliche Verständnis für die Bedeutung der Informationsverarbeitung zu vermitteln.

2.2.2.2   Der „Profi"

„Profis" sind in der Lage, die internen technischen Barrieren zu überwinden, die i.d.R. ausreichend sind, den durchschnittlichen Mitarbeiter von unerwünschten Handlungen abzuhalten. Die Tatsache, dass sie die IT-Sicherheit des Unternehmens damit gefährden, ist ihnen dabei entweder nicht bewusst oder sie ignorieren sie einfach. Sie sehen das Ganze eher als sportliche Herausforderung an und empfinden ihr Handeln maximal als Kavaliersdelikt.

Dem „Profi" mangelt es nicht an technischem Know-how, wohl aber an der Einsicht, dass sein Verhalten und Handeln das Unternehmen massiv schädigen und auch für ihn drastische Folgen haben kann. Auch hier ist Aufklärung notwendig. Zusätzlich müssen diesen Mitarbeitern die persönlichen Folgen ihres Handeln - von disziplinarischen bis hin zu strafrechtlichen Konsequenzen - deutlich gemacht werden.

2.2.2.3   Der „Böse"

Es gibt natürlich auch Personen mit offiziellem Zugang zum Unternehmensnetz, die sich persönlich bereichern oder dem Unternehmen einfach nur schaden wollen. Das können Mitarbeiter, ehemalige Mitarbeiter oder auch Gäste mit Intranet-Access sein. Beispielhafte Aktivitäten sind das Publizieren oder Verkaufen von Interna, der Diebstahl von Daten und Hardware, die Verleumdung von Unternehmen und Mitarbeitern in News- und Diskussionsgruppen sowie das Freisetzen von Viren.

Mit Aufklärung oder Schulung ist hier nichts zu erreichen. Hier helfen nur Abschreckung sowie die sichere Gestaltung der Unternehmensprozesse, indem beispielsweise beim Weggang eines Mitarbeiters sichergestellt wird, dass seine sämtlichen Zugriffsmöglichkeiten zum Unternehmensnetz gesperrt werden und er keine Daten entfernt.

2.2.3   Vermittlung des Verständnisses von IT-Sicherheit

Zusammenfassend sind für die Vermittlung der Bedeutung der IT-Sicherheit für den Unternehmenserfolg sowie des sicheren Umgangs mit der Unternehmens-IT vier Ziele zu nennen. Die Mitarbeiter

- müssen die Bedeutung der IT-Sicherheit als solche verstehen,

- müssen ihre persönliche Verantwortung für die Sicherheit der Unternehmensdaten und -systeme begreifen und annehmen,

- müssen das notwendige Wissen und die Fähigkeiten haben, um zum einen potenzielle Bedrohungen der IT-Sicherheit zu erkennen, zum anderen um die adäquaten Gegenmaßnahmen ergreifen bzw. veranlassen zu können und

- müssen wissen, wen sie auf welche Weise zu informieren haben, wenn sie Sicherheitsverletzungen erkennen.

Eine grundlegende Maßnahme ist es, Verstößen gegen die IT-Sicherheit das Flair eines Kavaliersdeliktes zu nehmen. Den Mitarbeitern muss bewusst gemacht werden, dass IT und Daten die gleiche Wertigkeit wie klassische Produktionsfaktoren und Rohstoffe haben und deren Diebstahl, Beschädigung oder sonstige Beeinträchtigung auch vergleichbare Folgen nach sich zieht.

Die Unternehmensführung muss ihrerseits glaubhaft das eigene Interesse an der IT-Sicherheit vermitteln. Sie muss deutlich machen, dass die Einhaltung der Vorgaben kontinuierlich überprüft wird und Verstöße drastische Folgen für den Einzelnen haben können.

Diese Ziele sollten sowohl in jedem Einstiegsprogramm für neue Mitarbeiter, als auch in regelmäßigen Abständen neu adressiert werden, um das diesbezügliche Wissen und Bewusstsein der Mitarbeiter immer aktuell zu halten. Die Bereitstellung von

Informationsplattformen oder Newsletter in elektronischer oder gedruckter Form unterstützen diesen Bildungsprozess.

2.3 Prozess-Fokus des IT-Sicherheitskonzepts

Um alle Anforderungen an Systeme und Anwendungen vollständig zu beschreiben, muss das IT-Sicherheitskonzept vier Komponenten berücksichtigen: Prävention, Notfallplanung, Wiederanlaufplanung und Notfallvorsorgemanagement (vgl. auch Abb. 1).

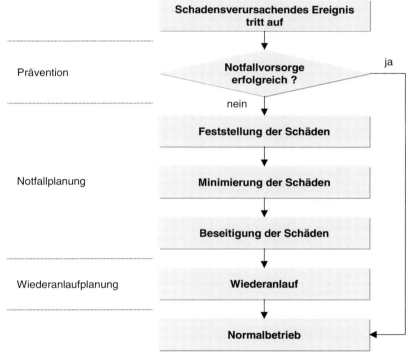

Abb. 1: Zusammenhang zwischen Prävention, Notfallplanung und Wiederanlauf

Bei der folgenden Übersicht der Inhalte und Schwerpunkte des IT-Sicherheitskonzepts wird deutlich, dass ein IT-Sicherheitskonzept insbesondere Prozesse und Prozessschritte definiert und dokumentiert, die für die Sicherstellung der IT-Sicherheit relevant sind. Dabei ist entscheidend, dass sämtliche Unternehmensprozesse berücksichtigt werden. Das IT-Sicherheitskonzept darf sich nicht auf die Prozesse der IT-Abteilung beschränken!

2.3.1   Prävention

Vorbeugung und Verhinderung des Eintritts von schadenverursachenden Ereignissen sowie die Reduzierung der Eintrittswahrscheinlichkeit sind die obersten Prämissen der Notfallvorsorge.

Die konkreten Anforderungen der Fachabteilungen, beispielsweise bezüglich der Verfügbarkeit der Systeme oder Vertraulichkeit der Daten sowie die hierfür implementierten Sicherheitsmaßnahmen sind in einem IT-Sicherheitshandbuch zu dokumentieren und müssen sämtliche IT-technischen, baulich-physischen und logisch-organisatorischen Sicherheitsmaßnahmen beschreiben. Das IT-Sicherheitshandbuch stellt damit für alle Systeme, Anwendungen und Dienste Richtlinien bereit, wie die drei Grundziele der IT-Sicherheit im Normalfall erreicht werden können. Aus diesen Vorgaben lassen sich die erforderlichen Sicherheitsmaßnahmen zum Schutz der IT-Systeme und -Anwendungen ableiten.

Hundertprozentige Sicherheit lässt sich auch mit einem ganzheitlichen Ansatz, der Mitarbeiter und Prozesse einbindet, nicht erreichen. In der Praxis führen Gründe wie Kosten, personelle Akzeptanz und nicht-akzeptable Einschränkung der Funktionalität oder des Handlungsspielraums von Mitarbeitern dazu, dass nicht alle erdenklichen Sicherheitsmaßnahmen umsetzbar sind. Auch können denkbare Sicherheitsmaßnahmen ökonomisch unverhältnismäßig sein, ihr Beitrag zur Abwehr eines oder mehrerer Angriffe gegenüber dem dafür erforderlichen Aufwand so niedrig sein, dass eine Umsetzung nicht sinnvoll ist. Verbleibende Restrisiken müssen durch Risikoversicherungen abgefangen oder mit dem vollen Wissen ihres Vorhandenseins vom Unternehmen getragen werden.

Die Schäden zu begrenzen, die nicht durch Sicherheitsmaßnahmen verhindert werden können, sind die Aufgaben von Notfall- und Wiederanlaufplanung sowie Notfallvorsorgemanagement.

2.3.2   Notfallplanung

Die Notfallplanung bereitet die Maßnahmen vor, mit denen auf den Eintritt eines schadenverursachenden Ereignisses zu reagieren ist: Feststellung des Notfalls sowie Minimierung und Beseitigung der Schäden. Oberstes Primat bei der Notfallplanung ist: *„So einfach wie möglich! Die Umstände bei Notfällen sind schon kompliziert genug."*

Die konkrete Entscheidung, ob ein Notfall vorliegt, wird auf Basis der zwei Parameter „Sicherheitsanforderungen betroffener IT-Systeme und Anwendungen" und „Notfalldefinition" getroffen. Letztere legt fest, welche Verletzungen der Grundwerte der IT-Sicherheit zur Ausrufung eines Notfalls führen.

Die Notfallplanung muss die Themenkomplexe Notfallorganisation, Notfallpläne und Notfallübungen behandeln:

- Die Notfallorganisation beinhaltet die Meldestellen und -wege sowie Eskalationsprozeduren, die für die Behandlung von Ereignissen erforderlich sind: Meldung, Erfassung, Weiterleitung und Eskalation.

- Notfallpläne enthalten Vorgehensweisen und Handlungshilfen zur Bewältigung der Notfallsituation für ausgewählte Schadensereignisse.

- Notfallübungen haben das Ziel, die Wirksamkeit von Maßnahmen der Notfallvorsorge festzustellen. Durch sie werden sowohl der reibungslose Ablauf der Notfallpläne erprobt, als auch bisher unerkannte Mängel aufgedeckt.

2.3.3 Wiederanlaufplanung

Die Wiederanlaufplanung befasst sich mit der Vorbereitung aller Maßnahmen, welche die schnellstmögliche Wiederinbetriebnahme der IT-Systeme und -Anwendungen sicherstellen sollen.

Bei Eintritt eines Notfalls ist die Wiederherstellung des ursprünglichen Zustands eines IT-Systems häufig nicht in einem akzeptablen Zeitraum möglich. Um zumindest den Ablauf der wichtigsten Geschäftsprozesse sicherzustellen, muss daher zur Überbrückung dieser Wartezeit ein eingeschränkter Notbetrieb für das betroffene IT-System eingerichtet werden. Wiederanlaufpläne beschreiben für jedes IT-System und jede IT-Anwendung alle Vorkehrungen, die einer Wiederherstellung und Inbetriebnahme der betroffenen IT-Systeme und -Anwendungen in ihren ursprünglichen Zustand dienen. Wiederanlaufpläne müssen unter anderem die folgenden Aufgabenstellungen behandeln:

- Für jedes IT-System und jede IT-Anwendung muss die Priorität für den Notbetrieb und Wiederanlauf festgelegt sein, damit ein geordneter Wiederanlauf möglich ist.

- Geräte, die keinen redundanten Ersatz vor Ort haben, müssen auf andere Art und Weise verfügbar gemacht werden. Beispielsweise kann ein Dienstleister die notwendige Infrastruktur und Hardware zur Verfügung stellen, wenn ein

Wiederanlauf im „warmen" Ausweichrechenzentrum stattfindet. Anhand eines Ersatzbeschaffungsplans ist festzulegen, welche Geräte von welchen Stellen in welcher Konfiguration beschafft werden können. Dazu kann es beispielsweise sinnvoll sein, mit Herstellern oder Händlern Lieferantenvereinbarungen abzuschließen, die Lieferzeiten garantieren.

- Auf Basis eines Datensicherungsplans müssen sämtliche Betriebs-, Administrations- und Geschäftsdaten schon während des Normalbetriebs gesichert werden. Die verwendeten Datenträger müssen redundant an verschiedenen Stellen (Räume, Gebäude) in einem Datenträgerarchivraum gelagert werden.

Auf Basis des Wiederanlaufplans müssen Wiederanlauftests durchgeführt werden, um den Wiederanlauf von IT-Systemen und -Anwendungen auf Schwachstellen und Mängel zu prüfen.

2.3.4   Notfallvorsorgemanagement

Das Notfallvorsorgemanagement ist dafür verantwortlich, die Prozesse und Verantwortlichkeiten festzulegen. Es werden Verfahrensabläufe für die Dokumentation und Revision der Aufbauorganisation, Ablauforganisation und Kommunikation sowie Übungen für Alarme, Notfälle und Wiederanlauf definiert.

3   Erfolgreiche Erstellung eines IT-Sicherheitskonzepts

Um einen wirksamen Schutz der Unternehmens-IT aufbauen zu können, müssen Entscheidungsträger und System-Administratoren verstehen, welche Bedrohungen existieren, welche Risiken damit verbunden sind und welche Maßnahmen zur Vermeidung bzw. zum Umgang mit diesen einzuleiten sind. Die zu stellenden Kernfragen sind:

- „Was wollen wir beschützen?"
- „Wovor wollen wir es beschützen?"
- „Wie wahrscheinlich ist die Bedrohung?"

Bei der Implementierung von Maßnahmen, welche die Sicherheit der vorhandenen Assets effektiv und kosteneffizient sicherstellen sollen, muss „Vorbeugen & Verhindern" klar Priorität vor dem Umgang mit dem konkreten Vorfall haben. Desweiteren ist es entscheidend, die kontinuierliche Überprüfung und Verbesserung sowie die Anpassung an geänderte Anforderungen oder Rahmenbedingungen sicherzustellen.

3.1 Voraussetzungen für die erfolgreiche Implementierung eines IT-Sicherheitskonzepts

Um die erfolgreiche Implementierung des IT-Sicherheitskonzepts sicherzustellen, ist es notwendig, von Anfang an die potenziellen Gründe für ein Nichtbefolgen zu berücksichtigen und zu adressieren:

- Es dürfen immer nur Verfahrensanweisungen und Vorschriften veröffentlicht werden, deren Umsetzung realistisch ist und die vom Management unterstützt werden.

- Die betroffenen Mitarbeiter sollen die Ziele der Maßnahmen verstehen.

- Die Einhaltung der Verfahrensanweisungen und Vorschriften muss regelmäßig überprüft werden. Bei Nichtbefolgung muss dies entsprechend disziplinarisch geahndet werden.

- Selbstverständlich müssen alle Maßnahmen im Einklang mit dem Bundesdatenschutzgesetz bzw. anderen nationalen Reglementierungen stehen.

3.2 Schritte bei der Erstellung eines IT-Sicherheitskonzepts

Im Folgenden werden die Phasen beschrieben, die für die Erstellung eines bedarfsgetriebenen und umsetzungsorientierten IT-Sicherheitskonzepts durchlaufen werden. Die Erstellung des IT-Sicherheitskonzepts ist in fünf Projektphasen gegliedert (vgl. Abb. 2).

3.2.1 Zieldefinition

In einem ersten Schritt wird auf Ebene der Geschäftsleitung festgelegt, welche Sicherheitsstufe für das Unternehmen bzw. für einzelne Bereiche als notwendig angesehen wird. Damit verbunden ist die Aussage, welchen Aufwand zu betreiben das Management bereit ist.

Ein weiteres wichtiges Ziel dieses initialen Schrittes ist die aktive Einbindung des Managements und dessen Engagement bezüglich IT-Sicherheit im Allgemeinen und der Erstellung des IT-Sicherheitskonzepts im Speziellen.

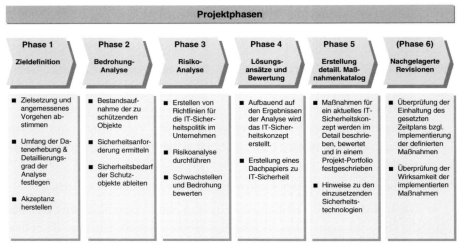

Abb. 2: Phasen für die Erstellung eines IT-Sicherheitskonzepts
Quelle: Diebold, 2001

3.2.2   Bedrohungs-Analyse

Die Bedrohungs-Analyse dient der Erfassung sämtlicher IT-Systeme, ihrer IT-Anwendungen und der darin verarbeiteten Daten sowie der Ermittlung ihres Schutz-bedarfs hinsichtlich Verlust von Vertraulichkeit, Integrität und Verfügbarkeit. Zur besseren Übersichtlichkeit werden die erfassten Einzelobjekte nicht getrennt be-schrieben, sondern in Gruppen klassifiziert. Für jede der Objektgruppen werden auch die bereits getroffenen Schutzmaßnahmen beschrieben.

Die Objekte werden theoretisch und praktisch, z.B. durch Penetrationstests, geziel-ten Angriffen ausgesetzt. Die ermittelten konkreten Bedrohungen werden in Bedro-hungsklassen kategorisiert und den bereits vorhandenen Schutzmaßnahmen gegen-übergestellt. Als Ergebnis werden die Sicherheitslücken, die trotz der implementier-ten Maßnahmen bestehen, aufgedeckt und beschrieben.

3.2.3   Risiko-Analyse

Im Rahmen der Risiko-Analyse werden die in der vorherigen Phase ermittelten konkreten Schwachstellen hinsichtlich ihrer möglichen Auswirkungen bewertet und die bestehenden Risiken aufgezeigt. Hierfür wird eine tabellarische Risikoübersicht erstellt: Jede konkrete Bedrohung wird hinsichtlich eines möglichen Schadens und ihrer Eintrittswahrscheinlichkeit qualitativ bewertet. Zur besseren Visualisierung der vergleichenden Bewertung der Risiken werden Risikomatrizen eingesetzt. Einen quantitativen Anhaltspunkt erhält man durch die einfache Formel:

Risiko = möglicher Schaden * Eintrittswahrscheinlichkeit.

Im Vorgriff auf das noch zu erstellende IT-Sicherheitskonzept wird bereits eine Reihe von Gegenmaßnahmen bezüglich der einzelnen Schwachstellen vorgeschlagen.

3.2.4   Erstellung des IT-Sicherheitskonzepts

Aufbauend auf den Ergebnissen der Analyse wird das IT-Sicherheitskonzept erstellt. Lösungsalternativen - systemtechnische, prozessuale und organisatorische Ansätze - werden systematisch entwickelt und nach den Kriterien Machbarkeit, Kosten/Nutzen und Wirkung bewertet.

Parallel wird ein Dachpapier erstellt, das als Rahmenwerk für den Umgang des Unternehmens oder der Unternehmensgruppe mit IT-Sicherheit dient. Der Adressatenkreis sind Mitarbeiter und Geschäftspartner, denen der Stellenwert der IT-Sicherheit und die generellen Ansätze zur Sicherstellung derselben vermittelt werden sollen.

3.2.5   Erstellung eines detaillierten Maßnahmenkatalogs

Die konzeptionelle Phase schließt mit der Erstellung eines Maßnahmenkataloges ab. Er beschreibt detailliert die für ein vollständiges IT-Sicherheitskonzept definierten Maßnahmen.

Sämtliche Maßnahmen werden bewertet und in einem Projekt-Portfolio festgeschrieben. Die Priorisierung der Projekte sollte über eine Vorlage für die Unternehmensleitung erfolgen, um eine bereichsübergreifend verabschiedete, mittelfristige Planung zu ermöglichen.

4 Kontinuität durch Revisionen

Für den langfristigen Erfolg des Projekts ist es wichtig, dass im Anschluss an die initiale Erstellung des IT-Sicherheitskonzepts regelmäßig interne und externe Revisionen durchgeführt werden. Diese sollen sowohl die Durchführung als auch die Wirksamkeit der im IT-Sicherheitskonzept definierten Maßnahmen gewährleisten. Um den Revisionen und deren Ergebnissen das notwendige Gewicht zu verleihen, sollte die Unternehmensführung auch für die internen Berichte der Adressat sein.

IT-Sicherheit muss als kontinuierliche Aufgabe verstanden werden und darf nicht auf ein temporäres Projekt reduziert werden. Neben der Durchführung von Revisionen sind daher Standard-Prozesse zu definieren, welche die kontinuierliche Anpassung der Maßnahmen an sich ändernde Anforderungen und Rahmenbedingungen sicherstellen.

Literatur

Alms, W. (2001): Effektiver Datenschutz ist gefragt, in: FAZ, 07.11.2001, S. B7.

Belcher. T./Yoran, E. (2002): Riptech Internet Security Threat Report, Alexandria.

Gerbich, S. (2002): IT-Security 2001 - Sind Sie (noch ganz) dicht, in: Information-Week, Heft 18, S. 26-36.

META Group Deutschland GmbH (2000): Enterprise Security in Deutschland.

Teil C: Rechtliche Aspekte des IT-Sicherheitsmanagements

Bankaufsichtsrechtliche Rahmenbedingungen des IT-Managements von Banken

Markus Escher, Jörg Kahler

Inhalt:

1 Einleitung

Nahezu alle Banken sind heutzutage in hohem Maße auf die Nutzung der Informationstechnologie (IT) bei dem Angebot und der Abwicklung ihrer Bankgeschäfte angewiesen. Diese Abhängigkeit von der Technik führt wiederum zu einer permanenten potenziellen Gefahrenlage. Die technischen Systeme müssen gegen Ausfälle und Missbräuche bzw. Angriffe von innen und außen geschützt werden. Es muss von Seiten der Banken sichergestellt werden, dass die ständige und ordnungsgemäße Abwicklung der Bankgeschäfte gegenüber den Kunden nicht beeinträchtigt wird.

Organisatorische und technische Maßnahmen der Banken bei der Gestaltung der IT-Infrastruktur besitzen in all ihren Facetten auch bankaufsichtsrechtliche Relevanz. Banken unterliegen einer sehr weitgehenden Staatsaufsicht nach dem Gesetz über das Kreditwesen (KWG). Grundlegendes Ziel des staatlichen Aufsichtskonzepts ist es, das ordnungsgemäße Funktionieren eines liquiden und soliden Finanz- und Kreditapparates zu sichern und das Vertrauen in den Finanzplatz Deutschland zu gewährleisten (vgl. Fischer, in: Boos/ Fischer/Schulte-Mattler, 2000, Einführung Rdnr. 46), wobei der BGH dem EuGH die Frage zur Entscheidung vorgelegt hat, ob nicht die Bankaufsicht auch im unmittelbaren Interesse der Anleger und Sparer und nicht nur im öffentlichen Interesse ausgeübt werden müsse (Vorlagebeschluss des BGH, III ZR 48/01 vom 16.05.2002, in: BK*R*,, 2002, S. 478). Bei der Frage der Aufsicht spielen nicht nur Struktur- und Ordnungsvorschriften im Hinblick auf das Eigenkapital und Liquidität der Banken mit ihren Melde-, Berichts- und Auskunftspflichten sowie entsprechende Anforderungen bei der Bilanzierung und Pflichtprüfung eine Rolle. Auch die Frage geeigneter technischer und organisatorischer Regelungen zur Steuerung, Überwachung und Kontrolle der Risiken sind für eine gesetzeskonforme ordnungsgemäße Geschäftsorganisation von grundlegender Bedeutung. Schließlich wirkt sich die Frage des Sicherheitsniveaus des IT-Managements und der ordnungsgemäßen Dokumentation und Buchführung der Bankprozesse entscheidend auf das Funktionieren und das Vertrauen hinsichtlich des Finanzplatzes Deutschland aus.

Da sich alle Maßnahmen der Banken im IT-Bereich zwangsläufig in der einen oder anderen Form auch auf die Sicherheit und Gewährleistung ihrer Geschäftsprozesse auswirken, ist es unerlässlich, sich über die bankaufsichtsrechtlichen Hintergründe und deren Regelungsrahmen Gewissheit zu verschaffen und diese bei der Umsetzung technischer und organisatorischer Prozesse zu beachten. Nachfolgend wird der gesetzliche Rahmen sowie die Aktivitäten der Bankaufsichtsbehörden, insbesondere des Bundesaufsichtsamtes für das Kreditwesen (BAKred), seit 01.05.2002 die Bundesanstalt für Finanzdienstleistungsaufsicht (BAFin), im Hinblick auf IT-bezogene Sachverhalte dargelegt und einer rechtlichen Bewertung unterzogen.

2 17-Punkte-Schreiben des BAKred zur grenzüberschreitenden Datenfernverarbeitung im Bankbuchführungswesen

Das „ehemalige" BAKred hat erstmals in seinem Schreiben zur grenzüberschreitenden Datenfernverarbeitung im Bankbuchführungswesen - dem sog. „17-Punkte-Schreiben" - vom 16.10.1992 zur Frage der technischen und organisatorischen Anforderungen beim Umgang mit computergestützten Datenverarbeitungssystemen Stellung genommen (Gz. I 3-362-3/82; abgedruckt in: Consbruch/Möller/Bähre/ Schneider, Ziff. 4.245). Zwar bezieht sich das Schreiben nur auf den Spezialfall der grenzüberschreitenden Datenfernverarbeitung im Bankbuchführungswesen innerhalb der EU, jedoch hat es allein aufgrund seiner detaillierten EDV-relevanten Bezugnahmen über den Spezialfall hinaus Bedeutung (vgl. Braun, in: Boos/Fischer/ Schulte-Mattler, KWG-Kommentar, § 25a, 154, Zerwas/ Hanten, WM 1998, 1110, 1111).

Das Schreiben des BAKred verfolgt den Zweck, bankoperationelle Risiken durch Einsatz von IT-Systemen im grenzüberschreitenden Datenverkehr zu vermeiden bzw. zu reduzieren und strenge Sicherheitsvorkehrungen für den Einsatz der Technik für die Übertragung und Verarbeitung bankbuchungsrelevanter Daten aufzustellen. Das BAKred lässt nach dem Schreiben grenzüberschreitende Datenfernverarbeitung innerhalb des Gebietes der Europäischen Gemeinschaft grundsätzlich zu, stellt diese allerdings unter den Vorbehalt zahlreicher Sicherheits-, Prüfungs-, Zugriffs- und Protokollierungsvoraussetzungen. Territorial wurde die Zulässigkeit der Datenfernverarbeitung inzwischen auf das Gebiet der USA erweitert. Hierzu wurde nach dem Schreiben des BAKred vom 24.11.1995 (Gz. I 3-362-3/94/I 6; abgedruckt in: Consbruch/Möller/Bähre/Schneider, Ziff. 4.245) eine individuelle Abstimmung mit den zuständigen amerikanischen Bankaufsichtsbehörden, nämlich mit der United States Securities and Exchange Commission (SEC), dem Bord of Governors of the Federal Reserve System (FED) und dem Comptroller of the Currency (OCC), erzielt.

Das 17-Punkte-Schreiben des BAKred lässt sich in einen materiellen Teil gliedern, in dem die EDV- und buchführungstechnischen Vorgaben des BAKred für eine zulässige Datenfernverarbeitung aufgestellt werden (Punkte 1-11) sowie in einen formellen Teil, in dem im Einzelnen vorgegeben wird, wie die Einhaltung der materiellen Vorgaben von Seiten der Banken zu überwachen und zu überprüfen ist (Punkte 12-17).

2.1 Materielle Anforderungen an die Ausgestaltung der Datenfernverarbeitung

Neben der Einhaltung spezifischer bankbuchungsrelevanter Vorgaben ist eine Datenfernverarbeitung nur zulässig, wenn bei den Vorgängen der Datenübertragung und Datenspeicherung der Schutz der Daten gegen Manipulation, Missbrauch sowie unberechtigter Kenntnisnahme gewahrt bleibt.

2.1.1 Bankbuchungsrelevante Vorgaben

Nach Punkt 1 des BAKred-Schreibens müssen Belege, Handelsbücher sowie die zu ihrem Verständnis erforderlichen Arbeitsanweisungen und sonstigen Organisationsunterlagen als Bestandteil einer ordnungsgemäßen Buchführung nach wie vor gegenständlich im Inland vorhanden sein. Ein ausschließlicher Vorhalt der Daten in elektronischer Form ist nicht ausreichend. Die Anforderung an das „gegenständliche Vorhandensein" von Unterlagen und Dokumentationen bedingt neben dem Einsatz umfangreicher EDV-Maßnahmen immer auch einen Parallellauf von papiergetragenen Unterlagen. Die IT-gestützte Datenfernverarbeitung kann damit im Wesentlichen nur als erleichterter Kommunikations- und Verarbeitungskanal genutzt werden, an deren jeweiligen Enden das Übertragungsergebnis in Papierform festgehalten und gespeichert werden muss.

Unter Punkt 2 und 3 des BAKred-Schreibens wird auf weitergehende Buchführungsgrundsätze verwiesen, die für die Datenfernverarbeitung zu beachten sind. So sind nach Punkt 2 die in Deutschland gültigen Grundsätze ordnungsgemäßer Buchführung bei computergestützten Verfahren (BStBl. I 1995, S. 738ff) und deren Prüfung, insbesondere FAMA 1-1987 (Stellungnahme des Fachausschusses für moderne Abrechnungssysteme beim Institut der Wirtschaftsprüfer in Deutschland e.V., abgedruckt u.a. in: Die Wirtschafsprüfung, 1988, S. 1ff) zu beachten. Diese Grundsätze befassen sich mit der Prüfung computergestützter Verfahren bei Buchungsvorgängen in der Unternehmensorganisation. Sie liegen mittlerweile in der Fassung der Stellungnahme des Fachausschusses für moderne Abrechnungssysteme beim Institut der Wirtschaftsprüfer in Deutschland in Form des „IdW-Entwurfs Stellungnahme zur Rechnungslegung: Grundsätze ordnungsgemäßer Buchführung bei Einsatz von Informationstechnologie", Stand 08.03.2001, vor (vgl. IdW ERS FAIT I, in: IdW-Prüfungsstandards und Stellungnahmen zur Rechnungslegung, 2001).

Nach Punkt 3 des BAKred-Schreibens muss eine zeitnahe, vollständige, richtige und geordnete Datenverarbeitung von buchungsrelevanten Geschäftsvorfällen im Sinne der „Grundsätze ordnungsgemäßer datenverarbeitungsgestützter Buchführungssysteme - GoBS" (BStBl I 1995, S. 738ff) gewährleistet werden. Die betreffenden Dateien müssen der Bank binnen 24 Stunden ab Übermittlung des der Buchung zugrunde liegenden Geschäftsvorfalls vorliegen. Dabei muss die Ordnungsmäßigkeit einer DV-gestützten Buchführung grundsätzlich nach den gleichen Prinzipien wie die einer manuell erstellten Buchführung gewährleistet werden. D.h. das zum Einsatz kommende DV-System muss insbesondere die Gewähr dafür bieten, dass Buchungsdaten nicht nachträglich verändert, manipuliert oder gelöscht werden können. Die Datenerfassung muss eine vollständige, richtige, zeitgerechte und nicht löschbare Aufzeichnung der Handelsgeschäfte nach § 239 Abs. 2 und 3 HGB wie bei Eintragungen in Büchern wiedergeben.

2.1.2   Vorgaben zum IT-Management

Im Hinblick auf die Art und Weise der Datenverarbeitung lässt Ziff. 4 des BAKred-Schreibens den Stapelbetrieb (Batch-Betrieb) zu. Dies allerdings nur unter der Voraussetzung, dass die Bank jederzeit in Echtzeit („Realtime") die Handelspositionen abrufen kann oder aber auf lokaler Ebene vorhält.

Weitergehend dürfen bankbezogene Daten nach Punkt 5 nur kryptografisch verschlüsselt (chiffriert) über offene Netze, insbesondere das Internet, übertragen werden. Dem Verschlüsselungssystem muss dabei mindestens der „Data Encryption Standard (DES)" der US-amerikanischen Regierung zugrunde liegen. Dieser Standard enthält anerkannte mathematische Algorithmen für das ver- und entschlüsseln von elektronischen Daten.

Im Hinblick auf die Frage der Datenzugangsberechtigung weisen die Punkte 6 und 7 des BAKred-Schreibens auf die Vergabe von Zugriffsrechten sowie die Identifizierung und Authentifizierung der Benutzer durch die Bank hin. Die Sicherstellung der Integrität und Verfügbarkeit der bankaufsichtsrechtlich relevanten Daten muss dabei wenigstens den Anforderungen an die Funktionalitätsklasse F-C 2 der „Kriterien für die Bewertung der Sicherheit von Systemen der Informationstechnik (ITSEC)" genügen (derzeitiger Stand: Juni 1991, veröffentlicht im Bundesanzeiger 1992, S. 123ff). Schließlich ist in diesem Zusammenhang weiter auf die Pflicht zur Protokollierung von Zugriffen bzw. Zugriffsversuchen hinzuweisen. Die Protokolle sind durch die Innenrevision der Bank in Deutschland täglich auszuwerten. In der bankaufsichtsrechtlichen Praxis zeigt sich regelmäßig im Rahmen von IT-Prüfungen oder auch sog. Sonderprüfungen nach § 44 KWG, dass gerade die zentralisierte Vergabe von Zugriffsrechten sowie die Protokollierung von Zugriffen und Zugriffsversuchen häufig nicht präzise eingehalten wird, andererseits gerade dieser Punkt bei den Bankaufsichtsbehörden auf besondere Sensibilität stößt.

Die Punkte 8 und 9 des BAKred-Schreibens befassen sich mit den Vorgaben zur Systemumgebung. Der Zugang zum Rechenzentrum, das die Computerhardware umschließt, darf nur bestimmten, besonders autorisierten Personen gestattet werden. Das Rechenzentrum ist dabei durch geeignete organisatorische, personelle, technische und bauliche Vorkehrungen gegen unbefugten Zutritt zu sichern. Die Systemumgebung ist im Übrigen gegen mögliche Ausfälle zu sichern. Dies schließt ein geeignetes Datensicherungssystem und ein technisches und betriebliches Ausfallverfahren außerhalb des Stützpunktes des Datenzentrums ein. Jedenfalls muss beim Ausfall des Rechenzentrums eine zeitige Fortführung des Rechenbetriebs gewährleistet sein („Off-Site-Disaster-Recovery-Fazilitäten"). Zerstörte Dateien müssen grundsätzlich zeitig wiederhergestellt werden können und binnen 24 Stunden in aktualisierter Form vorliegen.

Nach Punkt 10 des BAKred-Schreibens müssen die Softwaredokumentationen in Deutsch oder Englisch verfügbar sein.

Von besonderer Bedeutung ist nach dem 17-Punkte-Schreiben des BAKred, dass die Bank gemäß Punkt 11 des Schreibens dem BAKred vor Vornahme der grenzüberschreitenden Datenverarbeitung ein umfassendes DV-Konzept unter Berücksichtigung aller vorgenannten Punkte vorzulegen hat. Das bedeutet, dass die Bank die IT-relevanten Punkte vor Aufnahme der Datenfernübertragung sicherstellen muss und sich die Einhaltung der Voraussetzungen vom BAKred freizugeben hat. Anhand der vorangegangenen Darlegung der zu beachtenden Punkte kann nachvollzogen werden, dass sich die Erarbeitung eines derartigen Konzepts ohne Hinzuziehung einer hierauf spezialisierten IT-Unternehmensberatung kaum bewerkstelligen lässt.

2.2 Formelle Prüfungsanforderungen gegenüber den Aufsichtsbehörden

Die Datenfernverarbeitung muss nach Punkt 12 des BAKred-Schreibens Gegenstand der Innenrevision der Bank sein. Der gesamte IT-Sachverhalt ist in das interne Revisionssystem der Bank einzubinden. Der DV-Vorgang wird dabei als Teil des Gesamtrisikosystems der Bank erfasst und bewertet. Bank und Träger des Datenzentrums müssen sich nach Punkt 13 des BAKred-Schreibens gegenüber dem BAKred (seit 01.05.2002 dem BAFin) schriftlich verpflichten, jederzeit Prüfungen der Bankaufsichtsbehörden nach § 44 KWG zu ermöglichen. Diese Prüfungsrechte sowie die Einbeziehung des Datenzentrums in die Prüfung des Jahresabschlusses muss seitens der Bank gegenüber dem Träger des Datenzentrums vertraglich abgesichert werden (Punkt 15).

Die zuständige nationale Aufsichtsbehörde am Sitz des Datenzentrums darf keine Einwände gegen die Datenfernverarbeitung haben. Im übrigen muss eine grenzüberschreitende Zusammenarbeit der Aufsichtsbehörden gewährleistet sein (Punkt 14).

Die Punkte 16 und 17 des BAKred-Schreibens berühren schließlich die Fragen des Prüfungsvorgangs bei der Datenfernverarbeitung. Dem Abschlussprüfer muss die Möglichkeit der Prüfung der Ordnungsmäßigkeit der computergestützten Buchführung gewährleistet werden. Der Abschlussprüfer hat dies gegenüber der Aufsichtsbehörde (BAFin) vor Aufnahme der Datenfernverarbeitung zu bestätigen. Praktisch gesprochen heißt dies, dass letztlich bereits vor Aufnahme der Datenfernverarbeitung eine umfassende Abstimmung mit dem Abschlussprüfer erforderlich ist, ohne die die vorgenannte Bestätigung nicht erzielt werden kann. Dies ist für eine entsprechende Projektumsetzung durch rechtzeitige Einbindung der Abschlussprüfer in den Zeitplan zu berücksichtigen.

2.3   Zusammenfassung

Der Kernpunkt des 17-Punkte-Schreibens des BAKred besteht darin, dass die Bank vor Aufnahme einer grenzüberschreitenden Datenfernverarbeitung gegenüber den Bankaufsichtsbehörden ein umfassendes IT-Konzept zur Sicherstellung der materiellen und formellen aufsichtsrechtlichen Anforderungen bei der Datenfernübertragung einzureichen hat. Die Anforderungen beziehen sich neben bankbuchungs- und prüfungsrelevanten Punkten schwerpunktmäßig auf eine sichere und zuverlässige Gestaltung der Datenverarbeitung. Dabei werden Voraussetzungen bei der Verschlüsselung und des Integritätsschutzes der Daten sowie des Schutzes der physischen Umgebung der Datenverarbeitung (Rechenzentrumsbetrieb) aufgestellt. Da die Voraussetzungen im Einzelnen sehr detailliert und weitgehend sind, wird für die Erstellung des IT-Konzeptes i.d.R. eine hierauf spezialisierte IT-Unternehmensberatung heranzuziehen sein.

3   Mindestanforderungen an das Betreiben von Handelsgeschäften der Kreditinstitute

3.1   Verlautbarung des BAKred vom 23.10.1995

In der Verlautbarung vom 23.10.1995 hat das BAKred Mindestanforderungen an das Betreiben von Handelsgeschäften der Kreditinstitute (Gz. I 4-42-3/86; abgedruckt in: Consbruch/Möller/Bähre/Schneider, Ziff. 4.270) dargelegt. Die Verlautbarung befasst sich im Wesentlichen mit Risikomanagement- und Risikocontrollingsystemen für die Handelsgeschäfte der Banken. Es enthält außerdem spezifische Anforderungen für ein umfassendes System zur Risikoüberwachung und -steuerung einschließlich der Organisation der Handelstätigkeit. Zwar sind die Anforderungen überwiegend allgemein strategischer, liquiditätsmäßiger, personeller, ablaufstruktureller und organisatorischer Natur. Allerdings wird auch erkennbar auf IT-Elemente Bezug genommen, insbesondere im Hinblick auf die Risiken der Datenverarbeitung.

So hat beispielsweise die Geschäftsleitung einer Bank nach Ziff. 2.2 j und k der Verlautbarung für die Entfaltung der Handelsaktivitäten der Bank Rahmenbeschlüsse und -bedingungen aufzustellen und schriftlich zu fixieren, die sich auf die technische Ausstattung sowie das interne Kontroll- und Überwachungssystem beziehen. Die Rahmenbedingungen sind periodisch zu überprüfen und ggf. von der Geschäftsleitung anzupassen.

Weitergehend befasst sich das BAKred in der Verlautbarung unter dem Aspekt der Betriebsrisiken von Banken (Ziff. 3.4) mit Vorsorgeanforderungen bei der IT-Infrastruktur. Dabei stellt das BAKred darauf ab, dass die Leistungsfähigkeit der eingesetzten DV-Systeme Art und Umfang der Handelsaktivitäten entsprechen muss. Die inhaltsbezogene Anwendung der Datenbanken muss Plausibilitätsüberprüfungen unterzogen werden. Beim Einsatz unterschiedlicher Datenbanken müssen diese kompatibel zueinander sein. Entscheidend ist jedoch, dass für die IT-Systeme eine schriftliche Notfall-Planung vorgehalten werden muss, die u.a. sicherstellt, dass bei Ausfall der für das Handelsgeschäft erforderlichen technischen Einrichtungen kurzfristig einsetzbare Ersatzlösungen zur Verfügung stehen. Diese Notfallplanung bezieht sich weitergehend auch auf die Vorsorge für mögliche Fehler bei der angewendeten Software. Alle diese Verfahren, Dokumentationsanforderungen und Notfallpläne müssen regelmäßig von der Bank überprüft werden.

Schließlich weist das BAKred unter Ziff. 4.2 letzter Absatz der Verlautbarung darauf hin, dass für die Abwicklung von Handelsgeschäften über im Ausland gelegene Datenfernverarbeitungsanlagen sinngemäß die unter Ziff. 2 darlegten Grundsätze zur grenzüberschreitenden Datenfernverarbeitung im „17-Punkte-Schreiben" des BAKred vom 16.10.1992 gelten.

3.2   Die Mindestanforderungen beim IT-Management

Die Mindestanforderungen an das Betreiben von Handelsgeschäften sind in engem Zusammenhang mit den unter Ziff. 2 dargelegten Grundsätzen des 17-Punkte-Schreibens des BAKred zu betrachten. Das BAKred statuiert in den Mindestanforderungen an das Betreiben von Handelsgeschäften lediglich generalklauselartige Rahmenbedingungen für Sicherheitsvorkehrungen im IT-Bereich. Es ist naheliegend, dass die Bankaufsichtsbehörden bei der Anforderung für die Ausgestaltung der technischen Ausstattung und der Sicherheit der IT-Systeme auf die Grundsätze im 17-Punkte-Schreiben zurückgreifen werden. Ihre volle Bedeutung erlangen die Mindestanforderungen sowie die Grundsätze im 17-Punkte-Schreiben allerdings v.a. bei der Konkretisierung der besonderen gesetzlich verankerten Pflichten von Banken nach § 25a KWG (dazu nachfolgend Ziff. 5).

4 Das Geldwäschegesetz und seine Auswirkungen auf die Ausgestaltung der IT-Infrastruktur der Banken

4.1 Das Geldwäschegesetz in der Bankenaufsicht

Ein Bereich der staatlichen Bankenaufsicht besteht seit Anfang der 1990er Jahre in der Bekämpfung und Verhinderung der Geldwäsche. Seit Erlass des Geldwäschegesetzes (GwG) vom 25.10.1993 (BGBl. I S. 1770) ist als neue Aufgabe der Bankenaufsicht die Überwachung der Einhaltung geldwäschebezogener Vorschriften gegenüber den Kreditinstituten hinzugekommen. Die Banken sind nach dem Geldwäschegesetz verpflichtet, ihre Kunden bei Überschreitung bestimmter Vermögensschwellenwerte (15.000 EURO) bei spezifizierten Transaktionen sowie allgemein bei Verdachtsfällen zu identifizieren (§§ 2 bis 6 GwG). Im Rahmen der Identifizierungen obliegt den Banken eine Aufzeichnungs- und Aufbewahrungspflicht, die den Strafverfolgungsbehörden jederzeit Zugriff auf die Identifizierungsdaten ermöglicht (§§ 9, 10 GwG). Schließlich sind den Banken Anzeigepflichten bei Verdacht von Geldwäschetatbeständen auferlegt worden (§ 11 GwG).

4.2 Auswirkungen der geldwäscherechtlichen Pflichten auf die Ausgestaltung der IT-Infrastruktur

4.2.1 Verlautbarung des BAKred über Maßnahmen der Kreditinstitute zur Bekämpfung und Verhinderung der Geldwäsche vom 30.03.1998

Diese geldwäscherechtlichen Pflichten haben direkt und indirekt Auswirkungen auf die organisatorische und technische Gestaltung der Handelsgeschäfte sowie die Ausgestaltung der IT-Infrastruktur der Banken. Das BAKred hat in seiner Verlautbarung über Maßnahmen der Kreditinstitute zur Bekämpfung und Verhinderung der Geldwäsche vom 30.03.1998, das die Pflichten nach dem Geldwäschegesetz weiter konkretisiert (Gz. Z 5 - E 100; abgedruckt in: Consbruch/Möller/Bähre/Schneider, Ziff. 11.01), auch auf den Aspekt der Anforderungen hinsichtlich der IT-Infrastruktur bei der Umsetzung des Gesetzes Bezug genommen.

Im Hinblick auf die Zulässigkeit einer EDV-bezogenen Dokumentenerfassung im Rahmen der geldwäscherechtlichen Aufzeichnungs- und Aufbewahrungspflichten hat das BAKred unter Kapitel V, Ziff. 22, Abs. 4 ff der Verlautbarung festgehalten, dass bei Dauerkunden von Banken die zum Zwecke der Identifizierung gem. § 2 Abs. 1 i.V.m. Abs. 2, § 6 S. 1, § 8 Abs. 1 GwG festgestellten Angaben mittels EDV aufgezeichnet werden können. Eine solche EDV-mäßige Aufzeichnung setze allerdings voraus, dass aus der betreffenden Dokumentation auch ersichtlich ist, welcher Mitarbeiter des Instituts die Identifizierung vorgenommen hat. Weiterhin müsse im Sinne der Datensicherheit gewährleistet sein, dass ein Zugriffsschutz auf das EDV-Programm zur Erfassung dieser Daten bestehe. Nur besonders bevollmächtigte und mit entsprechender „Security" versehene Mitarbeiter dürften eine Berechtigung zum Ändern bzw. Löschen der Daten besitzen. Weitergehende Anforderungen bezüglich Art und Weise der EDV-mäßigen Aufzeichnung werden nicht aufgestellt. Es wird lediglich darauf hingewiesen, dass zumindest eine alphabetische Auffindbarkeit der EDV-mäßig erfassten Daten gewährleistet sein müsse.

Mittelbar lässt sich aus der allgemeinen Anforderung der jederzeitigen Verfügbarkeit und der „Lesbarkeit" der nach dem Geldwäschegesetz aufzubewahrenden Unterlagen nach Kapitel V, Ziff. 22, Abs. 7 der Verlautbarung auf die organisatorische und technische Ausgestaltungshöhe der computergestützten Datenerfassung schlussfolgern. Hier müssen die Banken zumindest softwaretechnische Vorkehrungen in Bezug auf eine vernünftige Indexierung und eine leichte Wiederauffindbarkeit der betreffenden Daten treffen.

4.2.2   Schreiben des BAKred vom 14.08.1998 zur Umsetzung des Geldwäschegesetzes

Die erforderlichen Maßnahmen für den Fall der EDV-mäßigen Aufzeichnung der Identifizierungsdaten im Sinne des § 1 Abs. 5 GwG hat das BAKred in seinem Schreiben vom 14.08.1998 zur Umsetzung des Geldwäschegesetzes (Gz. Z 5 - E 100; Consbruch/Möller/Bähre/Schneider, Ziff. 11.01f) weiter präzisiert. Das BAKred weist darauf hin, dass betreffend Kapitel V, Ziff. 22 Abs. 6 der Verlautbarung vom 30.03.1998 besondere Sicherungsvorkehrungen zum Schutz der Daten bei einer EDV-Aufzeichnung notwendig sind. Diese Datensicherheit könne aus Sicht des BAKred nur dadurch erreicht werden, dass eine strikte Beschränkung hinsichtlich der Änderungsbefugnis der Daten bestehe. Das bedeutet, es dürfen nur einzelne Mitarbeiter der Bank, keinesfalls alle oder eine Vielzahl von Mitarbeitern, eine Zugriffs- und Änderungsmöglichkeit auf die Daten haben. Ist eine solche Beschränkung allerdings nicht möglich, müssen zusätzlich anderweitige Sicherungsmaßnahmen ergriffen werden, die den erforderlichen Schutz der Daten gewährleisten können. Auf jeden Fall müsse hinsichtlich der Daten zu jeder Zeit nachvollzogen werden können, welcher Mitarbeiter Angaben, Änderungen oder Löschungen welcher Daten wie veranlasst habe (Schreiben des BAKred vom 14.08.1998, Absatz 2 und 3; abgedruckt in: Consbruch/Möller/Bähre/Schneider, Ziff. 11.01f). Auch hier zeigt sich die Ausstrahlungswirkung des 17-Punkte-Schreibens, in dem in Ziff. 7 - wie oben ausgeführt - besonderer Wert auf die Zugriffs- und Änderungsmöglichkeiten der Daten und eine Protokollierung der Zugriffe und Zugriffsversuche gelegt wurde.

4.2.3 Geldwäscherechtliche Sicherungssysteme nach 4. Finanzmarktförderungsgesetz

In Umsetzung zahlreicher gesetzgeberischer Akte zur Terrorismusbekämpfung und hierbei einer Verschärfung der Geldwäschebekämpfung wurde im Rahmen des 4. Finanzmarktförderungsgesetzes in § 25a Abs. 1 KWG eine neue Ziff. 4 aufgenommen, nach der ein Institut über angemessene, geschäfts- und kundenbezogene Sicherungssysteme gegen Geldwäsche und gegen betrügerische Handlungen zu Lasten des Instituts verfügen muss. In Satz 2 dieser Regelung wurde das im Gesetzgebungsverfahren stark umstrittene „Konten-Screening" aufgenommen, nach dem Banken bei Sachverhalten, die auf Grund des Erfahrungswissens über die Methode der Geldwäsche zweifelhaft oder ungewöhnlich sind, diesen vor dem Hintergrund der laufenden Geschäftsbeziehung und einzelner Transaktionen nachzugehen hat. In der Gesetzesbegründung wurde die Erforderlichkeit von EDV-Lösungen zur Umsetzung dieser ab 01.07.2002 greifenden gesetzlichen Organisationspflicht betont, wobei auch hervorgehoben wurde, dass EDV-basierende Kontrollinstrumente aus Sicht des Gesetzgebers den Vorteil haben, dass sie „... im Prinzip auch den elektronischen Zahlungsverkehr mit einbeziehen, der sonst aufgrund seiner Volumina eine Überprüfung der einzelnen Transaktionen nicht mehr zulassen würde." (Gesetzentwurf der Bundesregierung zum 4. Finanzmarktförderungsgesetz vom 18.01.2002 BT-Drs. 14/8017, S. 125). Die an Banken hiermit gestellten Anforderungen werden nicht nur die IT-Organisation erheblich berühren, sondern letztlich auch das Vertrauensverhältnis zum Kunden, da die Bank gezwungen sein wird, unübliche und damit spiegelbildlich auch übliche Transaktionen für Kunden oder Kundengruppen zu bestimmen, was für Bankkunden nicht gerade eine angenehmen Vorstellung sein wird.

4.3 Zusammenfassung

Aus geldwäscherechtlicher Sicht spielen bei der Ausgestaltung der IT-Infrastruktur der Banken die Sicherheit und Integrität der zu erfassenden und aufzuzeichnenden

Daten nach dem GwG eine besondere Rolle. Inhaltlich decken sich die Anforderungen weitestgehend mit dem „17-Punkte-Schreiben" des BAKred vom 16.10.1992 zur grenzüberschreitenden Datenfernverarbeitung im Bankbuchführungswesen.

5 Besondere organisatorische Pflichten von Banken nach § 25a KWG

Bei den besonderen gesetzlichen Organisationsanforderungen für Banken sind für den IT-Bereich die angemessenen Sicherheitsvorkehrungen für den Einsatz von EDV nach § 25a Abs. 1 Nr. 2 KWG sowie die besonderen Pflichten bei Outsourcing-Maßnahmen nach § 25a Abs. 2 KWG hervorzuheben. Diese Regelungen wurden mit der 6. KWG-Novelle (Gesetz zur Umsetzung von EG-Richtlinien zur Harmonisierung bank- und wertpapieraufsichtsrechtlicher Vorschriften vom 22.10.1997, BGBl. I S. 2518 ff) in das KWG aufgenommen. Damit lag erstmals ein gesetzlicher Rahmen für spezifische Anforderungen an ein angemessenes Risikomanagement- und Risikocontrollingsystem vor. Die gesetzliche Fixierung von aufsichtsrechtlichen Erfordernissen verdeutlicht die gewachsene Bedeutung, die der Gesetzgeber u.a. auch dem umfassenden Einsatz der Informationstechnologie in Banken zuschreibt. Verstöße gegen § 25a KWG können für Banken schwerwiegende Konsequenzen nach sich ziehen. Beispielsweise kann die Bankaufsichtsbehörde (seit 01.05.2002 das BAFin) in Extremfällen die Erlaubnis zum Betreiben von Bankgeschäften nach § 33 Abs. 1 Satz 1 Nr. 7 KWG versagen bzw. eine bestehende Erlaubnis nach § 35 Abs. 2 Nr. 3 KWG widerrufen oder einen Geschäftsleiter der Bank nach § 36 Abs. 1 KWG abberufen.

5.1 Angemessene Sicherheitsvorkehrungen für den Einsatz von EDV nach § 25a Abs. 1 Nr. 2 KWG

Aufgrund der Gefahrenlage für die ordnungsgemäße Durchführung der Bankgeschäfte und der Sicherung der anvertrauten Vermögenswerte der Kunden hat der Gesetzgeber in § 25a Abs. 1 KWG generalklauselartig festgeschrieben, dass Banken über angemessene Sicherheitsvorkehrungen für den Einsatz der Datenverarbeitung sorgen müssen. Wie die Sicherheitsvorkehrungen im Einzelnen ausgestaltet werden müssen, wird tatbestandlich nicht konkretisiert. Dies hängt im Einzelfall von Art und Umfang des Einsatzes der elektronischen Datenverarbeitung in einzelnen Banken ab (Braun, a.a.O., § 25a, Rn. 105 ff) Auf jeden Fall müssen die Sicherheitsvorkehrungen so ausgestaltet sein, dass alle EDV-spezifischen Risiken, insbesondere das materielle und formale Fehlerrisiko sowie das technische Ausfallrisiko, abgedeckt werden (Braun, a.a.O., § 25a, Rn. 107 f). Die organisatorischen Sicherheitsvorkehrungen, müssen sich weiter auch auf einen physisch-technischen Schutz hinsichtlich des Betriebs des Rechenzentrums und der eingesetzten Hard- bzw. Software beziehen. Zu den angemessenen Sicherheitsmaßnahmen gehören auch die Planung und Implementierung von Vorsorgemaßnahmen, die Schadensfälle verhindern bzw. im Falle des Eintritts eines Schadenfalls Backup- bzw. Recovery-Szenarien in Gang setzen können (Braun, a.a.O., Rn. 116 ff). Letztlich wird in der Praxis bei Auslegung des unbestimmten Rechtsbegriffs „angemessene Sicherheitsvorkehrungen" auch der im übrigen geltende Standard, wie bspw. im vorgenannten IdW-Entwurf Stellungnahme zur Rechnungslegung: Grundsätze ordnungsgemäßer Buchführung bei Einsatz von Informationstechnologie des Instituts der Wirtschaftsprüfer vom 08.03.2001, als allgemeiner Prüfungsmaßstab herangezogen werden können. In Ausfüllung dieses Begriffs werden letztlich auch supra-nationale Ergebnisse einfließen, worauf noch im Folgenden einzugehen ist.

5.2 Besondere organisatorische Pflichten von Banken bei Outsourcing-Maßnahmen nach § 25a Abs. 2 KWG

§ 25a Abs. 2 KWG normiert die speziellen organisatorischen Anforderungen an die Zulässigkeit und die Ausgestaltung der Auslagerung von Bereichen auf andere Untenehmen (Outsourcing). Danach darf eine Bank grundsätzlich auch Hilfsfunktionen ihrer Geschäftätigkeit auf andere Unternehmen auslagern. Sie hat allerdings darauf zu achten, dass die Auslagerungsmaßnahmen weder die Ordnungsmäßigkeit ihrer Bankgeschäfte noch die Steuerungs- oder Kontrollmöglichkeiten der Geschäftsleitung oder die Prüfungsrechte und Kontrollmöglichkeiten der Bankaufsichtsbehörden in Bezug auf die Auslagerungsakte beeinträchtigen. Dabei hat sich die Bank gegenüber dem Auslagerungsunternehmen die erforderlichen Weisungsbefugnisse vertraglich zu sichern, die ausgelagerten Bereiche in seine internen Kontrollverfahren einzubeziehen sowie die Absicht und den Vollzug der Auslagerung dem BAKred (ab 01.05.2002 dem BAFin) und der Deutschen Bundesbank unverzüglich anzuzeigen.

Kernbereiche der Tätigkeiten bei Bankgeschäften, also solche Tätigkeiten, in denen originäre Entscheidungen der Bank zu fällen sind, können nicht ausgelagert werden. Zu diesen Kernbereichen gehören alle Maßnahmen der Unternehmensplanung, -organisation, -steuerung und -kontrolle, z.B. die Kreditentscheidung, das Treffen einer Stundungsvereinbarung sowie der Abschluss eines Kontovertrags (Braun, a.a.O., § 25a, Rn. 172, 175; Rundschreiben 11/2001 des BAKred vom 06.12.2002 („Outsourcing-Rundschreiben"), Tz. 12 ff). Die Gesetzesbegründung zu § 25a Abs. 2 KWG spricht im Zusammenhang mit den auslagerungsfähigen Bereichen davon, dass es sich dabei lediglich um „wesentliche Hilfsfunktionen bzw. Teilakte für das eigentliche Bankgeschäft" handeln dürfe. Als Beispiel von wesentlichen Hilfsfunktionen wird die Auslagerung von EDV in der Gesetzesbegründung ausdrücklich benannt (Bundestagsdrucksache 13/7142 S. 88; Zerwas/Hanten, WM 1998, 1110, 1112).

5.2.1 Ordnungsmäßigkeit der Bankgeschäfte

Outsourcing-Maßnahmen dürfen gemäß § 25a Abs. 2 KWG die Ordnungsmäßigkeit der Bankgeschäfte nicht beeinträchtigen. Um die Ordnungsmäßigkeit bei ausgelagerten Bereichen sicherzustellen, geht es vor allem darum, banktypische Risiken bei ausgelagerten Teilakten zu begrenzen und Missständen bzw. Missbräuchen entgegenzuwirken. Derartige Risiken können sich insbesondere daraus ergeben, dass die Auslagerungsunternehmen im Falle von Nicht-Banken nicht originär die strengen aufsichtsrechtlichen Rahmenbedingungen nach dem KWG beachten müssen, denen die Banken unterliegen. Der Begriff der Ordnungsmäßigkeit verlangt, dass bei einer Auslagerung auf ein anderes Unternehmen die gleiche Sorgfalt angewandt wird, wie die Sorgfalt, die die Bank bei Eigenausführung des Teilaktes selbst zu beachten hätte. Insbesondere muss das Auslagerungsunternehmen die gesetzlichen und anderen Vorschriften beachten, denen die Bank beim Betreiben des ausgelagerten Geschäftes unterliegen würde. Die Verantwortung für die Einhaltung dieser Bestimmungen trägt die auslagernde Bank (Braun, a.a.O., § 25a Rn. 191, Zerwas/Hanten, WM 1998, 1110, 1114).

Die Frage der Ordnungsmäßigkeit der Auslagerung wird von den Bankaufsichtsbehörden überprüft. Da es sich dabei nicht um einen klar umrissenen und fest definierten Begriff handelt, kommen in diesem Zusammenhang die Schreiben und Verlautbarungen des BAKred zum Tragen, in denen zu organisatorischen und technischen Anforderungen bei Bankgeschäften Stellung genommen wird.

Das gilt insbesondere für die Verlautbarung des BAKred vom 23.10.1995 zu den Mindestanforderungen an das Betreiben von Handelsgeschäften der Kreditinstitute (Gz. I 4-42-3/86; abgedruckt in: Consbruch/Möller/Bähre/Schneider, Ziff. 4.270) sowie der notwendigen Einhaltung der Grundsätze ordnungsgemäßer Buchführung (Braun, a.a.O., § 25a RZ 191; Zerwas/ Hanten, WM 1998, 1110, 1114). Beispielsweise müssen die Auslagerungsunternehmen die Anforderungen für die Ausgestaltung der Innenrevision, denen die Banken unterliegen, in gleicher Weise beachten. Auch das 17-Punkte-Schreiben des BAKred vom 16.10.1992 zur grenzüberschreitenden Datenfernverarbeitung (Gz. I 3-362-3/82; abgedruckt in: Consbruch/Möller/Bähre/Schneider, Ziff. 4.245) wird zumindest mittelbar herangezogen werden können. Das Schreiben stellt zwar inhaltlich auf die grenzüberschreitende Datenfernverarbeitung und das Bankbuchführungswesen ab. Allerdings kann das Schreiben mindestens als Auslegungshilfe für die einzelnen Bestimmungen der organisatorischen Anforderungen im EDV und IT-Bereich herangezogen werden (Braun, a.a.O., § 25a, Rn. 154; Zerwas/Hanten, WM 1998, 1110, 1111).

5.2.2   Steuerungs- und Kontrollmöglichkeiten der Geschäftsleitung

Die Geschäftsleitung der Bank muss nach § 25a Abs. 2 KWG die Möglichkeit haben, aktiven Einfluss auf das Auslagerungsunternehmen auszuüben. Sie muss insbesondere in der Lage sein, effektive Steuerungs- und Kontrollmöglichkeiten zu entfalten. Dies bedeutet allerdings nicht, dass die Bank jeden einzelnen Betriebsablauf des Auslagerungsunternehmen festlegen und kontrollieren muss. Dies würde dem wirtschaftlichen Sinn und Zweck des Outsourcing widersprechen (Zerwas/Hanten, WM 1998, 1110, 1114). Entscheidend ist vielmehr, dass in der Praxis ein effektives Weisungs- und Kontrollsystem aufgebaut und vertraglich festgeschrieben wird, dass einen störungsfreien Betriebsablauf beim Auslagerungsunternehmen gewährleistet. Dazu gehört v.a. die Durchführung periodischer Prüfungen und Kontrollen sowie die Installation von Mechanismen, die eine sofortige Kenntnisnahmemöglichkeit der Bank in Problemfällen garantiert sowie ein damit verbundenes Eskalationsmanagementszenario einschließlich umfassender Eingriffsmöglichkeiten der Bank.

5.2.3   Anzeigepflicht

Eine der wesentlichen Bedeutungen des § 25a Abs. 2 KWG besteht bezüglich Auslagerungsvorhaben darin, dass hier bei Auslagerung einer wesentlichen Hilfsfunktion eine Anzeigepflicht gegenüber der Bankaufsicht bezüglich dieser Maßnahme besteht, wobei nach § 20 der AnzVO bereits bei der Absichtsanzeige Entwürfe der Auslagerungsverträge vorzulegen sind.

5.2.4   Outsourcing-Rundschreiben des BAKred vom 06.12.2001

Das Outsourcing-Rundschreiben des BAKred vom 06.12.2001 (Gz. I 3-272 A-2/98) brachte hinsichtlich der technischen und organisatorischen Anforderungen bei IT-Outsorcing-Maßnahmen keine wesentlich neuen Erkenntnisse. Im Rundschreiben wurde noch einmal grundlegend betont, dass die Auslagerung jedes Tätigkeitsbereichs eines Kreditinstituts grundsätzlich möglich sei, solange die Ordnungsmäßigkeit der betriebenen Bankgeschäfte nicht beeinträchtigt wird und die Auslagerungsaktivitäten nicht die zentrale Leitungsebene erfasse (Outsourcing-Rundschreiben des BAKred vom 06.12.2001, Ziff. 12f).

Interessanterweise betont das Rundschreiben in Tz. 11 diejenigen Bereiche als unwesentlich i.S.des § 25a Abs. 2 KWG, die keine bankaufsichtlich relevanten Risiken begründen und die Erreichung des Gesetzeszwecks nicht gefährden, auch wenn einzelne Tätigkeiten einen sachlichen Bezug zu Bankgeschäften aufweisen. In diesem Zusammenhang wird insbesondere die „Wartung technischer Geräte (auch EDV)" genannt. Auch mit dieser Formulierung blieb gleichwohl unklar, inwieweit spezielle technologisch motivierte Auslagerungsmaßnahmen oder auch nur Kooperationen im IT-Bereich wie bspw. die Vermittlung eines Internet-Zugangs für ein Kreditinstitut oder auch die Verwaltung und Speicherung von Systemen und bankbezogenen Daten bei einem anderen Unternehmen als „wesentliche Hilfsfunktion" i.S. des § 25a Abs. 2 KWG mit der Anzeigepflicht und den erforderlichen Vertragsgestaltungen verbunden ist. Die Beantwortung der Auslegungsfrage, welche Tätigkeiten im IT-Bereich als wesentliche oder unwesentliche Hilfsfunktionen angesehen werden, erschwert sich schließlich auch mit Blick auf Tz. 47 des Outsourcing-Rundschreibens, in der rechenzentrumsähnliche Tätigkeiten wie die der Authorisierungszentralen für Electronic-Cash-Transaktionen und der Evidenzzentralen für „GeldKarte"-Transaktionen grundsätzlich als Auslagerungen i.S. des § 25a Abs. 2 KWG verstanden werden können, aber gerade durch diese Tz. 47 des Outsourcing-Rundschreibens vom Anwendungsbereich explizit ausgenommen werden. Hiermit erschwert sich insbesondere die Beantwortung der Frage nach der Einschaltung externer Rechenzentren zu unterschiedlichen Zwecken. Letztzlich zeigt sich in der bankaufsichtsrechtlichen Praxis in Abstimmungen mit der BAFin, dass auch hier bei der Abgrenzung zwischen wesentlichen und unwesentlichen Hilfsfunktionen nach § 25a Abs. 2 KWG ein Vergleich im Hinblick auf einen etwaigen Gleichlauf mit einer Auftragsdatenverarbeitung nach § 11 BDSG einerseits bzw. einem reinen Wartungs- oder Rechenzentrumsvertrag nach § 11 Abs. 5 BDSG andererseits hilfreiches Abgrenzungskriterium sein kann.

Da bereits die Absicht der Auslagerung einer entsprechenden Maßnahme der Anzeigepflicht gegenüber der BAFin mit Pflicht zur Unterbreitung der entworfenen Verträge unterliegt, ist die Frage, ob es sich um eine wesentliche oder unwesentliche
Hilfsfunktion handelt, gerade von zentraler Bedeutung. Da das Outsourcing-Rundschreiben auch zahlreiche, teilweise sehr detaillierte Vorgaben für die vertragliche
Gestaltung des Auslagerungsvertrags vorschreibt, werden allgemein in der IT-Praxis
verwendete Service Level Agreements diesen Kriterien regelmäßig nicht genügen
können. Insofern ist bereits für die Frage der Vertragsgestaltung mit externen Leis-
tungspartnern und auch die Frage der Unterbreitung der Verträge gegenüber den
Bankaufsichtsbehörden die Frage der Anwendbarkeit des Outsourcing-Rundschreibens von zentraler Bedeutung.

Kapitel V.5. des Rundschreibens befasst sich schließlich auch mit Fragen der Sicherheit und des Datenschutzes. Hier wird, ohne speziell auf den IT-Aspekt abzu-
stellen, der Kunden- und Systemschutz hervorgehoben. Kundendaten müssen danach auch beim Auslagerungsunternehmen durch angemessene technische und organisatorische Maßnahmen vor unbefugtem Umgang geschützt werden. Insbesondere seien die Systeme gegen unbefugte oder zufällige Vernichtung, zufälligen Verlust, technische Fehler, Fälschung, Diebstahl, widerrechtliche Verwendung, unbe-
fugtes Ändern, Kopieren, Zugreifen und andere unbefugte Bearbeitungen zu schützen (Outsourcing-Rundschreiben des BAKred vom 06.12.2002, Tz. 42).

5.3   Zusammenfassung

Mit den besonderen organisatorischen Pflichten für Banken nach § 25a KWG liegt
ein gesetzlicher Rahmen vor, der bei der Planung, Gestaltung und Umsetzung der
IT-Infrastruktur nach innen wie nach außen zu beachten ist. Insbesondere bei Outsourcing-Aktivitäten muss das Auslagerungsunternehmen - soweit es sich um bank-
geschäftsbezogene Maßnahmen handelt - die aufsichtsrechtlichen Rahmenbedingungen im Sinne der Ordnungsmäßigkeit von Bankgeschäften nach dem KWG einhalten. Die Einhaltung hat die Bank zu überwachen und zu überprüfen. Hinsichtlich
der konkreten inhaltlichen Anforderungen in Bezug auf Organisation und Sicherheitstechnik sind die Schreiben und Verlautbarungen des BAKred, insbesondere das
„17-Punkte-Schreiben" des BAKred zur grenzüberschreitenden Datenfernverarbeitung im Bankbuchführungswesen (Gz. I 3-362-3/82; abgedruckt in: Consbruch/
Möller/Bähre/Schneider, Ziff. 4.245) sowie die Verlautbarung des BAKred zu den
Mindestanforderungen an das Betreiben von Handelsgeschäften der Kreditinstitute
(Gz. I4-42-3/86; abgedruckt in: Consbruch/Möller/Bähre/Schneider, Ziff. 4.270), zu

beachten. Die Bankaufsichtsbehörden werden diese Dokumente mindestens als Auslegungshilfe bei ihrer Prüfung und Bewertung der Ausgestaltung der IT-Infrastruktur der Banken mit berücksichtigen.

6 Arbeitsgruppe "E-Banking-Plattformen"
6.1 Die Arbeitsgruppe "E-Banking-Plattformen"

Seit Januar 2001 gibt es in Deutschland eine aus dem BAKred (seit 01.05.2002 der BAFin), der Deutschen Bundesbank sowie dem Bundesamt für Sicherheit der Informationstechnologie (BSI) bestehende Arbeitsgruppe, die in einem langfristig angelegten Projekt die technischen Sicherheitsvorkehrungen der eBanking-Plattformen verschiedener Banken untersucht sowie aufsichtsrechtliche Rahmenbedingungen für die sicherheitstechnischen Aspekte der Abwicklung von Bankgeschäften über elektronische Medien erarbeiten soll (Pressemitteilung des BAKred vom 18.01.2001).

6.2 Der aufsichtsrechtliche Hintergrund der Bildung der Arbeitsgruppe

Bereits im Jahresbericht 2000 des BAKred befasste sich das Amt mit dem Risikopotenzial des Einsatzes moderner Telekommunikationstechnologien im Bankgeschäftsverkehr. Anlass dafür war die zunehmende Erkenntnis, dass sich der Einsatz von Informationstechnologien innerhalb der Banken von einer untergeordneten Relevanz als Hilfsfunktion zum Schlüsselfaktor entwickele. Mit der wachsenden Abhängigkeit von IT-Systemen bestehe eine zunehmende Gefahr, dass einzelne Institute durch Störfälle in diesem Bereich in ernsthafte oder im schlimmsten Fall sogar existenzbedrohende Krisen geraten könnten (Jahresbericht 2000 des BAKred, Kapitel I, Ziff. 5, S. 8ff). In dem Jahresbericht stellte das BAKred hinsichtlich des Gefahrenpotenzials insbesondere auf zwei Punkte ab. Zum einen den möglichen Reputationsschaden gegenüber Bankkunden, der dadurch entstehen könnte, dass IT-Systeme zeitweise ausfallen und nicht gleichzeitig ausreichend durch Back-Office-Notfallmaßnahmen abgedeckt werden könnten. Zum anderen hebt das BAKred die datenschutzrechtlichen Gefahren durch die Nutzung des Internets als weltweit offenes Netz hervor. Mit der Anbindung der bankinternen Systeme an das globale Netzwerk des Internets bestehe die Möglichkeit, dass sensible Daten ohne hinreichende Schutzmechanismen durch Unbefugte ausgespäht, verfälscht, zerstört oder missbraucht werden können. Darüber hinaus könnten Viren- oder Hackerangriffe zu einer Schädigung der Datenbestände der Banken führen. Insoweit sieht das BAKred einen Bedarf für umfassende technische und organisatorische Regularien für die Sicherheit in der Informationstechnik (Jahresbericht 2000 des BAKred, Kapitel I, Ziff. 5, S. 8ff).

6.3   Tätigkeit der Arbeitsgruppe E-Banking-Plattformen

Ab Januar 2001 begann die Arbeitsgruppe mit den sicherheitstechnischen Untersuchungen der eBanking-Plattformen verschiedener Banken. Erste Ergebnisse oder Zwischenergebnisse der Arbeitsgruppe liegen bisher nicht vor. Anhand diverser Fragenkataloge, die bisher an Banken ausgegeben wurden, kann zur Zeit lediglich Rahmen und Umfang der Untersuchung nachvollzogen werden. Diese bezieht sich im Wesentlichen auf Ausbau, Struktur und Gestaltung des technischen Gesamtsystems der Bank unter Einbeziehung der internetbezogenen Nutzungen und Angebote. Neben der Darlegung der gesamten Systemarchitektur sollen die Banken anhand eines Fragenkatalogs Auskunft geben über Gewährleistung und Protokollierung ihres bestehenden IT-Sicherheitsmanagements bzw. ihrer IT-Organisation, über das Kryptografie-Konzept und die Systemabsicherung gegen Ausfälle, unberechtigte Zugriffe Dritter sowie gegen Hacking-/Denial of Service-Angriffe. Daneben soll auch die sicherheitstechnische Qualität der Kommunikationsschnittstelle Bank-Kunde offengelegt werden. Die Offenlegung bezieht sich insbesondere auf Fragen der Authentizität und Integrität des Datenaustausches (insbesondere Umgang mit Verschlüsselungs- und Authentisierungsverfahren) sowie vorhandene Virenschutzkonzepte bei der Kommunikation.

Es bleibt abzuwarten, in welcher Tiefe die vorangehend angesprochenen Sicherheitsaspekte untersucht und ausgewertet werden sowie welche Schlussfolgerungen die Arbeitsgruppe im Ergebnis für den Bedarf an aufsichtsrechtlichen Vorgaben zieht. Mit hoher Wahrscheinlichkeit kann erwartet werden, dass Mindeststandards für onlinebezogenen Datenschutz und die Kundenkommunikation formuliert werden. Diese Mindeststandards dürften sich inhaltlich an die nachfolgend darzustellenden „Risk Management Principals for Electronic Banking" des Baseler Ausschusses für Bankenaufsicht vom Mai 2000 (abgedruckt in: ZBB 2001, 303ff) anlehnen oder darauf Bezug nehmen.

7   Risk Management Principals for Electronic Banking

Von besonderer Bedeutung für die Frage des aufsichtsrechtlichen Rahmens für das IT-Sicherheitsmanagement von Banken ist eine Publikation des Baseler Ausschusses für Bankenaufsicht zu „Risk Management Principals for Electronic Banking" vom Mai 2000 (abgedruckt in: ZBB 2001, 303ff). Dabei ist grundsätzlich zu berücksichtigen, dass die deutsche Bankenaufsicht regelmäßig auch aus den Vorgaben des Baseler Ausschusses für Bankenaufsicht die für Deutschland geltenden aufsichtsrechtlichen Rahmenbedingungen ableitet. Insofern kann durchaus auch davon ausgegangen werden, dass bei Auslegung des unbestimmten Rechtsbegriffs „angemessene Sicherheitsvorkehrungen" nach § 25a Abs. 1 Nr. 3 KWG die deutschen Bankaufsichtsbehörden auch auf diese supra-nationalen Vorgaben zurückgreifen werden. In den Empfehlungen des Baseler Bankenausschusses werden bereits sehr deutlich spezifische Vorkehrungen angesprochen, die das Risikomanagement hinsichtlich der elektronischen Geschäftsaktivitäten von Banken betreffen.

Der Baseler Ausschuss arbeitet 14 Prinzipien heraus, die den Banken bei der Analyse und dem Umsetzungsprozess ihres Risikomanagements helfen sollen. Der Bankenausschuss verzichtet dabei ausdrücklich darauf, konkrete Anforderungen hinsichtlich des Sicherheitsmanagements beim Electronic Banking zu statuieren, da dies aufgrund der schnellen Veränderbarkeit des Stands der Technik eher kontraproduktiv wäre (Risk Management Principals, ZBB, 2001, 303). Die 14 Prinzipien gliedern sich in die drei Bereiche: Aufsicht durch die Geschäftsleitung (Prinzipien 1-3), Sicherheitskontrollen (Prinzipien 4-10) sowie Rechts- und Reputations-Risikomanagement (Prinzipien 11-14).

7.1 Anforderungen an die Geschäftsleitung (Prinzipien 1 - 3)

Die Ordnungsmäßigkeit eines eBanking-Angebots muss sich auf Geschäftsleitungsebene durch ein effektives Risikomanagement der Online-Aktivitäten (Prinzip 1), der Implementierung eines umfassenden Sicherheitskontrollprozesses (Prinzip 2) sowie eine umfassenden Due Diligence und Managementprozessen im Hinblick auf die Outsourcing-Beziehungen der ausgelagerten Bereiche kennzeichnen.

Dabei muss das herkömmliche Risikomanagement und -kontrollsystem um die spezifischen Gefahren und Besonderheiten des onlinebezogenen eBanking-Angebots ergänzt werden. Besonderes Augenmerk hat die Geschäftsleitung dabei auf die Gewährleistung eines effektiven Sicherheitsprozesses inklusive der hinreichenden Kontrolle der Sicherheitsstandards zu legen. Dies betrifft physische und logische Kontrollen sowie Monitoring-Prozesse um einen nicht-autorisierten Zugang zu der IT-Umgebung des eBanking-Angebots zu verhindern (Prinzip 2, Risk Management Principals, a.a.O., S. 305). Desweiteren ist der Auslagerung von Teilen der Umgebung des eBanking-Angebots von Seiten der Geschäftsleitung besondere Aufmerksamkeit zu widmen. Dabei sollte die Geschäftsleitung der Bank vor dem Outsourcen von Teilbereichen des Angebots auf Dritte die Kompetenz und finanzielle Solvenz des Auslagerungsunternehmens prüfen. Die Verträge sollten insbesondere klar definieren, welche Partei in welcher Weise für den Kommunikationsfluss bei den Angeboten verantwortlich ist. Alle outgesourcten Bereiche des eBanking-Angebots sollten in das Risiko- und Sicherheitsmanagement der Bank einbezogen werden sowie den herkömmlichen periodischen Prüfungen (in Deutschland der Jahresabschlussprüfung) unterliegen (Prinzip 3, Risk Management Principals, a.a.O., S. 306).

7.2   Sicherheitskontrollen (Prinzipien 4 - 10)

Das Kernstück der Publikation des Baseler Ausschusses für Bankenaufsicht bilden die inhaltlichen Sicherheitsanforderungen, die beim eBanking-Angebot zu beachten sind.

Eines der wichtigsten und grundlegendsten Prinzipien für die Sicherheit und das Vertrauen von Kunden in eBanking-Plattformen befasst sich mit den angemessenen Maßnahmen zur Identifizierung und Autorisierung der Kunden im Banksystem (Prinzip 4). Der Baseler Ausschuss schlägt diesbezüglich weder einen einheitlichen Standard noch grundsätzliche Mindestanforderungen vor. Wichtig ist lediglich, dass die Bank anhand ihrer Managementbewertung und Risikoanalyse Identifikations- und Autorisierungslösungen anbietet, die den analysierten Sicherheitsanforderungen entsprechen. Hinsichtlich der Frage sicherer Zugangskennungen verweist der Baseler Ausschuss darauf, dass mehrstufige Lösungen mehr Vertrauen entfalten können (Prinzip 4, Risk Management Principals, a.a.O., S. 306).

In diesem Zusammenhang steht auch die Anwendung sicherer Methoden, die einen Nachweis des Ursprungs, der Übermittlung sowie des Empfangs von elektronischen Informationen zulassen. Dies bezieht sich insbesondere auf Transaktionsdaten bei der Geschäftsabwicklung (Prinzip 5).

Eine Aufgabenteilung innerhalb des eBanking-Systems soll ein Risiko von Betrugsvorfällen seitens der Bankmitarbeiter reduzieren (Prinzip 6). Kein einzelner Bankangestellter bzw. Mitarbeiter des Auslagerungsunternehmens sollte eine Banktransaktion autorisieren und abschließen können. Zwischen den Personen, die Daten in das eBanking-System einstellen und den Personen, die für die Überprüfung der Integrität dieser Daten verantwortlich sind, sollte eine Aufgabenteilung bestehen. Eine

Aufgabenteilung sollte weiter zwischen den Personen bestehen, die das eBanking-System entwickeln und denen, die es administrieren. Die Bank sollte Vorkehrungen dafür treffen, dass diese Aufgabenteilungen nicht umgangen werden können (Risk Management Principals, a.a.O., S. 307).

In diesem Zusammenhang stehen auch die Vorkehrungen für zuverlässige Autorisierungskontrollen und Zugangsprivilegien für das eBanking-System, die Datenbanken sowie deren Anwendungen (Prinzip 7).

Von besonderer Wichtigkeit ist weiterhin, dass angemessene Maßnahmen zum Schutz der Datenintegrität für das gesamte eBanking-System getroffen werden (Prinzip 8). Insbesondere sind die Kundenanwendungen so zu gestalten, dass die Daten nicht verfälscht, missbraucht oder manipuliert werden können. Dies bezieht sich nicht nur auf die Transaktionsdaten, sondern die gesamten Aufzeichnungen im eBanking-System (Risk Management Principals, a.a.O., S. 308).

Die Bank sollte sicherstellen, dass klare Aufzeichnungen hinsichtlich aller Kundenvorgänge im eBanking-System, beispielsweise hinsichtlich der Eröffnung bzw. Schließung eines Kundenkontos, das Vergeben, Verändern oder die Aufhebung von Zugangsrechten zum eBanking-System, vorhanden sind (Prinzip 9).

Schließlich hat die Bank angemessene Maßnahmen zum Schutz der Geheimhaltung von Schlüsselinformationen im eBanking-System zu gewährleisten (Prinzip 10).

7.3 Rechts- und Reputations-Risiko-Management (Prinzipien 11 - 14)

Unabhängig von spezifischen Vorschriften und Gesetzen in den jeweiligen Jurisdiktionen sollte die Bank eine klare Verantwortung gegenüber ihren Kunden im Hinblick auf die Geheimhaltung, den Datenschutz sowie eine angemessene Verfügbarkeit der eBanking-Plattform tragen. Die Bank sollte auf ihrer Website hinreichende Informationen über ihre Identität und ihren aufsichtsrechtlichen Status bereit halten (Prinzip 11). Die Bank sollte sicherstellen, dass sie in den Jurisdiktionen, in denen sie ihre eBanking-Plattform anbietet, die jeweiligen datenschutzrechtlichen Anforderungen einhält (Prinzip 12). Sie sollte über ausreichende Systeme und Prozesse verfügen, die Verfügbarkeit der eBanking-Systeme und des Services sicherstellen (Prinzip 13). Schließlich sollte die Bank Notfallpläne entwickeln, nach denen Probleme eingedämmt und minimiert werden können, die aus unvorhergesehenen Ereignissen, einschließlich interner und äußerer Attacken, resultieren und das Angebot des eBanking-Systems und Services beeinträchtigen können (Prinzip 14).

7.4 Zusammenfassung

Die Publikation des Baseler Ausschusses für Bankenaufsicht zu „Risk Management Principals for Electronic Banking" spricht deutlicher als das 17-Punkte-Schreiben des BAKred (Ziff. 2) organisatorische und sicherheitstechnische Anforderungen für die innere und äußere Gestaltung der IT-Infrastruktur von Banken an. Da sich die Publikation speziell den eBanking-Plattformen widmet, werden auch detaillierte Sicherheitsfragen bei der Autorisierung von Zugriffen und Transaktionen im eBanking-System bezogen auf Bankkunden und Mitarbeiter der Bank angesprochen. Mit der Publikation liegt ein aktueller Leitfaden vor, der einen einheitlichen Mindeststandard für die Implementierung und das Angebot von eBanking-Plattformen aufstellt. Es ist zu erwarten, dass die Vorgaben des Baseler Ausschusses in die Aufsichtspraxis in Deutschland einfließen werden bzw. die Ausarbeitung eigener Standards beeinflussen wird. Das betrifft insbesondere die Tätigkeit der Arbeitsgruppe „E-Banking-Plattformen". Es ist naheliegend, dass diese Arbeitsgruppe sich neben den Praxisuntersuchungen auch mit der Publikation des Baseler Ausschusses auseinandersetzen wird.

8 Automatisierter Abruf von Kontoinformationen nach § 24c KWG

Mit Inkrafttreten des 4. Finanzmarktförderungsgesetzes zum 01.07.2002 wird mit dem sehr umstrittenen § 24c KWG die Pflicht der Kreditinstitute niedergelegt sein, eine Möglichkeit des automatisierten Abrufs von Kontoinformationen für die BAFin vorzuhalten.

Diese Ergänzung der Aufsichtsrechte des BAFin wurde im Wesentlichen von den terroristischen Anschlägen am 11. September 2001 in den USA beeinflusst. Durch die Erweiterung des Aufsichtsrahmens um ein auf Konten bezogenes automatisiertes Abrufverfahren soll das BAFin in die Lage versetzt werden, die Geldwäsche, das illegale Schattenbanksystem und das unerlaubte Betreiben von Bankgeschäften besser durch zentral durchgeführte Recherchearbeiten bekämpfen zu können (Begründung zum Gesetzentwurf der Bundesregierung, BT-Drs. 14/8017, S. 344f). Um Transaktionen im Zahlungsverkehr, die der Logistik des Terrorismus dienen oder Verbindungen zur Geldwäsche aufweisen, künftig nachvollziehen und aufspüren zu können, wird sich das BAFin eines modernen Datenabrufsystems, das Ähnlichkeit mit einer Kontenevidenzzentrale aufweist, bedienen.

8.1 Die technischen Anforderungen bei dem automatisierten Informationsabruf nach § 24c KWG

Nach § 24c Abs. 1 KWG hat zukünftig jede Bank eine Datei zu führen, in der der Name, die Geburtsdaten des Kontoinhabers nebst dessen Kontonummer einschließlich des Tages der Errichtung und des Tages der Auflösung des Kontos gespeichert werden. Diese Pflicht stellt an sich nichts grundlegend Neues für die Banken dar. Sie baut auf der bereits bestehenden Verpflichtung nach § 154 Abs. 2 Abgabenordnung (AO) auf, die die Auskunftsbereitschaft der Banken bereits grundsätzlich regelt. Die Banken haben allerdings nunmehr nach § 24c Abs. 2 KWG zu gewährleisten, dass das BAFin jederzeit in automatisierter Weise auf die Kontoinformationen zugreifen kann.

Von besonderer Bedeutung sind in diesem Zusammenhang die organisatorischen und technischen Rahmenbedingungen, die die Banken nach § 24c Abs. 5 und 6 KWG zu gewährleisten haben. Nach § 24c Abs. 5 KWG hat die Bank alle Vorkehrungen in ihrem Verantwortungsbereich auf ihre Kosten zu treffen, die für den automatisierten Datenabruf erforderlich sind. Dazu gehören auch, jeweils nach den Vorgaben der BAFin, die Anschaffung der zur Sicherstellung der Vertraulichkeit und des Schutzes vor unberechtigten Zugriffen erforderlichen Geräte, die Einrichtung eines geeigneten Telekommunikationsanschlusses und die Teilnahme an einem geschlossenen Benutzersystem. Weiter heißt es in § 24c Abs. 6 KWG, dass die Bank dem jeweiligen Stand der Technik entsprechende Maßnahmen zur Sicherstellung von Datenschutz und Datensicherheit zu treffen hat, die insbesondere die Vertraulichkeit und Unversehrtheit der abgerufenen und weiterübermittelten Daten gewährleisten. Den Stand der Technik stellt die BAFin im Benehmen mit dem Bundesamt für Sicherheit in der Informationstechnik (BSI) in einem von ihr bestimmten Verfahren fest.

Die Neuregelung des § 24c KWG war im Rahmen des Gesetzgebungsverfahrens sehr umstritten. Auch während des Gesetzgebungsverfahrens kam es daher noch zu nahezu unbemerkten, für die IT-Praxis in Banken aber ganz wesentlichen Änderungen. So beschloss der Finanzausschuss des Deutschen Bundestages am 20.03.2002 weitere Verschärfungen. Zum einen ist mit der Neufassung des § 24c Abs. 3 Nr. 2

KWG geregelt, dass die BAFin auf Ersuchen aus der abgerufenen Datei nach § 24c Abs. 1 KWG auch den für die Verfolgung und Ahndung von Straftaten zuständigen Behörden Auskunft erteilt. In der Entwurfsfassung der Bundesregierung war eine Auskunftsübermittlung noch ausschließlich an zuständige Strafverfolgungsbehörden mit Ausnahme der Zuständigkeit für Steuerstraftaten vorgesehen, so dass auch die Zugriffsmöglichkeiten zu Strafverfolgungszwecken nach der im Finanzausschuss beschlossenen Fassung erweitert wurden.

Besonders bedeutsam ist aber die im Rahmen der Beratung des Finanzausschusses aufgenommene Regelung des § 24c Abs. 1 Satz 5 KWG. Nach § 24c Abs. 1 Satz 4 KWG hat das Kreditinstitut bereits zu gewährleisten, dass die BAFin jederzeit Daten in einem von der BAFin bestimmten Verfahren automatisiert abrufen kann. Das Kreditinstitut hat nach Satz 5 aber auch durch technische und organisatorische Maßnahmen sicherzustellen, dass ihm Abrufe nicht zur Kenntnis gelangen. Diese Neuregelung wird IT-Abteilungen in Banken vor besondere Herausforderungen stellen, sollen doch die zum Abruf bestimmten Dateien jederzeit zugreifbar und in der „Pflege- und Wartungsverantwortung" der Kreditinstitute sein, andererseits aber ohne dass die Kreditinstitute von einem Zugriff im Einzelfall Kenntnis erlangen.

8.2 Auswirkungen der Anforderungen nach § 24c KWG auf die IT-Infrastruktur der Banken

Soweit diese Regelungen auch im Zusammenhang mit der Durchführung des automatisierten Kontoinformationsabrufs verständlich und nachvollziehbar sind, sind sie von ihrer Handhabung her noch weitgehend offen und unbestimmt. Im Einzelnen ist noch nicht fest umrissen, mittels welchen konkreten technischen Verfahrens der Datenabruf vollzogen werden soll. Da die Durchführung des technischen Verfahrens allein von dem BAFin bestimmt wird, könnten auf die Banken erhebliche technische und finanzielle Anstrengungen zukommen. Schließlich obliegt es ihnen, die Schnittstelle für die Informationsabfrage auf ihre Kosten bereitzustellen. Es bleibt abzuwarten, in welcher Art und Weise das BAFin die Datenschnittstelle spezifiziert und die Anforderungen hinsichtlich der Bereitstellung der erforderlichen Geräte konkretisieren wird.

9 Organisatorische Pflichten im Zahlungsverkehr

Die verschärfte Bekämpfung der Finanzierung des Terrorismus findet schließlich auch Eingang in einen jüngsten Gesetzesentwurf der Bundesregierung vom 08.04.2002 zur Geldwäschebekämpfung (BT-Drs. 14/8739). Auch hier werden organisatorische Anstrengungen der IT-Abteilungen von Kreditinstituten zu bewältigen sein, da ein neuer § 25b KWG besondere organisatorische Pflichten im Zahlungsverkehr niederlegen wird. Nach § 25b Abs. 1 KWG-Entwurf hat ein Kreditinstitut, welches das Girogeschäft betreibt und einen Überweisungsvertrag im bargeldlosen Zahlungsverkehr auszuführen hat, vor der Ausführung der Überweisung den Namen, die Kontonummer und, sofern es sich um einen Begünstigten mit Sitz im Ausland handelt, die Anschrift des auftraggebenden Kunden (Transaktionsdaten) aufzuzeichnen und die Transaktionsdaten vollständig an das Kreditinstitut des Begünstigten oder an ein zwischengeschaltetes Kreditinstitut weiterzuleiten. Es hat desweiteren Maßnahmen zu ergreifen, um unvollständige Transaktionsdaten erkennen zu können. Schließlich sind unvollständige Transaktionsdaten durch das Kreditinstitut zu vervollständigen. Nach dem Gesetzesentwurf soll dieser neue § 25b KWG am 01.07.2003 in Kraft treten, Art. 4 Abs. 2 Geldwäschebekämpfungsgesetz-Entwurf (BT-Drs. 14/8739, S. 9).

10 Ergebnis

Die Bankaufsichtsbehörden in Deutschland messen mittlerweile den Risiken beim Umgang mit IT-Systemen und den neuen Medien in Banken große Bedeutung bei.

Seit über 4 Jahren liegen mit § 25a KWG gesetzliche Regelungen vor, die besondere organisatorische Pflichten der Banken u.a. bei der Ausgestaltung der IT-Umgebung aufstellen. Die Frage angemessener Sicherheitsmaßnahmen bezieht sich dabei insbesondere nach § 25a Abs. 2 KWG auf Outsourcing-Aktivitäten der Banken. Bei der Anwendung und Auslegung der generalklauselartigen Vorgaben im § 25a KWG greifen die Bankaufsichtsbehörden insbesondere auf das 17-Punkte-Schreiben des BAKred vom 16.10.1992 zur grenzüberschreitenden Datenfernverarbeitung sowie die Verlautbarung des BAKred vom 23.10.1995 zu den Mindestanforderungen an das Betreiben von Handelsgeschäften der Kreditinstitute zurück. In diesen Schreiben werden bereits organisatorische und technische Vorkehrungen angesprochen. Konkretere und aktualisierte Vorgaben und insbesondere die Formulierung technischer Mindeststandards bei dem Angebot von eBanking-Plattformen werden erst zu erwarten sein, wenn die Arbeitsgruppe „E-Banking-Plattformen" der Bankaufsichtsbehörde die Ergebnisse ihrer seit Anfang 2001 begonnenen Untersuchungen vorlegt. Bei der Konkretisierung der aufsichtsrechtlichen Vorgaben wird mit hoher Wahrscheinlichkeit auch die Publikation des Baseler Ausschusses für Bankenaufsicht zu „Risk Management Principals for Electronic Banking" mit einfließen. Diese Publikation spricht bereits sehr deutlich technische und organisatorische Vorkehrungen für das Angebot von eBanking-Systemen an.

Auch die technischen Anforderungen bei der Gewährleistung eines jederzeitigen automatisierten Abrufs von Kontoinformationen nach § 24c KWG sind in Zukunft beim Management von IT-Systemen zu berücksichtigen.

Schließlich tangieren die geldwäscherechtlichen Identifizierungs- und Aufzeichnungspflichten die Ausgestaltung der IT-Infrastruktur von Banken.

Literatur

Baseler Ausschuss (2001): Risk Management Principals for Elektronic Banking - Risikomanagement beim elektronischen Geschäftsverkehr der Banken, in: Zeitschrift für Bankrecht und Bankwirtschaft, S. 303 ff.

Braun, U. (2000), in: Boos/Fischer/Schulte-Mattler, Kreditwesengesetz, Kommentar, München.

Bundestagsdrucksache 14/8017, Gesetzesentwurf der Bundesregierung zum 4. Finanzmarktförderungsgesetz.

Consbruch/Möller/Bähre/Schneider, Kreditwesengesetz, Textsammlung.

Fischer, R. (2000), in: Boos/Fischer/Schulte-Mattler, Kreditwesengesetz, Kommentar, München.

Zerwas, H./Hanten M. (1998): Outsourcing bei Kredit- und Finanzdienstleistungsinstituten, in: Wertpapiermitteilungen, S. 1110 ff.

IT-Sicherheit und Telekommunikations-/Multi-Media-Regulierung

Christoph Schalast

Inhalt:

1 Einleitung

Banken nutzen heute bei ihrer Geschäftstätigkeit in großem Ausmaß und selbstverständlich die Informationstechnologie. Dabei sind unterschiedliche Intensitäten der Nutzung - je nach dem Geschäftsmodell und Profil des Instituts - denkbar. In den seltensten Fällen bauen Banken im Rahmen ihrer Geschäftstätigkeit dabei eigenständige IT-Lösungen auf. Vielmehr bedienen sie sich üblicherweise der vielfältigen Angebote von Internet-Providern bzw. Multi-Media-Diensten und Telekommunikationsanbietern mit ihren vielfältigen und sich laufend ändernden Konzeptionen zur Nutzung der Informationstechnologie. Dieses Outsourcing unterliegt der bankrechtlichen Aufsicht nach dem KWG, die Erbringung von Telekommunikations- und Multi-Media-Dienstleistungen unterliegt daneben einer umfassenden Aufsicht nach dem Telekommunikations- bzw. Informationsrecht.

Escher und Kahler haben in ihrem - in diesem Buch veröffentlichten - Beitrag ausführlich die rechtlichen Rahmenbedingungen nach dem KWG für die Nutzung von

IT-Lösungen, insbesondere im Rahmen des Online-Bankings und bei eCommerce-Angeboten, aber auch im Hinblick auf die IT-Sicherheit von Infrastrukturnetzwerken dargelegt. Der folgende Beitrag untersucht nunmehr die Schnittstellen zwischen dem Bankaufsichtsrecht, d.h. dem KWG, und dem Telekommunikations- und Multi-Media-Recht, d.h. der sektorspezifischen Regulierung von Telekommunikation und Telediensten. Hintergrund hierfür ist, dass die grundlegenden Bestimmungen des KWG, d.h. § 25 a, §§ 32 f und § 33 Abs. 1 Nr. 7 KWG, Banken verpflichten, im Rahmen ihres IT-Managements dafür Sorge zu tragen, dass die gesetzlichen Vorschriften eingehalten werden. Diese Verpflichtung gilt um so mehr, wenn es sich - wie im Bereich des IT-Managements heute weitgehend üblich - um im Sinne von § 25 a Abs. 2 KWG ausgelagerte Tätigkeiten handelt (vgl. Escher/Kahler in diesem Buch, Abschnitt 5.2.1). Die Einhaltung der gesetzlichen Vorschriften kann aber nur garantieren, wer den einschlägigen Regulierungsrahmen der von ihm betriebenen oder eingekauften IT-Dienstleistungen bzw. -Diensten kennt. Diese Kenntnis ist darüber hinaus von erheblicher Bedeutung für die Vertragsgestaltung mit Telekommunikationsanbietern, Internet Providern usw., da zur Sicherstellung der bankaufsichtsrechtlichen Verpflichtungen entsprechende Nachweispflichten vereinbart werden müssen.

Nachfolgend werden zunächst die wichtigsten IT-Dienstleistungen dargestellt sowie in der Praxis weitverbreitete Vertragstypen mit Dritten (angesichts des üblichen Outsourcing) analysiert. Ausgehend von dieser Darstellung werden dann die einschlägigen aufsichtsrechtlichen Vorschriften aus dem Telekommunikations- und Multi-Media-Recht (sog. staatliche Telekommunikations- bzw. IT-Regulierung) dargestellt, deren Einhaltung durch die Bank als Vertragspartner sichergestellt werden muss. Im Vordergrund stehen bei der folgenden Darstellung das im Dezember 2001 novellierte Teledienstegesetz (TDG; teilweise in der Praxis auch als Bestandteil des Informations- und Kommunikationsdienstegesetzes (IuKDG) bezeichnet) und das Telekommunikationsgesetz (TKG). Dabei ist vorrangig der Bereich der Telekommunikationsdienstleistungen von einer intensiven staatlichen Regulierung und spezifischen Anforderungen an das Sicherheitsmanagement der Anbieter gekennzeichnet.

Insgesamt ist es Ziel des Beitrages, die für das IT-Sicherheitsmanagement von Banken notwendigen Rechtsgrundlagen, d.h. KWG und Telekommunikations- und Multi-Media-Recht im Zusammenhang darzustellen, um so die Voraussetzungen dafür zu schaffen, dass die Einhaltung dieser Vorschriften durch die Bank im Sinne des KWG gewährleistet ist. Gerade bei einem Outsourcing im IT-Bereich kann sich eine Bank nicht darauf verlassen, dass ihre Vertragspartner die gesetzlichen Vorschriften einhalten, vielmehr müssen eigene Kontroll- und Überprüfungsmechanismen geschaffen werden.

Problematisch ist dabei, dass im Bereich der IT dauernd neue Vertragstypen für neue IT-basierte Formen der Zusammenarbeit von Banken mit anderen Unternehmen entwickelt werden. Dabei können vielfältige Mischformen von Telekommunikations- und Multi-Media-Diensten entstehen, die weitgehender als das Online Banking und andere IT-basierte klassische Bankgeschäfte der staatlichen Aufsicht und Regulierung unterliegen. Genannt seien hier z.B. Informationsdienste von Banken für ihre Kunden im Bereich Börsen/Portfolio-Management, Kooperationen von Banken mit klassischen Consulting- bzw. Beratungsunternehmen im IT-Bereich oder Jobbörsen, die von Banken gemeinsam mit anderen Unternehmen im Internet aufgebaut werden.

2 IT-Sicherheit und Outsourcing: Vertragstypen

Im IT-Bereich ist es heute für Banken angesichts des rasanten technischen Fortschritts und dem Entstehen von zahlreichen neuen Angeboten und Diensten üblich geworden, auf diese Entwicklung durch Einkauf solcher Leistungen von entsprechend spezialisierten Anbietern zu reagieren. Nur selten bietet es sich dagegen für eine Bank an, ihren IT-Bereich autonom aufzubauen und auch bei der Weiterentwicklung auf eigene Ressourcen und Infrastruktur zurückzugreifen.

Die Verträge, die zu diesem Zweck mit Dritten geschlossen werden, sind oftmals schwer zu typisieren, da sie gerade wegen der Entwicklung im IT-Bereich selbst wiederum einer laufenden Anpassung an diese unterworfen sind. Trotzdem sollen nachfolgend einige wichtige und etablierte Vertragstypen dargestellt werden, da diese Typisierung für die Bestimmung des zugrundeliegenden gesetzlichen Rahmens im Telekommunikations- und Multi-Media-Recht ausschlaggebend ist.

Grundsätzlich ist zu unterscheiden zwischen Verträgen mit Internet Providern bzw. Informations- und Kommunikationsdiensteanbietern (so die Bezeichnung im TDG, nachfolgend auch als Multi-Media-Diensteanbieter bezeichnet) und Telekommunikationsanbietern (vgl. grundsätzlich zu der entsprechenden Vertragsgestaltung Spindler, 2000a und 2000b). Allerdings ist die Abgrenzung zwischen Telekommunikationsdienstleistern und Multi-Media-Dienstleistern teilweise fließend, da z.B. auch regionale Netzbetreiber (insbesondere die City-Carrier sowie die zahlreichen Breitbandkabelnetzbetreiber in Deutschland) über eine eigene Netzinfrastruktur verfügen und darüber bzw. daneben Internet-Dienstleistungen zur Verfügung stellen. Schließlich gibt es die reinen Netzwerkbetreiber, die nur ihre Übertragungswege bzw. von ihnen eingekaufte Übertragungskapazitäten anbieten.

Im Hinblick auf diese unterschiedlich strukturierten potenziellen Vertragspartner von Banken ist es wichtig, jeweils im Einzelfall - bereits bei der Vertragskonzeption - zu klären, welcher Dienst bzw. welche Dienstleistung eingekauft werden soll (sei es als Einzeldienst, sei es im Paket) und wie sich das Profil des Vertragspartners darstellt. Dabei ist zwischen Mulit-Media-Dienstleistern und Telekommunikations-dienstleistern (scheinbar einfach) über die Frage zu differenzieren, ob v.a. der Transport von Informationen und Kommunikation geliefert wird - dann Telekommunikation - oder aber ob es sich um Informations- und Kommunikationsdienste, d.h. letztlich um Inhalte, handelt - dann findet das Multi-Media-Recht (insbesondere das Telediensterecht) Anwendung - (vgl. zur Abgrenzung Kloepfer, 2002, § 13, Rn 19 f sowie nachfolgend Ziff. 4). Problematisch ist in der Praxis allerdings, dass wegen der Vermischung von Dienstleistungen im Telekommunikations- und Multi-Media-Bereich die Einordnung schwierig sein kann (vgl. Kloepfer 2002, Rn 20 m.w.N., insbesondere hinsichtlich der Online-Dienste, wobei dieser die Meinung vertritt, dass das Online Banking eine inhaltliche Dienstleistung darstellt).

3 IT-Sicherheit und Bankaufsicht: Pflichten nach KWG

Das KWG kennt keine speziellen Vorschriften für die IT-Sicherheit und das IT-Management von Banken. Allerdings werden in § 25 a Abs. 2 KWG die bankaufsichtsrechtlichen Anforderungen für ein zulässiges, d.h. rechtmäßiges, Auslagern von Diensten bzw. Dienstleistungen im IT-Bereich definiert. Im Kern steht dabei die Sicherstellung der Ordnungsmäßigkeit der Banktätigkeit (vgl. dazu auch ausführlich Escher/Kahler in diesem Buch, Kapitel 5). Insoweit korrespondiert § 25 a KWG mit § 33 (Versagung der Erlaubnis) Abs. 1 Nr. 7 KWG, nach der ein Institut verpflichtet ist, die erforderlichen organisatorischen Vorkehrungen zum ordnungsgemäßen Betreiben der Geschäfte, für die es die Erlaubnis beantragt hat, zu schaffen. Demnach sind Banken verpflichtet - unabhängig davon, ob sie selbst IT-Dienste anbieten bzw. Dienstleistungen erbringen oder aber diese im Wege des Outsourcing bei Dritten einkaufen - sicherzustellen, dass bei dieser Tätigkeit die gesetzlichen Vorschriften eingehalten werden. Diese Vorschriften sind im IT-Bereich das TKG und das TDG sowie der weitere Telekommunikations- und Multi-Media-Rechtsrahmen. Da, wie bereits eingangs dargestellt, das Outsourcing die Regel ist und die Erbringung durch die Bank selbst eine große Ausnahme darstellt, werden nachfolgend v.a. unter diesem Gesichtspunkt die Verpflichtungen der Institute dargestellt.

Dabei wird die Bank v.a. durch die Vertragsgestaltung, die vertraglich vereinbarten Nachweispflichten ihres Vertragspartners sowie die ihr vertraglich eingeräumten Kontroll- und Nachprüfungsmöglichkeiten die Einhaltung der Telekommunikations- und Multi-Media-Vorschriften sicherstellen müssen. Eine solche Einbeziehung in Verträge und darauf aufbauende Kontrolle ist jedoch nur dann sinnvoll möglich, wenn bei der Vertragsgestaltung die einschlägigen gesetzlichen Vorschriften feststehen.

4 Multi-Media-Dienste und staatliche Aufsicht

4.1 Abgrenzung Teledienste/Telekommunikationsdienstleistung

Eine der bis heute stark umstrittenen Fragen im Telekommunikations- und Multi-Media-Recht ist die Abgrenzung zwischen elektronischen Informations- und Kommunikationsdiensten im Sinne des TDG und Telekommunikationsdienstleistungen im Sinne des TKG. Hintergrund hierfür ist, dass das TDG (neugefasst durch das Gesetz über rechtliche Rahmenbedingungen für den elektronischen Geschäftsverkehr, EGG-BGBl. I 2001, S. 3721 ff, ab 21.12.2001 in Kraft) im Gegensatz zum TKG niedrigere Anforderungen an die Aufnahme der Geschäftstätigkeit sowie die staatliche Aufsicht stellt als das TKG. Für den Bereich der Telekommunikation kann man seit Errichtung der Regulierungsbehörde für Telekommunikation und Post (RegTP) sogar teilweise von Überregulierung sprechen. Daher ist die Abgrenzung für das jeweilige Unternehmen aber auch für den Vertragspartner von erheblicher Bedeutung. Dagegen kann die Abgrenzung zwischen den Anwendungsbereichen des TDG und des Staatsvertrags über Mediendienste (MDStV) vernachlässigt werden, da dessen Vorschriften inhaltlich weitgehend dem TDG entsprechen (zu der komplizierten abstrakt-technischen und funktionalen Abgrenzung von Mediendiensten vgl. Tettenborn, in: Beck´scher IuKDG-Kommentar, 2001, § 2 MDStV, Rn 30).

Das TDG definiert zunächst positiv in § 2 seinen Anwendungsbereich. Einige wichtige Beispiele sollen hier herausgegriffen werden:

- Angebote im Bereich der Individualkommunikation, wie Tele-Banking und Datenaustausch.

- Angebote zur Information oder Kommunikation, soweit nicht die redaktionelle Gestaltung zur Meinungsbildung für die Allgemeinheit im Vordergrund steht (insbesondere Börsendaten, Verbreitung von Informationen über Waren und Dienstleistungsangebote usw.).

- Angebote zur Nutzung des Internets oder anderen Netzen.

- Angebote von Waren und Dienstleistungen in elektronisch abrufbaren Datenbanken mit interaktivem Zugriff und unmittelbarer Bestellmöglichkeit.

All diese Angebote setzen Telekommunikation voraus, da ihre Inhalte auf diesem Weg transportiert werden, d.h. Dritten zur Verfügung gestellt werden. Trotzdem gilt das TDG gemäß § 2 Abs. 4 Ziff. 1 für Telekommunikationsdienstleistungen nicht. Allerdings ist es i.d.R. auch nicht notwendig, dass die Bank oder auch ihr Vertragspartner bei der Zurverfügungstellung eines Dienstes eine Telekommunikationsdienstleistung im Sinne des TKG erbringt. Dieses ist vielmehr nur dann der Fall, wenn auch die rechtliche und tatsächliche Verantwortung (sog. Funktionsherrschaft) für den Transport und nicht nur für die Inhalte übernommen wird (vgl. zu der Abgrenzung Tettenborn, in: Beck´scher IuKDG-Kommentar, 2001, § 2 TDG, Rn 88; Klöpfer, 2002, § 13, Rn 12 f).

Entscheidend ist mithin für die Frage der Abgrenzung aus Sicht der Bank, die ihre Aufsichts- und Kontrollverpflichtungen gemäß KWG bei einem Outsourcing oder bei ihrer Eigentätigkeit erfüllen will, dass die jeweilige Dienstleistung bezüglich Inhalt, Struktur und benutzter Kommunikationswege genau definiert wird. Dabei wird es sich im Rahmen des IT-Managements von Banken i.d.R. schwerpunktmäßig um Informations- und Kommunikationsdienste im Sinne des TDG und nicht um Telekommunikationsdienstleistungen handeln.

4.2   Aufsicht und Regulierung nach dem Teledienstegesetz

Teledienste können gemäß § 5 TDG zulassungs- und anmeldefrei erbracht werden. Allerdings unterliegen die Anbieter von Telediensten gemäß §§ 6 und 7 TDG umfassenden Informationsdiensten, gemäß §§ 5 und 8 TDG sind sie verpflichtet, die allgemeinen Gesetze einzuhalten, und schließlich sind sie für eigene und fremde Informationen, die sie zur Verfügung stellen, gemäß den §§ 8 bzw. 9-11 TDG haftbar. Dabei kann im Vertragsverhältnis zwischen Banken und Teledienstanbietern die Haftung sowohl für fremde wie für eigene inhaltliche Angebote Anwendung finden. Dies ist abhängig davon, wer für die inhaltliche Konzeption und Gestaltung die Verantwortung trägt. Unabhängig von der jeweiligen Vertragsgestaltung sollten dabei bei der Vertragsgestaltung die jeweiligen Provider die Einhaltung der gesetzlichen

Vorschriften, d.h. über das TDG hinaus auch das weitere Informations- und Kommunikationsrecht und das einschlägige Wirtschaftsverwaltungsrecht, garantieren. Die Einhaltung dieser Vorschriften sollte durch entsprechende Nachweise, aber auch Prüfmöglichkeiten der Bank im Rahmen der Vertragsgestaltung sichergestellt sein.

Dabei kann problematisch sein, dass für den Bereich der Teledienste im Gegensatz zur Telekommunikation keine zentrale Aufsichtsbehörde geschaffen wurde. Dies bedeutet, dass für die Einhaltung der gesetzlichen Vorschriften, die jeweils mit der Aufsicht betrauten Bundes- bzw. Landesbehörden zuständig sind, was letztlich zu einer Zuständigkeitsvielfalt führt und die Sicherstellung der Beachtung der gesetzlichen Vorschriften im Sinne des KWG erschwert (vgl. dazu Riehmer/Hessler, in: Spindler, 2002b, Rn 67).

Daher ist es möglich, dass auch bei großer Sorgfalt seitens der Bank Verträge mit „schwarzen Schafen" abgeschlossen werden. Dies kann Vertragsbeziehungen der Bank zu Dritten oder aber das Image der Bank, insbesondere bei ihren Kunden, aber auch bei dem BAFin diskreditieren. Es ist somit noch einmal darauf hinzuweisen, dass bei der Vertragsgestaltung dem Gesichtspunkt der Gesetzestreue und Kontrolle erhebliche Bedeutung zukommt.

5 IT-Sicherheit und Telekommunikationsrecht

5.1 Regulierung von Telekommunikationsdienstleistungen nach dem TKG: Anmeldepflicht/Lizenzpflicht

Im Gegensatz zu dem Bereich der Multi-Media-Dienste im Sinne des TDG ist das TKG heute von einer starken staatlichen Regulierung gekennzeichnet (vgl. dazu kritisch Schalast, 2000, S. 275 ff).

Wie bereits vorstehend erläutert, findet das TKG nur auf solche Dienstleistungen Anwendung, die als Telekommunikationsdienstleistung im Sinne von § 3 TKG zu qualifizieren sind. Zunächst wird in § 3 Ziff. 16 TKG Telekommunikation als der technische Vorgang des Aussendens, Übermittelns und Empfangens von Nachrichten jeglicher Art in der Form von Zeichen, Sprache, Bilder oder Tönen mittels Telekommunikationsanlagen definiert. Darauf aufbauend werden Telekommunikationsdienstleistungen in Ziff. 18 als gewerbliches Angebot von Telekommunikation von Übertragungswegen für Dritte definiert. Da das TDG, wie vorstehend erläutert, gemäß § 2 Abs. 4 Nr. 1 auf Telekommunikationsdienstleistungen i.S. von § 3 TKG keine Anwendung findet, hat diese Abgrenzung für den Regulierungsrahmen erhebliche Bedeutung.

Besonders problematisch ist dabei, dass in der Praxis Dienstleistungen, die dem TDG oder auch dem Mediendienst des Staatsvertrags unterliegen, und Dienstleistungen i.S. des Telekommunikationsgesetzes oftmals vermischt werden. Die Dienstleister sind sowohl Telekommunikationsunternehmen wie auch Informations- und Kommunikationsdiensteanbieter. Im Ergebnis kommt es entscheidend darauf an, wie die eingekaufte bzw. outgesourcte Dienstleistung rechtlich zu qualifizieren ist. Handelt es sich um eine inhaltliche Dienstleistung, wie das Online-Banking, Startportale, Jobbörsen, Newsgroups usw., dann fällt dies in den Bereich des Multi-Media-Rechts, d.h. das TDG findet Anwendung. Handelt es sich dagegen - auch bzw. schwerpunktmäßig - um das zur Verfügung stellen von Transportkapazitäten, dann findet das TKG Anwendung (vgl. grundsätzlich zur Begriffsbestimmung Schuster in Beck´scher TKG-Kommentar, 2000, § 3 Rn 21 ff; Spoerr, in: Trute/ Spoerr/Bosch, 2001, § 3 Rn 81 ff). Damit kommen für verbundene Dienstleistungen das TKG und das Multi-Media-Recht auch parallel zur Anwendung. Besonders deutlich wird dies, wenn von Netzbetreibern, wie City-Carriern oder Breitbandkabelanlagenbetreibern, neben einer inhaltlichen Dienstleistung auch die Nutzung ihres Netzwerks angeboten wird.

Dabei ist davon auszugehen, dass solche kombinierten Angebote in Zukunft immer häufiger anzutreffen sein werden, wenn alternative Netzwerktechnologien, z.B. das Breitbandkabel oder der Richtfunk, stärker zur Anwendung kommen. Im Hinblick darauf ist bei der Vertragsgestaltung mit solchen Anbietern auf die Einhaltung des Regulierungsrahmens nach dem TKG zu achten, was mit entsprechenden Nachweisen und mit Nachprüfungsmöglichkeiten vertraglich zugesichert werden sollte.

5.2   Sicherheitskonzeption des TKG

Im Gegensatz zum TDG sieht das TKG eine gewerberechtliche Erlaubnis für bestimmte Telekommunikationsdienstleistungen vor, die Lizenz. Gemäß § 6 TKG bedarf jeder Telekommunikationsanbieter einer Lizenz, wenn er Übertragungswege betreibt, die die Grenze eines Grundstücks überschreiten und für Telekommunikationsdienstleistungen für die Öffentlichkeit genutzt werden, oder falls er Sprachtelefondienste auf der Basis selbstbetriebener Telekommunikationsnetze anbietet. Dabei ist die sog. Lizenzklasse III eine Auffangvorschrift für solche Telekommunikationsdienstleistungen im Sinne von § 6 KG, die nicht den Bereich der Telefonie umfassen.

Soweit der lizenzpflichtige Bereich nicht berührt ist, besteht für die Erbringung von Telekommunikationsdienstleistungen gemäß § 4 TKG nur eine Anzeigepflicht, d.h. die Aufnahme, Änderung und Beendigung des Betriebs muss der RegTP angezeigt werden. Die Abgrenzung zwischen Lizenz- und Anzeigepflicht richtet sich danach, welche Art von Telekommunikationsdienstleistung angeboten wird und insbesondere, ob auch Übertragungswege betrieben werden. Solche Übertragungswege werden bei den Vertragsparteien von Banken eher selten - etwa im Bereich der mehrfach genannten City-Carrier oder Breitbandkabelanlagenbetreiber - vorhanden sein. Aber es ist auch möglich, dass ein vermeintlich „reiner" Internet Provider durch die Vertragsgestaltung mit dem Eigentümer eines Übertragungsweges die Funktionsherrschaft im rechtlichen Sinne über diesen Übertragungsweg erlangt hat (vgl. zu der Abgrenzung Zwetkow, in: Heun, 2002, Teil 1 Rn 24 ff). Im Hinblick auf die Vertragsgestaltung ist daher anzuraten, zunächst zu prüfen, ob eine Telekommunikationsdienstleistung erbracht wird, und dann, ob es sich um den lizenzpflichtigen oder lizenzfreien Bereich handelt.

Unabhängig von der Lizenzpflicht werden in § 87 TKG die notwendigen technischen Schutzmaßnahmen für das Betreiben von Telekommunikationsanlagen und in § 88 TKG die Anforderung an die technische Umsetzung von Überwachungsmaßnahmen definiert. Dabei sind die Anforderungen an die Sicherheitsvorkehrungen bzw. das Sicherheitskonzept höher, soweit der Anbieter der Lizenzpflicht unterliegt. Im Hinblick auf die Erfüllung der Verpflichtungen gemäß § 87 TKG ist es daher ratsam, sich von Telekommunikationsdienstleistern die Erstellung eines entsprechenden Sicherheitskonzepts sowie dessen Abstimmung mit der zuständigen Aufsichtsbehörde, der Regulierungsbehörde für Telekommunikation und Post, nachweisen zu lassen.

Insgesamt sind daher bei der Vertragsgestaltung mit Telekommunikationsunternehmen, die Dienstleistungen im Sinne von § 3 TKG erbringen, die Anforderungen an die Vertragsgestaltung und auch an die Überwachung der Einhaltung der gesetzlichen Vorschriften höher als im Bereich der Multi-Media-Dienste. Auf der anderen Seite ist aber die Überwachung - wie noch nachfolgend gezeigt wird - in der Praxis wegen der Errichtung der Regulierungsbehörde für Telekommunikation und Post einfacher.

5.3   Aufsicht durch die RegTP

Im Gegensatz zu dem Bereich der Multi-Media-Dienste wurde für den Telekommunikationssektor eine Bundesoberbehörde, die Regulierungsbehörde für Telekommunikation und Post (RegTP), geschaffen (§ 66 TKG). Die RegTP ist eine Bundesoberbehörde im Geschäftsbereich des Bundeswirtschaftsministeriums für Wirtschaft und diesem - im Gegensatz zum Bundeskartellamt - auch unterstellt. Für den Bereich der IT-Sicherheit erbringt die RegTP wichtige Servicedienstleistungen, gerade für die Vertragspartner von Telekommunikationsdienstleistern, da auf ihrer Homepage sowohl Anmeldungen gemäß § 4 TKG wie auch alle Unternehmen, die über eine Lizenz für den Lizenzpflichtigen Bereich verfügen, eingesehen werden können. So bietet die RegTP eine einfache Nachprüfungsmöglichkeit bei der Vertragsgestaltung und -kontrolle mit Telekommunikationsdienstleistern an. Desweiteren ist die Behörde gerade im Hinblick auf Unklarheiten bei der Sicherheitskonzeption ein möglicher Ansprechpartner.

5.4   Ausblick auf die künftige Deregulierung durch die Europäische Union

Das Telekommunikations- und Kommunikationsrecht in Deutschland wird sich durch die vom Europäischen Parlament und vom Rat im Februar 2002 beschlossenen sektorbezogenen Richtlinien erheblich ändern. Ziel des neuen europäischen Kommunikationsrechts ist eine umfassende Deregulierung und Harmonisierung des Rechtsrahmens. Mit diesem Ansatz werden sowohl die Grundlagen der Regulierung, d.h. Anwendungsbereich und Geltung des TKG, das Lizenzregime, das Universaldienstregime, die Stellung der Regulierungsbehörde, aber auch der Verbraucherschutz und das Medienrecht erheblich umgestaltet (Schütz/Attendorn, 2002, S. 4 mit umfassenden Nachweisen). Dabei ist zu hoffen, dass die von der EU vorgegebene Richtung einer umfassenden Deregulierung vom deutschen Gesetzgeber aufgegriffen wird und insbesondere im Bereich der Telekommunikationsdienstleistungen zu einer stärkeren Marktöffnung führt.

6   Zusammenfassung und Ausblick

IT-Management in Banken ist heute durch ein umfassendes Outsourcing und damit vertragliche Beziehungen zu einer Vielfalt von Internet Providern, Teledienstanbietern und Telekommunikationsdienstleistern gekennzeichnet. Dabei entstehen gerade wegen der rasanten Entwicklung neuer Technologien im IT-Bereich auch ständig neue Vertragsstrukturen. Zur Gewährleistung der IT-Sicherheit und zur Erfüllung der bankaufsichtsrechtlichen Vorgaben nach dem KWG sind daher die Banken als Vertragspartner gehalten, die Einhaltung der gesetzlichen Vorschriften durch ihre Vertragspartner sicherzustellen. Desweiteren müssen sie auch über effektive Kontrollrechte und -möglichkeiten verfügen, um ihren eigenen Verpflichtungen nachkommen zu können. Dies setzt jedoch voraus, dass die Einordnung der jeweiligen Dienstleistung bzw. des Dienstes in den einschlägigen Bereich des Multi-Media-Rechts oder des Telekommunikationsrechts sowie die Feststellung des dafür geltenden Regulierungsrahmens in die Vertragskonzeption einbezogen wird. Banken sollten und können sich beim Outsourcing nicht darauf verlassen, dass die zuständigen Aufsichtsbehörden ihre Aufgaben erfüllen, sondern sie müssen selbst die notwendige Kontrolle soweit wie möglich vertraglich und faktisch sicherstellen. Nur so können sie die notwendige IT-Sicherheit für ihre Kunden und die Bankaufsicht (BAFin) nachvollziehbar garantieren. Dies gilt um so mehr im Hinblick auf neue Vertragssituationen mit Anbietern sowie Bündelangebote unterschiedlicher Provider.

Literatur

Beck´scher TKG-Kommentar (2000), 2. Auflage, München.

Beck´scher IuKDG- Kommentar (2001), 1. Auflage, München.

Geppert/Ruhle/Schuster (2002): Handbuch Recht und Praxis der Telekommunikation, 2. Auflage, Baden-Baden.

Heun (Hrsg.) (2002): Handbuch Telekommunikationsrecht, 1. Auflage, Köln.

Kloepfer (2002): Informationsrecht, 1. Auflage, München.

Schalast (2000): Aufgaben der Regulierungsbehörde für Telekommunikation und Post im Bereich der Breitbandkabelnetze, in: BuW, S. 275 ff.

Schütz/Attendorn (2002): Das neue Kommunikationsrecht der EU, in: Beilage MMR, Heft 4, S. 4.

Spindler (Hrsg.) (2000a): Vertragsrecht der Telekommunikation-Anbieter, Köln.

Spindler (Hrsg.) (2000b): Vertragsrecht der Internet-Provider, 1. Auflage, Köln.

Trute/Spoerr/Bosch (2001): Telekommunikationsgesetz mit FTEG, 1. Auflage, Berlin/New York.

IT-Security im Spannungsfeld von Datenschutz und Persönlichkeitsrecht

Georg F. Schröder, Florian Hess

Inhalt:

1 Einleitung

Gerade Banken müssen über besonders zuverlässiges und gewissenhaftes Personal verfügen. Nicht nur die von den Bankangestellten betreuten Vermögenswerte machen dies notwendig, sondern auch die in besonderem Maße sensiblen Daten ihrer

Kunden. Eine effektive Überwachung der Mitarbeiter ist deshalb schon unter präventiven Gesichtspunkten notwendig. Sowohl die Grundrechte der Arbeitnehmer als
auch datenschutzrechtliche Gesichtspunkte können aber dem Interesse an umfassender Kontrolle entgegenstehen. Deshalb gilt es, die Möglichkeiten der Mitarbeiter-
überwachung kritisch unter diesen Gesichtspunkten zu würdigen.

2 Der gläserne Angestellte - moderne Überwachungsstrategien

Fast jeder Arbeitsplatz eines Bankangestellten ist heute mit Telefon und PC ausgestattet. Dies eröffnet für den Arbeitgeber Bank eine Reihe von Überwachungsmöglichkeiten, die das Verhalten des einzelnen Angestellten vollkommen transparent
machen können.

2.1 Telefonüberwachung

Die bereits weit verbreitete Digitalisierung der Telekommunikation steigert nicht nur
die Verwendungsmöglichkeiten für den Telefonierenden. Es besteht auch die Option, Telefondaten zu speichern und elektronisch zu verarbeiten. Aber auch die Ausstattung moderner Telefonapparate mit einem Lautsprecher kann zu Überwachungs-
zwecken verwendet werden: So kann ein Angestellter nicht mehr erkennen, ob am
anderen Ende der Leitung nur der tatsächliche Ansprechpartner zuhört oder ob ein
Dritter über den Lautsprecher teilhat. Abgesehen von dieser sehr einfachen Möglichkeit lässt sich das gleiche Ergebnis noch deutlich effektiver mit einer sog. Auf-
schaltanlage erreichen. Mit dieser können Telefongespräche abgehört werden, ohne
dass die Telefonierenden dies bemerken.

Noch aufschlussreicher ist die Erstellung von Nutzungsprofilen einzelner Telefonan-
schlüsse. Jedes Telefonat, selbst jeder Anrufversuch lässt sich auf diese Weise nachvollziehen. Auch Beginn, Ende und Dauer der geführten Telefongespräche und die
angerufene Nummer können gespeichert und vom Arbeitgeber abgerufen werden.
Selbst die Schaltung von Rufumleitungen kann im Bedarfsfall noch später nachvollzogen werden.

Der Arbeitgeber kann ermitteln, welcher Mitarbeiter wie häufig vom Arbeitsplatz
absent ist oder Privatgespräche führt. Auch kann der Gefahr begegnet werden, dass
der Betrieb durch kostspielige Anrufe im Ausland oder bei teuren 0190-Nummern
wirtschaftlich geschädigt wird.

2.2   eMail-Überwachung

Ähnlich der gerade beschriebenen Überwachung von Telefongesprächen ist auch die Überwachung der gesamten elektronischen Post möglich. Absender, Adressat, Größe und Zeitpunkt der Versendung einer eMail können auf dem eMail-Server abgespeichert werden. In betriebseigenen Netzwerken besteht auch die Möglichkeit, den Inhalt der eMail selbst und eines eventuellen Anhangs zu überwachen. Auch das Scannen von Anhängen, um bestimmte Stichwörter ausfindig zu machen, ist eine praktikable Möglichkeit, um die Mitarbeiter und ihre Korrespondenz zu überprüfen.

Die Vorteile dieser Überwachungsform liegen auf der Hand: Der Arbeitgeber kann nachvollziehen, in welchen Umfang der einzelne Angestellte am Arbeitsplatz Privates erledigt und hieraus Rückschlüsse auf seine Effektivität ziehen.

2.3   Computer- und Internetüberwachung

Ein ganz ähnliches Ziel verfolgt auch die Überwachung der Mitarbeiteraktivitäten im Internet. So ist es technisch bereits ohne weiteres möglich, Aufzeichnungen über Aufenthaltsort und -dauer des Angestellten im Internet zu gewinnen. Die Persönlichkeit und die Verhaltensweisen des Mitarbeiters können auf diese Weise analysiert werden.

3   Die Grenzen der Mitarbeiterüberwachung...

3.1   ...aus verfassungsrechtlicher Sicht

3.1.1   Anwendbarkeit von Grundrechten zwischen Privaten

Entgegen ihrer grundsätzlichen Bedeutung als Abwehrrechte gegen den Staat wirken die Grundrechte über die Generalklauseln des Zivilrechts wie insbesondere § 823 Absatz 1 BGB auch zwischen Privaten, da sie als objektiver Bestandteil der Rechtsordnung verstanden werden. Man spricht von der sog. Drittwirkung der Grundrechte (vgl. von Münch, in: von Münch/Kunig, Vorb. Art. 1 - 19 GG Rdnr. 28 m.w.N.).

Eine Grundrechtsverletzung oder -beeinträchtigung kann deshalb im Einzelfall zur Unzulässigkeit von Überwachungsmaßnahmen führen. Auch die Grundrechte des überwachenden Arbeitgebers müssen berücksichtigt werden, so dass es im Einzelfall notwendig sein kann, einen gerechten Ausgleich zwischen den widerstreitenden Interessen zu finden.

3.1.2   Betroffene Grundrechte des Angestellten

Durch die vorgestellten Überwachungsmaßnahmen kommt insbesondere eine Verletzung des Angestellten in seinem allgemeinen Persönlichkeitsrecht in Betracht,
(vgl. hierzu BGH Urteil vom 25.05.1954 – I ZR 211/53 und Kunig, in: von Münch/
Kunig, Art. 1 Rdnr. 10, drs., Art. 2 Rdnr. 30, 32 m.w.N.).

V.a. die vom allgemeinen Persönlichkeitsrecht mitumfassten Rechte auf Vertraulichkeit des gesprochenen Wortes und informationelle Selbstbestimmung können
durch Maßnahmen des Arbeitgebers tangiert sein.

Welcher Eingriff in das Persönlichkeitsrecht des Überwachten noch zulässig ist,
hängt neben der Eingriffsintensität insbesondere von der Persönlichkeitssphäre ab,
in der er betroffen ist. Das Bundesverfassungsgericht unterscheidet zwischen zwei
Persönlichkeitssphären „mit unterschiedlicher Schutzbedürftigkeit und Eingriffsre-
sistenz" (BVerfGE 6, S. 32, 41; BVerfGE 34, S. 238, 245 f). D.h. je privater der Bereich ist, in den eingegriffen wird, umso weniger muss dies der Betroffene dulden.

Absoluten Schutz genießt dabei die sog. Intimsphäre, also die Gedanken und Ge-
fühlswelt (BVerfGE 6, S. 32, 41; BGH Urteil vom 24.11.1987 – VI ZR 42/87, in
NJW 1988, 1984, 1985). Ein Eingriff in diese Sphäre aufgrund von arbeitgeberseitig
durchgeführten Überwachungsmaßnahmen ist aber kaum vorstellbar.

Wahrscheinlicher ist ein Eingriff in die sog. Privatsphäre, die das private Leben im
häuslichen oder im Familienkreis und das sonstige Privatleben umfasst (Palandt-
Thomas, Bürgerliches Gesetzbuch, § 823 Rdnr. 178).

Am schwächsten geschützt ist die sog. Individualsphäre, also der Bereich des öffentlichen und beruflichen Wirkens einer Person (BAG, Urteil vom 4.4.1990 – 5
AZR 299/89, NJW 1990, S. 2272; Palandt-Thomas, Bürgerliches Gesetzbuch, § 823
Rdnr. 178 m.w.N.). Der Großteil der Überwachungsmaßnahmen des Arbeitgebers
wird in diese Sphäre eingreifen.

Im Fall der Überwachung von Telefongesprächen ist das durch die Verfassung ga-
rantierte Fernmeldegeheimnis zu beachten (Art. 10 Absatz 1 GG). Dieses umfasst
den gesamten Fernmeldeverkehr, wobei die Geheimhaltung des Gesprächsinhalts
und aller mit den Gespräch verbundenen Umstände gewährleistet wird (vgl. Düring,
in: Maunz-Düring, Grundgesetz, Art. 10 Rdnr. 18).

3.1.3   Betroffene Grundrechte des Arbeitgebers

Das Interesse des Arbeitgebers, seine Angestellten zu überwachen, um so gegebenenfalls wirtschaftliche Beeinträchtigungen seines Betriebs zu verhindern, fällt in den Schutzbereich der Grundrechte der Berufsfreiheit (Art. 12 Absatz 1 GG) des Rechts auf Eigentum (Art. 14 Absatz 1 GG) und subsidiär in den des Rechts auf unternehmerische Handlungsfreiheit nach Art. 2 Absatz 1 GG (BVerfGE 21, 227, 234; BVerfGE 67, 157, 171).

Auf eine genauere Darstellung der einzelnen Grundrechte und ihrer Voraussetzungen wird hier verzichtet. Es wird auf die Ausführungen zur Zulässigkeit der Einzelmaßnahmen verwiesen.

3.2   ...aus einfachgesetzlicher Sicht
3.2.1   Telekommunikationsrecht

Die §§ 85 ff TKG betreffen den gesamten Bereich der Informationsübermittlung durch Telekommunikationseinrichtungen wie Telefon, eMail oder Internet. Insbesondere das strafrechtlich gemäß § 206 StGB relevante Fernmeldegeheimnis ist gemäß § 85 Absatz 3 TKG zu beachten. Es umfasst wie auch Art. 10 GG den Inhalt der Telekommunikation und deren nähere Umstände. Auch müssen die gemäß § 87 TKG erforderlichen technischen Schutzmaßnahmen getroffen werden. So muss unter anderem der Schutz des Fernmeldegeheimnisses und von personenbezogenen Daten gewährleistet werden. Es besteht die Pflicht, programmgesteuerte Telekommunikations- und Datenverarbeitungssysteme gegen unerlaubte Zugriffe zu sichern.

Voraussetzung des § 85 Absatz 2 TKG ist allerdings, dass geschäftsmäßig Telekommunikationsleistungen für Dritte erbracht werden oder daran mitgewirkt wird. Dies ist regelmäßig nicht der Fall, wenn der Arbeitgeber dem Arbeitnehmer Telefon, eMail oder Internet nur zur rein dienstlichen Nutzung überlässt.

Sobald der Arbeitnehmer aber Telekommunikationseinrichtungen des Arbeitgebers auf dessen Kosten oder gegen Aufwendungsersatz privat in Anspruch nehmen darf, sind die genannten Vorschriften anwendbar. Der Arbeitgeber ist dann verpflichtet, entsprechende Vorkehrungen zu treffen (vgl. Büchner, in: Beck`scher Kommentar zum TKG, § 85 Rdnr. 4 m.w.N.).

3.2.2 Datenschutzrecht

Wie dargestellt, kann die Überwachung von Telefon, eMail und Internet zu einer automatisierten Verarbeitung von Arbeitnehmerdaten führen. Will der überwachende Arbeitgeber die gewonnenen Daten effektiv nutzen, so wird dies sogar regelmäßig eine zwingende Folge der Überwachung sein. Unter diesen Umständen müssen aber die einschränkenden Vorschriften des Bundesdatenschutzgesetzes beachtet werden (§ 1 Absatz 2 Nr. 3, § 2 Absatz 4 BDSG).

Die Erhebung personenbezogener Daten ist gemäß § 4 Absatz 1 BDSG nur zulässig, wenn ein Gesetz oder eine Rechtsvorschrift hierzu ermächtigen oder wenn der Betroffene in die Verarbeitung seiner Daten einwilligt.

Gemäß §§ 4 Absatz 1, 13 ff BDSG dürfen öffentliche und nach §§ 4 Absatz 1, 28 BDSG auch private Arbeitgeber unter bestimmten Voraussetzungen personenbezogene Daten erheben, speichern, verändern oder übermitteln, wenn dies beispielsweise im Rahmen der Zweckbestimmung eines mit dem Betroffenen bestehenden Vertragsverhältnisses oder eines vertragsähnlichen Vertrauensverhältnisses geschieht (vgl. § 28 Absatz 1 Nr. 1 BDSG). In § 28 Absatz 1 Nr. 2 BDSG wird die Möglichkeit einer Einwilligung des Arbeitnehmers in die Erhebung von Daten festgesetzt, wofür jedoch der bloße Abschluss eines entsprechenden Arbeitsvertrags nicht reicht. Die Voraussetzungen für eine wirksame Einwilligung setzt § 4a Absatz 1 Satz 4 BDSG fest. Gemäß dieser Vorschrift ist die Einwilligung besonders hervorzuheben. Es genügt also nicht, dass der Vertrag seinem Inhalt nach auf einen entsprechenden Willen des Arbeitnehmers schließen lässt. Die Einwilligung muss ausdrücklich erklärt werden.

Aus den dargestellten Grundsätzen ergibt sich, dass gerade in Zusammenhang mit dem Verhältnis zwischen Banken und ihren Angestellten nur der Fall einer ausdrücklichen Einwilligung des Angestellten in Betracht kommt. Die Zweckbestimmung entsprechender Verträge wird eine personenbezogene Datenerhebung und Verarbeitung in aller Regel nicht rechtfertigen.

Das Bundesdatenschutzgesetz macht jedoch eine weitere Ausnahme für die Fälle, in denen Datenverarbeitung zur Erfüllung von Aufgaben oder zur Wahrnehmung berechtigter Interessen der datenverarbeitenden Stelle dient (§§ 13 Absatz 1, 28 Absatz 1 Nr. 2 BDSG), soweit schutzwürdige Interessen des Betroffenen dem nicht entgegenstehen.

Als derart schutzwürdige Interessen des Arbeitgebers kommen u.a.

- der Schutz von Geschäftsgeheimnissen,
- Maßnahmen zur Störungsbehebung,
- Schutz vor Computerviren,
- Vermeidung erheblicher zusätzlicher Kosten und
- Einsatz betrieblicher Arbeitszeit

in Betracht.

Unabhängig von der grundsätzlichen Zulässigkeit einzelner Überwachungsmaßnahmen sind aber die in § 3a BDSG verankerten Grundsätze der Datenvermeidung und der Datensparsamkeit zu beachten. Um diesen Grundsätzen Folge zu leisten, ist der Arbeitgeber gehalten, erhobene Daten zu anonymisieren und zu pseudonymisieren. Ebenso muss der betriebene Aufwand in einem angemessenen Verhältnis zum verfolgten Zweck stehen.

3.3 ...im Einzelfall

3.3.1 Zulässigkeit von Telefonüberwachung

3.3.1.1 Heimliches Ab- und Mithören betrieblicher Telefongesprächen

Hört der Arbeitgeber betriebliche Telefongespräche heimlich mit oder ab oder zeichnet er sie auf, so kann er sich aufgrund der Verletzung der Vertraulichkeit des Wortes nach § 201 StGB strafbar machen (vgl. Tröndle (1997), § 201 Rdnr. 2 m.w.N.). Dies kann aber umgangen werden, indem eine sog. Telefonaufschaltanlage verwendet wird, die den Telefonierenden durch ein akustisches Signal das Mithören eines Dritten erkennbar macht. Es kommt also entscheidend darauf an, dass der Telefonierende davon Kenntnis erhält, dass ein Dritter dem Gespräch zuhört und ab welchem Zeitpunkt dies geschieht (BAG, Urteil vom 1.3.1973 – 5 AZR 453/72). Dass hierdurch entsprechende Maßnahmen des Arbeitgebers sinnlos werden, ist klar. Im Hinblick auf die strafrechtliche Problematik besteht aber keine andere Alternative.

Weiterer Grund hierfür ist, dass gerade keine Pflicht des Arbeitnehmers besteht, den Arbeitgeber bei dienstlichen Gesprächen mithören zu lassen (vgl. auch Blomeyer, in: Münchner Handbuch zum Arbeitsrecht, Band 1, 1992, § 95 Rdnr. 7 ff, m.w.N.).

Aus grundrechtlicher Sicht gilt ebenfalls: Maßgebliche Kriterien für die Beurteilung der Zulässigkeit derartiger Abhörvorgänge sind das Vertrauen auf die Vertraulichkeit des Gesprächs (vgl. BAG Urteil vom 29.10.1997 – 5 AZR 508/96) oder der ausdrückliche Wunsch nach einem vertraulichen Gespräch (BGH Urteil vom 2.10.1985 – VIII ZR 253/84).

Mit anderen Worten: Vertraut der Arbeitnehmer darauf, dass kein Dritter dem Gespräch folgen kann oder hat er ausdrücklich erklärt, er wünsche ein vertrauliches Gespräch, so wird bei einem gleichwohl erfolgten Abhören, Mithören oder Aufzeichnen des Gesprächs regelmäßig eine Verletzung des Arbeitnehmers in seinem Persönlichkeitsrecht vorliegen. Eine derartige Verletzung kann nur durch eine Offenlegung des Vorgangs umgangen werden.

Ergänzend hierzu kann sich die Zulässigkeit des Ab- oder Mithörens eines betrieblichen Telefongesprächs aus einer umfassenden Güter- und Interessenabwägung ergeben. Dies ist dann der Fall, wenn so gravierende Interessen des Arbeitgebers berührt sind, dass diese das Persönlichkeitsrecht des Arbeitnehmers aufwiegen, z.B. bei Bevorstehen einer Straftat oder bei drohendem Verrat von Geschäfts- oder Betriebsgeheimnissen. In der Praxis wird es aber schwierig sein, solche Situation abschließend zu beurteilen, so dass es risikoreich ist, sich auf eine derartige Interessenabwägung zu verlassen.

Weiterhin ist eine Verletzung des Persönlichkeitsrechts selbstverständlich auch immer dann ausgeschlossen, wenn der Arbeitnehmer wirksam bei Begründung des Arbeitsverhältnisses in das Mithören seiner betrieblichen Telefonate einwilligt.

3.3.1.2   Heimliches Ab- und Mithören privater Telefongespräche

Aufgrund des ausschließlich privaten Charakters solcher Telefonate kommt eine heimliche Überwachung nahezu immer einer Verletzung des Persönlichkeitsrechts gleich. Der Stufentheorie des Bundesverfassungsgerichts folgend, wird der Eingriff hier in aller Regel in die Privatsphäre erfolgen, so dass aufgrund der erhöhten Schutzbedürftigkeit dieser Persönlichkeitssphäre eine Grundrechtsverletzung meist zu bejahen sein wird.

3.3.1.3   Heimliches Ab- und Mithören aus datenschutzrechtlicher Perspektive

Erfolgt in Zusammenhang mit dem Abhören von Telefonaten auch eine Speicherung der Verbindungsdaten, so muss unabhängig von der Zulässigkeit derartiger Maßnahmen aus grundrechtlicher Sicht beachtet werden, dass gemäß § 3a BDSG allenfalls eine unvollständige Speicherung der Zielnummern in Betracht kommt. In Zusammenhang mit privaten Telefonaten ist die Speicherung überhaupt nur dann zulässig, wenn der Arbeitnehmer dies zu Abrechnungszwecken wünscht (BAG Urteil vom 27. 5.1986 – 1 ABR 48/84).

Die Erhebung von Daten über Anzahl, Zeitpunkt, Dauer, Gebühreneinheiten und Nummer eines benutzten Apparats ist dagegen stets zulässig, und es spielt hierbei auch keine Rolle, ob es sich um ein Privat- oder ein Dienstgespräch handelt. Die Erhebung solcher Daten betrifft nur das Arbeitsverhältnis, nicht aber die Persönlichkeit des Arbeitnehmers (vgl. Blomeyer, in: Münchner Handbuch zum Arbeitsrecht, Band 1, § 95 Rdnr. 10 m.w.N.).

Abschließend bleibt festzuhalten, dass die Überwachung von Telefongesprächen durch den Arbeitgeber ohne ausdrückliche Einwilligung des Arbeitnehmers nur in den seltensten Fällen eine zulässige Überwachungsmaßnahme darstellen wird, so dass von derartigen Maßnahmen abzuraten ist.

3.3.2   Zulässigkeit der Überwachung von eMail-Korrespondenz

Die Überwachung der eMail-Korrepondenz unterscheidet sich ganz wesentlich von der vorstehenden Telefonüberwachung: Hier muss dem Arbeitgeber eine Kontrollmöglichkeit verbleiben, da ein Teil der Arbeit über das Medium eMail abgewickelt wird oder zumindest werden kann. So kann der Arbeitgeber die Arbeit der Arbeitnehmer nur effektiv kontrollieren, wenn er auch in ein- und ausgehende eMails Einsicht nehmen darf. Aus praktischer Sicht wird dieses Problem besonders relevant, wenn ein Mitarbeiter krankheitsbedingt oder aus sonstigen Gründen nicht am Arbeitsplatz erscheint. In einem solchen Fall hat der Arbeitgeber gar nicht die Wahl. Um den Geschäftsbetrieb aufrecht zu erhalten, muss er an den entsprechenden Mitarbeiter adressierte eMails einsehen.

Dass dem Arbeitgeber dieses Recht in Zusammenhang mit geschäftlichen eMails zusteht, ist bis dato unbestritten. Er darf geschäftliche eMails sowohl hinsichtlich Verbindungsdaten als auch hinsichtlich ihres Inhalts überprüfen (vgl. Beckschulze/ Henkel (2001), S. 1491, 1494 m.w.N.). Das Interesse des Arbeitgebers an der Aufrechterhaltung der betrieblichen Organisation und der geschäftlichen Kontakte wiegt in diesem Kontext das Persönlichkeitsrecht des Arbeitnehmers auf (vgl. Königshofen, in: Büllesbach, Datenschutz im Telekommunikationsrecht, S. 188 ff).

Problematisch ist, dass oft private und geschäftliche Korrespondenz über dieselbe, durch den Arbeitgeber zugewiesene eMail-Adresse abgewickelt wird. Dass aber der Arbeitgeber bei Überprüfung von privater Korrespondenz den Rahmen des ihm Erlaubten verlässt, liegt auf der Hand. Hier kann nichts anders gelten, als bei der Überwachung von Telefonanschlüssen. Allenfalls die Verbindungsdaten wie Absender und Empfänger dürfen verarbeitet werden. Eine Überwachung des Inhalts auch privater Korrespondenz scheitert am Persönlichkeitsrecht des Überwachten. Für eine Interessenabwägung ist hier kein Raum, da ein schutzwürdiges Interesse des Arbeitgebers vollständig fehlt.

Hat der Arbeitnehmer nur eine eMail-Adresse zugewiesen bekommen und erledigt er von dieser private und geschäftliche Korrespondenz, so ist eine effektive Überwachung der elektronischen Post des Arbeitnehmers an sich ausgeschlossen. Da die private von der geschäftlichen Korrespondenz formell nicht unterschieden werden kann, kommt es in diesen Fällen zwangsläufig zu unzulässigen Verletzungen des Persönlichkeitsrechts des Mitarbeiters.

Nur noch in Zusammenhang mit einer umfassenden Interessenabwägung, wie sie auch bei der Telefonüberwachung möglich ist, kann im Einzelfall das Interesse des Arbeitnehmers überwiegen. Als Beispiele können wiederum der begründete Verdacht von Straftaten oder schwerwiegende Vertragsverletzungen durch den betroffenen Arbeitnehmer angeführt werden. Auch hier wird es aber im Einzelfall aus praktischer Sicht schwer sein, ein schutzwürdiges Interesse an einer Überwachung auch tatsächlich darzulegen (Beckschulz/Henkel (2001), S. 1491, 1494 m.w.N.).

Deshalb empfiehlt es sich auch hier, bereits im Arbeitsvertrag klare Verhältnisse zu schaffen. Eindeutige Regelungen sollten getroffen werden, ob private Nutzung erlaubt oder unzulässig sein soll. Ebenso deutlich und unmissverständlich sollten Verhaltensregelungen für dienstliche und private Nutzung der Adresse aufgestellt werden. Die Möglichkeit, gleich im Arbeitsvertrag die Einwilligung des Arbeitnehmers zu bestimmten Kontrollmaßnahmen einzuholen, sollte bedacht werden.

Der einfachste Weg, die dargestellte Problematik von Anfang an zu umgehen, ist aber, die private Nutzung vertraglich gleich vollständig auszuschließen oder gleich zwei, also eine geschäftliche und eine private eMail-Adresse, zu vergeben. Auf diese Weise kann der dargestellte Konflikt gar nicht eintreten und der geringe Mehraufwand für diese Maßnahme ist aufgrund der dargestellten Problematik gerechtfertigt.

3.3.3   Zulässigkeit der Überwachung von Internetanschlüssen

Bei der Überwachung von Internetanschlüssen muss ebenfalls zwischen geschäftlicher und privater Nutzung unterschieden werden. Hinsichtlich der geschäftlichen Nutzung des Internetanschlusses kann hier nichts anderes gelten als bei der geschäftlichen Nutzung einer eMail-Adresse. Für den Arbeitgeber ist aber v.a. von Interesse, ob auch die private Nutzung von Internetaktivitäten des einzelnen Mitarbeiters überwacht werden darf. Interessiert ihn doch besonders, ob der einzelne Mitarbeiter während der Arbeitszeit, statt zu arbeiten, im Internet surft.

An sich unproblematisch ist der Fall eines vertraglichen Ausschlusses der privaten Nutzung des Internets. Die Einhaltung dieses Verbots darf der Arbeitgeber in der Folge auch kontrollieren. Jedoch muss berücksichtigt werden, dass eine derartige Kontrolle nicht zu einer Totalüberwachung führen darf (Däubler, Internet und Arbeitsrecht, S. 119 Rdnr. 255 m.w.N.). Die Kontrollmöglichkeiten gerade eines PCs sind so umfangreich, dass dieses Ziel ohne allzu großen technischen Aufwand zu verwirklichen wäre. Die arbeitgeberseitigen Überwachungsmöglichkeiten finden ihre Schranken hier aber wiederum im Persönlichkeitsrecht des Arbeitnehmers.

Die Möglichkeit, die Interessen des Arbeitgebers gegen die des Arbeitnehmers abzuwägen, ist wie bei den vorangegangenen Beispielen gegeben. Besteht z.B. der begründete Verdacht, dass ein Mitarbeiter sich rechtswidrige Inhalte aus dem Internet verschafft, wie durch den Aufruf von neonazistischen Webseiten, so muss es zum Schutze der Mitarbeiter und des ganzen Unternehmens möglich sein, den betreffenden Mitarbeiter umfassenden zu kontrollieren. Insoweit muss das Persönlichkeitsrecht des Arbeitnehmers zurücktreten (anderer Ansicht Däubler, Internet und Arbeitsrecht, S. 119 Rdnr. 255 m.w.N.).

Abgesehen davon müssen die bereits dargestellten datenschutzrechtlichen Aspekte bei der Überwachung von Internetanschlüssen beachtet werden. Hierzu wird auf die obigen Ausführungen verwiesen.

Empfehlenswert erscheint deshalb aus praktischer Sicht die Installation von Filterprogrammen (Beckschulze/Henkel (2001), S. 1491, 1495). Derartige Filterprogramme verhindern ein Aufrufen der entsprechenden vom Arbeitgeber unerwünschten Seiten, ohne dass eine vollständige Kontrolle der Internetaktivität des Mitarbeiters notwendig wird. Allerdings dürfen in diesem Zusammenhang die fehlgeschlagenen Versuche nicht protokolliert und dem Arbeitergeber gemeldet werden, da sonst das

Persönlichkeitsrecht des Arbeitnehmers verletzt wird und zusätzlich wieder datenschutzrechtliche Probleme entstehen.

Die Schaffung klarer Verhältnisse, insbesondere im Hinblick auf grundsätzliche Zulässigkeit oder Unzulässigkeit privater Internetnutzung ist deshalb ratsam. Insbesondere die aus dem allgegenwärtigen Interessenskonflikt mit dem Persönlichkeitsrecht des Arbeitnehmers resultierende Unsicherheit legt aber vor allem eine restriktive und vorsichtige Nutzung der Kontrollmöglichkeiten nahe.

4 Zusammenfassung

Alle dargestellten Kontrollmöglichkeiten des Arbeitgebers tangieren in unterschiedlicher Intensität das Persönlichkeitsrecht des betroffenen Arbeitnehmers. Deshalb ist ihre praktische Nützlichkeit stark eingeschränkt, da die Überprüfung ihrer Rechtmäßigkeit zumeist in eine Interessenabwägung mündet. Eine solche kann aber - zumal von einem Laien - in aller Regel nicht abschließend vorgenommen werden, so dass nahezu immer ein hohes Restrisiko verbleibt.

Unter diesem Gesichtspunkt können insbesondere Banken nur sehr eingeschränkt auf entsprechende Kontrollmaßnahmen zurückgreifen. Die Vielzahl der Beschäftigten und die Ausstattung ihrer Arbeitsplätze würden dies zwar nahe legen, jedoch muss schon allein aus Imagegründen die rechtliche Zulässigkeit von Überwachungsmaßnahmen sichergestellt sein.

Der datenschutzrechtliche Aspekt führt unter geänderten Vorzeichen zum gleichen Ergebnis: Die Zulässigkeit einer Überwachungsmaßnahme ergibt sich auch hier nur aus einer ausdrücklichen Einwilligung des Überwachten oder einer Interessenabwägung.

5 Lösungsansatz

Ein Lösungsansatz für die aufgeworfene Problematik ist die Implementierung sogenannter dynamischer Datenschutz Manuale (DDSM). Eine solche Datenschutzvorsorge empfiehlt sich besonders für große Unternehmen. Diese müssen aufgrund der großen Anzahl von Mitarbeitern enorme Mengen mitarbeiterbezogener Daten verwalten, die, wie dargestellt, aus datenschutzrechtlicher Perspektive äußerst sensibel zu behandeln sind. Werden dann auch noch Überwachungsmaßnahmen durchgeführt, steigt das Datenaufkommen noch weiter an. Hier kann ein DDSM helfen, die Datenflut zu beherrschen und damit auch den oder die jeweiligen Datenschutzbeauftragten zu entlasten.

Ein solches DDSM dient dem Nachweis der Gesetzeskonformität des Unternehmens im Hinblick auf datenschutzrechtliche Anforderungen und macht die im Unternehmen vorhandenen Datenschutzstrukturen nachvollziehbar.

Durch regelmäßige Updates des Manuals kann sichergestellt werden, dass das Unternehmen jederzeit auf etwaige Gesetzesänderungen spontan reagieren kann. Andererseits besteht auch die Möglichkeit, das Manual an geänderte Betriebssituationen anzupassen, v.a. im Bedarfsfall schnell die rechtliche Zulässigkeit von Maßnahmen überprüfen zu lassen und das Manual dann entsprechend abzuändern.

Weiterer Vorteil eines solchen Manuals ist, dass insbesondere im Fall einer behördlichen Kontrolle die vorhandenen Datenschutzstrukturen sofort und umfassend dargelegt werden können.

Dass insbesondere Überwachungsmaßnahmen auf diese Art und Weise aus datenschutzrechtlicher und damit aufgrund der engen Verknüpfung der Probleme auch aus grundrechtlicher Sicht entschärft werden können, liegt auf der Hand: Die einzelne Maßnahme wird so, bevor sie in Kraft gesetzt wird, juristisch überprüft, und es wird im Manual dokumentiert, welche datenschutzrechtlichen Absicherungen getroffen wurden. So kann der Beweis der Rechtmäßigkeit der einzelnen Maßnahme schnell und einfach geführt werden.

Literatur:

Beckschulze/Henkel (2001), Der Einfluss des Internets auf das Arbeitsrecht, in: DB 2001.

Tröndle (1997): Strafgesetzbuch, 48. Auflage.

von Münch/Kunig (Hrsg.) (1992): Grundgesetz Kommentar, 4. Auflage.

Beweisrechtliche Aspekte des Electronic Banking

Stefan Werner

Inhalt:

1 Einleitung

Die Möglichkeit, Bankgeschäfte über elektronische Medien abwickeln zu können, nimmt ständig zu. Nahezu alle Kreditinstitute in Deutschland bieten Verfahren an, um unter Einsatz von Online-Medien Aufträge zu erteilen, Kontoauszüge abzurufen und einen Großteil der Bankgeschäfte abzuwickeln. Diese Art des Karten- und Bankgeschäftsverkehrs ist bequem und für die Kreditinstitute sowie die Verbraucher preisgünstig, da Raum- und Personalkosten gespart werden. Gleichwohl wachsen durch den Einsatz der neuen Medien auch die damit verbundenen Risiken. Während im klassischen Bankverkehr der Bankmitarbeiter unmittelbaren Umgang mit dem Bankkunden hat, findet hier die Kommunikation nur noch mittelbar über ein Medium statt. Im Zweifelsfall kann es deshalb schwierig sein, den Nachweis zu führen, das auch tatsächlich der Kunde den Auftrag erteilt hat. Dies wirft die Frage der beweisrechtlichen Aspekte des Electronic Banking auf.

2 Beweislastregelungen im elektronischen Bankgeschäftsverkehr

2.1   Allgemeine Beweislastgrundsätze

Aus den allgemeinen zivilrechtlichen Grundsätzen folgt, dass derjenige, der sich eines Anspruchs berühmt, die dafür erforderlichen Voraussetzungen nachweisen
muss. Bezogen auf den Aufwendungsersatzanspruch, den ein Kreditinstitut nach der
Ausführung eines Auftrags für ihren Kunden gem. § 670 BGB geltend machen
möchte, bedeutet dies, dass es im Bestreitensfalle den Nachweis führen muss, dass
der vermeintliche Auftraggeber auch tatsächlich den Auftrag erteilt hat (vgl. Pa-
landt/Thomas, 2002, § 670 BGB, Rn.7; Staudinger-Wittmann, 1995, § 670 BGB,
Rn. 29; Baumbach/Hefermehl, 1999, Art. 4 ScheckG Anhang, Rn. 27 und Rn. 52).

Möchte ein Kreditinstitut aufgrund einer missbräuchlichen Verfügung Schadensersatzansprüche gegen seinen Kunden geltend machen, weil dieser durch eine Verletzung seiner nebenvertraglichen Pflichten eine missbräuchliche Verfügung erst ermöglicht hat, muss es ebenfalls darlegen und ggfs. beweisen, dass der Kunde seine
vertraglichen Pflichten schuldhaft verletzt hat (vgl. anhand von Beispielen Kümpel,
2000, Rn. 4.778ff; Canaris, 1988, Rn. 527o und Rn. 847a; Schwintowski/Schäfer,
1997, § 5 Rn. 4ff; BuB-Hellner, Rn. 6/156; BGH WM 1992, S. 1392 = WuB I D 1.-
1.93 Reiser; von Rottenburg, WM 1997, S. 2389; Gössmann, 2001, § 55 Rn. 26).
Gelingt einem Kreditinstitut dieser Nachweis nicht, hat es das daraus resultierende
Risiko zu tragen und kann weder einen Aufwendungsersatzanspruch noch einen
Schadensersatzanspruch geltend machen (vgl. BGH, WM 1994, S. 2074 = WuB I D
1.-2.95 Harbeke; BGH, WM 1994, S. 1422 = WuB IV A § 812 BGB 2.95 Loewen-
hain; BGH, WM 1990, S. 1280 = WuB I D 1.-5.90 Menk; BGH, WM 1985, S. 511 =
WuB I D 1.-3.85 Hopt; OLG Hamburg, WM 1983, S. 517; Schlegelberger-Hefer-
mehl, 1976, Anhang zu § 365 HGB Rn. 39; Canaris, 1988, Rn. 368; BuB-Hellner,
Rn. 6/156). Im elektronischen Zahlungsverkehr ist es i.d.R. aufgrund eines fehlenden unmittelbaren Kontaktes nahezu ausgeschlossen, den unmittelbaren Beweis führen zu können, dass entweder der Bankkunde selbst einen Auftrag erteilt hat oder
durch sein schuldhaftes Verhalten zu einer missbräuchlichen Verfügung beigetragen
hat. Der Kreditwirtschaft kann jedoch die Rechtsfigur des „Anscheinsbeweises" zu-
gute kommen. Liegt ein typischer Geschehensablauf vor, kann sich daraus der
Nachweis eines ursächlichen Zusammenhanges oder eines schuldhaften Verhaltens
auch ohne eindeutige Tatsachengrundlage allein aufgrund von Erfahrenssätzen ergeben. Dies setzt allerdings einen typischen Geschehensablauf voraus, bei dem nach
der Lebenserfahrung auf eine bestimmte Folge oder Ursache durch ein typisches
Verhalten geschlossen werden kann (vgl. BGH, NJW 1982, S. 2448). Allerdings
setzt dies voraus, dass es sich bei dem behaupteten Vorgang um einen typischen Ge-

schehensablauf handelt, der hinsichtlich seiner Regelmäßigkeit und Häufigkeit einem allgemeinen Muster entspricht (vgl. BGH, NJW 19991, S. 230f). Die Anwendung der Grundsätze zum Anscheinsbeweis setzt deshalb voraus, dass ein typischer Geschehensablauf feststeht, aus dem normalerweise eine bestimmte Schlussfolgerung gezogen oder eine bestimmte Voraussetzung abgeleitet werden kann. Für die tatsächlichen Voraussetzungen des Anscheinsbeweises, für den Sachverhalt sowie dessen Üblichkeit ist derjenige, der sich auf den Anscheinsbeweis beruft, darlegens- und beweispflichtig (vgl. Zöller/Greger, 2001, vor § 248 ZPO Rn. 29). Es ist jedoch möglich, die Grundlagen des Anscheinsbeweises durch einen einfachen Gegenbeweis zu erschüttern. Es genügt dazu, dass die ernsthafte Möglichkeit eines anderen Geschehensablaufs in Betracht kommt, wobei jedoch die dafür erforderlichen Tatsachen wieder nachgewiesen werden müssen (vgl. BGHZ 4, S. 170; BGH, NJW 1991, S. 230).

2.2   Die Begründung besonderer Sorgfaltspflichten

Im elektronischen Bankgeschäftsverkehr kann die Verwendung von dem Bankkunden zur Verfügung gestellten Legitimationsmedien den Beweis des ersten Anscheins dafür begründen, dass der Bankkunde entweder selbst einen Auftrag erteilt oder durch einen unsorgfältigen Umgang mit diesen Medien zum Missbrauch beigetragen hat, sofern Aufträge typischerweise nur unter Einsatz der Medien erteilt werden können und deren Sicherheitsniveau so hoch ist, dass es mit einem vertretbaren technischen oder wirtschaftlichen Aufwand nicht überwunden werden kann (vgl. LG Köln, WM 1995, S. 976ff = WuB I D 5c.-3.96 Ahlers; AG Diepholz, WM 1995, S. 1919ff = WuB I D 5c.-1.96 Härtel; AG Schöneberg WM 1997, S. 64f = WuB I D5c.-2.97 Werner; AG Hannover, WM 1997, S. 64f = WuB I D 5c.-2.97 Werner; AG Frankfurt am Main WM 1995, S. 880 = WuB I D 5c.-2.96 Salje; AG Wuppertal, WM 1997, S. 1209ff = WuB I D 5c.-3.97 Aepfelbach/Cimiotti; AG Charlottenburg, WM 1997, S. 2082ff = WuB I D5c.-1.98 Werner; AG Frankfurt am Main NJW 1998, S. 688; AG Dinslaken WM 1998, S. 1126f; LG Frankfurt, WM 1999, S. 1930ff; LG Köln, WM 2001, S. 852; Gößmann, I § 54 Rn. 13f). Dies ist der Grund dafür, weshalb i.d.R. die Teilnehmer an Verfahren des elektronischen Bankgeschäftsverkehrs dazu verpflichtet werden, die ihnen zur Verfügung gestellten persönlichen Legitimationsmedien geheim zu halten und keiner unberechtigten Person zugänglich zu machen. Durch das Verbot der Übertragung und die Verpflichtung, jede denkbare Missbrauchsmöglichkeit auszuschließen, soll die persönliche Zuordnung der Legitimationsmedien sichergestellt werden.

Daneben ist jedoch Voraussetzung für die Begründung des Anscheinsbeweises, dass das Sicherheitssystem, dessen Bestandteil das Legitimationsverfahren ist, nicht oder nur mit einem technischen oder wirtschaftlichen Aufwand überwunden werden kann, der in keinem angemessenen Verhältnis zu dem daraus erzielten wirtschaftlichen Erfolg steht und deshalb äußerst unwahrscheinlich ist (vgl. OLG Celle, WM 1985, S. 655; AG Aschaffenburg, WM 1989, S. 1165). Ein Beispiel dafür ist die Rechtsprechung zur Sicherheit des PIN-Verfahrens im jetzigen Bankkunden-Kartensystem, das an die Stelle des ec-Kartensystems getreten ist. In diesen Entscheidungen ist die Anwendung der Regeln über den Anscheinsbeweis zugunsten des Kartenemittenten von den erkennenden Gerichten immer dann verneint worden, wenn Zweifel an der Unüberwindlichkeit des Sicherheitssystems bestanden und deshalb dem betroffenen Institut der Vollbeweis für eine Sorgfaltspflichtverletzung des Karteninhabers auferlegt wurde (vgl. OLG Hamm, WM 1997, S. 1203; AG Wildenhausen, WM 1998, S. 1128; OLG Frankfurt, BKR 2002, S. 331; die Zweifel an der Sicherheit des PIN-Systems zusammenfassend: Strube, WM 1998, S. 1210ff). Das AG Darmstadt hat beispielsweise aufgrund eines sachverständigen Gutachtens die Errechenbarkeit der PIN nicht ausgeschlossen und ist deshalb von ihrer Ermittelbarkeit ausgegangen, weshalb folgerichtig die Voraussetzungen des Anscheinsbeweises verneint wurden (vgl. AG Darmstadt, WM 1990, S. 543 = WuB I D 5.-3.90 Reiser; kritisch zu dieser Entscheidung die Redaktion der NJW in NJW-RR 1989, S. 1139, sowie Reiser, WM 1990, S. 545).

Das OLG Hamm hat in einer entsprechenden Entscheidung aus dem Jahre 1997 die Sicherheit des PIN-Systems erneut in Zweifel gezogen und ist zu dem Ergebnis gekommen, die Geheimzahl könne durch „intelligentes Erraten" ermittelt werden, weshalb es dem Kreditinstitut den Vollbeweis für die Sorgfaltspflichtverletzung des Karteninhabers auferlegt hat (vgl. OLG Hamm, WM 1997, S. 1203ff = WuB I D 5c.-3.97 Aepfelbach/Cimiotti). Auch andere Gerichte haben, gestützt auf Sachverständigengutachten, ähnliche Ansichten vertreten und sind deshalb davon ausgegangen, dass die PIN durch Ausprobieren oder Entschlüsselung ermittelt werden könne (vgl. AG Wildenhausen, WM 1998, S. 1128; LG Berlin, ZBB 1999, S. 85; OLG Frankfurt, BKR 2002, S. 331; zusammenfassend Strube, WM 1998, S. 1210ff). Die überwiegende Zahl der Gerichte, die sich mit der Frage der Sicherheit des PIN-Verfahrens auseinandersetzen mussten, ist jedoch davon ausgegangen, dass es nach menschlichem Ermessen nicht möglich ist, die PIN zu ermitteln (vgl. AG Wuppertal, WM 1997, S. 1209; AG Hannover, WM 1997, S. 1207; AG Charlottenburg, WM 1997, S. 1124; AG Charlottenburg, WM 1997, S. 2082; AG Dinslaken, WM 1998, S. 1126; die Rechtsprechung zusammenfassend Gössmann, 2001, § 54 Rn. 14). Gleichwohl darf bei diesen Legitimationsverfahren nicht übersehen werden, dass den Sachverständigengutachten eine immer größere Bedeutung zukommt, denn die Gerichte selbst sind nicht in der Lage zu entscheiden, ob die technischen Voraussetzungen für die Unüberwindlichkeit des Sicherheitssystems gegeben sind.

Zwar handelt es sich beim Anscheinsbeweis nicht um eine Beweislastumkehr, gleichwohl kommt er dieser sehr nahe (vgl. Zöller/Greger vor § 284 ZPO Rn. 29). Im elektronischen Bankgeschäftsverkehr setzt seine Entkräftung voraus, dass keine hinreichende Wahrscheinlichkeit für die Überwindung des Sicherheitssystems innerhalb eines überschaubaren Zeitraums und mit vertretbaren Aufwand besteht (vgl. AG Charlottenburg, WuB I D 5c.-1.98 Werner; AG Osnabrück, NJW 1998, S. 688f; AG Frankfurt, NJW 1998, S. 687f). Aufgrund der engen Verknüpfung zwischen Anscheinsbeweis und Sicherheitssystem ist es naheliegend, dass die Voraussetzungen dieser Rechtsfigur dann zu verneinen sind, wenn die Sicherheit des Systems gegen unberechtigte Angriffe nicht gewährleistet werden kann (so folgerichtig, wenn auch von falschen Voraussetzungen ausgehend: OLG Hamm, WM 1997, S. 1203ff = WuB I D 5c.-3.97 Aepfelbach/Cimiotti).

3 Verfahren des Electronic Banking mit Legitimationsmedien
3.1 Das Bankkunden-Karten-System

Besonders ausgeprägt ist die Judikatur zum Anscheinsbeweis in Bankkunden-Karten-System, das nunmehr an die Stelle des früheren ec-Karten-Verfahrens getreten ist (vgl. BuB-Werner, Rn. 6/ec/V2ff; Werner, BKR 2002, S. 149). Das frühere ec-PIN-System ist ein Musterbeispiel für elektronische Legitimationsverfahren im Bankgeschäftsverkehr, da es auf dem Einsatz nicht übertragbarer und persönlich zugeordneter Legitimationsmedien beruht. Um eine Transaktion zu veranlassen, ist der kombinierte Einsatz von zwei Medien – Karte und PIN – erforderlich (vgl. Werner, MMR 1998, S. 233). Das kartenemittierende Institut gibt im electronic-cash-Verfahren durch die positive Autorisierung ein Schuldversprechen gem. § 780 BGB ab, wodurch es verpflichtet wird, selbst dann eine Zahlung zu leisten, wenn die Legitimationsmedien von einem Unberechtigten eingesetzt wurden (vgl. Gössmann, 2001, § 68 Rn. 6; Schröter, ZBB 1995, S. 396; Harbeke, WM-Sonderbeilage 1/1994, S. 9; Reiser, WM-Sonderbeilage 3/1989, S. 8). Beim Einsatz einer Bankkunden-Karte an einem Geldautomaten gilt das gleiche, auch hier haben die Betreiber von Geldautomaten einen Anspruch gegen das kartenemittierende Institut auf Auszahlung des abgehobenen Betrags, wenn die Autorisierung nach dem Einsatz einer Karte und nach Verwendung der richtigen PIN erfolgt ist (vgl. BuB-Werner, Rn. 6/1491).

Um die höchstpersönliche Zuordnung sicherzustellen, sehen Abschnitt II Nr. 6.3 der Bankkunden-Karten-Bedingungen der Privatbanken bzw. Abschnitt II Nr. 5.4 der Bankkunden-Karten-Bedingungen der Sparkassen, Volksbanken und Raiffeisenbanken vor, dass die Karte sorgfältig aufzubewahren und die PIN geheim zu halten ist.

Sollte es unter Verwendung der beiden Legitimationsmedien entweder zu einer Abhebung an einem Geldautomaten oder zu einem Bezahlvorgang an einer automatisierten Kasse kommen, ist das Kreditinstitut, das entweder einen Aufwendungsersatzanspruch gem. § 670 BGB gegen den Karteninhaber oder – im Falle eines Missbrauchs – einen Schadensersatzanspruch geltend machen möchte, dafür beweispflichtig, dass entweder der Karteninhaber selbst verfügt hat oder mit seinen Legitimationsmedien nicht sorgfältig umgegangen ist. Da es keine unmittelbare Kommunikation zwischen der Bank und seinem Kunden gibt, kann dieses i.d.R. nicht den unmittelbaren Nachweis führen, dass ihr Kunde verfügt oder sich sorgfaltspflichtwidrig verhalten hat. Aufgrund dessen begründet nach der bisher in Literatur und Rechtsprechung überwiegend vertretenen Rechtsansicht der Einsatz von Karte und PIN den Beweis des ersten Anscheins dafür, dass der Inhaber dieser Medien entweder selbst gehandelt oder durch einen sorgfaltspflichtwidrigen Umgang mit seinen Medien zu einem Missbrauch beigetragen hat (vgl. LG Köln, WM 1995, S. 976 = WuB I D5c.-3.96 Ahlers; AG Diepholz, WM 1995, S. 1919ff = WuB I D5c.-1.96 Hertel; AG Schöneberg, WM 1997, S. 66f = WuB I D 5c.-2.97 Werner; AG Hannover, WM 1997, S. 64f = WuB I Dc.-2.97 Werner; AG Frankfurt am Main, WM 1995, S. 880 = WuB I D5c.-2.96 Salje; AG Wuppertal, WM 1997, S. 1209ff = WuB I D 5c.-3.97 Aepfelbach/Cimiotti; AG Hannover, WM 1997, S. 1207ff = WuB I D 5c.-1.98 Werner; AG Frankfurt, NJW 1998, S. 688; AG Dinslaken , WM 1998, S. 1126ff; LG Frankfurt, WM 1999, S. 1930ff; LG Köln, WM 2001, S. 852; Werner, WM 1997, S. 1516ff). Allerdings ist im früheren ec- und jetzigen Bankkunden-Karten-System der Anscheinsbeweis in immer stärkerem Maße in Frage gestellt worden. Jedoch nicht, weil das Institut als solches kritisiert wurde, sondern verstärkt Zweifel an den Grundlagen des Anscheinsbeweises im Bankkunden-Karten-System artikuliert wurden (vgl. Reifner, BB 1989, S. 1918; OLG Hamm, WM 1997, S. 1203 = WuB I D 5c.-3.97 Aepfelbach/Cimiotti; Strube, WM 1998, S. 1210ff; OLG Frankfurt, BKR 2002, S. 331ff).

3.2 Online-Banking

Das Legitimationsverfahren im Online-Banking hat Ähnlichkeiten mit dem PIN-Verfahren bei den Bankkunden-Karten, denn auch im Online-Banking müssen zur

Durchführung einer Transaktion persönlich zugeordnete Legitimationsmedien eingesetzt werden (vgl. von Rottenburg, WM 1997, S. 2389; Gössmann, 2001, § 55 Rn. 13ff; Schwintowsky/Schäfer, 1997, § 5 Rn 28ff; Kümpel, 2000, Rn. 4.644ff). Allerdings erhält der Online-Banking-Teilnehmer keine Karte, sondern neben der persönlichen Geheimzahl (PIN), die ihm zur ausschließlichen Nutzung zugeordnet und die er geheim zu halten hat, einen Block mit Transaktionsnummern (TAN), die für jeweils eine einzelne Transaktion bestimmt sind und bei ihrem Einsatz verbraucht werden (vgl. von Rottenburg, WM 1997, S. 2389; Gössmann, 2001, § 55 Rn. 13ff; Kümpel, Bankrechts- und Kapitalmarktrecht, Rn . 4. 370ff). Ähnlich wie im Bankkunden-Karten-System kann auch im Online-Banking-Verfahren das Kreditinstitut nicht den unmittelbaren Nachweis führen, dass sein Kunde gehandelt hat, denn auch hier findet die Kommunikation unter Zwischenschaltung eines Mediums statt, so dass keine direkte Kontrolle der Identität des Teilnehmers möglich ist. Dem Kreditinstitut ist es vielmehr nur möglich zu überprüfen, ob die ihrem Kunden zugeordneten PIN und TAN eingesetzt wurden. Unter der Voraussetzung, dass das Online-Banking-Verfahren ein ähnlich hohes Sicherheitsniveau aufweist, wie das PIN-System im Bankkunden-Karten-Verfahren, sind die dazu entwickelten Grundsätze zum Beweis des ersten Anscheins auch auf das Online-Banking-Verfahren übertragbar, so dass der Einsatz von PIN und TAN den Beweis des ersten Anscheins dafür begründen kann, dass entweder der Online-Banking-Teilnehmer selbst verfügt hat oder mit den ihm zugewiesenen Legitimationsmedien nicht sorgfältig umgegangen ist und dadurch den Missbrauch möglich gemacht hat (vgl. OLG Oldenburg, NJW 1993, S. 1400f. ; OLG Köln, VersR 1993, S. 840; von Rottenburg, WM 1997, S. 2391; Gössmann, 2001, § 55 Rn. 26).

Um die persönliche Zuordnung von PIN und TAN sicherzustellen, wird der Online-Banking-Teilnehmer verpflichtet, die PIN geheim zu halten und den TAN-Block sorgfältig aufzubewahren, so dass eine unberechtigte Verwendung durch einen Dritten ausgeschlossen werden kann. Außerdem wird der Online-Banking-Teilnehmer dazu angehalten, einen auch nur vermuteten Missbrauch der Legitimationsmedien seiner Bank unverzüglich mitzuteilen, damit diese alle Sicherheitsvorkehrungen treffen kann, um einen Missbrauch auszuschließen (vgl. von Rottenburg, WM 1997, S. 2389; Schwintowski/Schäfer, 1997, § 5 Rn. 37).

Ist im Online-Banking-Verfahren das Sicherheitssystem nachweislich nahezu unüberwindlich, finden auch hier die Grundsätze zum Anscheinsbeweis Anwendung, so dass der Anschlussinhaber ggfs. Umstände darlegen und beweisen muss, durch die die Voraussetzungen des Anscheinsbeweises erschüttert werden.

Auf das Online-Banking-Verfahren sind damit die Grundsätze zum Anscheinsbeweis, wie sie zum früheren ec-Karten-Verfahren entwickelt wurden, in vollem Um-
fange übertragbar (vgl. zum Anscheinsbeweis im Online-Banking-Verfahren: OLG
Oldenburg, NJW 1993, S. 1400f. und OLG Köln, VersR 1993, S. 840).

3.3   Homebanking

Hinsichtlich des Verfahrensablaufs – nicht jedoch der Technik – ist das Homebanking-Verfahren mit dem Online-Banking-Verfahren verwandt, es unterscheidet sich
bezüglich des Einsatzes von Legitimationsmedien jedoch dadurch, dass nicht PIN
und TAN, sondern eine elektronische Signatur mit Passwort eingesetzt werden (vgl.
Gössmann, 2001, § 55 Rn. 27ff; Stockhausen, WM 2001, S. 606). Die Rechts-
grundlage für das Homebanking-Verfahren bildet das „Homebanking-Abkommen",
das die Spitzenverbände der deutschen Kreditwirtschaft abgeschlossen haben und
das zum 1. Oktober 1997 in Kraft getreten ist. Dieses Abkommen definiert einen
neuen technischen Standard für ein Dialogverfahren, den „Homebanking-Computer-
Interface-Dialog (HBCI)" durch den es möglich ist, Geschäfte multibankfähig abzuwickeln. Im Gegensatz zum Online-Banking-Dialog ist der HBCI-Dialog vom
Standard eines Online-Diensteanbieters unabhängig und ermöglicht deshalb aufgrund des hohen Sicherheitsniveaus die Abwicklung von Bankgeschäften auch über
offene Netze (vgl. Gössmann, 2001, § 55 Rn. 27; BuB-Werner, Rn. 19/90). Statt
PIN und TAN kommen im Homebanking als Legitimationsmedien elektronische
Signaturen nach international etablierten Standards zur Anwendung (vgl. BuB-
Werner, Rn. 19/90).

Die digitalen Signaturen nach HBCI-Standard weisen zwar ein hohes Sicherheitsniveau auf, gleichwohl handelt es sich dabei um keine digitalen Signaturen nach den
Anforderungen des Signaturgesetzes (vgl. Gössmann, 2001, § 55 Rn. 36ff). Gleichwohl kann eine elektronische Signatur nach HBCI-Standard den Beweis des ersten
Anscheins begründen, wenn sie persönlich zugeordnet und das Sicherungsverfahren
nicht überwindbar ist (vgl. dazu Gössmann, 2001, § 55 Rn. 36ff). Allerdings findet
§ 292a ZPO keine Anwendung, da diese gesetzliche Regelung des Anscheinsbeweises ausdrücklich eine qualifizierte elektronische Signatur nach den Anforderungen
des Signaturgesetzes voraussetzt.

Die vom HBCI-Teilnehmer einzuhaltenden Sorgfaltspflichten werden insbesondere
in den Homebanking-Bedingungen geregelt, die Grundlage der vertraglichen Vereinbarung zwischen der das Homebanking-Verfahren anbietenden Bank und ihrem

Kunden sind. Eine besondere Bedeutung kommt dabei den Regeln zur Verwendung der Legitimationsmedien und ihrer Geheimhaltung zu. Der Homebanking-Teilnehmer muss deshalb die mit seinem Kreditinstitut vereinbarten Sicherheitsprozeduren einhalten und seine elektronische Signatur vor der missbräuchlichen Verwendung durch Dritte sichern. Dies bedeutet insbesondere, dass er das Passwort, mit dessen Hilfe er die elektronische Signatur aktivieren kann, vor der unberechtigten Kenntnisnahme durch Dritte schützen muss. Er wird deshalb ausdrücklich darauf hingewiesen, dass die Daten, durch die er identifiziert werden kann, nicht außerhalb der Sicherheitsmedien gespeichert werden dürfen und ggfs. (körperliche) Identifikations- und Legitimationsmedien – wie Chipkarten, die die elektronische Signatur enthalten – nach Beendigung der Homebanking-Nutzung aus dem Lesegerät entnommen und sicher aufbewahrt werden müssen.

Das hohe Sicherheitsniveau in Kombination mit der höchstpersönlichen Zuordnung und der Aufklärung des Online-Banking-Teilnehmers über das Missbrauchsrisiko lässt die Schlussfolgerung zu, dass es zu einem Einsatz der HBCI-Legitimationsmedien nur kommen kann, wenn entweder der HBCI-Nutzer selbst gehandelt hat oder mit seinen Legitimationsmedien nicht sorgfältig umgegangen ist. Die Grundsätze zum Anscheinsbeweis finden Anwendung. Folglich haftet der HBCI-Teilnehmer für jeden schuldhaften missbräuchlichen Einsatz seiner Medien. Es gelten rechtlich die gleichen Grundsätze wie im PIN-Verfahren des Bankkunden-Karten-Systems.

3.4 Datenfernübertragung

Die auf das HBCI- und Online-Banking-Verfahren anwendbaren Grundsätze gelten auch für die Datenfernübertragung (DFÜ), sofern sie ein vergleichbares Sicherheitsniveau aufweist. Auch die Datenfernübertragung ist dadurch geprägt, dass in einem elektronischen Kommunikationsverfahren persönlich zugeordnete Legitimationsmedien eingesetzt werden. Die für solche Verfahren einschlägigen Bedingungswerke verpflichten deshalb den Nutzer, die ihm zur Identifizierung und Legitimation überlassenen Medien geheim zu halten und dafür Sorge zu tragen, dass sie von keinem Unberechtigten genutzt werden können. Außerdem besteht – wie im Online-Banking-Verfahren – die Verpflichtung, Hinweise auf eine missbräuchliche Verwendung der Zugangsmedien dem das DFÜ-Verfahren anbietenden Kreditinstitut unverzüglich mitzuteilen.

Sollte es zu einem sorgfaltspflichtwidrigen Umgang mit den Identifikations- und Legitimationsmedien im DFÜ-Verfahren kommen, hat der DFÜ-Teilnehmer, sofern er eine schuldhafte Pflichtverletzung begangen hat, dafür einzustehen und verwirklicht ggfs. einen Haftungstatbestand.

Die Musterbedingungen der deutschen Kreditwirtschaft für die Datenfernübertragung begründen in Ziffer 3 Abs. 2 die Verpflichtung der am DFÜ-Verfahren Beteiligten, ihre Legitimationsmedien geheim zu halten und allenfalls von ihnen autorisierten Vertretern zur Nutzung zu überlassen. Außerdem enthält Ziff. 6 dieser Bedingungen eine Haftungsregelung, wonach die DFÜ-Teilnehmer für einen schuldhaften Missbrauch ihrer Legitimationsmedien einzustehen haben.

Unter Berücksichtigung der Vergleichbarkeit der Sorgfaltsanforderungen an die Geheimhaltung der Legitimationsmedien und einem Sicherheitsstandard, dessen Niveau wenigstens mit dem des PIN-Verfahrens im Bankkunden-Karten-System vergleichbar ist, können auch hier die Grundsätze zum Anscheinsbeweis Anwendung finden (vgl. Werner, MMR 1998, S. 339). Sollten jedoch Zweifel am Sicherheitssystem bestehen, können die Grundsätze zum Anscheinsbeweis auch auf das DFÜ-Verfahren nicht übertragen werden (vgl. dazu am Beispiel des früheren ec-PIN-Verfahrens: OLG Hamm, WM 1997, S. 1203ff; Ahlers, WM 1998, S. 1563; Strube, WM 1998, S. 1213ff).

3.5   Kreditkarten-Verfahren

Zwar handelt es sich bei der Kreditkarte nicht um ein spezielles Medium des elektronischen Bankgeschäftsverkehrs, jedoch kann diese auch zu Zahlungen über elektronische Medien eingesetzt werden, weshalb sie im Zusammenhang mit den Beweis- und Haftungsgrundsätzen mit behandelt werden soll. Die Kreditkarte kann auf zwei Arten zur Zahlung über elektronische Medien eingesetzt werden: Zunächst im bisherigen Mail-Order- bzw. Telephone-Order-Verfahren, d.h. durch Übermittlung der auf die Karte aufgeprägten Kartendaten, zum anderen aber auch im SET-Verfahren, das auf einem digitalen Signaturverfahren beruht.

3.5.1   Zahlung mittels Kreditkarte unter Angabe der Kreditkartennummer

Zunächst kann die Kreditkarte im elektronischen Zahlungsverkehr durch Übermittlung der Kartendaten eingesetzt werden. Dieses Verfahren weist gegenüber dem sonstigen „Mail-Order- bzw. Telephone-Order-Verfahren" keine Besonderheiten auf, denn in allen Fällen werden die Kartendaten vom Zahlungspflichtigen an den Zahlungsempfänger übertragen. Die Kreditkartenbedingungen differenzieren deshalb in diesem Verfahren nicht zwischen den verschiedenen Übertragungsmedien. Das Mail-Order- bzw. Telephone-Order-Verfahren ist in den Kreditkartenbedingungen insoweit geregelt, als sich darin Bedingungen dazu finden, wie ohne Unterzeichnung des Belegs und ohne Vorlage der Kreditkarte, allein unter Nennung der Kartendaten, Zahlungen veranlasst werden können. Beispielsweise sieht Nr. 3 Abs. 3 der Eurocard-Bedingungen vor, dass es nach vorheriger Abstimmung zwischen dem Karteninhaber und dem Vertragsunternehmen möglich ist, dass der Karteninhaber - insbesondere zur Beschleunigung eines Kartenvorfalls - ausnahmsweise darauf verzichten kann, den Beleg zu unterzeichnen und stattdessen nur seine Kreditkarten-Nummer angibt.

Will in einem solchen Fall das kartenemittierende Institut seinen Aufwendungsersatzanspruch geltend machen, muss es im Zweifelsfall den Nachweis führen, dass tatsächlich der berechtigte Karteninhaber die Kartendaten weitergeleitet hat (vgl. zu den allgemeinen Beweisregeln Palandt-Thomas, § 670 BGB Rn. 7; Baumbach/Hefermehl, Art. 4 ScheckG, Anhang Rn. 27; Kümpel, 2000, Rn. 4ff; Canaris, 1988, Rn. 527o und Rn. 847a; Schwintowski/Schäfer, 1997, § 5 Rn. 4ff). Die Grundsätze zum Anscheinsbeweis sind auf dieses Verfahren jedoch nicht übertragbar, da die Kartendaten, die übermittelt werden, offen auf die Karte aufgeprägt sind und schon deshalb nicht geheimgehalten werden können. Folglich ist ein solches Verfahren mit nicht unerheblichen Risiken verbunden, denn im Zweifel muss der Kartenemittent, will er den Aufwendungsersatzanspruch geltend machen, den Nachweis führen, dass der richtige Karteninhaber verfügt hat. I.d.R. wird er dies nicht können. Die Kartengesellschaften behalten sich für diesen Fall ein Rückbelastungsrecht beim Vertragsunternehmen vor, so dass dann, wenn dieses nicht nachweisen kann, dass der berechtigte Karteninhaber die Zahlung veranlasst hat, es das Missbrauchsrisiko tragen muss (vgl. Köhler, NJW 1998, S. 189).

3.5.2   Das SET-Verfahren

Um die Risiken aus der offenen Datenübertragung zu minimieren, ist ein spezielles SET (Secure Electronic Transaction)-Verfahren entwickelt worden, bei dem ein Kreditkarteninhaber nicht unter Einsatz seiner Karte, sondern unter Verwendung eines asymmetrischen, digitalen Signaturverfahrens, das auf dem SET-Standard beruht, bezahlt. Er erhält zu diesem Zweck ein spezielles „SET-Zertifikat", nach dem er bei seinem Kreditinstitut bzw. der Kartengesellschaft eindeutig identifiziert wurde. Mit Hilfe eines Einmalpasswortes kann der Kreditkarteninhaber im Internet seine digitale Signatur nach SET-Standard initialisieren. Für jeden einzelnen Zahlungsvorgang ist es erforderlich, eine spezielle Benutzerumgebung zu öffnen, um das SET-Zertifikat zum Bezahlen zu aktivieren. Dazu ist eine Benutzeridentifikation erforderlich, die er selbst festlegen kann, die aber auch geheim zu halten ist.

Trotz des hohen Sicherheitsniveaus ist die digitale Signatur nach SET-Standard einer handschriftlichen Unterschrift nicht gleichgestellt, da auch das novellierte Signaturgesetz vom 15.5.2001 (BGBl I 2001, S.876) die elektronische Signatur der handschriftlichen nicht gleichgestellt hat, denn das Signaturgesetz enthält keine Formvorschriften über elektronische Signaturen als Unterschriftsubstitut (vgl. Rossnagel, NJW 2001, S. 1818). Das Gesetz zur Anpassung der Formvorschriften des Privatrechts an den modernen Rechtsverkehr vom 13.7.2001 (BGBl I 2001, S. 1542) hat zwar die qualifizierte elektronische Signatur nach dem Signaturgesetz der handschriftlichen Unterschrift materiellrechtlich gleichgestellt, jedoch setzt dies eine Zertifizierung voraus (vgl. Rossnagel, NJW 2001, S. 1820f). Solange jedoch die digitale Signatur nach SET-Standard keine qualifizierte elektronische Signatur nach dem Signaturgesetz darstellt und zertifiziert wurde, kann deshalb die in § 126 a BGB enthaltene Gleichstellungsregelung keine Anwendung finden. Ist ihr Sicherheitsstandard jedoch so hoch, dass er mit einem vertretbaren wirtschaftlichen oder materiellen Aufwand nicht überwindbar ist, finden die Grundsätze zum Anscheinsbeweis Anwendung, so dass der Einsatz eines SET-Zertifikats, das der Kreditkarteninhaber vor einem unberechtigten Zugriff zu schützen hat, entweder den Beweis der ersten Anscheins dafür begründet, dass der Inhaber dieser elektronischen Signatur selbst verfügt hat oder mit ihr nicht hinreichend sorgfältig umgegangen ist. Beweisrechtlich ist sie deshalb nicht wesentlich anders als eine qualifizierte elektronische Signatur zu werten, für die gem. § 292a ZPO eine Beweiserleichterung gilt, da die bezeichnete Regelung eine Kodifizierung der Grundsätze zum Anscheinsbeweis darstellt. Unterschiede ergeben sich jedoch insofern, als beim SET-Zertifikat die Sicherheit im Streitfalle nachgewiesen werden muss, während für die qualifizierte elektronische Signatur nach dem Signaturgesetz die Sicherheitsvermutung gem. § 15 Abs. 1 Signaturgesetz gilt. Gleichwohl ist auch das SET-Verfahren nicht geeignet, den Vollbeweis dafür zu begründen, dass mit dem entsprechenden Legitimationsmedium verfügt wurde.

3.6 Das Lastschriftverfahren im Internet

Das Einziehungsermächtigungslastschriftverfahren im Internet hat den Vorteil, dass eine Zahlung ohne zusätzlichen Kostenaufwand und auf einfache Art und Weise möglich ist, indem der Zahlungspflichtige dem Zahlungsempfänger seine Kontendaten übermittelt und ihn ermächtigt, den geschuldeten Betrag von seinem Konto einzuziehen. Es liegt dann in der Hand des Zahlungsempfängers, die erforderliche Leistung einzuziehen. Durch dieses Verfahren werden alle Nachteile beseitigt, die daraus resultieren können, wenn eine der beiden Vertragsparteien bei einem anderen Zahlungsverfahren vorleistungspflichtig sind. Außerdem fallen bei weitem keine so hohen Transaktionskosten wie bei der Kreditkartenzahlung an, so dass dieses Internetzahlungsverfahren auch für Kleinbetragszahlungen geeignet ist.

Allerdings folgt aus Abschn. II Nr. 1a des Lastschriftabkommens, dass Einziehungsermächtigungen der (gewillkürten) Schriftform gem. §§ 126 I, 127 BGB bedürfen (vgl. Werner in Hopt, 2000, VI D2 Anm. 5 S. 916). Bei der Erteilung einer Einziehungsermächtigung über das Internet oder ein anderes Online-Medium ist es jedoch nicht möglich, dieses Schriftformerfordernis einzuhalten. Durch das Gesetz zur Anpassung der Formvorschriften des Privatrechts und anderer Vorschriften an den modernen Geschäftsverkehr ist jedoch die elektronische Form gem. § 126a BGB sogar der gesetzlichen Schriftform gleichgestellt worden. Voraussetzung ist jedoch, dass eine qualifizierte elektronische Signatur eingesetzt wird. Außerdem ist in § 127 Abs. 2 BGB die „telekommunikative Form" der gewillkürten Schriftform gleichgestellt worden. Durch die gesetzliche Gleichstellung der elektronischen Form mit der gesetzlichen Schriftform und der telekommunikativen Form mit der gewillkürten Schriftform kann auch dem Schriftformerfordernis gem. Abschn. I Nr. 1a des Lastschriftabkommens genüge getan werden, so dass es in jedem Fall möglich ist, Einziehungsermächtigungen über Online-Medien zu erteilen (vgl. dazu Werner, BKR 2002, S. 11ff. und Schneider, BKR 2002, S. 384ff). Welche Form letztendlich der Schriftform nach dem Lastschriftabkommen genügt, hängt davon ab, ob die gewillkürte Schriftform oder die gesetzliche Schriftform näher liegt. Zwar handelt es sich beim Lastschriftabkommen um ein Interbankenabkommen, so dass die Festlegung des Schriftformerfordernisses auf privatrechtlicher Ebene geschieht und damit die telekommunikative Form gem. § 127 Abs. 2 BGB als Substitut zur gewillkürten Schriftform näher liegt als der Einsatz einer qualifizierten elektronischen Signatur, gleichwohl darf auch nicht unbeachtet bleiben, dass das Lastschriftabkommen das Schriftformerfordernis aus Sicherheitsgründen festlegt und die einzelnen, diesem Verfahren angeschlossenen Kreditinstitute verpflichtet sind, im Verhältnis zu den Lastschrifteinreichern das Schriftformerfordernis durchzusetzen. Deshalb greift die

Betrachtung, die lediglich auf das Lastschriftabkommen abstellt, zu kurz. Es ist
vielmehr zu beachten, dass in der Vereinbarung zwischen einem Kreditinstitut und
dem Lastschrifteinreicher, wonach letzterer berechtigt wird, bei seinem Kreditinstitut Lastschriften zum Einzug einzureichen, das Kreditinstitut aufgrund des Lastschriftabkommens verpflichtet ist, mit dem Lastschrifteinreicher das Schriftformerfordernis für die Einziehungsermächtigung zu vereinbaren und keine Möglichkeit
hat, davon abzuweichen. Deshalb entfaltet das Lastschriftabkommen im Hinblick
auf das Schriftformerfordernis ähnlich weitgehende Bindungen wie eine entsprechende gesetzliche Regelung, denn die als Inkasso-Institute tätigen Kreditinstitute
können nicht willkürlich vom Schriftformerfordernis abweichen. Aufgrund dessen
können gute Gründe dafür sprechen, dass für das Schriftformerfordernis bei der Einziehungsermächtigung die (analoge) Anwendung von § 126a BGB näher liegt, als
die des § 127 Abs. 2 BGB, auch wenn letztere für die Verbreitung des Einziehungs-
ermächtigungslastschriftverfahrens im Internet sicherlich von Vorteil wäre (vgl. zur
Diskussion Werner, BKR 2002, S. 11ff. u. 387ff. sowie Schneider, BKR 2002, S.
384ff).

Das Einziehungsermächtigungslastschriftverfahren ist aber – unabhängig davon, in
welcher Form eine Einziehungsermächtigung erteilt werden kann – nicht frei von
verfahrensimmanenten Risiken. In einer Entscheidung vom 6. Juni 2000 hat der
BGH erneut hervorgehoben, dass der Lastschriftschuldner im Einziehungsermächtigungslastschriftverfahren die Befugnis hat, seiner Kontobelastung jederzeit zu widersprechen, auch wenn dem Lastschriftgläubiger eine Einziehungsermächtigung
erteilt wurde (vgl. BGH WM 2000, S. 1577; OLG Dresden, WM 2000, S. 566ff =
WuB I D 2.-2.00 Häuser; die Rechtsprechung zusammenfassend van Gelder, WM
2000, S. 101). Ein Lastschriftschuldner kann folglich einer Belastung auf seinem
Konto selbst dann widersprechen, wenn dieser Widerspruch im Verhältnis zum
Lastschriftgläubiger unberechtigt ist, d. h. selbst dann, wenn er eine wirksame Einziehungsermächtigung erteilt hat. Das Kreditinstitut des Lastschriftschuldners ist in
jedem Fall verpflichtet, den Widerspruch zu beachten und muss dem Kontoinhaber
den Lastschriftbetrag wieder vergüten. Innerhalb der ersten sechs Wochen nach der
Kontobelastung folgt aus Abschn. III Nr. 1 des Lastschriftabkommens, dass die Inkassostelle, also das Kreditinstitut des Lastschrifteinreichers, die Lastschrift wieder
aufnehmen muss und der Zahlstelle den Lastschriftbetrag wieder zu vergüten hat.
Die Inkassostelle wird sich i.d.R. in der „Vereinbarung über den Einzug von Forderungen durch Lastschriften" gegenüber ihrem Kunden, dem Lastschrifteinreicher,
ein jederzeitiges Rückbelastungsrecht für den Fall vorbehalten, dass es zu einem
Widerspruch kommt. Folglich wird letztendlich der Lastschrifteinreicher mit dem
Lastschriftbetrag wieder belastet. Er muss dann versuchen, den ihm zustehenden

Betrag vom Lastschriftschuldner außerhalb des Lastschriftverfahrens zu erhalten. Ist die Sechs-Wochen-Frist abgelaufen, ist das Kreditinstitut des Lastschrifteinreichers nicht mehr verpflichtet, die Lastschrift wieder aufzunehmen. Dies entbindet die Zahlstelle jedoch nicht von ihrer Verpflichtung, den Lastschriftbetrag dem Lastschriftschuldner wieder zu erkennen und zu versuchen, ihn auf anderem Weg zurückerstattet zu erlangen. Die Inkassostelle als Institut des Lastschrifteinreichers ist zwar nach Ablauf der Sechs-Wochen-Frist nicht mehr verpflichtet, die Lastschrift wieder aufzunehmen, gleichwohl ergibt sich aus den sich aus dem Lastschriftabkommen ableitbaren Nebenpflichten zwischen den diesem Verfahren angeschlossenen Kreditinstituten, dass sie zumindest als verpflichtet angesehen werden können, sich um die Rückholung der Lastschrift zu bemühen (vgl. BuB-Reiser/Krephold, Rn. 6/478). Ist der Lastschrifteinreicher noch existent und solvent, stellt die Rückbelastung i.d.R. kein Problem dar, da sich der Lastschrifteinreicher üblicherweise gegenüber seinem Kreditinstitut verpflichtet hat, mit einer jederzeitigen Rückbelastung des Lastschriftbetrages einverstanden zu sein. Daraus resultiert, dass auch nach Ablauf von sechs Wochen der Lastschrifteinreicher nicht die Sicherheit hat, den Lastschriftbetrag behalten zu können (vgl. BuB-Reiser/Krepold, Rn. 6/478; Denck, ZHR 147 (1983), S. 560; aA Canaris, 1988, Rn. 578). Allerdings sind die Allgemeinen Geschäftsbedingungen der Banken, Sparkassen sowie Volksbanken und Raiffeisenbanken zum 1. April 2002 überarbeitet worden, um die Rückgabemöglichkeit zeitlich zu befristen. Nr. 7 Abs. 2 der AGB-Banken und Nr. 7 Abs. 4 der AGB-Sparkassen, Volksbanken und Raiffeisenbanken sehen vor, dass dann, wenn der Kontoinhaber innerhalb von sechs Wochen nach Übersendung eines Rechnungsabschlusses den darin enthaltenen Buchungen aufgrund von Lastschriften, denen berechtigt erteilte Einziehungsermächtigungen zugrunde liegen, nicht widerspricht, diese als genehmigt gelten (vgl. Schebesta in Lang/Assies/Werner, 2002, § 9 IX 2.d S. 263).

4 Ergebnis

Im Ergebnis ist festzuhalten, dass es im Bankgeschäftsverkehr in Zweifelsfällen nur über die Anwendung der Grundsätze zum Anscheinsbeweis möglich ist, den Nachweis zu führen, dass entweder der Bankkunde tatsächlich verfügt oder durch ein schuldhaftes Verhalten zu einer missbräuchlichen Verfügung beigetragen hat. Der Anwendung dieser Grundsätze würde es nicht bedürfen, wenn Legitimationsverfahren vorhanden wären, durch die sichergestellt werden kann, dass nur der tatsächlich Berechtigte Aufträge erteilen kann, oder wenn der Gesetzgeber einzelne Verfahren nicht nur materiell-rechtlich, sondern auch prozessual der Schriftform gleichgestellt hätte, damit diese geeignet wären, den Vollbeweis gem. § 416 ZPO zu erbringen. Der Gesetzgeber ist jedoch nicht diesen Weg gegangen, sondern hat nur in § 292a ZPO die bereits existierenden Grundsätze zum Anscheinsbeweis kodifiziert. Damit jedoch gibt es im Bankgeschäftsverkehr über Online-Medien keine Möglichkeit, beweisrechtlich sichere Verfahren einzuführen. Die Kreditinstitute tragen letztlich das Risiko, dass aufgrund einer nicht nachweisbaren Sicherheit des Verfahrens die Grundsätze zum Anscheinsbeweis keine Anwendung finden können und aufgrund der i.d.R. nicht vorhandenen Möglichkeit zur unmittelbaren Beweisführung Aufwendungen oder Schadensersatzansprüche gegenüber ihrem Kunden nicht geltend gemacht werden können.

Literatur

Ahlers, H. (1998): Kartengesteuerter Zahlungsverkehr und außergerichtliche Streitschlichtung, WM 1998, S. 1561ff.

Baumbach, A./Hefermehl, W. (1999): Wechselgesetz und Scheckgesetz, 21. Auflage, München.

Borsum, W./Hoffmeister, U. (1985): Rechtsgeschäftliches Handeln unberechtigter Personen mittels Bildschirmtext, NJW 1985, S. 1205.

Brückner, D. (2001): Online Banking, Berlin.

Canaris, K.-W. (1988): Bankvertragsrecht, 3. Auflage, Berlin/New York.

Denck, J. (1980): Der Missbrauch des Widerspruchsrechts im Lastschriftverfahren, ZHR 144, S. 171.

Deville, R./Kalthegener, R. (1997): Wege zum Handelsverkehr mit elektronischer Unterschrift, NJW-CoR 1997, S. 168ff.

Escher, M. (1997): Bankrechtsfragen des elektronischen Geldes im Internet, WM 1997, S. 1173ff.

Geis, I. (1997): Die digitale Signatur, NJW 1997, S. 3000.

Harbeke, C. (1994): Die POS-Systeme der deutschen Kreditwirtschaft, WM-Sonderbeilage 1/1994, S. 3ff.

Hellner, T. (1984): Rechtsfragen des Zahlungsverkehrs unter besonderer Berücksichtigung des Bildschirmtextverfahrens, in: Hadding/Immenga/Mertens/Pleyer/Schneider (Hrsg.): Festschrift für Werner, Berlin/New York, S. 251.

Hellner, T./Steuer, S. (2001): Bankrecht- und Bankpraxis, Loseblatt-Ausgabe, Köln, Stand: 51.

Hoeren, T (1996): Kreditinstitute im Internet – eine digitale Odysee im juristischen Weltraum, WM 1996, S. 2006.

Hopt, K.J. (2000): Vertrags- und Formularbuch zum Handels-, Gesellschafts-, Bank- und Transportrecht, 2. Auflage, München.

Kümpel, S. (2000): Bank- und Kapitalmarktrecht, 2. Auflage, Köln.

Lang, V./Assies, P./Werner, S. (2002): Schuldrechtsmodernisierung in der Bankpraxis, Heidelberg.

Neumann, D. (2000): Die Rechtsnatur des Netzgeldes – Internetzahlungsmittel e-cash, München.

Palandt (2002): Bürgerliches Gesetzbuch, 61. Auflage, München.

Pichler, R. (1998): Rechtsnatur, Rechtsbeziehungen und zivilrechtliche Haftung beim elektronischen Zahlungsverkehr im Internet, Band 3 der Arbeitsberichte zum Informations-, Telekommunikations- und Medienrecht, Münster.

Reifner, U. (1989): Die Haftung des Kontoinhabers beim Missbrauch seiner Bankautomatenkarte durch Dritte, BB 1989, S. 1912ff.

Reiser, C. (1989): Die Rechtsgrundlagen für das POS-System des deutschen Kreditgewerbes („electronic cash"), WM-Sonderbeilage 3/1989.

Rossnagel, A. (2001): Das neue Recht elektronischer Signaturen, NJW 2001, S. 1817ff.

Gössmann (2001), in: Schimansky, H./Bunte, H.-J./Lwowski, H.-J. (Hrsg.): Bankrechts-Handbuch I - III, 2. Auflage, München.

Schlegelberger (1973): Handelsgesetzbuch, 5. Auflage, München.

Schneider, C. (2002): Das Lastschriftverfahren im Internet, BKR 2002, S. 384ff.

Schröter, H. (1995): Die neuen Bedingungen für ec-Karten, ZBB 1995, S. 39ff.

Schwintowski, H.-P./Schäfer, F.A. (1997): Bankrecht, Commercial Banking – Investment Banking, Köln/Berlin/Bonn/München.

Schwolow, U. (1997): Die elektronische Geldbörse, in: Hermann/Breyer/ Wackerbarth (Hrsg.): Deutsches und Internationales Bank- und Wirtschaftsrecht im Wandel, Berlin, S. 272ff.

Staudingers Kommentar zum Bürgerlichen Gesetzbuch (1995), Zweites Buch, §§ 652-704, Recht der Schuldverhältnisse, 13. Auflage, Berlin.

Stockhausen, L. (2001): Die Einführung des HBCI-Standards aus bankrechtlicher Sicht, WM 2001, S. 605.

Strube, H. (1998): Haftungsrisiken der ec-Karte, WM 1998, S. 1210ff.

van Gelder, A. (2000): Fragen des sogenannten Widerspruchs und des Rückgabe-entgelts im Einzugsermächtigungsverfahren, WM 2000, S. 101.

von Rottenburg, F. (1997): Rechtsprobleme beim Direct Banking, WM 1997, S. 2381;

Werner, S. (1997): Anscheinsbeweis und Sicherheit des ec-PIN-Systems im Lichte der neueren Rechtsprechung, WM 1997, S. 1516.

Werner, S. (1998): Beweislastverteilung und Haftungsrisiken im elektronischen Zahlungsverkehr, MMR 1998, S. 338.

Werner, S. (2002): Das Lastschriftverfahren im Internet, BKR 2002, S. 11.

Werner, S. (1997): Rechtliche Aspekte der neuen Geldkarte als elektronische Geld-börse, WM 1997, S. 1037.

Werner, S. (1998): Rechtliche Aspekte des elektronischen Netzgeldes (cybergeld), WM 1998, S. 365.

Werner, S. (2002): Der Wegfall der EC-Garantie zum 1.1.2002, BKR 2002, S. 149.

Werner, S. (2002): Replik auf Schneider, Das Lastschriftverfahren im Internet, BKR 2002, S. 387f.

Werner, S. (2002): Das Lastschriftverfahren im Internet, BKR 2002, S. 11ff.

Zöller (2002): Zivilprozessordnung mit Gerichtsverfassungsgesetz und Nebengeset-zen, Kommentar, 23. Auflage.